JAPAN ZUR HEIAN-ZEIT

Rose Hempel

JAPAN ZUR HEIAN-ZEIT

Kunst und Kultur

Verlag W. Kohlhammer
Stuttgart Berlin Köln Mainz

Stuttgart Berlin Köln Mainz
Verlagsort: Stuttgart

Umschlag: hace
Karte: Marcel Berger
Farblithos: E. Kreienbühl & Co. AG, Luzern
Schwarzweißlithos: Imprimeries Réunies S.A., Lausanne
Satz und Druck: Kastner & Callwey KG, München
Buchbinderische Verarbeitung: Conzella Verlagsbuchbinderei
Urban Meister GmbH & Co. KG, München
Graphische Gestaltung und Herstellung: Franz Stadelmann
Lektorat: Hubertus von Gemmingen

ISBN 3-17-008128-4
Printed in Germany

Inhaltsverzeichnis

Zur Aussprache der japanischen Wörter

Konsonanten werden annähernd wie im Englischen ausgesprochen, Doppelkonsonanten wie im Italienischen.

g wie im Deutschen
r zwischen Zungen-r und l
s stets scharf (wie in Kasse)
sh wie scharfes sch
z stets stimmhaft (wie in Wiese)

Auf die in der älteren deutschsprachigen und noch in der neueren englischen Literatur gebräuchliche Verwendung von y vor e (wie in yemaki) sowie w nach g und k (wie in Kwannon) ist verzichtet worden. Es steht also
emaki statt yemaki und Kannon statt Kwannon.

Vokale werden wie im Deutschen ausgesprochen, stets kurz, wenn nicht durch Längenstrich als lang gekennzeichnet.

i und u sind manchmal fast unhörbar: Asuka sprich As'ka

Doppelvokale werden zum Teil als Diphthonge ausgesprochen:

ei stets ee: Heian, sprich Heean
ai stets ei (wie Seite)
ie wie i-e
ue wie u-e
ao wie a-o

Japanische Namensformen

Vor der Meiji-Zeit (1868) stand der Familienname stets vor dem Vornamen, im Mittelalter getrennt durch »no«: Fujiwara no Michinaga. Seit 1868 steht wie im Westen der Vorname vor dem Nachnamen.

Einführung

In diesem Band soll eine Epoche japanischer Kultur und Kunst vorgeführt werden, die J. E. Kidder als »one of the most Japanese of all Japanese history« bezeichnet hat[1]: die Heian-Zeit.

Die Heian-Zeit verdankt ihren Namen der 794 gegründeten neuen Hauptstadt Heian-kyō, dem heutigen Kyōto. Vierhundert Jahre umschließt diese Epoche, die damit die längste in der japanischen Geschichte ist. Nach der traditionellen Periodisierung gehört sie, als Klassik, noch zur Frühgeschichte. Mit der Verlegung des Regierungssitzes – nicht des Kaiserhofes – nach Kamakura durch den Militärregenten Minamoto no Yoritomo findet sie Ende des 12. Jahrhunderts (1192) ihren Abschluß[2].

Was ließ die Heian-Zeit zu einer der japanischsten Epochen in der japanischen Geschichte werden? Welche neuen Kräfte kamen zum Tragen? Was bewirkte diese Entfaltung der ureigenen japanischen Kunst und Kultur?

In der frühen Heian-Zeit, die man von der Gründung von Heian-kyō bis zum Abbruch der diplomatischen Beziehungen zu China im Jahre 894 datiert, gingen von hochgelehrten Priesterpersönlichkeiten neue Denkanstöße aus. Priester Kūkai (Kōbō Daishi) und sein Zeitgenosse Saichō (Dengyō Daishi) brachten 805 und 806 aus China die neuesten von Indien übernommenen Erkenntnis- und Erlösungslehren des Buddhismus mit. In Abkehr vom Hofleben gründeten sie entlegene Bergklöster. In den Formen ihrer Architektur, der buddhistischen Plastik und Malerei trat erstmals das eigentlich wesenhaft Japanische, der »japanische Stil« *(wa-yō),* im Keim hervor. Die enge Beziehung zu Landschaft und Natur ließ Shintō-Vorstellungen einbeziehen. Als Shintō, »Weg der Gottheiten«, wird die bildlose Urreligion Japans bezeichnet, die in das buddhistische Pantheon dieser Geheimlehren logisch eingegliedert wurde. Die Suche nach der Erkenntnis und Sichtbarmachung der letzten Wahrheit durchzieht die ganze frühe Heian-Zeit.

Die mittlere Zeitspanne, die Fujiwara-Zeit, erhielt ihren Namen nach der Sippe der machttragenden Regenten, den Fujiwara. Um den Kaiserhof mit seinen rituellen Funktionen entfaltete sich eine luxuriöse, verspielte Welt höfischer Eleganz *(miyabi).* Jede Nuance der Kleidung, der Gestik, des Wortes, der sinnlichen Wahrnehmung war in dieser Zeit der »Herrschaft des Geschmackes«[3] genau festgelegt. In der abgeschlossenen Welt der Frauengemächer schrieben Hofdamen in zügiger Pinselschrift ihre Tagebücher, Phantasieerzählungen und Romane. Um 1010 schuf Murasaki Shikibu den seelengewaltigen Roman *Genji-monogatari,* eine Schilderung des Hoflebens um den strahlend-schönen Liebeshelden Prinz Genji und dessen Sohn und Enkel. Und was wäre diese liebesfrohe und doch tief melancholische Welt ohne das Gedicht? Vielleicht noch ehe sich die darstellende Kunst der Themen von Landschaft und Empfindungen, Mensch und Schicksal annahm, wurden diese von der Poesie gestaltet. Das eigentlich Japanische *(wa-yō)* trat auch hier hervor im Leichten, Alltäglichen, Amüsanten: in Inhalt, Schreibstil und Schriftform der Frauen. Für das Ernsthafte, Politische, Bedeutende blieb das Chinesische weiterhin die adäquate Sprache: als Stil und Schriftform der Männer *(kara-yō).* Selbst die hieratische buddhistische Kunst wurde neu geprägt von den höfischen *wa-yō*-Idealen. Sublime Eleganz und sanfte Schönheit fanden Eingang in die hohe religiöse Kunst. Dem Erkenntnisstreben der frühen Heian-Zeit folgte ein schlichter Glaube an Erlösung durch Gebet und Namensanruf: Amida-Buddha, der Herr des »Westlichen Paradieses«, verhieß sofortige Hinübergeburt in sein Paradies.

Aus der Vorstellung des nahenden Endzeitalters heraus stifteten die Hofadligen irdische Nachbildungen des Paradieses in Gesamtkunstwerken, die Palastarchitektur, Skulpturenfigurationen und Bilddarstellungen in einem ikonographischen Programm umschlossen. Scharen von Künstlern, Handwerkern und Sklaven arbeiteten an diesen Projekten. Die aufstrebenden Rittersippen zerstörten jedoch Ende des 12. Jahrhunderts in ihren brutalen Kämpfen um die Macht mit Feuer und Waffengewalt die markantesten Zeugnisse der Tempel- und Palastanlagen in Heian-kyō und stürzten das Volk in Not.

In der Spätphase der Heian-Zeit, der Insei-Periode, die man nach der 1068 beginnenden Klosterregierung (Insei) der Exkaiser nennt, suchten die Schattenregenten mit den aufstrebenden Sippen der Taira und Minamoto zu paktieren. Obwohl die höfische Kunst in allen Bereichen fortwirkte, wurde die Traumwelt allmählich von der realen Macht zurückgedrängt. Dennoch entstanden in der ersten Hälfte des 12. Jahrhunderts, als die höfische Welt bereits ins Wanken geraten war, die ältesten uns bekannten Bilddarstellungen des Hoflebens: das Bildrollenwerk zum Genji-Roman *(Genji-monogatari-emaki).* Von Hofleuten wurde es angelegt, geschrieben und gemalt in der rein japanischen Weise, die bereits zu jener Zeit den Namen Yamato-e erhielt. In der farbenfrohen Kompositions- und Maltechnik des *tsukuri-e* (»aufgebautes Bild«) entstanden in der Folge zahlreiche höfische Bilderzählungen[4].

Etwa zur gleichen Zeit, als das *Konjaku-monogatari* mit seinen populären Geschichten teilweise buddhistischen Gehalts für das einfache Volk geschrieben wurde, entstanden weitere *emakimono* zu historischen Begebenheiten oder aber zum Wunderwirken von Buddha-Wesen. Auch hier tritt eine neue, dramatische Wirklichkeitsnähe auf. Die Gestalten leben, agieren, zeigen ihre Empfindungen in überschwenglicher Weise. Eine befreite Pinseltechnik läßt das Geschehen in schwungvollen Linien auf dem Papier der Bildrollen erscheinen. Die heute unbekannten Maler hatten sich an chinesischen Kunsttendenzen der Song-Zeit (960–1279) geschult und die neue Technik ins Japanische transponiert. Als eine Gipfelleistung der Weltkunst entstand in eben dieser Epoche auch das Rollenwerk »Scherzbilder von Tieren« *(Chōjū-giga).* Mit viel Humor und großer Fähigkeit zu knapper Skizzierung und Karikierung gestaltete vermutlich ein Priester diese Bilderfolge mit Tieren, die, Schabernack treibend, selbst buddhistische Zeremonien verspotten. Hier zeigte sich der Anbruch einer neuen Denkweise, einer neuen Freiheit künstlerischer Gestaltung. Die elitäre Kultur- und Kunstwelt der höfischen Zeit fand ihr Ende.

Japans Kultur im Banne Chinas

Yamato und die Hauptstadt Nara

Yamato ist der höchste Teil des Landes:
Berge wie grüne Wände,
So liegt es Stufe um Stufe
Geschmiegt an die Hügel –
Wie schön ist das Land Yamato!

(*Kojiki,* Gedicht 30)

In diesem Gedicht besingt der legendäre Prinz Yamato-Takeru, Sohn des zwölften japanischen Kaisers Keikō, das Land Yamato in Zentraljapan. In die Yamato-Ebene südlich des Biwa-Sees waren der Sage nach der kaiserliche Clan und andere Adelssippen im 4. Jahrhundert n. Chr. von der Insel Kyūshū her eingewandert. Die legendäre Gestalt des Prinzen verkörpert exemplarisch die vielschichtigen Wesenszüge des frühen Japan: unbedingte Loyalität neben Gewalttätigkeit, gefühlsstarke Bindung an Landschaft und Natur, ein höchst sensibles Schönheitsempfinden und tiefe Melancholie, dazu die Neigung, sich in melodischer Sprache, im Gedicht, auszudrücken[5].

Die Herrschersippe, deren Haupt, der Tennō (Himmelsmonarch), als direkter Nachkomme der Sonnengöttin regierte und priesterliche Funktionen ausübte, hatte sich im Kampf der Sippenverbände über die anderen erhoben. Die Tennō bauten ihre Paläste gewöhnlich an landschaftlich schönen Orten, wechselten sie nach dem Tod des Herrschers jedoch, da von den Gottheiten überall Reinheit in kultischem Sinn gefordert wurde.

Bereits im 4. Jahrhundert waren vermutlich Einwanderer aus Korea und – über die nördlichen Kolonien – aus China in Yamato aufgenommen worden; sie hatten kulturelle Errungenschaften des Festlandes mitgebracht, die die zivilisatorische Basis des Yamato-Volkes hoben. Waffen und Gerätschaften aus Bronze, wie Schwerter und Spiegel, dazu Messer und Pflugscharen aus Eisen, waren in den ersten Jahrhunderten n. Chr. in das Inselreich gelangt. Aber erst als sich Japan in Südkorea (Mimana) eine Operationsbasis geschaffen hatte, entsandte der koreanische Staat Paekche (Kudara) auch Fachleute als Tribut. Die koreanischen Herrscher wollten dafür Waffenhilfe von den kampfmutigen Japanern. Seidenraupenzüchter kamen auf diese Weise nach Japan, chinesische und koreanische Weber, eine Schneiderin, ein Sakebrauer und ein Schmied[6].

In den Annalen sind aber auch die Namen der Schriftgelehrten überliefert, die – nach neuer Chronologie – um 375 nach Japan an den Kaiserhof kamen. Achiki und Wani hießen die adligen Männer, die dem schriftlosen Lande Yamato die komplizierten chinesischen Schriftzeichen vermittelten. Sie brachten im Gepäck die Grundschultexte der Chinesen, das *Lunyu* (»Gespräche des Konfuzius«) und den *Qianziwen* (»Tausend Schriftzeichen Klassiker«), mit. Allerdings stellte man die Schreiber am Kaiserhof als Buchhalter der Schatzhäuser und der Volkszählungen an. Ihre Gilde *(fubito)* genoß hohes Ansehen. Später folgten Töpfer, Sattler, Maler und Brokatweber aus Paekche. Die chinastämmigen Fremden (Aya) stiegen in hohe Stellungen auf, die koreastämmigen (Hata) hatten Handwerksämter inne. Nicht nur bei der Seidenproduktion, Eisenverhüttung und Bronzegießerei, sondern auch bei der Herstellung von Buddha-Skulpturen waren in späterer Zeit Hata-Sippen beschäftigt. Drangen sie nicht in die Administration vor, so wurden ihnen Priesterämter in bedeutenden Shintō-Schreinen übertragen.

Ein wichtiges Ereignis der frühen japanischen Geschichte ist die Einführung des Buddhismus, beinahe 150 Jahre nach Bekanntwerden der chinesischen Schrift. Als Daten der ersten Tributgaben von Buddha-Figuren und Sūtrentexten werden die Jahre 538 und 552 genannt. Die Sippen entzweiten sich über den Wert dieser fremden Religion. Die ehrgeizigen Soga nahmen sich der Lehre des Buddha an, erreichten aber erst ein halbes Jahrhundert später deren offizielle Anerkennung dank
dem modern denkenden kaiserlichen Prinzen Shō- 94, 202
toku Taishi (574–622). Der Kronprinz ließ nicht nur von koreanischen Fachleuten Tempel nach chinesischen Plänen anlegen und mit heilbringen-

1
Tempel Hōryū-ji, Nara, Luftansicht. Holzbau mit Ziegeldächern. H. der Pagode 32,45 m. Gegründet 607, errichtet Ende des 7. Jahrhunderts
Vorn erblickt man das Tor Chū-mon, dahinter im Hof in symmetrischer Anordnung rechts die Goldene Halle Kondō, links die Pagode. Die Anlage wird im Westen durch die Lehrhalle Kōdō abgeschlossen. Der Hōryū-ji besitzt die ältesten Holzbauten der Welt.

den Skulpturen und Gemälden ausschmücken, sondern er leitete auch eine Reform des Staatswesens ein. Im Jahre 604 wurde eine Verfassung nach chinesischem Vorbild verkündet. Vier Jahre später reiste sogar eine Studiengruppe nach China, um Materialien für die Reformen zu sammeln. Mit kaum faßbarem Eifer und Geschick übernahm Japan die Festlandkultur.

Buddhistische Tempel entstanden an den wichtigsten Stätten im Lande, zumeist in der Nähe der Paläste. Dem Shitennō-ji, von Shōtoku Taishi 593 geweiht, folgte der Hōkō-ji im Jahre 596. Der Haupttempel des Kronprinzen, Hōryū-ji (607), brannte wohl noch zu Shōtokus Lebzeiten, sicher aber 670 ab. Seine Familie hatte zur Heilung des erkrankten Kronprinzen den Guß einer Shākyamuni-Skulptur gestiftet; der Prinz starb jedoch ein Jahr vor deren Vollendung. Bis heute ist Japan in dieser frühen bronzenen Buddha-Trias, die »Tori Buddhameister« (Tori-busshi), ein Nachkomme chinesischer Einwanderer und das Haupt der Sattlergilde, schuf, eines der großartigsten Kultbilder des Buddhismus erhalten geblieben.

Der glühende Glaubenseifer, den der Buddhismus in Japan entfachte, ließ Kultur und Kunst in allen Zweigen aufblühen. Während der Asuka-Zeit (552–645) kamen über Korea unterschiedliche Stilprägungen buddhistischer Kunst nach Japan. Die Höhlenskulpturen von Longmen scheinen die Bronzebildwerke des Tori-busshi und seiner Schule geprägt zu haben. Südchinesische Vorbilder meint man in den als »koreanisch« gekennzeichneten Bodhisattva-Figuren des Hōryū-ji und Kōryū-ji nachgeformt zu sehen.

Moralische Wirkung zeigte der friedliche Buddhismus jedoch vorerst nicht, denn erst nach feigen Morden an Thronanwärtern und einem Kaiser begannen Reformen, die »Taika-kaishin«, seit 645–646 Gestalt anzunehmen. Nakatomi no Kamatari, der Ahnherr des Fujiwara-Clans, hatte entscheidenden Anteil an ihrer Einführung. Im Reformjahr 645 begann man mit einer Zeitrechnung im chinesischen Stil nach »Jahresdevisen« *(nengō)*. Der Tennō wurde zum absoluten Herrscher in Religions- und Staatsangelegenheiten erklärt. Die Religionsangelegenheiten bezogen sich nicht auf buddhistische Dinge, sondern auf rein japanische Shintō-Zeremonien, wie Erntedank und Reinigungsfeiern, die Erhaltung der Schreinanlagen und Fragen des Orakels. Dem Tennō unterstanden die Verwaltungsbüros und – nach »Mützenrängen« gestaffelt – die Beamtenschaft. Die komplizierte chinesische Hofetikette wurde übernommen; Grund und Boden deklarierte man zum Eigentum des Staates, der ihn dem gewöhnlichen Volk nach Kopfzahl der Familien zuteilte. Kaiserhof, Adel und die Tempel lebten von deren Abgaben. Darüber hinaus gab es noch zur Nara-Zeit etwa sechs Millionen besitzlose Sklaven, die im Frondienst zu den gewaltigen Bauunternehmungen herangezogen wurden.

Das umfassende Reformwerk konnte erst 701 mit den Taihō-Gesetzen abgeschlossen werden. Allerdings erwies sich das neue Regierungssystem als kaum geeignet, den fest im Sippendenken verwurzelten Japaner in die neue, chinesische Ordnung zu pressen, bei der das Verdienst vor dem Erbrecht und der verliehene Rang vor der Erbstellung in der Sippe gelten sollte. Bereits 682 wurde das Erbrecht wieder vor dem Verdienst bei der Verteilung der Ämter als maßgebend gewertet.

Unter der Herrschaft des Kaisers Temmu (673–686), seiner nach ihm zum Tennō gekrönten Gattin Jitō (690–697) und ihrem Enkel Mommu (697–707) festigten sich Regierung und Staatswesen. Aus China brachten japanische Gesandtschaften nun gelehrte Äbte und deren neue buddhistische Sekten mit, die sich der machtvollen Protektion des Hofes erfreuten.

Der Zerfall der koreanischen Königreiche Koguryo (Kōkuri) und Paekche (Kudara) führte in den Jahren 663 und 668 neue Flüchtlingsströme nach Japan. Das dünn besiedelte Land, in dem weite Regionen brachlagen, konnte all diese Menschen problemlos aufnehmen. Diesem Zustrom aus Korea ist die Übermittlung der chinesischen Kunststile der frühen Tang-Zeit zu danken. Um die Mitte des 7. Jahrhunderts kann man in der japanischen buddhistischen Skulptur die Loslösung von der archaischen, flächigen Linearität und von der pathetischen Schwere der Formen der Asuka-Zeit erkennen. In der Hakuhō-Periode (646–710) sind Ansätze zu rundplastischen Formen und freierer Körperhaltung festzustellen.

Die ältesten heute noch erhaltenen buddhistischen Tempelanlagen stammen vom Ende des 7. Jahrhunderts. Meist handelt es sich um Staatstempel, die das Kaiserhaus durch Gelöbnisse för-

Die Jahresdevisen *(nengō)* seit ihrer Einführung 645 bis 1199

Taika	645– 650	Shōhei (Jōhei)	931– 938	Eichō	1096–1097
Hakuchi	650– 655	Tengyō (Tenkei)	938– 947	Jōtoku (Shōtoku)	1097–1099
Saimei (Saimyō)	655– 662	Tenryaku	947– 957	Kōwa	1099–1104
Tenji (Tenchi)	662– 672	Tentoku	957– 961	Chōji	1104–1106
Sujaku	672	Ōwa	961– 964	Kajō (Kashō)	1106–1108
Hakuhō	672– 685	Kōhō	964– 968	Tennin	1108–1110
Suchō	686	Anna	968– 970	Tenei	1110–1113
Suchō/Jitō	687– 696	Tenroku	970– 973	Eikyū	1113–1118
Mommu	697– 701	Tenen	973– 976	Genei	1118–1120
Taihō	701– 704	Jōgen	976– 978	Hōan	1120–1124
Keiun	704– 708	Tengen	978– 983	Tenji	1124–1126
Wadō	708– 715	Eikan	983– 985	Daiji	1126–1131
Reiki	715– 717	Kanna	985– 987	Tenshō (Tenjō)	1131–1132
Yōrō	717– 724	Eien	987– 989	Chōshō (Chōjō)	1132–1135
Jinki	724– 729	Eiso	989– 990	Hōen	1135–1141
Tempyō	729– 749	Shōryaku	990– 995	Eiji	1141–1142
Tempyō-shōhō	749– 757	Chōtoku	995– 999	Kōji	1142–1144
Tempyō-hōji	757– 765	Chōhō	999–1003	Tenyō	1144–1145
Tempyō-jingo	765– 767	Kankō	1004–1012	Kyūan	1145–1151
Jingo-keiun	767– 770	Chōwa	1012–1017	Nimpei (Nimpyō)	1151–1154
Hōki	770– 780	Kannin	1017–1020	Kyūju	1154–1156
Tenō	781	Jian	1021–1024	Hōgen	1156–1159
Enryaku	782– 806	Manju	1024–1028	Heiji	1159–1160
Daidō	806– 810	Chōgen	1027–1037	Eiryaku	1160–1161
Kōnin	810– 824	Chōryaku	1037–1040	Ōhō	1161–1163
Tenchō	824– 834	Chōkyū	1040–1044	Chōkan	1163–1165
Jōwa	834– 848	Kantoku	1044–1046	Eiman	1165–1166
Kashō	848– 851	Eijō (Eishō)	1046–1053	Ninan	1166–1169
Ninju	851– 854	Tenki	1053–1058	Kaō	1169–1171
Saikō	854– 857	Kōhei	1058–1065	Jōan (Shōan)	1171–1175
Tenan (Tennan)	857– 859	Jiryaku	1065–1069	Angen	1175–1177
Jōgan	859– 876	Enkyū	1069–1074	Jishō	1177–1181
Gangyō	877– 885	Jōhō (Shōhō)	1074–1077	Yōwa	1181–1182
Ninna	885– 889	Jōryaku (Shōryaku)	1077–1081	Juei	1182–1185
Kampyō	889– 898	Eihō	1081–1084	Genryaku	1185
Shōtai	898– 901	Ōtoku	1084–1087	Bunji	1185–1190
Engi	901– 923	Kanji	1087–1094	Kenkyū	1190–1199
Enchō	923– 931	Kahō	1094–1096		

1 derte. Der Neubau des Hōryū-ji konnte nach dem Feuer von 670 erst Ende des 7. Jahrhunderts abgeschlossen werden. Damals wurde die Kondō (Goldene Halle) ausgemalt. Die Paradiese der vier Buddha mit begleitenden Bodhisattva spiegeln die hohe Reife der Festlandskunst. Eine eigene Bauhütte errichtete den Tempel Yakushi-ji, den Kaiser Temmu im Jahre 680 dem Heil-Buddha Yakushi gelobte, da seine Gemahlin, die spätere Kaiserin Jitō, an einem Augenleiden erkrankt war. Für den Plan der Anlage sowie die Gestaltung des Kraggebälks und der Dächer fand man Vorbilder in Korea.

Angesichts des großen wirtschaftlichen Aufschwungs, der durch die Urbarmachung nördlicher Landstriche, aber auch durch die Funde von Silber und Kupfer gefördert wurde, beschloß Kaiser Temmu, eine Hauptstadt kontinentalen Stils anzulegen. Kaiserin Gemmei führte das Vorhaben 710 aus. Im Norden der Provinz Yamato steckte man, den Regeln chinesischer Geomantik folgend, den Grundplan zur Hauptstadt Heijō-kyō, dem heutigen Nara, ab. Die rechtwinkligen Straßenzüge mit dem Kaiserpalast (Daidairi) im Norden, die Lokalisierung der Tempel und Märkte entsprachen dem großen Vorbild der Tang-Hauptstadt

Chang'an. Von der Pracht des Palastbereiches, den Hallen mit Rotlacksäulen und Ziegeldächern auf einem Areal von etwa einem Quadratkilometer kann man sich nur ein vages Bild machen. Von Süden führte vertikal die Straße Suzaku-ōji auf den Palast zu und teilte die Stadt in einen Ost- und einen Westbereich. In den großen, neunmal unterteilten Stadtbezirk verlegte man die Tempel der verlassenen Hauptstädte: im Jahre 711 den Daian-ji und 716 den Gankō-ji noch drei Blöcke weiter nach Osten hin. Die kostbaren Baumaterialien wurden anscheinend Pfeiler um Pfeiler, Konsole um Konsole auf Ochsenkarren zu ihren neuen Standplätzen transportiert. Den Tempel Yakushi-ji baute man 710 oder 718 auf einem Areal von drei zu drei Gevierten an der 6. Straße des Westbezirks wieder auf. Seine unverwechselbar elegante Pagode aber, dreistöckig mit Zwischendächern, soll 730 in Heijō-kyō neu errichtet worden sein. Die Frage, wann die eindrucksvolle Bronze-Trias des Heil-Buddha Yakushi gegossen worden ist, wird unterschiedlich beantwortet. Die freie Körperfülle und die Bewegtheit der Gestalten lassen das beginnende 8. Jahrhundert als wahrscheinlich erscheinen.

Eine private Tempelanlage errichtete Fujiwara no Fubito als Familientempel des Fujiwara-Clans: den großen Kōfuku-ji östlich der damaligen Stadt. Die frühen Tempelbauten mit Hallen, Pagoden und der Achteckhalle wurden während der Machtkämpfe zu Ende des 12. Jahrhunderts völlig niedergebrannt, später aber wiederaufgebaut.

Mit der religiös-nationalen Hybris des Kaisers Shōmu (724–749) und seiner Tochter Kōken-Shōtoku (749–758, 764–770) erreichte die Nara-Zeit ihren absoluten Höhepunkt. Der Staatsbuddhismus diente dem »Schutze des Landes«. Menschen wurden zum Mönchstum gezwungen oder in den staatlichen Büros zu Bau- und Handwerksarbeiten eingesetzt. Nur so konnten Bau- und Kunsttätigkeit einen derartigen Hochstand erreichen. Im Jahre 737 wurde das Land von einer verheerenden Pockenepidemie heimgesucht. Zur Abwendung der Plagen, zu denen Erdbeben hinzukamen, gelobte Kaiser Shōmu den Bau eines obersten Landestempels, des Tōdai-ji. Das gesamte Volk wurde zu 2
Beiträgen aufgerufen, und jeder zehnte folgte, selbst mit oft geringen Gaben, dem Gebot.

Der große Buddha *(daibutsu)*, eine 16,19 m hohe Monumentalskulptur des Buddha Birushana (Vairocana), wurde als Zentralkultbild in Bronze gegossen. Das Werk verschlang den gesamten Bronzebesitz des Landes. Es dauerte, nach Mißerfolgen, vier Jahre bis zu seiner Fertigstellung (749). Die Vergoldung zog sich über weitere Jahre hin. Mit großem Aufwand und unter Anteilnahme von unzähligen Adligen, Priestern und Gläubigen vollzog man 752 die Augenöffnungszeremonie. Die große Halle, in der das Kultbild thronte, war und ist auch heute noch nach etlichen Umbauten der größte Holzbau der Welt. Der Birushana-Buddha wurde mehrfach restauriert, zuletzt 1692.

In abgelegenen Nebenhallen des Tōdai-ji, der Lotus-Halle (Hokke-dō), der Initiationshalle (Kaidan-in) und in dem weiter südlich gelegenen Tempel Shin-Yakushi-ji, sind bedeutende Kultbilder der Nara-Zeit aufgestellt. Trockenlack und Ton gaben deren Werkstoffe ab, die sich vorzüglich zum Modellieren, Farbig-Fassen und Vergolden eigneten. Hoheitsvolle Bodhisattva-Gestalten und drastisch-dramatische Figuren von Wächtern, Dämonen und Buddha-Schülern sind als Zeugnisse der Nara-Kunst erhalten.

Zum Ende der Nara-Zeit brachte die Ankunft des erblindeten chinesischen Mönches Jianzhen (Ganjin, 688–763), der als Lehrer der Ritsu-Sekte nach Japan geholt worden war, der buddhistischen Lehre und Kunst noch einmal neue Impulse. Ihm verlieh das Kaiserhaus im Westen der Stadt, nördlich des Yakushi-ji, den Tempel Tōshōdai-ji. Prinz 3
Niitabe schenkte dem großen Gelehrten eine Halle seines Palastes. Als Lehrhalle (Kōdō) benutzt, ist sie als einziges weltliches Bauwerk der Nara-Zeit auf uns gekommen. Durch Ganjin und seine chinesischen Gefolgsleute erhielt die Plastik neue Anregungen; eine Schule der Holzbildnerei arbeitete in seinem Tempel.

Die buddhistisch geprägte Kunst umfaßte den Tempelbau, die Formgestaltung der Kultbilder,

2
Tempel Tōdai-ji, Nara, Luftansicht. Gegründet 745, mehrfach wiederaufgebaut
Im Vordergrund das zweistöckige Tor Nandai-mon von 1199, im Hintergrund der Tempelbezirk mit der Halle des Großen Buddha Daibutsu-den von 1709. Vor der Halle 4,5 m hohe Bronzelaterne aus der ersten Hälfte des 8. Jahrhunderts.

die religiöse Malerei und das sakrale Kunsthandwerk. Lebensstil und Ambiente des Kaiserhofes zeigten internationalen Charakter oder versuchten, ihn zu erreichen. Viele Einrichtungen und Gebrauchsgegenstände waren vom Festland gekommen. Die Gesandtschaften von 733 und 736 sollen Luxusgegenstände mitgebracht haben, die nicht nur in China selbst, sondern – wie Teppiche, Gläser, Metallarbeiten und Spielbretter – in Zentralasien, Iran und Syrien hergestellt worden waren. Auch die kompliziert gefärbten und gemalten Seidenstoffe mit teils sasanidischen Ornamenten kamen aus dem »Westen«. Die kunstvoll mit Perlmutter, Schildpatt und Steinen eingelegten Musikinstrumente, Spiegel und Spiegelkästen zeigen jene in China entstandene Ornamentwelt, in der Fremdländisches prunkvoll übernommen wurde. Aber auch ein schlichtes Holzbett, einfache Schränke, Schreibzeug und Papiere, Waffen und Kultgerät sind erhalten, darunter jene berühmten Stellschirme mit Darstellungen von chinesischen Damen unter Bäumen, die man heute als japanische Arbeiten ansieht. Diese reiche Fülle weltlicher Schätze blieb bis in die Gegenwart intakt, da Kaiserin Kōmyō nach dem Tode ihres Gatten Shōmu dessen gesamten Besitz zur Gedenkfeier des 77. Tages im Jahre 756 dem Buddha Birushana des Tōdai-ji weihte. Der Tempel ließ dafür die Speicher des Schatzhauses Shōsō-in errichten, deren absolute Dunkelheit die Kostbarkeiten bis heute vor Verschleiß und Vernichtung bewahrte.

Die Literatur der Nara-Zeit

Die Tätigkeiten bei Hofe werden durch die Berichte der Annalen erhellt. Die beiden frühen Geschichtswerke Japans, das *Kojiki* von 712 und das *Nihon-shoki* von 720, berichten nicht nur von der mythischen Vorzeit, sondern auch chronologisch von den Ereignissen im Lande und bei Hofe. Die Zusammenstellung von J. und R. K. Reischauer[7] umfaßt kaiserliche Zeremonien, Ernennungen von Kronprinzen, Krönungen, Stiftungen und Feste. Sie zählt die Gesandtschaften auf, die aus dem Ausland kamen und die entsandt wurden. Verzeichnet sind die Gesetzeserlasse über Münzprägung, über die Gründung von Handwerksbüros (728) und die Zahl – selten die Namen – ihrer Mitglieder, sowie über die Zahlung von Gehältern. Von der Errichtung von Tempeln in den Provinzen wird ebenso berichtet wie über die Aufstellung von Heeren zum Kampf gegen die Barbaren *(emishi)* oder zu Feldzügen in Korea.

Die aus der Frühzeit stammenden Obliegenheiten des Kaisers blieben gegen alle festländischen Neuerungen abgeschirmt. Die Gebetszeremonien für das Gedeihen des Reisanbaus, der Erntedank und die Reinigungsriten für Volk und Land leiten sich von den Vorstellungen des nationalen Shintō ab. Die alten Götterschreine, vor allem das Heiligtum der Ahnherrin des Yamato-Kaiserhauses, der Sonnengöttin Amaterasu Ōmikami, behielten ihre zentrale kultische Position bei. Der Schrein der Sonnengöttin in Ise wurde 685 im ursprünglichen Stil des 3. nachchristlichen Jahrhunderts neu errichtet. Ein Gesetz verpflichtete dazu, die Gebäude aus Gründen der Reinheit alle zwanzig Jahre zu erneuern. Landeswichtige Ereignisse wurden in Ise von kaiserlichen Gesandten vorgetragen; kaiserliche Prinzessinnen bekamen dort die Priesterinnen-Rolle auferlegt, und es wird vermerkt, daß von dem Guß des Großen Buddha von Nara in Ise Mitteilung gemacht wurde.

Die schriftliche Fixierung des urjapanischen Literaturgutes vollzog sich im 7. und 8. Jahrhundert. Zwar hatte Japan keine eigene Schrift entwickelt, doch bedeutete die Sprache in poetischer Form seit Anbeginn die wesentlichste Form künstlerischer Aussage. Die melodische Phrasierung der Sprache fand ihren Anfang im Liebeswerben. »Liederhecke« *(utagaki)* hießen die Liebeszwiegesänge der Jugend, die, in frischer Unbeschwertheit vorgetragen, im Liedergut überliefert wurden.

Die poetische Neigung kommt bereits im *Kojiki* zum Ausdruck. Es berichtet – anscheinend in Anlehnung an koreanische Mythen – von der Schöpfungsgeschichte des Insellandes. Zur Niederschrift verwendete man chinesische Schriftzeichen, die

3
Haupthalle Kondō des Tempels Tōshōdai-ji, Nara, Innenansicht. H. des Birushana 536 cm. Drittes Viertel 8. Jahrhundert
Überlebensgroße Trias des Birushana mit links Tausendarmigem Kannon und rechts Yakushi Nyorai in Trockenlack. Bon-ten und Taishaku-ten flankieren das Hauptkultbild; an den Ecken des Altars stehen die Shi-tennō.

teils bedeutungsmäßig, teils phonetisch gelesen wurden. In diesem dreibändigen Werk wird die Kaiser-Chronologie bis Suiko-Tennō, der Tante des Shōtoku Taishi, festgelegt. Für die mythologischen Passagen sammelte der Kompilator Ō no Yasumaro im Auftrag der Kaiserin Gemmei mündlich überlieferte Texte des (oder der) alten Hide no Are. So findet man auch 111 Gedichte in den Text eingestreut.

Dem *Kojiki* folgte 720 das völlig chinesisch konzipierte erste offizielle Geschichtswerk *Nihon-shoki* oder *Nihongi*. In dreißig Bänden berichtet es über Entstehung und Entfaltung des Tennō-Reiches bis zum Jahre 697. Das Werk ist in den letzten Bänden tatsachenbezogen und diente den Gesandtschaften als Selbstdarstellung ihres Landes. Auch Geschichtswerke der einzelnen Provinzen wurden auf kaiserliche Order von 713 niedergeschrieben. In diesen *Fudōki* (»Aufzeichnungen über Sitten und Land«) war reiches Quellenmaterial über Brauchtum und Wirtschaft gesammelt; leider sind nur einzelne der Texte erhalten.

Die älteste japanische Gedichtsammlung entstand 751. Sie umfaßt 120 Gedichte in chinesischer Sprache, die im Umkreis des Kaiserhauses entstanden waren. Ihr Name, *Kaifusō,* bedeutet »Erlesenes in Nachahmung alter Vorbilder«. Man findet Motive und Bilder chinesischer Lyrik wieder, die in Fünf-Wort-Versen abgefaßt waren. Inhaltlich stehen jedoch, anders als in China, Ereignisse des Hoflebens im Mittelpunkt. Über tiefgründige philosophische und politische Themen dichtete man in Japan nicht.

Weitaus lebendiger ist in den Gedichten des *Manyō-shū* (»Zehntausend-Blätter-Sammlung«) von Sitten und Bräuchen, Erleben und Empfinden der Menschen aller Volksschichten zu lesen. Das Werk umfaßt in zwanzig Bänden etwa 4500 Gedichte von der Mitte des 5. Jahrhunderts bis zum Jahre 759. Am Anfang steht ein ungekünsteltes Lied, das Kaiser Yūryaku auf der Brautschau gedichtet haben soll. Japanische Gedichte *(waka),* etwa 4170 an der Zahl, stehen zahlen- und rangmäßig vor den 260 Langgedichten und 60 Kehrversliedern. Das *waka* oder *uta* (Lied), auch *tanka* (Kurzgedicht) genannt, hatte als Versmaß die Silbenzahl von 5–7–5, 7–7 und kannte im Unterschied zu chinesischer Lyrik keinen Reim. Die Kunst, in dieser knappen Form Persönlichstes zu sagen, ist bereits im *Manyō-shū* zu finden. Man schrieb dieses Werk in kunstvoller Weise mit chinesischen Schriftzeichen nieder, die nun aber allein nach ihrem Lautwert benutzt wurden. Die Schriftform des *manyō-gana,* die im *Kojiki* teilweise erprobt worden war, hat hier ihre Ausprägung gefunden. Unter den im *Manyō-shū* vertretenen Hofdichtern ragt der Adlige Kakimoto no Hitomaro (7.–8. Jahrhundert) hervor. Er schrieb viele offizielle Gedichte für das Kaiserhaus. Sein Stil scheint rhetorisch und schwülstig, da die japanische Poesie Kissenworte *(makura-kotoba)* anbot, um die Zeilen passend und klangvoll zu füllen. Hitomaros weniger hochgeborener Zeitgenosse Yamabe no Akahito dichtete intime Natur- und Liebeslieder. Als der letzte Kompilator trat offenbar Ōtomo no Yakamochi (718–785) auf; er steuerte aus seinen Werken die letzten vier Bände zur Anthologie bei[8].

Die Musikalität der Poesie schließt eigentlich nahtlos an das Volkslied und an die Kultgesänge und -tänze des Shintō an. *Kagura* (Bühne der Götter) heißen die altjapanischen Ritualtänze, die in den Dörfern als Land-*kagura* und bei Hofe zu Ehren der kaiserlichen Ahnherrin als erhabene *kagura* aufgeführt und mit Flöten, Harfen und Gesang begleitet wurden. Mit der Skulptur kamen im 6./7. Jahrhundert Tänze und Maskenformen, Musik und Instrumente aus China, Indien und Zentralasien nach Japan. Das Musikamt Gagakuryō findet sich im Taihō-Gesetz einbezogen. Für die *gigaku*-Tänze (Kunstmusik), die als buddhistische Kulthandlung aufgeführt wurden, verwendete man dämonische Schädelmasken. Von ihnen sind etwa 240 im Besitz der buddhistischen Haupttempel erhalten.

Japans Kultur im Wandel

Die neue Hauptstadt Heian-kyō

Als der Sohn des Kaisers Kōnin 781 mit 44 Jahren als Kammu-Tennō auf den Thron erhoben wurde, betrieb er mit Unterstützung der mächtigen Fujiwara die Verlegung der Hauptstadt. Der Hof mußte sich dem Machtanspruch und -bereich der »Sieben großen buddhistischen Tempel« von Nara entziehen. Die neue Hauptstadt wurde etwa 30 km nördlich in Nagaoka, nahe dem verkehrsgünstigen Fluß Yodo-gawa, in einem Gebiet der koreastämmigen Hata aufgebaut. Daß die Mutter des Kaisers, Takano Niigasa, dem koreanischen Königshaus von Paekche (Kudara) entstammte, könnte dabei mit eine Rolle gespielt haben. Für die Anlage der neuen Metropole, die wie Nara dem Plan der chinesischen Hauptstadt Chang'an folgte, arbeiteten 314000 Fronarbeiter sieben Monate lang an den Fundamenten. Die Tore überführte man von Nara. Im Jahre 784 konnte der Kaiser den neuen Kaiserpalast beziehen. Die Administration lief während dieser Zeit ungebrochen weiter.

Nagaoka erwies sich jedoch als unheilvolle Gründung, nicht nur wegen seiner Lage in einem engen Tal, sondern auch aufgrund von Intrigen, die die Umgebung des Kaisers schwer belasteten. Ein Fujiwara-Mächtiger wurde mit Wissen des Kaiserbruders und designierten Kronprinzen Sawara erschossen und der Prinz, zur Strafe nach der Insel Awaji verbannt, auf dem Wege dorthin ermordet. Nun schien sein Fluch das Kaiserhaus zu treffen: Die Kaiserin starb, und der Kronprinz erkrankte schwer; nicht genug, die kaiserlichen Heere erlitten schwere Niederlagen im Nordosten gegen die Ezo (Ainu).

Etwa zehn Jahre später entdeckten Höflinge bei der Jagd ein günstigeres Gelände für eine Hauptstadt: nördlich von Nagaoka beim Dorf Uda zwischen dem Katsura- und dem Kamo-Fluß. Dort bot die Gebirgsnähe Schutz vor Dämonen; vor allem der Hiei-zan im Nordosten erfüllte die Bedingungen des chinesischen *fengshui*-Zaubers, der die bei einer Stadtgründung einzuhaltenden Riten festlegte. Kaiser Kammu verkündete den Plan der erneuten Umlegung den Schutzgottheiten des Gebietes von Uda im Kamo-Schrein, der Sonnengöttin im Daijingū in Ise und den Geistern seiner Ahnen in den Mausoleen. Erneut begannen gewaltige Vermessungs- und Erschließungsarbeiten, wenn auch das Weichbild der Stadt nur in wenigen Bezirken sofort bebaut wurde. Im Jahre 794 verlegte man die Märkte von Nagaoka in die neue Stadt. Am 22. des 10. Monats zog der Kaiser mit seinem Gefolge in den neuen Palast ein. Die Stadt erhielt den Namen Heian-kyō, Hauptstadt des Friedens und der Ruhe. Heian-kyō, das spätere Kyōto, blieb nominell Hauptstadt und Kaisersitz bis 1869.

Das Areal der neuen Stadt beanspruchte etwa 4
das Vierfache von Nagaoka, ein Rechteck von 5,5 auf 4,5 km. Es glich, wie schon Nara, als Spiegel von Chang'an einem großen Schachbrett mit vertikal neun und horizontal acht Feldern. In der Mitte der Nordstadt lag der Kaiserpalast Daidairi, der in S. 234–235
der Länge den breiten Block zwischen Erster Avenue Ichijō-ōji und Zweiter Avenue Nijō-ōji einnahm. In der Breite dehnte er sich über je einen Block westlich und östlich der Hauptachse Suzaku-ōji aus. Vom Tor Rashō-mon im Süden zielte diese breite Allee schnurgerade auf das Suzaku-mon, das Haupttor des Palastes, hin. Im Großpalast des Tennō folgten die offiziellen Bezirke, wie schon in Nara, aufs genaueste dem chinesischen Vorbild. Im zentralen Palasthof, dem Chōdō-in, zu dem man vom Tor Suzaku-mon durch das Ōten-mon schritt, umgaben einzelne Hallen einen weiten Innenhof, den an der Nordseite die große Audienzhalle Daigoku-den begrenzte. Die Bauten glichen in den Proportionen und in ihrer Ständerbauweise buddhistischen Tempelhallen. Sie hatten Steinfußböden, grüne Ziegeldächer und rot gestrichene Holzsäulen. Auch der Banketthof Buraku-in westlich des Chōdō-in, die Verwaltungsämter – Zeremonialamt, Amt für Volksangelegenheiten und Gericht – sowie die Wachgebäude und Ställe entsprachen genau chinesischen Hallenkomplexen.

Der Innere Kaiserpalast, Dairi oder Kōkyō, lag S. 236
nordöstlich vom Chōdō-in. Hinter seinem Haupttor, Kenrei-mon, entfaltete sich eine andere Welt; denn die als Pfahlbauten konstruierten Gebäude prunkten nicht in wuchtiger Farbigkeit, sondern schufen mit Naturholzpfeilern, Schindeldächern, polierten Holzfußböden und Schwingtüren eine Atmosphäre ausgewogener, verhaltener, rein japanischer Eleganz. Die private kaiserliche Audienzhalle Shishin-den bestand aus einem 5
Kernraum mit nach den vier Seiten vorgezogenen

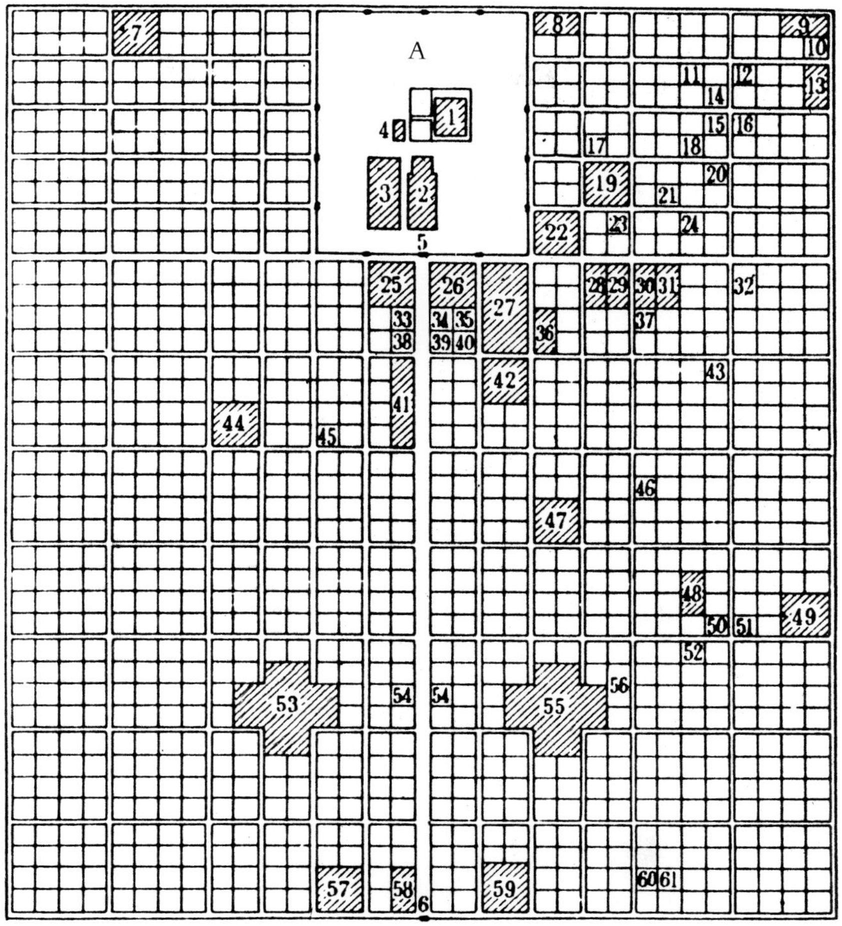

4
Plan der Hauptstadt Heian-kyō

A Daidairi oder Kyūjo (Kaiserpalast)
1 Dairi (Innerer Palast)
2 Chōdō-in
3 Buraku-in
4 Shingon-in
5 Suzaku-mon
6 Rashō-mon
7 Uda-in
8 Ichijō-in
9 Some-dono
10 Seiwa-in
11 Tsuchimikada-dono
12 Takakura-dono
13 Kyōgoku-den
14 Biwa-dono
15 Koichijō-dono
16 Kazan-in
17 Honin
18 Sugawara-in
19 Kayano-in
20 Konin
21 Komatsu-in
22 Reizei-in
23 Yōzei-in
24 Ono-no-miya
25 Kokusō-in
26 Daigaku-ryō (Universität)
27 Shinzen-en
28 Horikawa-in
29 Kanin
30 Higashi Sanjō-dono
31 Kamoi-dono
32 Konijō-dono
33 Ukyō-tsukasa
34 Sakyō-tsukasa
35 Kōbun-in
36 Mikasa-dono
37 Takamatsu-dono
38 Nishi Sanjō-dono
39 Shōgaku-in
40 Kangaku-in
41 Suzaku-in
42 Shijōgo-in
43 Rokkaku-in
44 Shōwa-in
45 Saiin
46 Kōbai-dono
47 Gojō-in
48 Korokujō-in
49 Kawara-in
50 Naka Rokujō-in
51 Tsuridono-in
52 Rokujō-in
53 Westmarkt
54 Kōkoku-in
55 Ostmarkt
56 Teiji-in
57 Saiji (Westtempel)
58 Hanazono-dono
59 Tōji (Osttempel)
60 Seyaku-in (Krankenhaus)
61 Kujō-dono

5
Halle Shishin-den des Kaiserpalastes, Kyōto. Rekonstruktion von 1855
Die Thronhalle Shishin-den bietet mit ihrem hohen, gestaffelten Schindeldach einen eindrucksvollen Anblick. Zur neun Joch breiten Halle führt in der Mitte die breite hölzerne Treppe mit 18 Stufen hinauf. Von der Halle aus steht rechts der Treppe der Tachibana-Orangenbaum, links die Sakura-Kirsche. Ein Namensschild krönt das Mitteljoch.

6
Halle Seiryō-den des Kaiserpalastes, Kyōto. Rekonstruktion von 1855
Die kaiserliche Wohnhalle Seiryō-den schließt sich im Norden rechtwinklig an die Thronhalle an. An ihrer nach Osten geöffneten Front stehen zwei Bambusstauden, im Süden der *kawatake,* im Norden der *kuretake.* Zwei schmale Treppen führen auf den Umgang.

7
Grundriß der Halle Seiryō-den, Kyōto

8
Halle Seiryō-den des Kaiserpalastes, Kyōto, Privaträume des Kaisers
Im Westen der Halle dienen durch Stellschirme abgegrenzte Räume dem Kaiser zum Aufenthalt und zum Speisen. In der Mitte des Raumes Asagarei erhebt sich das Sitzpodest; vor dekorativen Wandschirmen steht Lackgerät für die Toilette.

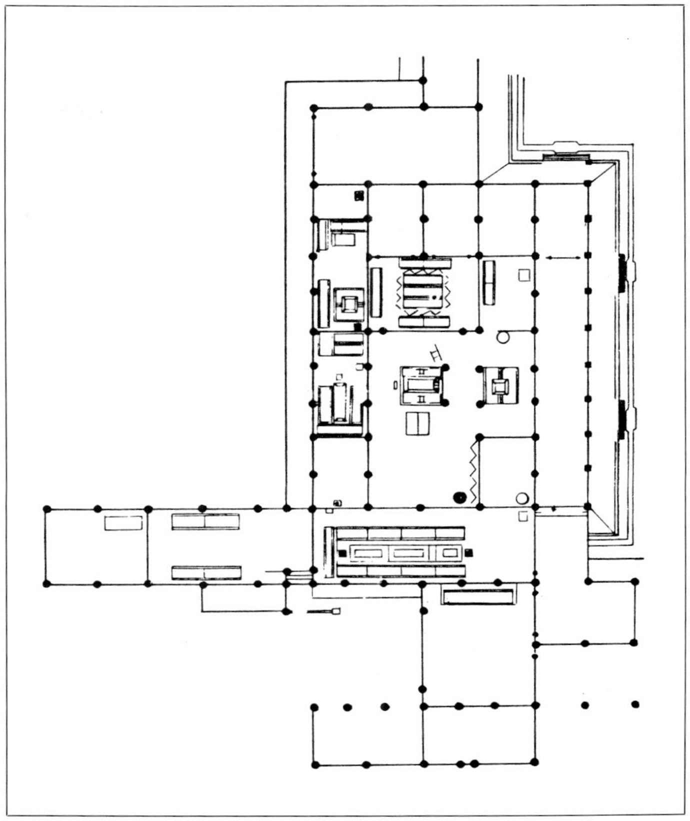

9
Genji-monogatari-emaki, 49. Kapitel, Yadorigi, 1. Teil. Tusche und Farben auf Papier. 21,2 x 37,2 cm. Tokugawa Reimeikai Foundation, Tōkyō
Im Raum Asagarei der Halle Seiryō-den spielen der Kaiser und Prinz Kaoru eine Partie Gō um die Prinzessin Onna Ni no Miya. Lackmöbel und ein silbergrundiges Paneel mit Yamato-e-Landschaft sind im Raum aufgestellt. Im Vorraum links lauschen zwei Hofdamen hinter Schiebetüren, an die sich ein zweiteiliger gelackter Wandschrank anschließt.

Vordächern. Siebzehn Hallen fügten sich im Dairi in symmetrischer Ordnung, aber in rhythmisch wechselnden Gruppierungen zu einem Komplex zusammen, den überdachte Verandengänge verbanden. Diese Bauweise wird als »Palais«- oder
47–48 »Villen«-Stil *(shinden-zukuri)* bezeichnet: *shinden* heißt eigentlich Schlafhalle und bezeichnet die Wohn- und Ruhehalle im aristokratischen Palais. Dem Vorhof der Shishin-den gab weißer Sand die Weite. Teich und Garten, wie sie den Palästen des Adels unerläßlich vorgelagert waren, befanden sich für die Vergnügungen der Hofgesellschaft weiter im Süden.

Von der Shishin-den führte eine Veranda zu der nordwestlich gelegenen Wohnhalle des Kaisers,
der Seiryō-den. Das Gebäude öffnete sich nach 6–8
Osten zu einem schmalen Hof mit zwei eingezäunten Bambusbüschen. Im Innern der Halle teilten 9
Schiebetüren und Stellschirme einzelne private Gelasse des Kaisers ab.

Doch gaben vor allem die Innenhöfe *(tsubo)* des Dairi der Anlage ihren besonderen Charme. Sie waren nach bestimmten Pflanzen benannt: Paulownia *(kiri),* Glyzinie *(fuji),* Birne *(nashi)* oder Pflaume *(ume),* Namen, die dann auch die Bewohnerinnen, die kaiserlichen Frauen und Nebenfrauen, übertragen bekamen. Niedrige Gebäude lagen an den Außenachsen und beherbergten ebenfalls Damen und Dienerinnen.

Im dritten Block südlich des Palastes und östlich der Suzaku-ōji entstand das Universitätsviertel. Südlich des Palasttores Bifuku-mon bildete ein Areal zwischen der Nijō- und der Sanjō-ōji den Grund für den Palastgarten (Shinsen-en). Mit einem künstlichen See und gewundenen Bachläufen, mit Landschaftsgestaltung durch Hügel und Baumgruppen war eine kunstvolle Szenerie geschaffen worden, die den idealen Rahmen für Garten-, Dichter- und Musikfeste abgab.

Im Gegensatz zu Nara gründete man jeweils in der Achse der Märkte einen Staatstempel: im Osten (Sa-kyō) den Osttempel Tōji und entsprechend im Westen (U-kyō) den Saiji. Beide Tempelbezirke reichten bis zur südlichsten Straße, der
14 Neunten Avenue. Der Tōji, offiziell als Tempel zum Schutze des Landes (Kyōōgokoku-ji) bestimmt, erhielt seine zentrale Funktion durch den Priester Kūkai (Kōbō Daishi), der 823 zum Abt ernannt wurde.

Mit der neuen Hauptstadt hatte Kaiser Kammu ein sichtbares Zeichen für den Beginn einer neuen Epoche gesetzt. Als weiteres Verdienst dieses energischen Mannes müssen seine militärischen Anstrengungen zur »Befriedung des Reiches« gegen die Ureinwohner genannt werden. Um zukünftige Niederlagen zu verhindern, befahl Kammu bereits in Nagaoka Tributabgaben in Form militärischer Ausrüstung. So mußten die Provinzen von Ostjapan, das Kantō, Lederpanzer, Dazaifū in Kyūshū Eisenhelme und die Provinzen des Tōkaidō (Ostmeerbezirk) und Tōsandō (Ostbergbezirk) Pfeile zu Tausenden an die Regierung liefern. Das gut ausgerüstete Heer wurde dem heldenhaften und loyalen Feldherrn Sakanoue no Tamuramaro (758–811) unterstellt, dem schließlich auch die Unterwerfung der aufsässigen Ureinwohner (Ezo) gelang. Der Kaiser ernannte ihn zum Sei-i Tai-shōgun (Oberbefehlshaber zur Unterwerfung der Barbaren), ein Ehrentitel, den etwa vierhundert Jahre nach ihm nur noch Minamoto no Yoritomo am Ende der Heian-Zeit verliehen erhielt. Das Volk mußte in den Jahren des Umbruchs übermäßige Lasten an Fronarbeit, Militärdienst und Steuerabgaben tragen. Immer mehr Menschen flüchteten in die Mauern der Stadt, denn als Dienstleute des Hofadels oder aber als Vaganten konnten sie steuerlich nicht erfaßt werden. Die heimatlosen Landstreicher werden bereits in den frühen Annalen als *rōnin* (Wellenmenschen) bezeichnet, ein Name, der in der Neuzeit auf die herrenlosen *samurai* übertragen wurde.

Kaiser Kammu erhielt all diese Mißstände von seinen Ratgebern vorgetragen. Ein Jahr vor seinem Tod, 805, verkündete er offiziell eine Amnestie und ließ posthum den Prinzen Sawara zum Tennō erheben. Darf man in diesen Handlungen den Einfluß chinesischer Ideale von weisem Herrschertum oder aber die Mildewaltung aus buddhistischen Vorstellungen sehen?

Einen neuen Regierungskurs verfolgte Kammu-Tennōs zweiter Sohn Saga, der als Nachfolger des zwielichtigen Heijō 809 zum Kaiser ernannt wurde. Um den politischen Machenschaften seines Vorgängers und dessen Konkubine zu entgehen, richtete er ein kaiserliches Privatbüro ein, mit dem er unabhängig, aber auch in Verbindung mit den Spitzen des Hochadels Beschlüsse rechtskräftig machen konnte. Recht und Ordnung hielt die neugegründete kaiserliche Polizei aufrecht. Durch seine frühzeitige Abdankung vollzog Saga-Tennō einen epochemachenden Schritt: Es gelang ihm nicht nur, seinen Sohn als Nachfolger seines Bruders Junna-Tennō zu ernennen, sondern er konnte auch aus dem Hintergrund die Regierungsgeschäfte weiterleiten. Als Großkaiser (Dajō Tennō) lebte er offiziell in seinen Palästen, dem Reizei-in in der Stadt und dem Saga-in bei Kitano, seinen künstlerischen Passionen. Trotzdem hielt er aber durch sein Büro die Regierung fest in der Hand. Da ihm als Exkaiser ein Budget in Form von Brachländereien und Unterhaltsfamilien zugewiesen wurde, das allerdings nur ein Fünftel des Einkommens der Fujiwara-Adligen ausmachte, besaß er eine nicht unwesentliche Machtbasis[9]. Dies ermöglichte ihm, die Politik während der Regentschaft von Junna- und Nimmyō-Tennō weitgehend zu bestimmen. Allerdings geriet die Position des Regenten nach seinem Tod unter den nächsten Kaisern in die Hände des machtvollen Clanherrn Fujiwara no Yoshifusa, der durch Familienheiraten – er selbst war ein Schwiegersohn des Saga-Tennō – mit den Ämtern des Kanzlers (Dajō Daijin) und Regenten (Sesshō) de facto die Macht ausübte.

Erst ein halbes Jahrhundert später gewann Uda-Tennō, der 887 mit 21 Jahren auf den Thron erhoben wurde, noch einmal den Machtkampf gegen den regierenden Kanzler Fujiwara no Mototsune. Auch Kaiser Uda dankte, ähnlich wie Saga, nach zehnjähriger Tennōschaft zugunsten seines Sohnes Daigo ab. Als Großkaiser und als Mönchskaiser (Hōō) regierte er im Suzaku-in und im

10
Saichō (Dengyō Daishi). Tusche und Farben auf Seide. 129 x 75,8 cm. 11. Jahrhundert. Tempel Ichijō-ji, Kyōto
Das Idealporträt zeigt den großen Gelehrten und Gründer der Tendai-Sekte meditierend auf einem geschnitzten Priesterstuhl. Wie die anderen Äbte trägt er ein Tuch über dem Kopf. Das Gemälde gehört zu dem berühmten Satz »Shōtoku Taishi und die Tendai-Patriarchen« des Tempels Ichijō-ji.

11
Kūkai (Kōbō Daishi), Ausschnitt aus einem posthumen Porträt. Kamakura-Zeit (1192–1333). Tempel Kyōōgokoku-ji, Kyōto
Der Priester sitzt auf einem Podest und hält den Donnerkeil, das Zaubergerät der Shingon-Sekte, und einen Rosenkranz in den Händen. Vor und neben dem Podest stehen Schuhe und Wasserflasche.

Tempel Ninna-ji. Um ihn scharte sich die geistige, chinesisch orientierte Elite mit Sugawara no Michizane. Dieser und Ki no Haseo hatten im Jahre 894 abgelehnt, eine Gesandtschaft nach China zu übernehmen. Vermutlich ließ der Zerfall des Tang-Reiches die Reise unnötig erscheinen; hinzu kam die Sorge der Männer, während ihrer Abwesenheit der Macht bei Hofe verlustig zu gehen. Fujiwara no Tokihira, ihr großer Gegenspieler, erwirkte aber doch Michizanes Verbannung nach

161 Kyūshū. Das *Kitano-Tenjin-engi* der Kamakura-Zeit berichtet in dramatischen Bildern über das Schicksal dieses tragischen, legendenumwobenen Staatsmannes.

Die neuen buddhistischen Geheimlehren und der Shintō

Zur Zeit der Errichtung der Haupthalle auf dem Hiei-Berge:

Ihr so gütigen,
so höchster Weisheit vollen
Buddha allesamt,
der uns so vertraut, dem Wald
gebt euren göttlichen Schutz.

Saichō (Dengyō Daishi)[10]

Gleich wie sich das Kaiserhaus von Nara löste, bemühten sich auch junge Intellektuelle, den oberflächlichen Ritualen und dem Pomp des Staatsbuddhismus zu entgehen. Zwar kamen sie von den sechs Sekten her, denen die bestehenden Tempel zugehörten, doch suchten sie abseits in der Bergeinsamkeit, in Meditation und Sūtrenstudium, Zugang zur letzten Erkenntnis.

10 Als erster prominenter Mönch zog sich Saichō (767–822), der aus chinastämmiger, vermögender Familie am Biwa-See kam, vom Tōdai-ji in Nara zurück und praktizierte in der Einsamkeit des abgelegenen Hiei-zan-Berges die neuartigen Lehren der chinesischen Tiantai-Schule. Seine Interpretation des Hokke-kyō (Lotus-Sūtra) beeindruckte Kaiser Kammu, der ihn 797 zum Priester am Kaiserpalast ernannte. Ihm verdankte es Saichō auch, mit der Gesandtschaft von 804 unter Fujiwara no Kadonomaru nach China reisen zu können. Im Zentrum der Sekte, am Tiantai-shan bei Ningbo, erhielt er die Priesterweihe und kehrte nach neuneinhalb Monaten, viele Sūtren-Abschriften im Gepäck, in die Hauptstadt Japans und zu seinem Ehrenposten zurück. Er erhielt den Hiei-zan als Klostersitz zugewiesen und errichtete dort den Tempel Enryaku-ji.

11 Sein etwas jüngerer Zeitgenosse Kūkai (774–835), ein Enkel des Dichters Ōtomo no Yakamochi, kam aus Shikoku an die kaiserliche Universität in Nagaoka, wo er Sinologie studierte. Danach erwarb er sich als Novize zu den Lehren des Konfuzius und Taoismus auch profunde Kenntnisse der buddhistischen Lehre hinzu. Mit 24 Jahren verfaßte der hochbegabte Mann ein Traktat über die Einheit dieser drei Lehren. Er konnte auf eigene Bitten mit der gleichen Gesandtschaft wie Saichō nach China reisen und blieb drei Jahre lang dort. Kūkai zog in die Hauptstadt Chang'an. Dank seiner guten Kenntnis des Chinesischen studierte er beim Großmeister der »Geheimlehre des Wahren Wortes« Shenyan (Shingon) und wurde vom Siebenten Patriarchen Hui Guo zum Nachfolger ernannt. Kūkai erlernte in Chang'an zudem Sanskrit bei einem indischen Buddhisten, Kalligraphie bei dem Meister Han Fangming, überdies Dichtung und Handwerkskünste. Mit einer umfangreichen Sammlung von Schriften und Kunstwerken kehrte er nach Japan zurück. Er gilt als das japanische Universalgenie der frühen Heian-Zeit, das die japanische Kultur und Kunst entscheidend prägte.

Worin bestanden Kūkais neue Lehren? Sie bauen – nach dem Mahāvairocana-Sūtra (Dainichi-kyō) und Vajrasekhara-Sūtra (Kongōchō-kyō) – ein Bild des Kosmos auf, mit dem Buddha der höchsten Weisheit, Mahāvairocana (Dainichi), im Zentrum. Dieser vereinigt die beiden Weltaspekte: den der reinen Idee der »Diamantwelt« *(kongō-kai)* und den der »Mutterschoßwelt« der Erscheinungen *(taizō-kai)*. In zwei Mandala (jap. Mandara) werden die vielfältigen Manifestationen des höchsten Buddha dargestellt: denn alles ist Buddha. Im Anruf der Gestalten der Mandara und ihrer Beschwörung durch geheime Gesten *(mudrā)* und Laute *(mantra)* werden die überirdischen tantrischen Kräfte geweckt – doch nur für den Eingeweihten. Kūkais Interpretation, daß auch die Shintō-Gottheiten Emanationen der Buddha-Wesen seien und diesen gleichgesetzt, machte die spekulative Lehre japanischem Denken annehmbar. Die Vorstellung, daß Amaterasu Ōmikami dem Buddha Vairocana entspräche und alle Naturgottheiten ihren Platz im buddhistischen Pantheon hätten, trug viel zur Popularisierung der Shingon-Lehre bei. Zuvor hatte sie aber schon durch ihre Zauberriten die abergläubischen Menschen der frühen Heian-Zeit in ihren Bann geschlagen.

Große Priesterpersönlichkeiten wuchsen in der Nachfolge vor allem aus der Tendai-Sekte heraus.

Berühmt wurde Ennin (Jigaku Daishi, 793–864), der auf der »Suche nach dem Gesetz des Buddha« von 838 bis 846 unter großer Mühsal nach China pilgerte. Begleitet von koreanischen Dolmetschern, wanderte er zum Wudai-shan und weiter zur Hauptstadt Chang'an. Dort erlebte er am eigenen Leib die brutalen Buddhistenverfolgungen der Zeit von 842 bis 845. In seinem Tagebuch[11] schildert er leider nichts von den gepriesenen Wundern der Weltstadt. Ennin studierte im fernen China weniger die Tendai- als die tantrischen Lehren des Shingon. Auf mühevoller Rückfahrt brachte er nicht nur chinesische Kunstwerke, sondern auch eine große Zahl teils von ihm eigenhändig kopierter Sūtrenrollen mit.

30 Nach ihm unternahm der Mönch Enchin (Chishō Daishi, 814–891) gleichfalls vom Hiei-zan aus die strapaziöse Reise. Enchin weilte von 853 bis 858 im Staat Yue und studierte im Tempel Qinglongci buddhistische Lehrmeinungen. Nach seiner Rückkehr distanzierte sich der energische Mann – wir kennen sein Porträt – von der Tendai-Sekte und gründete mit einer eigenen tantrischen Sekte, der Jimon-ha, den Tempel Onjō-ji am Biwa-See.

Die Tempelanlagen der Shingon-Sekte

> Du fragst, weshalb ich die tiefen, kalten Berge betrat,
> Von steilen Gipfeln und grotesken Felsen unheimlich umgeben,
> Eine Stätte, schwierig zu erklimmen und mühsam zu ersteigen,
> Wo die Götter des Berges und die Geister der Bäume wohnen.
> ...
> Nutzlos wäre mein Bleiben in der Hauptstadt;
> Fort, fort muß ich ziehen. Hier darf ich nicht bleiben,
> Entlasse mich, denn ich werde Meister sein über die große Leere,
> Ein Kind des Shingon darf hier nicht bleiben.
>
> Kūkai, Gedicht an einen Aristokraten in Kyōto[12]

Als visuelle Instruktionsmittel zog Kūkai – wie kaum eine andere Priesterpersönlichkeit – alle Zweige der bildenden Künste heran. Nicht nur die Mandara-Gemälde dienten dem Kult, sondern auch die Anlage der Klöster und die Skulpturen in den Lehrhallen suchte er als Diagramme der »Beiden Welten« zu gestalten.

Im Jahre 816 erhielt er von Kaiser Saga, der ihm besonders gewogen war, den ihm vertrauten Bezirk auf dem Berg Kōya-san zum Tempelbau zugewiesen. Dort, in unwegsamer Natureinsamkeit, legte er mit dem Tempel Kongōbu-ji sein Kernkloster an. Allerdings konnte die Anlage erst unter seinem Nachfolger, Priester Shinnen, vollendet werden. Der Bau ging nur mühsam voran in der einsamen, wasserarmen Gegend. Die Anordnung der Gebäude folgte den beiden Mandara. Die Große Pagode und die Westpagode – diese wurde 1834 wieder neu aufgebaut – entsprachen der »Mutterschoßwelt« und der »Diamantwelt«. Die vielleicht von ihm selbst konzipierte neue Konstruktion der Pagoden stand formal dem indischen Stūpa-Reliquiar nahe. Zweigeschossig angelegt, mit kunstvoll eingeschobener, weiß verputzter Scheinkuppel, war diese Tahō-tō (Pagode der vie- 12
len Schätze) Rahmen und Behältnis für Buddha Vairocana oder für verehrte Reliquien. Neben dieser Form blieb aber auch die alte Galerie-Pagode, meist schlanker als die Urform des Tempels Hōryū-ji, innerhalb der Tempelanlagen möglich.

Auf dem Kōya-san lagen, dem Mandara-Schema folgend, die Abtwohnungen zwischen den Pagoden. Hinter dem inneren Tor folgte die Lehrhalle (Kōdō), der weitere Hallen zugeordnet waren. Nur die Fudō-Halle aus dem Jahre 1197 ist bis heute erhalten. Die ursprüngliche Ordnung wurde durch die Anlage privater Untertempel zerstört, die sich um die alten Gebäude drängten, da die Nähe des Paradieses die Garantie der Buddhaschaft bedeutete.

In den Speichern der Bergklöster erhielt sich ein großer Bestand an Kunstwerken, Kūkais eigener

12
Pagode Tahō-tō des Tempels Kongōsammai-in, Kōya-san, Wakayama. Holzbau mit Schindeldach. H. 14,9 m. 1223
Die kleine Pagode wurde von Masako, der Gemahlin des Minamoto no Yoritomo, für das Seelenheil ihres verstorbenen Gatten gestiftet. Da die drei Tahō-tō des Kongōbu-ji, des Haupttempels auf dem Kōya-san, bereits 994 zerstört waren und nur eine von ihnen zuletzt 1936 wiederaufgebaut wurde, gehört dieser elegante Bau, mit der Pagode des Ishiyamadera, zu den wenigen architektonisch bedeutenden frühen Tahō-tō, die heute noch stehen.

13
Pagode des Tempels Kyōōgokoku-ji (Tōji), Kyōto. H. 56 m. 1644
Auf Befehl des Tokugawa no Iemitsu wurde die Pagode 1644 nach dem Originalbau von 826 neu errichtet. Als Galerie-Pagode mit fünf Dächern verkörpert sie den rein japanischen *wayō*-Stil. In der ursprünglichen Anlage hatte der Pagode im Südosten eine Initiationshalle Kanjō-in im Südwesten entsprochen.

14
Lehrhalle Kōdō des Tempels Kyōōgokoku-ji (Tōji), Kyōto, Innenansicht. Geweiht 839
Die Halle wurde auf Gelöbnis von Nimmyō-Tennō errichtet und 839 geweiht. Auf breitem Podest sind 21 Skulpturen als Mandara aufgestellt. Die zentrale Gruppe der »Fünf Buddha« und die mittlere Figur der »Fünf Großen Bodhisattva« wurden später ergänzt. Die »Fünf Großen Weisheitskönige«, die »Vier Himmelskönige« sowie die indischen Götter Bon-ten und Taishaku-ten sind jedoch Originale des 9. Jahrhunderts, die den schweren, noch stark von Indien und China geprägten Formstil zeigen.

Besitz und manche seiner Schriften, aber auch Gemälde und Skulpturen der Heian- und Kamakura-Zeit, die nicht alle den Shingon-Vorstellungen entsprechen. Kūkai konnte weitere Tätigkeiten entfalten, da ihm Kaiser Saga im Jahre 823 auch das Amt des Großabtes des Tōji, des Osttempels 13
von Heian-kyō, zuteilte. Man änderte den Namen des Tempels und bekundete die landesweite Schutzfunktion der Shingon-Lehre mit der Bezeichnung Kyōōgokoku-ji (Tempel zum Schutze des Landes).

Die Anlage war in konventioneller Weise bei der Stadtgründung festgelegt gewesen. Vom Südtor (Nandai-mon) führte der Anbetungsweg in der Südnordachse zur Haupthalle. Die Südostecke des Bezirks nahm die fünfstöckige Galerie-Pagode ein, die 1644 wiederaufgebaut wurde und der im Südwesten ursprünglich die Initiationshalle (Kaidan-in) entsprach. Der kleine Altarraum der Pagode enthielt über Pfeiler und Wände ausgebreitet die Figurationen der »Beiden Welten«, vergleichbar vielleicht der Innenbemalung der Pagode des Tempels Daigo-ji von 951.

Zum Zentrum des Kyōōgokoku-ji gestaltete
14–15 Kūkai die Lehrhalle. In ihr ist auf einem Podest das überlebensgroße Mandara aus 21 Holzskulpturen aufgebaut. Es wurde erst 839, nach Kūkais Tod, geweiht. Die mittlere Gruppe mit den vier Buddha um die Zentralgestalt des All-Buddha Dainichi (Vairocana) hat man rekonstruiert, ebenso die Mittelgestalt der »Fünf Großen Bodhisattva«. Die linke Konfiguration der »Fünf Großen Weisheitskönige« (Godai-myōō) vom Beginn des 9. Jahrhunderts ist erhalten: Den »Unbeweglichen Weisheitskönig« (Fudō-myōō) rahmen vier drastisch bewegte Vidyārāja, Gestalten des indischen Hinduismus. An den vier Ecken des Podestes haben die »Vier Himmelskönige« (Shi-tennō) ihren Platz, an den Schmalseiten die indischen Götter Brahmā und Indra (Bon-ten und Taishaku-ten), die auf Tieren reiten. In diesem Mandara scheint die körperschwere, magische Formenwelt Indiens in Japan zu eigenem Leben gefunden zu haben.

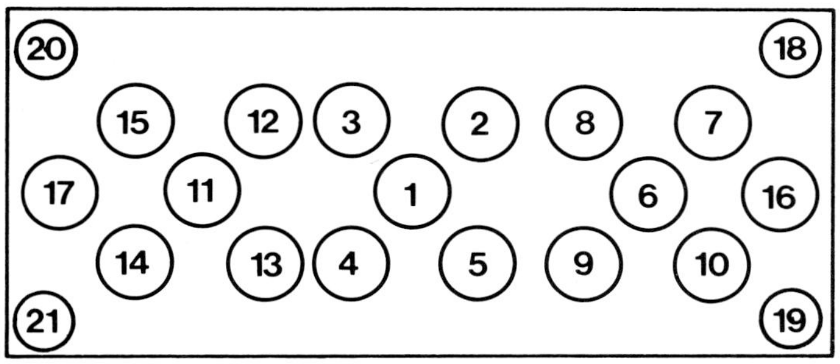

15
Lehrhalle Kōdō des Tempels Kyōōgokoku-ji (Tōji), Kyōto, die 839 geweihte Mandara-Konfiguration; sechs Figuren später ergänzt, die fünfzehn alten Skulpturen teils stark restauriert
Mittlere Gruppe der »Fünf Buddha«
1 Dainichi Nyorai (Mahāvairocana)
2 Ashuku Nyorai (Aksobhya)
3 Hōjō Nyorai (Ratnasambhava)
4 Fukujōju Nyorai (Amoghasiddhi)
5 Amida Nyorai (Amitāyus)
Östliche Gruppe der »Fünf Großen Bodhisattva« (Benennung nicht eindeutig)
6 Kongōharamitsu Bosatsu
7 Kongōsatta – Kongōshu Bosatsu
8 Kongōhō Bosatsu
9 Kongōgyō Bosatsu – Kongōyakusha Bosatsu
10 Kongōhō Bosatsu – Kongōri Bosatsu
Westliche Gruppe der »Fünf Großen Weisheitskönige«
11 Fudō-myōō (Acalanātha)
12 Kongōyasha-myōō (Vajrajaksa)
13 Gozanze-myōō (Trailokyavijaya)
14 Gundari-myōō (Kundali)
15 Daiitoku-myōō (Yamāntaka)
Osten, Mitte
16 Bon-ten (Brahma)
Westen, Mitte
17 Taishaku-ten (Indra)
In den Ecken Wächterfiguren der »Vier Himmelskönige«
18 Tamon-ten (Vaishravana)
19 Jikoku-ten (Dhartarāstra)
20 Kōmoku-ten (Virūpāksa)
21 Zōchō-ten (Virūdhaka)

Ein weiterer Tempel außerhalb von Heian-kyō gewann für die Shingon-Sekte an Bedeutung: der in den Bergen von Takao gelegene Jingo-ji. Ursprünglich bestand dort ein Naturheiligtum des Shintō. Der unglückliche Minister Wake no Kiyomaru erbaute sich später, im Jahre 801, einen Privattempel. Auch Saichō residierte dort und hielt Lesungen des Lotus-Sūtra vor dem Hofstaat des Kaisers Kammu ab. Damals hieß der Tempel Takao Sanji (Bergtempel von Takao). Doch zwei Jahre nach dem Tod des Saichō (822) übernahm Kūkai den Tempel und wandelte ihn zum Sitz der Shingon-Lehre um. Er erbaute eine Tahō-tō-Pagode und ließ darin fünf Holzskulpturen der »Godai Kokūzō«, Verkörperungen der »Mutterschoßwelt«, aufstellen. Zudem stiftete er die ältesten Mandara in Gold- und Silbermalerei auf purpurnem Damast, die sicher die Skulpturen beeinflußten. Die mit Schindeln gedeckten Zwillingshallen Godai-dō und Bishamon-dō sind, wie Kondō und Pagode, spätere Rekonstruktionen. Anfang des 9. Jahrhunderts kam als »Gast-Skulptur« die hölzerne Standfigur des Heil-Buddha Yakushi (Bhaishajyaguru) aus dem Tempel Jingan-ji in den Besitz des Jingo-ji. Die Skulptur ist ein frühes Beispiel der sich neu und selbständig entfaltenden japanischen Holzbildnerei, die als Jōgan-Skulptur bezeichnet wird.

Gegen Ende der Heian-Zeit rückte der Tempel Jingo-ji als Refugium des Exkaisers Goshirakawa erneut in den Mittelpunkt des Interesses. Der

16
Pagode des Tempels Murō-ji, Nara. Holzbau mit Schindeldächern. H. 16,2 m. Seitenlänge 2,45 m. Um 800
Die kleine fünfstöckige Galerie-Pagode mit weit vorkragenden, flachen Schindeldächern steht auf einem Felssockel inmitten eines dichten Kryptomerienwaldes. In der Konstruktion des Kraggebälks gleicht sie der Pagode des Yakushi-ji in Nara.

17
Haupthalle Kondō des Tempels Murō-ji, Nara. Holzbau mit Schindeldach. Anfang 9. Jahrhundert
Die ursprünglich fünf Joch breite und vier Joch tiefe Halle erhielt durch eine vorgesetzte Anbethalle ihren quadratischen Grundriß. Das elegant vorgeschwungene Schindeldach verleiht dem Bau einen intimen Charakter. Anbethalle und Veranda wurden 1672 erneuert.

Monarch sammelte Höflinge und Künstler um
170, 201 sich, ließ eine Gruppe von Porträts seiner Vertrauten malen – angeblich von Fujiwara no Takanobu – und zelebrierte eigenhändig im Jahre 1190 die »Zeremonie der Anzündung der Laternen« in der Haupthalle.

16–19 Der kleine Bergtempel Murō-ji, ursprünglich um 700 eine Klause des Eremiten Shōkaku Gyōja, gehörte zum Verwaltungsbereich des Tempels Kōfuku-ji der Hossō-Sekte in Nara. Priester Kenkei, der aus dem Kōfuku-ji kam und im Jahre 793 starb, soll den Tempel angelegt haben; die Bauten scheinen aber erst Anfang des 9. Jahrhunderts fertiggestellt gewesen zu sein. Die zierliche
fünfstöckige Pagode – sie ist nur 16,2 m hoch – und 16
die Kondō, beide mit Zypressenschindeln gedeckt, 17
veranschaulichen den neuen intimen Tempelbau vom Beginn der Heian-Zeit. Das Tal, in dem der Tempel lag, war bekannt für Regenprozessionen, und nach einer Legende soll Kūkai, der selbst mit seinen Zauberpraktiken als Regenmacher galt, es als Mandara-Bezirk markiert haben. Zur Shingon-Sekte kam der Murō-ji offiziell erst in jüngerer Zeit. Die kleine, unprätentiöse, in die Natur eingebettete Anlage kündete den neuen Zeitgeist an. Im Innern der später durch eine Vorhalle erwei-
terten Kondō stehen fünf strenge Holzfiguren in 18
unorthodoxer Anordnung. Die hohe Gestalt eines Shaka (Shākyamuni) nimmt die Mitte ein, ihr folgen rechts Buddha Yakushi (Bhaishajyaguru) und Jizō (Kshitigarbha). Nach links schließen sich

Monju (Mañjushrī) und ein Elfköpfiger Jūichimen Kannon (Ekadashamukhāvalokiteshvara) an. Die aus dem Block geschnitzten Skulpturen sind farbig gefaßt und durch reich bemalte Brett-Heiligenscheine gerahmt. Obwohl die Gruppe einen Lokalstil zu repräsentieren scheint, sollen der Shaka und der Jūichimen Kannon aus dem 9., die anderen drei Figuren erst aus dem 10. Jahrhundert datieren. Vor dieser Gruppe stehen kleine Statuetten der »Zwölf Himmlischen Generale« (Jūni Shinshō). Ihre lebensnahe, bewegte Gestaltung ist charakteristisch für die Kamakura-Zeit.

Zwei weitere berühmte Bildwerke der Jōgan-Zeit birgt die Maitreya-Halle (Miroku-dō) des Murō-ji. Der Miroku, dem die Halle ihren Namen verdankt, gehört zu den sehr seltenen chinesischen Statuetten aus Sandelholz *(danzō)*. Das duftende, erlesen gemaserte Holz bewunderten die Japaner besonders. Die minutiöse Schnitztechnik mit den reichen, aus dem Block geschnitzten Schmuckketten übernahm Japan jedoch nicht in dieser Weise. In einem gesonderten Schrein bewahrt die Halle
19 auch die berühmte Sitzfigur des Buddha Shaka,
ein reifes und überaus würdevolles Beispiel der

18
Haupthalle Kondō des Tempels Murō-ji, Nara, Altarraum mit Skulpturen. Holz mit Farbfassung. H. des Shaka Nyorai 238 cm. 9.–10. Jahrhundert
Neben der monumentalen Zentralfigur des Shaka Nyorai stehen rechts Yakushi Nyorai und Jizō Bosatsu, links Monju Bosatsu und der Elfköpfige Kannon. Ursprünglich gehörten die im Jōgan-Stil der frühen Heian-Zeit in Einstammtechnik geschnitzten Figuren wohl nicht zusammen. Buntbemalte Brettheiligenscheine rahmen die Gestalten. Die kleinen Figuren der »Zwölf Himmlischen Generale« entstanden in der Kamakura-Zeit.

19
Shaka Nyorai. Holz mit Spuren von Grundierung. H. 105 cm. 9. Jahrhundert. Miroku-dō des Tempels Murō-ji, Nara
Auf der in Einstammtechnik aus Zypressenholz *(hinoki)* geschnitzten Sitzfigur sind nur Reste einer weißen Grundierung der ehemaligen Fassung erhalten geblieben. Auch die Locken des Hauptes gingen verloren. Gerade dadurch aber kommt die hohe Qualität der Schnitzarbeit besonders deutlich zum Ausdruck. Im Rücken besitzt die Figur eine Öffnung; Hände – im Gestus der Schutz- und Segensgewährung – und Kniepartie sind angesetzt. Die Gewandfalten sind im »Rollende Wogen«-Stil der Jōgan-Zeit ausgeführt.

Jōgan-Skulptur. Da die Fassung und auch die Haarlocken verlorengingen, kommen ornamentale Konzeption und Ausführung besonders eindrucksvoll zur Geltung.

Die Mandala (Mandara)

Die Geheimlehren *(mikkyō)* der neuen Sekten, insbesondere der Shingon-Sekte, bedienten sich der darstellenden Kunst, um die spekulative Vision des Kosmos nicht nur dem Verstand, sondern auch den Sinnen der Gläubigen faßbar zu machen. Aus diesem Grund hatte Kūkai Bildwerke und auch Skulpturen aus China mitgebracht. Die Grundlage der Meditation, Zauberpraktiken und Erkenntnis waren die Mandara der »Beiden Welten« (Ryōkai-Mandara). In ihnen sind die beiden Aspekte des Ur-Buddha der höchsten Weisheit, Mahāvairocana, bildlich dargestellt. Nach den Texten des Mahāvairocana-Sūtra und des Vajrasekhara-Sūtra waren in Indien die magischen Diagramme geschaffen worden, die in China ihre ostasiatische Prägung erhielten. Im Mittelpunkt beider Konfigurationen erscheint Vairocana. Von ihm werden viele hundert Symbolgestalten in geometrischen Ordnungen nach ihrem Bedeutungsrang und ihrer magischen Kraft ins Mandara projiziert.

21–22 Das Garbhadhātu oder »Mutterschoß-Mandala« stellt den Aspekt des »unbegrenzten Mitleids« in der Welt der Erscheinungen dar. Hier nimmt Vairocana in seinem absoluten Aspekt die Mitte eines Lotus ein. Ihn umgeben in acht Lotusblättern vier Buddha und vier Bodhisattva, die den Himmelsrichtungen zugeordnet sind. Die im esoterischen Buddhismus besonders verehrten »Fünf Großen Weisheitskönige« (Godai-myōō) stehen in ihrer Schutzfunktion auf einem Feld unterhalb des Lotus. In Eckpositionen erscheinen die magischen Gestalten des Avalokiteshvara als »Tausendarmiger Kannon« (Senjū Kannon). Die Felder des Buddha Shaka und des Monju Bosatsu sind über dem Lotus angeordnet.

Im Vajradhātu oder »Diamant-Mandala« ist der
20 »Diamant«-Aspekt der absoluten Weisheit des Kosmos in 445 Wesen dargestellt. Neben und um Vairocana, der das mittlere obere Feld von neun Quadraten einnimmt, aber auch im Mittelpunkt der acht weiteren Diagramme erscheint, stehen imaginäre Gestalten und Symbole in sternartigen Kreisordnungen. Vairocanas absoluter Aspekt im oberen Feld zeigt ihn bekrönt auf einem Lotus sitzend, die Hände im Gestus der »Weisheitsfaust« erhoben.

Als eine vom Lehrer des Kūkai, dem Patriarchen Hui Guo, aus China überlieferte Version gelten die Takao-Mandara des Tempels Jingo-ji. Das Datum ihres Entstehens wird zwischen 824 und 833 angesetzt. Sie sind – auch hier werden es japanische Kopien sein – in zarter Lineatur mit Gold- und Silberfarbe auf purpurnen Damast gemalt und erinnern in der Technik an die auf Blaupapier gemalten Vorsatzbilder von Sūtren. Das berühmte farbige Mandara-Paar des Tempels Tōji, das als »Saiin-Version« bezeichnet wird, stammt erst vom Ende des 9. Jahrhunderts[13]. Dieses berühmte Kunstwerk vermittelt nicht nur einen Eindruck von der hohen Malkunst der späten Tang-Zeit, sondern auch von der virtuosen Nachschöpfung japanischer Mönchsmaler. Die ganze Skala der Mittel buddhistischer Kultmalerei ist sicher und sorgfältig eingesetzt: die Modellierung nackter Körper, die »umgekehrte Schattierung« bei Gewändern und Lotussockeln, die Verwendung von Goldfarbe; der Hintergrund soll ursprünglich sogar mit Schnittgoldmustern *(kirikane)* überzogen gewesen sein. Der Ausdruck der Gesichter reicht von der stillen *en face*-Darstellung der hohen Buddha-Wesen bis zu den heiteren oder grimmigen Physiognomien der niederen Wesen.

Nach T. Yanagisawa könnten diese farbigen Mandara auf Vorbilder des chinesischen Hofmalers Diao Qing zurückgehen[14]. Angeblich brachte sie erst Priester Enchin, der 855 in Chang'an weilte, nach Japan und dedizierte sie im Jahre 859 Kaiser Seiwa.

20
Das »Diamant-Mandara« (Ausschnitt). Farben auf Seide. 183,5 x 163 cm. Um 900. Tempel Kyōōgokoku-ji, Kyōto
Im oberen Mittelfeld des Mandara sitzt der Buddha Dainichi im reichen Schmuck eines Bodhisattva auf dem Lotusthron, die Hände im Gestus der »Weisheitsfaust«. Kronenartig erscheinen fünf Buddha in seinem Kopfschmuck, ein schleierartig geflammter Halo umgibt das Haupt. Den Körpernimbus umzüngeln Flammen vor dem weißen Rund, das – wie ein Mond – die Gestalt umschließt.

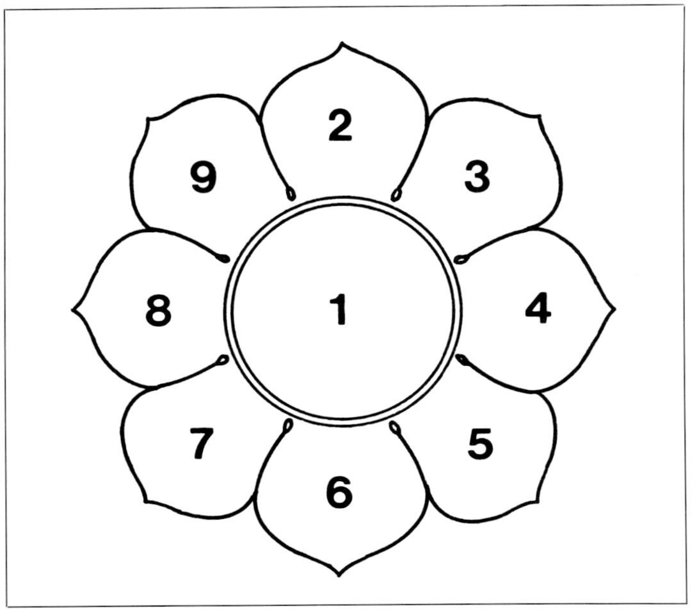

21
Diagramm des Mittelfeldes aus dem »Mutterschoß-Mandara« des Tempels Kyōōgokoku-ji, Kyōto
1 Dainichi Nyorai (Mahāvairocana)
2 Hōdō Nyorai (Ratnaketu)
3 Fugen Bosatsu (Samantabhadra)
4 Kaifukeō Nyorai (Samkusumitarāja)
5 Monju Bosatsu (Mañjushrī)
6 Muryōju Bosatsu (Amitāyus)
7 Kannon Bosatsu (Avalokiteshvara)
8 Tenkuraion Nyorai (Divyadundubhimeghanirghosa)
9 Miroku Bosatsu (Maitreya)

Die Bild-Mandara hatten ihren Platz, wie auch heute noch, im Shingon-Tempel vor dem Altarpodest seitlich zwischen den Hauptpfeilern. Sie wurden auch in der Halle Shingon-in des Palastes während der zweiten Woche des neuen Jahres anläßlich der Zeremonie zum Schutz der Nation aufgehängt.

Die Jōgan-Skulptur

Die religiöse Skulptur der frühen Heian-Zeit wird nach den Jahresdevisen Kōnin und Jōgan (810–824 und 859–876) benannt. Heute jedoch verwendet man meist Jōgan-Skulptur (Jōgan-chōkoku) als generelle Bezeichnung des markanten und eigentlich japanischen Stils der Holzplastik vom 8. bis 10. Jahrhundert[15].

Die Auflösung der staatlichen und monastischen Bildhauerateliers der großen Tempel von Nara nach 780 ließ zunächst große, geschlossene Programme in arbeitsteiliger Methode nicht mehr zu. Wegen der zu hohen Kosten ging man von den Werkstoffen der Nara-Zeit – Bronze, Trockenlack und Ton – zur Holzbildnerei über. Der Baumbestand des subtropischen Japan bot vielerlei geeignete Hölzer. Man verwendete in der Jōgan-Plastik mit Vorliebe Zypresse, Torrea-Nußbaum, Kirsche und Zelkova.

Die abgelegenen Privattempel ließen eigene Kultbildner arbeiten. Noch ehe die Geheimsekten der Tendai- und Shingon-Lehren neue esoterische Figurenprogramme, Inspirationen und Vorlagen aus China nach Japan brachten, schnitzte man Kultbilder der alten Sekten – immer wieder den Heil-Buddha Yakushi – in neuer Interpretation in Holz. Man kennt die Namen der Künstler nicht, nimmt aber an, daß viele aus den Werkstätten in Nara kamen. Die Werkstatt des Tempels Tōshōdai-ji besaß ein Holzbildhaueratelier, das die im Gefolge des Priesters Ganjin nach Japan gekommenen chinesischen Mönche betrieben. Holzfiguren arbeitete man dort vornehmlich als Kernstücke für lackgefaßte Statuen. Das Hauptkultbild des sitzenden Buddha Birushana in der Kondō ist aus Trockenlack *(dakkan kanshitsu)* modelliert, die Begleitfiguren jedoch sind mit Lack über einem Holzkern *(mokushin kanshitsu)* hergestellt. Zahlreiche ungefaßte Holzfiguren und Torsi werden in der Kōdō des Tempels aufbewahrt. Sie haben üp-

22
Das »Mutterschoß-Mandara«. Farben auf Seide. 183,6 x 164,2 cm. Um 900. Tempel Kyōōgokoku-ji, Kyōto
Dieses Mandara besteht aus zwölf Zonen mit dem achtblättrigen Lotus in der Mitte. Im Zentrum der roten Blüte sitzt der Buddha Dainichi in Gestalt eines Bodhisattva auf einem weißen Lotus und ist von vier Buddha und vier Bodhisattva, weiteren Verkörperungen des Dainichi, umgeben. Über dem Lotus ist die Zone des universellen Wissens, mit dem dreieckigen Symbol absoluter Weisheit in der Mitte. Unter dem Lotus haben die »Fünf Großen Weisheitskönige« ihren Platz. In den äußeren Zonen multiplizieren sich die Erscheinungen der Buddha- und Bodhisattva-Wesen zu einem faszinierenden farbigen Mosaik.

pig gewölbte Gliedmaßen und in den Gewandpartien ornamental geordnete, schnurartig parallele Falten. Der Einfluß buddhistischer Steinplastik aus der späten Tang-Zeit scheint diese Skulpturen geprägt zu haben.

Wesentliches Merkmal der Jōgan-Bildwerke ist
25 die Einstammtechnik *(ichiboku-zukuri)*. Die Figu-
ren sind säulenhaft aus den Stämmen herausgeschnitzt. Um die Gefahr des Reißens auszuschalten, höhlte man häufig vom Rücken her die Figuren vertikal aus. Für hervortretende Teile, die Unterarme oder die Seitenpartien bei Standfiguren, die Knie und Gewandteile bei Sitzfiguren, wurden Blöcke angesetzt.

Für das Schnitzen von Standfiguren ist die Einstammtechnik besonders gut geeignet; der runde Stamm läßt sich passend wählen und bearbeiten. Mit feinem Empfinden für die Struktur des Holzes entwickelte der japanische Künstler neuartige, ornamentale Wirkungen, die zuvor mit dem weichen Modellieren für Bronzegußmodelle oder aber bei Lack- und Tonfiguren nicht in dieser Weise zu erzielen waren. Die Faltenordnung wird als »Rol-
19, 26 lende Wogen-Stil« *(hompa-shiki)* bezeichnet, da der
Querschnitt den rhythmischen Wechsel von hohen, schnurartigen Graten und flachen Wellenfalten zeigt, die wie ein »Teelöffel« *(chashaku)* herausgeschnitzt sind. Der ornamentale Charakter der Jōgan-Figuren wird auch dadurch betont, daß die schweren, nackten Körperpartien linear scharf gegeneinander abgesetzt sind und die dumpfen, massigen Gesichtszüge einen Kontrast zu der oft eleganten Lineatur der in Voluten auslaufenden Faltenpartien bilden. Im Tempel Jingo-ji befindet
23 sich der Urtyp der Jōgan-Plastik: ein stehender Bud-
dha Yakushi. Die sackenden, plumpen Formen des von einem haubenförmigen Schädelauswuchs *(ushnīsha)* gekrönten Kopfes und des Körpers
24 wurden vorbildhaft für die Skulpturen des Gan-
19 gō-ji und Murō-ji. Die ungefaßten Holzskulptu-
ren, bei denen nur Gesichtshaar, Augen und Lippen farbig bemalt sind, bezeichnet man als Naturfiguren *(sochi-zō)*. In diese Gruppe gehört auch der sitzende Buddha Yakushi, die Zentralgestalt des Tempels Shin-Yakushi-ji in Nara.

Mit den kosmischen Vorstellungen der esoterischen Sekten rückten andere Gestalten des buddhistischen Pantheon in den Mittelpunkt der Verehrung. Imaginäre Geistwesen und magische Schutzgottheiten mußten dargestellt werden. Kūkai hatte in China solche Figurationen gesehen, deren Urbilder indische Züge trugen. Hinduistische Gottheiten wie Brahmā, Indra und die »Weisheits-
könige« erscheinen im Skulpturen-Mandara des 14–15
Tempels Tōji. H. Minamoto stellte beispielsweise den dreiköpfigen Bon-ten (Brahmā) des Tōji dem dreiköpfigen Shiva Mahādeva von Elephanta aus dem 7. Jahrhundert gegenüber[16].

Die Gruppe der sitzenden Bodhisattva des Tōji und die »Fünf Godai Kokūzō« des Tempels Jingo-ji bringen die ihrem heilbringenden Wesen entströmende Milde überzeugend zum Ausdruck. Sie stehen den gemalten Fassungen in den Mandara sehr nahe. Ihren malerischen Aspekt betont zudem die partielle Fassung mit Trockenlack, die nur die Gewandpartien überzieht, während die Körperhaut roh belassen ist. In der gleichen Technik ist
auch das Meisterwerk des Tempels Hōbodai-in in 26
Kyōto, ein in gelöster Sitzhaltung dargestellter Bodhisattva von stark chinesisch geprägtem Habitus, gearbeitet.

Zu diesen esoterischen Bodhisattva-Wesen zählt ebenfalls das Zentralkultbild des Tempels Kanshin-ji bei Ōsaka, eine Sitzfigur des Nyoirin Kannon, die um 830 entstanden ist. Die in ein Rund komponierte sechsarmige Gestalt gehört zu den eindrucksvoll-erhabenen Skulpturen der Jōgan-Zeit. Man stellt sie im künstlerischen Rang dem
Buddha Shaka des Murō-ji und dem stehenden 19
Elfköpfigen Kannon des Tempels Hokke-ji gleich. 27–28

Als nicht unwesentlich erwies sich wohl auch der Einfluß, den kleine, aus China bereits seit der Nara-Zeit in das Inselreich mitgebrachte Figuren aus Sandelholz ausübten. Diese Tang-Figuren stellten meist den Bodhisattva Kannon dar, der mit *à jour* gearbeiteten Schmuckketten behangen ist. Wenig Einfluß dagegen hat wahrscheinlich das Reise-Altärchen mit einer Shaka-Trias im Gan-

23
Yakushi Nyorai. Holz mit geringer Bemalung am Kopf. H. 170 cm. Um 802. Tempel Jingo-ji, Kyōto
Das aus einem Stamm geschnitzte Kultbild des Heil-Buddha zeigt die neue japanische Ausdrucksweise der Skulptur des esoterischen Buddhismus. Die plumpen Formen von Körper und Gesicht rufen den Eindruck brütender Schwere hervor. Die ornamentalen Parallelfalten des dünnen, eng anliegenden Gewandes sind im »Rollende Wogen«-Stil gehalten.

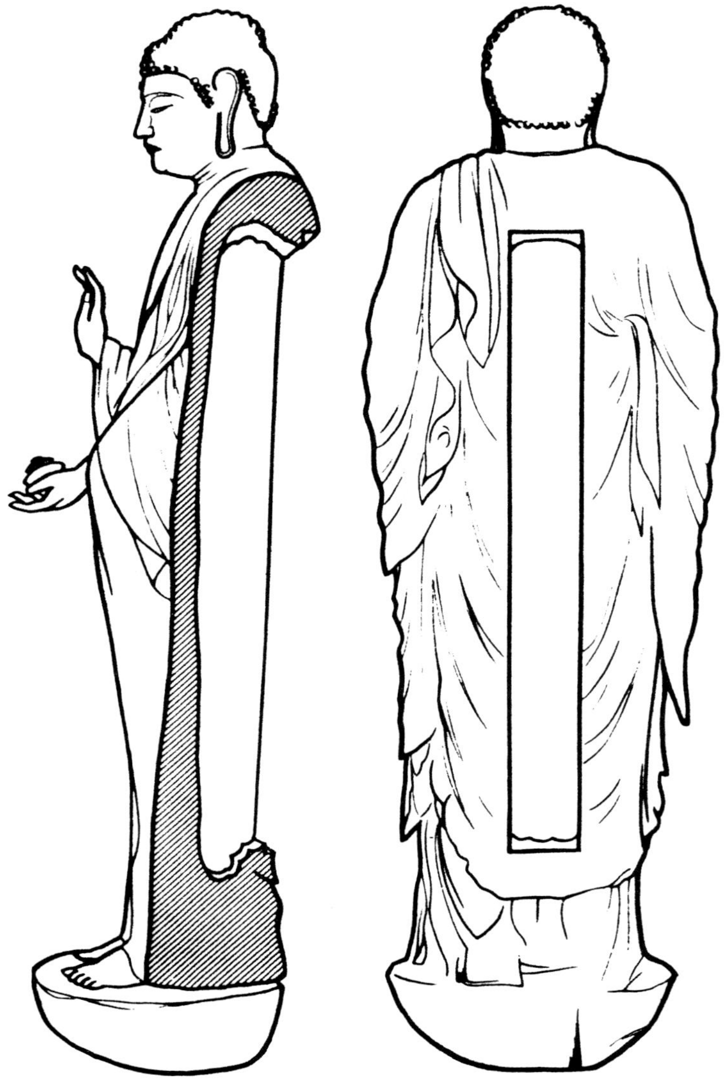

dhāra-Stil, das Kūkai persönlich gehörte, auf den japanischen Figurenstil ausgeübt.

Die Gestalten des Elfköpfigen Kannon der Jōgan-Skulptur scheinen in ikonographischer mehr als in stilistischer Hinsicht von den Sandelholzfiguren
27–28 übernommen zu haben. Der Elfköpfige Kannon im Tempel Hokke-ji ist das Beispiel einer sehr weitgehenden Japanisierung der chinesischen Vorbilder. An ihm sind alle Stilmittel der Jōgan-Skulptur vorbildlich zu erkennen.

Aus China kamen einige monumentale Holzskulpturen direkt in den Besitz des Tempels Tōji. Neben einem figuralen Pentaptychon von Godai Kokūzō-Gestalten spielt die mächtige Figur des

24
Yakushi Nyorai. Holz. H. 165,5 cm. 9. Jahrhundert. Tempel Gangō-ji, Nara
Die Standfigur des Yakushi ist aus einem Stamm geschnitzt, nur Kopf und Hände sind eingesetzt. Proportionen und Detailgestaltung sind typisch für die Jōgan-Skulptur, wobei ein Vergleich mit dem Yakushi des Tempels Jingo-ji (Abb. 23) die Abhängigkeit der Figur von der Plastik der Nara-Gegend erkennen läßt.

25
Konstruktionszeichnung des Yakushi Nyorai aus dem Tempel Gangō-ji, Nara
Die vertikale Höhlung im Rücken sollte das Reißen des Holzes verhindern und zugleich Raum für heilige Substanzen schaffen.

26 Bosatsu. Holz. H. 124,5 cm. Erste Hälfte 9. Jahrhundert. Hōbodai-in, Kyōto
Figur eines Bodhisattva in gelöster Sitzhaltung mit herabhängendem rechtem Bein. Über dem vollen Gesicht mit eingelegten Pupillen und dem *ūrnā* (Auge der Weisheit) aus Bernstein sind die Haare kronenartig gebunden. Der Rock fällt in ornamentalen Faltenwirbeln im »Rollende Wogen«-Stil herab. Die aus einem Stamm geschnitzte Gestalt zählt zu den Meisterwerken des reifen Jōgan-Stils und steht chinesischen Skulpturen der späten Tang-Zeit nahe.

29 Tobatsu-Bishamon-ten als Schutzwesen des Nordens und des ganzen Landes eine nationale Rolle. Die grimmige, gepanzerte Gestalt mit tibetanischen Zügen soll ursprünglich im Obergeschoß des Stadttors Rashō-mon aufgestellt gewesen sein. Mit Pagode und Lanze steht der Wächter auf drei dämonischen Wesen, deren mittleres, die Erdgöttin (Jiten), einer chinesischen Hofdame gleicht.

Im Kult der Shingon-Sekte spielten die »Fünf Großen Weisheitskönige« (Godai-myōō) und unter diesen wieder Acalanātha (Fudō-myōō) als Emanation des Buddha Dainichi eine zentrale Rolle. Mit dem Kultbild dieses »Unbeweglichen Weisheitskönigs« rückte eine neue Gestalt in den Mittelpunkt des tantrischen Kultus. Neben dem Urbild in der Kondō des Tōji zeigt der »geheime

27–28
Figur und Haupt des Elfköpfigen Kannon. Holz mit geringer Bemalung am Kopf. H. 100 cm. 9. Jahrhundert. Tempel Hokke-ji, Nara
Die elegante Figur ist ähnlich wie chinesische Sandelholzskulpturen aus einem Stamm geschnitzt. Haltung und Ausdruck sowie der manierierte Fall von Schal und Rockfalten sind typische Merkmale des Jōgan-Stils.

29
Haupt des Tobatsu-Bishamon-ten. China. Holz mit Lack- und Farbfassung über Stoff. H. 194 cm. Um 800. Tempel Kyōōgokoku-ji, Kyōto
Tobatsu-Bishamon-ten, eine Schutzgottheit tibetisch-turkestanischen Ursprungs, galt als Hüter der Hauptstadt. Die Figur stand wohl zuerst im Tor Rashō-mon. Da sie aus einzelnen Holzstücken zusammengefügt ist und eingelegte Obsidianaugen hat, handelt es sich um eine chinesische Arbeit.

Buddha«, eine Fudō-Skulptur aus Kūkais Wohnhalle (Miei-dō) des Tōji, eine noch entschiedenere Ausprägung des Jōgan-Stils. Da die Lehre des Shingon die japanischen Götter in das buddhistische Pantheon als »herabgelassene Spuren« *(honchi-suijaku)* einbezog, entstanden auch Skulpturen der Shintō-Götter. In Hachiman-Schreinen, die als shintōistische Schutzschreine den buddhistischen Tempeln zugeordnet wurden, standen Gruppen von zwei oder aber drei Shintō-Gottwesen in menschlicher Gestalt. Hachiman, der altjapanische Kriegsgott, wurde auch, wie in der Trias des Yakushi-ji, die 889–897 entstand, als Mönch dargestellt (Sōgyō Hachiman). Seine Begleiterinnen, die
31 Kaiserin Jingō-kōgō und die Prinzessin Nakatsuhime, sind als Hofdamen in chinesischer Tracht wiedergegeben. Keine der Shintō-Figurationen zeigt die Reife des Jōgan-Stils so vollendet wie diese Trias. Eine plumpere, aber frühere Gruppe gehört zum Tōji, eine etwas spätere zum Shintō-Schrein Matsuo-jinja. Einige wenige Porträtskulpturen von Priestern lassen sich dieser Gruppe hinzufügen. Bei ihnen ist aus magischen Gründen die Wiedergabe der individuellen Gesichtszüge
30 von vorrangiger Bedeutung. Die Sitzskulptur des Priesters Enchin beispielsweise bringt die starke Persönlichkeit dieses ungewöhnlichen Mannes markant zum Ausdruck.

Die buddhistische Malerei

In ähnlicher Weise wie die Skulptur dürfte sich auch die religiöse Malerei Ende des 8. Jahrhunderts von dem hochentwickelten Kunstbetrieb der Tempelwerkstätten in Nara gelöst haben. Die Malerei, besonders wenn sie, in ostasiatischer Weise auf Seide, Leinen oder Papier gemalt, als Hänge- und Handrolle nur temporär aufgehängt oder betrachtet wurde, unterlag sehr schnell der Abnutzung. Daher sind nur wenige Gemälde der Jōgan-Zeit erhalten. Sie gehören alle zur esoterischen Malerei.

Auf Veranlassung Kūkais kamen etliche bedeutende chinesische Gemälde nach Japan. Kūkai hatte sie in Chang'an von seinem Lehrer erhalten oder aber von namhaften Künstlern malen lassen. Da in der Vorstellung des Shingon die magische Kraft

30
Priester Enchin (Chishō Daishi), von Ryōsei. 1143. Tempel Shōgo-in, Kyōto
Drei posthume Porträts überliefern die Gestalt des großen Priesters der Tendai-Sekte, Enchin (814–891), der durch seine China-Reise und die Gründung des Tempels Onjō-ji als eine der Hauptpersonen des japanischen esoterischen Buddhismus gilt. Der kräftige Mann mit hohem Schädel und breitem Kinn sitzt in tiefer Meditation. Möglicherweise beeinflußten Skulpturen von Shintō-Göttern dieses Bildnis, da Enchin mit seinem shintōistischen Namen als Sannō Daishi (Bergkönig) bezeichnet ist.

31
Kaiserin Jingō-kōgō. Holz mit Lack- und Farbfassung. H. 35,5 cm. 889–897. Yasumigaoka-Hachiman-Jingū, Yakushi-ji, Nara
Die Kaiserin gehört mit den Figuren des als Mönch dargestellten Kriegsgottes Hachiman und der Prinzessin Nakatsu-hime zu einer Trias von Shintō-Gottheiten. In chinesischer Hoftracht, wie sie in der frühen Heian-Zeit Mode war, trägt die Göttin über langärmeligem *kimono* einen Rock und die Brokatweste des Hochadels. Ihr offenes, von einem Knoten bekröntes Haar wirkt wie eine Perücke. Die Statuette ist in Einstammtechnik gearbeitet und mit Farben und Trockenlack gefaßt, auch Reste von Gold sind zu erkennen.

der Urgestalt mittels der Abbildung geweckt und in den Praktizierenden transponiert werden konnte, waren die Gemälde selbst göttlichen Wesens.

Der ursprüngliche farbige Satz der Mandara der »Beiden Welten« aus China ist in der erwähnten Kopie des Tempels Kyōōgokoku-ji im Saiin (oder
35 in der Palasthalle Shingon-in) erhalten. Die beiden weiteren, linear in Gold- und Silberfarbe gezeichneten Sätze haben andere Vorbilder, vielleicht verlorene ikonographische Skizzen. Das ältere Paar des Jingo-ji datiert man etwa um 824, das zweite des Kojima-dera erst ins 11. Jahrhundert. Man sieht an den Mandara, an der farbigen Version insbesondere, bereits den Beginn der Japanisierung. Der leichte Pinselstrich und die unerwartet aufleuchtende Heiterkeit mancher Figur der »niederen Wesensstufen« stehen Chinesischem fern. Die Flüchtigkeit, mit der die Reihen um Reihen von Buddha-Figuren hingepinselt wurden, läßt eine Arbeitsteilung möglich erscheinen.

Einen gleich hohen Rang für die Shingon-Lehre besaßen die Patriarchen-Porträts. Fünf Idealporträts der chinesischen Shingon-Patriarchen brachte Kūkai mit. Sie stammen von Li Zheng, einem in China selbst völlig vergessenen Maler. Kūkai ließ in Japan die Bilder der indischen Patriarchen Nāgārjuna (Ryūmyō) und Nāgabōdhi (Ryūchi) ergänzen. Diese beiden Gemälde tragen keine Künstlersignatur. Nur Kūkai versah sie, vielleicht aus rituellen Gründen, mit Aufschriften in einer
37 antikisierenden Zierschrift *(zettai-sho)* und schrieb jeweils an den unteren Rand erklärende Aufschriften mit dem Datum 821.

Die Mönchsmaler, die sich an den farbigen Mandara-Bildern geschult hatten, bekamen wohl auch die Aufgabe übertragen, Tempelwände direkt mit den heiligen Mandara-Diagrammen zu schmücken. Sehr nahe an das Saiin-Mandara schließt die Figuration im Kapellenraum des Tempels Daigo-ji an. Der 951 fertiggestellte Bau war 952 von Kaiser Murakami geweiht worden. Hier trug man die Gestalten der Mandara direkt auf grundierte Holzbretter auf, die ranghöchsten Figuren zentral auf den umkleideten »Herzpfeiler« des
32 Baus. Nach Westen gerichtet erscheint das »Mutterschoß-Mandara«, nach Osten das »Diamant-Mandara«. Auf den unteren Partien der seitlichen Bretterwände sind in niedriger Plazierung die Acht Patriarchen der Shingon-Sekte (mit Kūkai als dem achten) dargestellt, eng den Urbildern des Kyōōgokoku-ji folgend. Auch hier fällt der Abfall der Qualität von den Hauptgestalten zu den Nebenfiguren auf. Y. Yashiro vermutet, daß man Schablonen für die Vorzeichnung benutzte und dann die Skizzen farbig übermalte[17]. Wir fänden hier somit eine auch in der weltlichen Malerei, etwa bei den Sūtrenfächern des Shitennō-ji, praktizierte Vervielfältigungsmethode des Modeldrucks bereits angewendet.

Etwa hundert Jahre vor der Ausmalung der Pagode des Daigo-ji entstand in der Haupthalle des Tempels Murō-ji, verborgen hinter der Skulptur des Buddha Yakushi, ein Taishaku-Mandara. Taishaku-ten, der hinduistische Gott Indra, erscheint als sitzender Bodhisattva mit zwei stehenden Begleitern. Auf den schmalen Brettern, die als Malgrund dienen, sind im leeren Raum um die Hauptgestalten punktartig zahlreiche kleine Begleitfiguren aufgereiht. Der Schritt auf ein Gesamtkunstwerk hin, wie es dann in hoher Vollendung die Fujiwara-Zeit gestalten konnte, ist hier schon zu entdecken.

Ähnliche Funktion wie die Mandara hatten Meditations-Schaubilder mit Einzelgestalten oder Triaden meist dämonischen Aspekts des buddhistischen Pantheon. Als eine Zentralgestalt tritt immer wieder Acalanātha (Fudō-myōō) auf. In der Jōgan-Malerei bildeten sich vermutlich bereits drei Versionen heraus. Der »Gelbe Fudō« (Ki-Fudō) gehört zu den »geheimen Buddha-Wesen« des von Priester Enchin gegründeten Tempels Onjō-ji am Biwa-See. Die starr stehende frontale Gestalt wirkt wie aus Holz geschnitzt. Der reiche indische Schmuck und das abgeschattete Kolorit der Parallelfalten seines Rockes erinnern an den Schnitzstil der Jōgan-Skulptur. Vor allem aber unterstreichen

32
»Mutterschoß-Mandara« (Ausschnitt). Wandmalerei, Farben auf Holz. 951. Pagode des Tempels Daigo-ji, Kyōto
Auf dem mit Brettern verkleideten »Kern« der Pagode sind die Mandara der »Beiden Welten« dargestellt. Die Westseite zeigt Dainichi Nyorai in reichem Schmuck, oben flankiert von zwei Bodhisattva. Darüber erscheint, gleichfalls auf einem Lotussockel, das Dreieck als Symbol absoluter Weisheit. Die Malerei steht den Mandara-Darstellungen des Kyōōgokoku-ji sehr nahe, obgleich auch Ansätze der Japanisierung zu erkennen sind.

33

34

35

33
Fudō-myōō und zwei Begleiter. Farben auf Seide. 205 x 150 cm. 11. Jahrhundert. Tempel Shōren-in, Kyōto
Fudō sitzt auf einem Felssockel und ist von einem lohenden Flammennimbus umgeben. Als »Blauer Fudō« hält er wie die Skulptur des Kyōōgokoku-ji Schwert und Lasso. Seine jugendlichen Begleiter, die Knaben Seitaka-Dōji und Kongara-Dōji flankieren ihn. Nach Dokumenten im Tempel Daigo-ji soll das Gemälde auf Genchō, einen Priestermaler des Tempels Gangō-ji in Nara, zurückzuführen sein.

34
Gozanze-myōō. Farben und geschnittene Goldfolie auf Seide. 153 x 128 cm. 1127. Tempel Kyōōgokoku-ji, Kyōto
Zu einem Satz von Kultbildern der Godai-myōō, der »Fünf Großen Weisheitskönige«, gehört auch die schreckerregende dreiköpfige und achtarmige Gestalt des Gozanze. Über der Erdgöttin Jiten tanzend, steht er auf einem anbetenden Dämon. Eine ornamentale Feuerlohe rahmt die dramatisch bewegte Figur. Die Bildreihe wurde in der Palastkapelle Shingon-in bei Zeremonien zum Schutz des Landes verehrt.

35
Die Palastkapelle Shingon-in. *Nenjū-gyōji-emaki,* 6. Rolle, 4. Bild (Kopie nach Originalen von etwa 1160). Tusche und Farben auf Papier. H. 45,2 cm. Privatsammlung
Der Eingangsseite der Kapelle Shingon-in entlang sitzen Mönche. Ihnen gegenüber hängen über Altartischen Kultbilder der Godai-myōō. An den Wänden links und rechts sind die Mandara der »Beiden Welten« angebracht. Davor stehen tiefe Altartische mit Lotusblüten; in die rechte Blüte ist ein Reliquienschrein gesetzt. Das Bild ist in Zentralperspektive angelegt, die in den Bildrollen nur höchst selten anstelle der Parallelperspektive Verwendung findet.

die zwingend blickenden Augen die magische Ausstrahlung.

33 Dagegen schließt das Gemälde des »Blauen Fudō« (Ao-Fudō) im Tempel Shōren-in nahe an die im Mandara festgehaltene Darstellung an. Fudō sitzt im Lotussitz auf einem Felssockel, Schwert und Lasso zur Bekämpfung des Bösen in den Händen. Eine wabernde Flammenaureole umgibt ihn. Anbetend stehen seine Knabenbegleiter, Seitaka-Dōji und Kongara-Dōji, neben ihm. Allerdings ist dieses vorzüglich komponierte und differenziert gemalte Bild eine Version des 11. Jahrhunderts; die virtuose Maltechnik der vollerblühten Kunst der späten Heian-Zeit spricht uns hier an.

Die dritte Fassung, der »Rote Fudō« (Aka-Fudō), wird im Tempel Myōō-in des Kōya-san aufbewahrt. Sie zeigt trotz der archaisierenden Maltechnik der »Eisendrahtlinie« *(tessen-byō)* Einzelheiten, die das berühmte Gemälde wohl als ein Werk der Kamakura-Zeit kennzeichnen.

Meditations-Schaubilder im Frühstil der Heian-Zeit des 9. Jahrhunderts besitzt der Tempel Saidai-ji in Nara mit zwölf Hängerollen der zwölf Deva-Könige (Jūni-ten), die als Schutzkräfte gegen Unheil und Krankheit gelten. Die schweren, auf Reittieren dargestellten und jeweils von zwei Adoranten flankierten Figuren scheinen den Bildraum zu sprengen.

Von abschreckendem Äußerem zeigen sich die Bodhisattva aus der Gruppe der »Fünf Großen Kraft-Bodhisattva« (Godairiki Bosatsu). Drei Einzeldarstellungen der Gruppe sind im Tempel Junji-Hachiman-kō auf dem Kōya-san erhalten. Die Gestalten besitzen in ihrer aggressiven, raumsprengenden Frontalität alle Züge der frühen esoterischen Malerei. Bei ihnen sind im Gegensatz zu dem lebendig-freien Feuernimbus des »Blauen Fudō« die Flammen linear stilisiert. Gerade an diesen Gemälden läßt sich erkennen, daß einige archaisierende Züge, wohl aus magischen Gründen, bis in die Fujiwara-Zeit hinein anzutreffen sind.

Chinesische Literatur und Schriftkunst

Bei der Niederschrift des japanischsprachigen Gedichtwerkes *Manyō-shū* von 759 hatten die Kom- 36
pilatoren versucht, die chinesische Ideogrammschrift auf neuartige Weise *(manyō-gana* oder *mana)* phonetisch zu gebrauchen. Trotz dieses Ansatzes gab es zu Beginn der Heian-Zeit jedoch noch keine spezifische Schrift, die der agglutinierenden japanischen Sprache gerecht wurde.

Überhaupt galten das Chinesische und die chinesische Bildung als unverzichtbar für den Gebildeten, den Mann von Rang bei Hofe, den Priester. Die beiden herausragenden Intellektuellen der frühen Heian-Zeit, die Priester Saichō und Kūkai, hatten ihr Denken und ihre Schrift an den in der Nara-Zeit importierten Buchrollen geschult. Zwar gab es Ansätze zu einer freien, fließenden Schriftform, aber die Texte der Klassiker, Philosophen und Dichter waren dagegen wie die buddhistischen Sūtren, die man in heilsförderndem Tun kopierte, in der ausführlichen Blockschrift *(reisho)* geschrieben.

Die Befreiung der Schrift von der architektonischen Strenge zu plastisch-malerischer Pinselkunst wurde von den China-Reisenden der Gesandtschaft von 804 vorangetrieben. Neben den Priestern nahm auch der Hofadlige Tachibana no Hayanari teil, den die Chinesen angeblich als »hervorragendes Talent« bezeichneten. Die wirklich souveräne Beherrschung der klassischen wie der modernen chinesischen Schreibkunst erreichte Kūkai. Er studierte in Chang'an bei dem Kalligraphen Han Fangming und übte den mustergültigen Stil des großen Wang Xizhi (307–365). Neben der halbkursiven Schrift *(gyōsho)* trainierte er die kursive Grasschrift *(sōsho)* und schrieb Kunstschrift-
37 formen wie »Fliegendes Weiß«. Einige Zeilen des bedeutenden Schrift-Traktats *Shupu* des Sun Guoting[18] sind angeblich in Kūkais Kopie auf uns gekommen. Seine eigenen philosophischen und literaturkritischen Schriften, seine Epitaphe und Gedichte füllen Bände. Kūkai führte auch mit Saichō
38 einen Briefwechsel, von dem es noch Fragmente gibt. Das grundlegende Werk der Shingon-Lehre, »Die zehn Stufen der Entwicklung des Geistes« *(Jūjūshiron),* und seine Schrift zur chinesischen Poetik, »Geheimer Schatz des Spiegels der Literatur« *(Bunkyō hifuron),* blieben Standardwerke.

Kūkai gründete nicht nur im Jahre 828 beim Tōji eine Schule für Kunst und Wissenschaft für unbemittelte Studenten, er lehrte auch Kalligraphie bei Hofe. Sein prominentester Schüler war Kaiser Saga. Neben dem eher dilettierenden Kaiser bilden er und Tachibana no Hayanari, der für den Hof Namenstafeln für Tempeltore und Stiftungsurkunden schrieb, die »Drei Schreibmeister« *(sampitsu)* jener Epoche.

Die Kaiser der frühen Heian-Zeit rechneten es sich als Verdienst an, Werke auf Chinesisch herauszugeben. Von Kaiser Kammu gefördert, stellte das »Amt für die Kompilation der Reichsgeschichten« unter Fujiwara no Tsuginawa die zweite der »Sechs offiziellen Reichsannalen«, das *Shoku Nihongi* von 797, zusammen. Unter Nimmyō-Tennō folgte 844 das *Nihon-kōki.* Überdies erschienen zu Beginn des 9. Jahrhunderts drei Anthologien chinesischer Gedichte, die in Japan verfaßt worden waren, alle protegiert von Saga-Tennō. Das *Ryōun-shū* von 814 enthielt 91 Gedichte, das *Bunka Shūrei-shū* von 818 folgte mit 143 Poemen, während das *Keikoku-shū* von 827 sogar 900 Gedichte, Prosaschriften und Dissertationen umfaßte. Auch Arbeiten von Kūkai sind darin aufgenommen. Es ist schwer zu beurteilen, ob es den japanischen Poeten gelang, Eigenständiges in der Fremdsprache auszudrücken, denn die Dichtwerke der Tang- und Vor-Tang-Zeit waren zu gut bekannt, um nicht eifrig kopiert zu werden. Von Kaiser Saga ist etwa die Niederschrift von Gedichten des Li Zhiao 39
aus dem 8. Jahrhundert erhalten, eines Dichters, der in China längst vergessen war.

36
Manyō-shū (Katsura-Fragment, Ausschnitt), anonym. Tusche auf acht Sorten farbigem Papier. 29 x 805 cm. 11. Jahrhundert. Kaiserlicher Haushalt
In dieser Schriftrolle wurden 309 Gedichte aus dem vierten Band des *Manyō-shū* in überlegener und zügiger Weise niedergeschrieben. Nicht nur das Nebeneinander von *kana*-Silbenschrift und der als *manyō-gana* bekannten ausführlichen chinesischen Zeichenschrift gibt der Kalligraphie ihren Rhythmus, sondern auch in hohem Maße die Untergrundmalerei in Gold- und Silberfarbe.

37
Aufschrift auf Patriarchenporträt, von Kūkai (Kōbō Daishi). Tusche auf Seide. Um 821. Tempel Kyōōgokoku-ji, Kyōto
Kūkai schrieb die sinisierten Namenszeichen auf das Porträt des indischen Patriarchen Nāgārjuna (Ryūmyō). Die Zierschrift erhielt nach den aufgerissenen Tuschlinien den Namen »Fliegendes Weiß«.

38
»Fūshin-jō« (Ausschnitt), von Kūkai (Kōbō Daishi). Tusche auf Papier. 28,5 x 154,6 cm. Um 812. Tempel Kyōōgokoku-ji, Kyōto
Die Rolle mit Kūkais Briefnotizen an Saichō (Dengyō Daishi) wird nach dem Beginn des Textes »Fūshin-jō« genannt. Sie ist vom 5., 11. und 13. Tag des 9. Monats datiert. Die chinesischen Schriftzeichen, von Kūkai teils ausführlich, teils verschliffen geschrieben, zeugen von der kraftvollen Persönlichkeit des Schreibers. (Nach Shodō Zenshū, Bd. 11, Nihon 2, Heian I, Tōkyō 1955, Abb. 26)

39
Gedicht des Li Zhiao (Ausschnitt), Saga-Tennō (809–823) zugeschrieben. Tusche auf Papier. 26 x 235 cm. Kaiserlicher Haushalt
Von den 120 Gedichten des tangzeitlichen chinesischen Dichters Li Zhiao sind 20 in der Kopie von Kaiser Saga überliefert. Der Stil des Schreibers beruht auf der Schrift des chinesischen Meisters Ouyang Xiu, dessen Kalligraphie zu Beginn der Heian-Zeit in Japan Mode war. Dieses Gedicht zum Thema »Tau« zeigt die sorgfältige, stilisierte Handschrift des Kaisers. (Nach Shodō Zenshū, Bd. 11, Nihon 2, Heian I, Tōkyō 1955, Abb. 66)

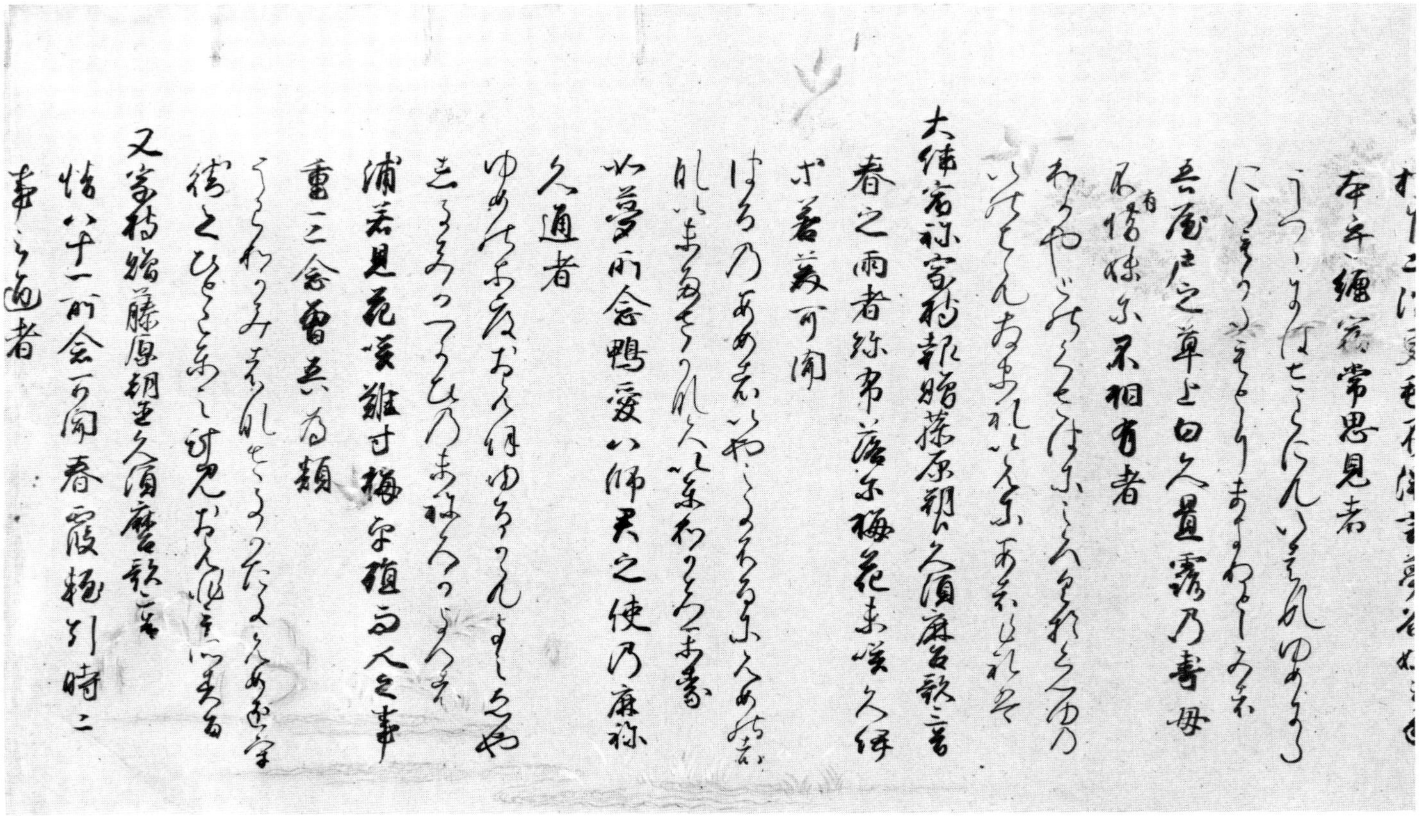

36

37

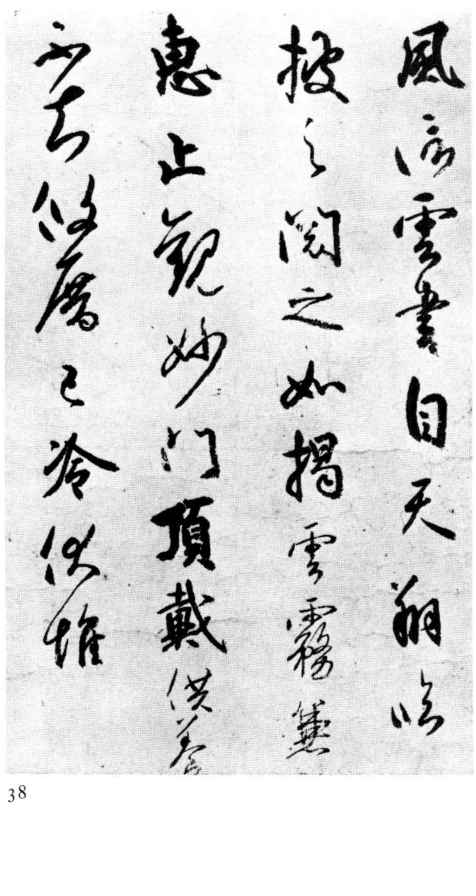

38

39

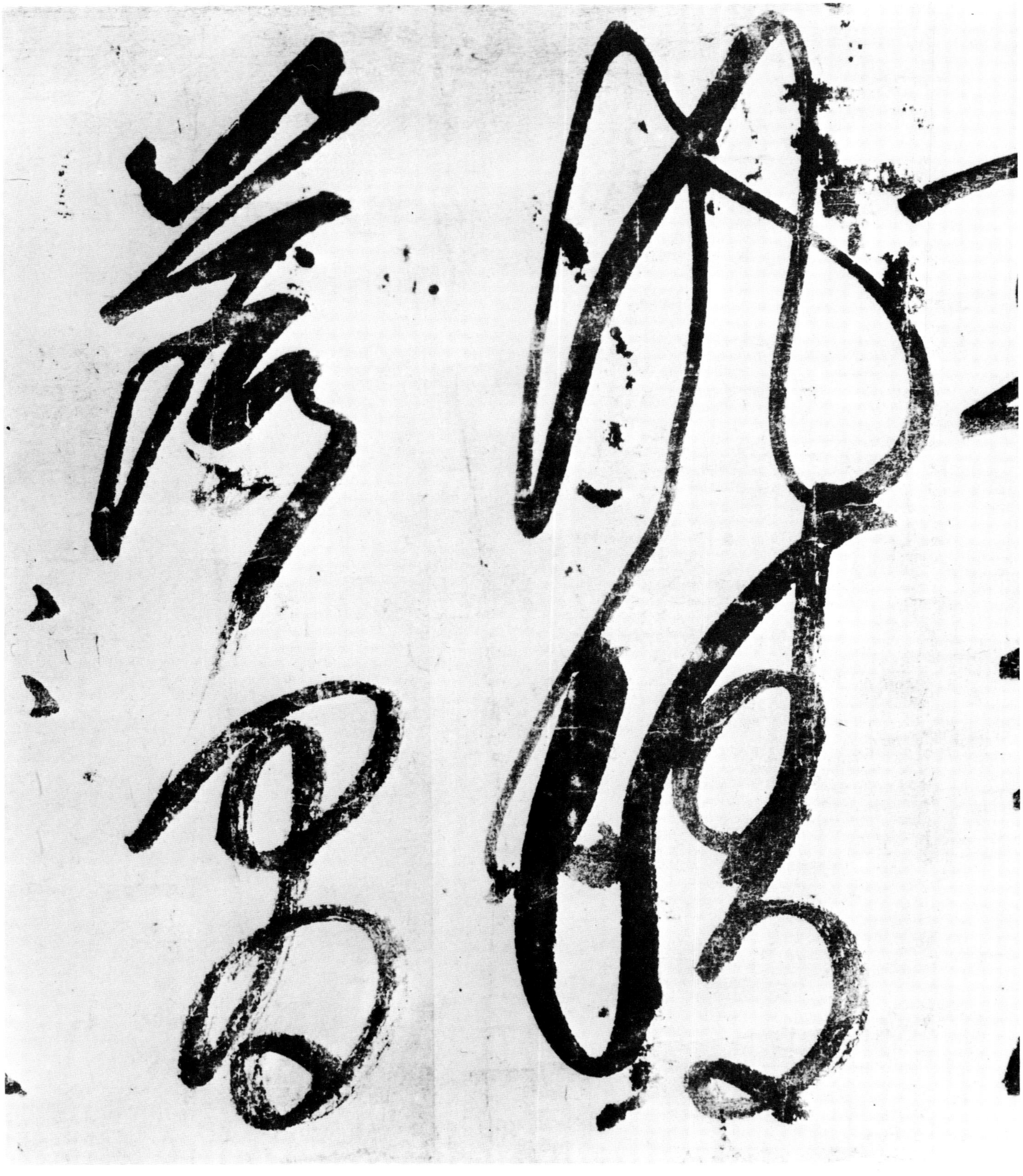

40
Gedicht von Bo Juyi (Ausschnitt), von Daigo-Tennō (897–930). Tusche auf Papier. H. 32 cm. Kaiserlicher Haushalt
Die einzige Kalligraphie des chinabegeisterten Kaisers Daigo ist ein Fünf-Worte-Gedicht von Bo Juyi: »Der kleine Gras-Pavillon.« Der Kaiser schrieb es in großformatigen und freien, schwungvollen Grasschriftzeichen nieder. Nur acht Zeichen sind von den insgesamt 24 des Gedichts erhalten geblieben.

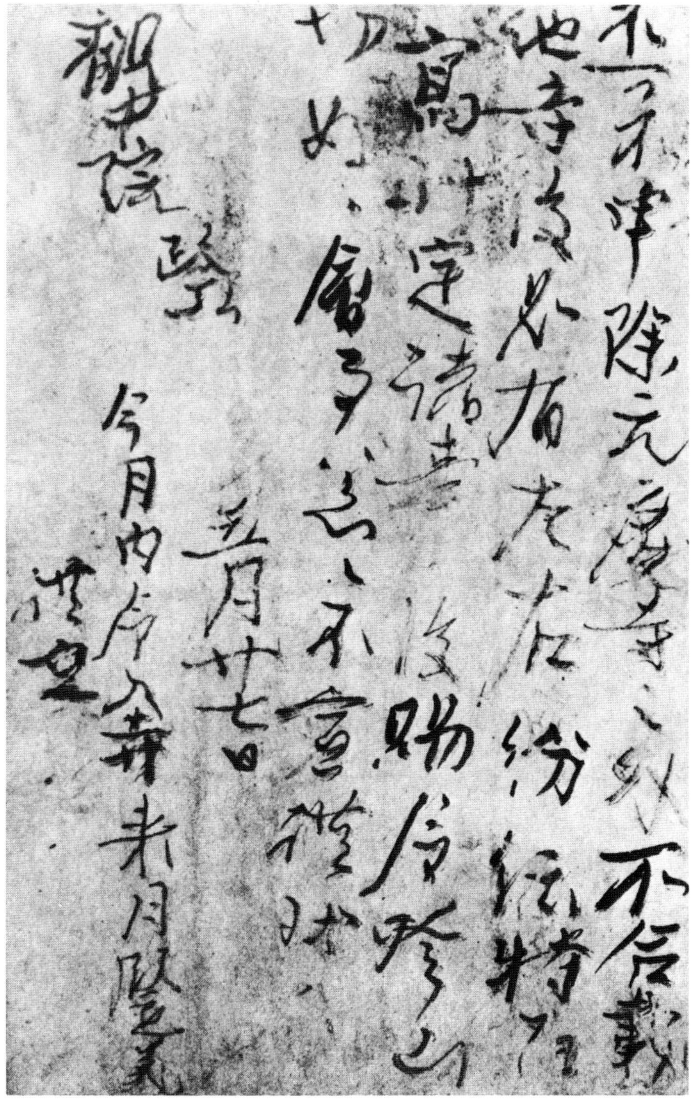

41
Brief, von Enchin (Chishō Daishi). Tusche auf Papier. 29,5 x 53,2 cm. 888–890. Nationalmuseum, Tōkyō
Aus Enchins schriftlichem Nachlaß sind Notizen, Kopien, Erinnerungsschriften und Briefe erhalten. Der Priester schrieb gewöhnlich mit der überlegenen Brillanz des in vielen Varianten geschulten Kalligraphen. Dieser Brief allerdings zeigt die schwer lesbare Handschrift eines alten, vielleicht behinderten Mannes. (Nach Shodō Zenshū, Bd. 11, Nihon 2, Heian I, Tōkyō 1955, Abb. 91)

Noch zu seinen Lebzeiten gelangten auch die Werke des berühmten Dichters Bo Juyi (jap. Haku Rakuten, 772–846), nach Japan. Er erwarb sich im Inselreich großen Ruhm, denn vor allem sein »Gedicht vom Ewigen Kummer« rührte die Gemüter tief. Es war Mode, Zeilen seiner Gedichte als Topoi für japanische Kurzgedichte zu benutzen. Auch als kalligraphische Texte erfreuten sich seine Werke besonderer Vorliebe. Wir kennen sie etwa in der ungemein exaltierten, schwungvollen
40 Schrift von Daigo-Tennō.

Durch die Lehrer der Hochschulen wurde die Kenntnis des chinesischen Schrifttums und der Schriftkunst offiziell weitergegeben. Neben den Doktoren der Literatur *(monjo-hakase)* gab es Doktoren der Schriftkunst *(sho-hakase)*. Diese Ämter lagen meist in den Händen sinologisch orientierter Familien wie der Tachibana, Ōe, Ki und Sugawara und waren erblich.

Als unabhängige Schreibkünstler behaupteten sich im 9. Jahrhundert die China-Pilger der Tendai-Sekte. Sie waren aber weniger an den Lehren der Tendai-Schule selbst interessiert, sondern suchten sich in China vor allem der Shingon-Praktiken und -Texte zu versichern. Das berühmte Tagebuch des Ennin existiert vermutlich nicht mehr in der Originalschrift. Die Schrift des jüngeren Enchin wurde vom kalligraphischen Standpunkt aus höher bewertet; Zeugnisse davon bewahrte man in dem von ihm begründeten Tempel Onjō-ji auf.
41 Ein Brief aus dem Jahre 890 zeigt jedoch die krakelige Schrift eines alten, kranken Mannes, die in menschlich erschütternder Weise von den frühen brillanten Schriftkunst-Werken des bedeutenden Priesters abstich.

Mit dem Einstellen der offiziellen Gesandtschaften nach China im Jahre 894 schien dem japanischen Hof nichts mehr an dem direkten Kontakt mit dem Festland gelegen zu sein, denn die Unruhen im untergehenden Reich der Tang verhießen weder materiellen noch geistigen Gewinn. Trotzdem blieb der internationale Anspruch der China-Wissenschaften bei Hofe unangetastet.

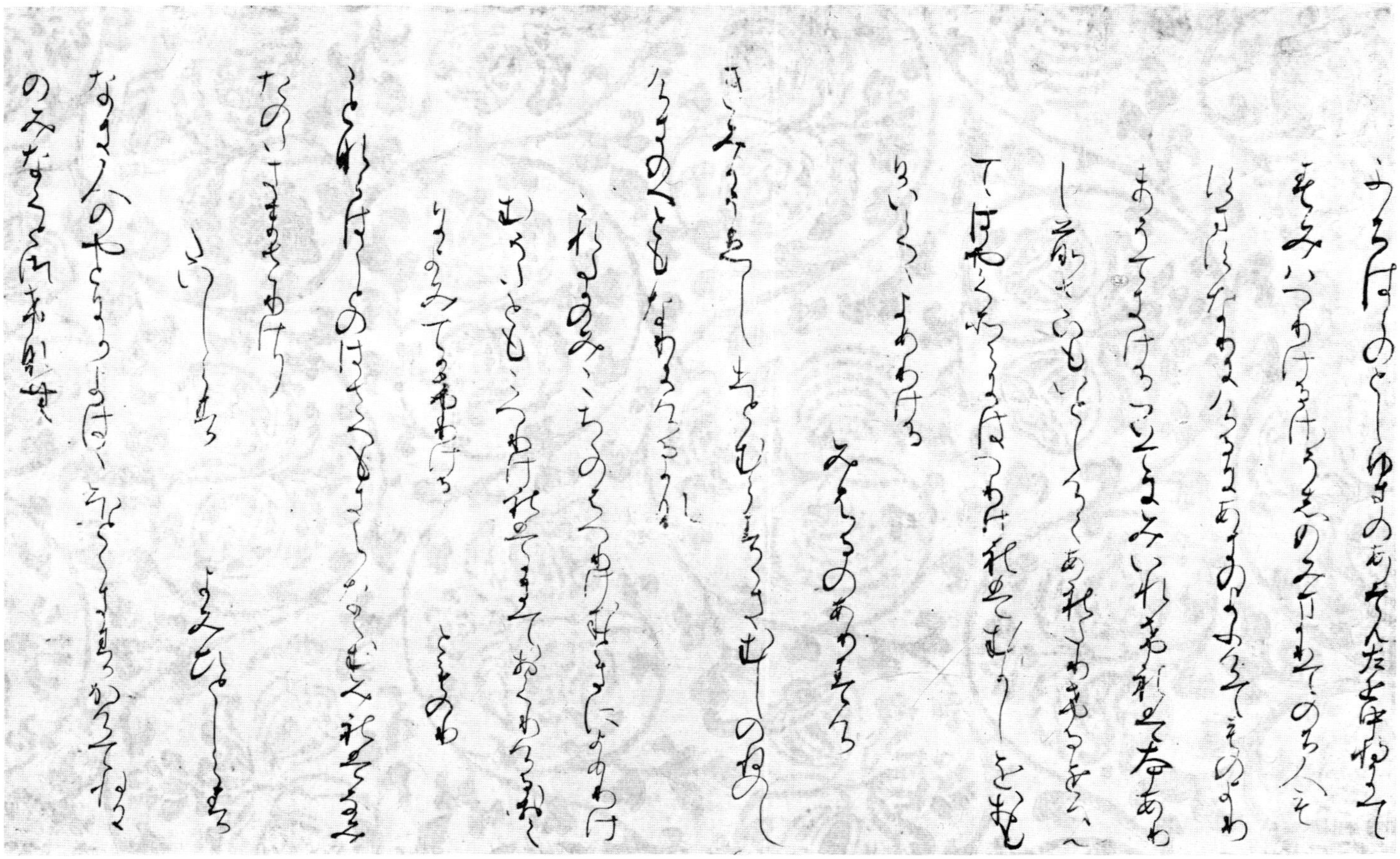

Japanische Literatur und Schriftkunst

Neben dem chinesischen Stil in Literatur und Schrift kristallisierte sich der »japanische Stil« heraus, der die Übermacht des Festländischen zunächst nicht zerbrach, sondern wie Yin und Yang in der chinesischen Kosmologie eine japanische weibliche Komponente zur als männlich empfundenen chinesischen entwickelte. Mit der Ausbildung zweier einfacher *kana*-Silbenschriften erhielt die japanische Sprache gegen Ende des 9. Jahrhunderts die fließende *hira-gana*-Schrift, die als Frauenschrift *(onna-de)* der männlich-chinesischen *(onokode)* gegenübergestellt wurde.

Wenn auch während der ersten Hälfte des 9. Jahrhunderts die chinesische Schrift und Literatur dominierte, lebte doch neben dem pompösen, gereimten chinesischen Gedicht in fünf oder sieben Wortzeilen *(kanshi)* das seit dem *Manyō-shū* tradierte japanische Kurzgedicht von fünf Zeilen

42–43
Kokin-shū (Honami-Fragment, Ausschnitte). Ono no Tōfu (Michikaze) (894–966) zugeschrieben. Tusche auf bedrucktem Papier. H. 16,6 cm. 11. Jahrhundert. Kaiserlicher Haushalt
Über den mit Glimmer bedruckten, zartfarbenen Papieren, die zu Querrollen zusammengeklebt wurden, schrieb der Kalligraph Gedichte des *Kokin-shū*. Die Mischung von chinesischen Zeichen und gebundenen, schwingenden *kana*-Silben und die etwas unregelmäßige Plazierung der Zeilen ergeben einen melodischen Rhythmus. Die kleine Rolle gehörte einst dem berühmten Kalligraphen und Künstler Honami Kōetsu (1558–1637).

und 31 Silben *(tanka)* weiter. Im 9. Jahrhundert traten die »Sechs Dichter-Genien« (Rokkasen) auf, deren Gedichte erst posthum von Ki no Tsurayuki 905 vereinzelt im *Kokin-shū* veröffentlicht, aber in seinem berühmten Vorwort keineswegs lobend gewürdigt wurden. Unter den Rokkasen tritt neben den Höflingen Ariwara no Narihira (825–888),

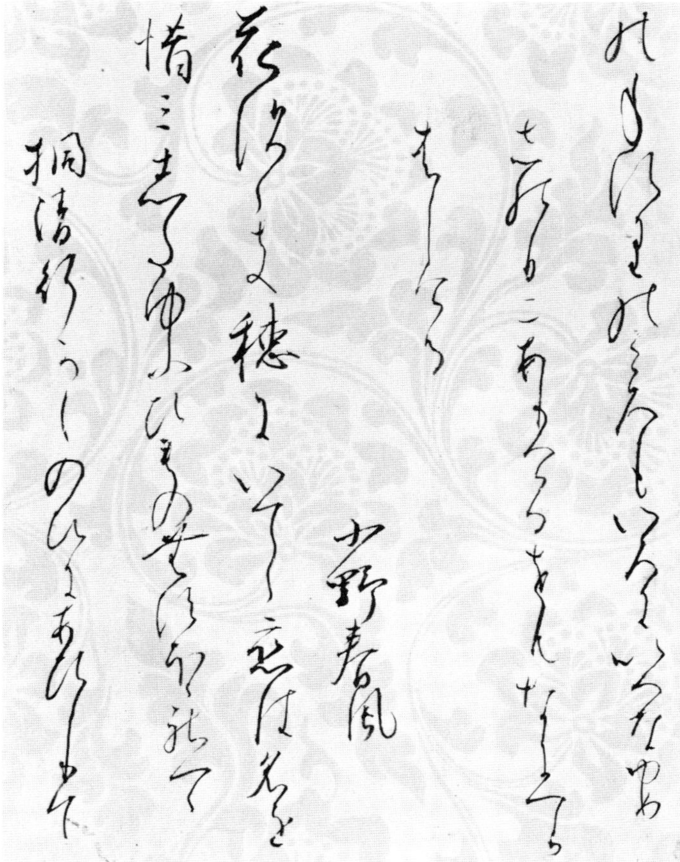

Bunya no Yasuhide, Ōtomo no Kuronushi und den Mönchen Bischof Henjō (816–890) und Kisen die Dame Ono no Komachi (um 850) als einzige Frau auf. Um ihr glanzvolles, im Alter aber vereinsamtes Leben spinnen sich zahlreiche Legenden. So melodisch fließend dem Ohr das *tanka* eingeht, so wenig transparent ist sein Gehalt, denn die Verwendung von Angelworten *(kake-kotoba)*, Kissenworten *(makura-kotoba)* und Assoziationen *(engō)* belasten die Spontaneität. Trotz dieser einengenden Regeln, die Gehalt und Gestalt des Gedichtes fest einbanden, entfaltete sich im *tanka* in feinsten Nuancen die seelische Welt der Dichtenden.

Die »Sammlung alter und neuer japanischer Gedichte« *(Kokin*[-*waka*]-*shū)* von 905 steht am Beginn der auf kaiserlichen Befehl kompilierten Gedichtsammlungen. Ihr folgten bis 1205, dem Erscheinungsjahr des *Shin-Kokin-waka-shū*, insgesamt sieben Sammlungen. Kaiser Uda hatte das Werk anscheinend angeregt, es wurde aber erst unter seinem Sohn Daigo-Tennō herausgebracht. Zwei der Kompilatoren, Ki no Tsurayuki (872–945) und der ältere Ki no Tomonori, verfaßten inhaltgleiche Vorworte. In der berühmten japanischen Fassung von Ki no Tsurayuki – Tomonori schrieb auf Chinesisch – heißt es: »Das Yamato-Gedicht hat das menschliche Herz zur Wurzel und Tausende von Worten als Blätter... In dieser Welt, wo die Menschen den mannigfaltigen Beschäftigungen nachgehen, besteht die Poesie darin, das, was das Herz empfindet, durch das auszudrücken, was man sieht und hört [und kurz darauf bezeichnet Tsurayuki den eigentlichen Gegenstand der Dichtung]: sich in Blüten zu verlieben, die Vögel zu beneiden, sich von dem feinen Frühlingsnebel rühren und von dem Tau traurig stimmen zu lassen.«[19]

Im Gegensatz zum *Manyō-shū*, das Gedichte aller Poesie- und Liedformen aneinanderreiht und Lyrik von Kaisern neben der von Bauern und Soldaten enthält, ist das *Kokin-shū* von größerer Einheitlichkeit 42–43 gekennzeichnet. Die 127 ausgewählten Dichter stammen fast ausschließlich aus dem niederen Adel. Nur in einem Abschnitt des 20. Kapitels, fast ganz am Ende, stehen 20 Poeme aus dem Kaiserlichen Dichtamt, und nur ein einziges Gedicht wurde von einem Kaiser verfaßt. Ein Drittel aller *tanka* stammt von unbekannten Dichtern. Inhaltlich stehen zwei Gedichtgruppen im Vordergrund: Kapitel 1–6 werden von »Gedichten zu den vier Jahreszeiten« und Kapitel 11–15 von »Liebesgedichten« gefüllt. »Glückwünsche«, »Abschied«, »Reise«, »Dingnamen«, »Trauer«, »Vermischtes«, »Abweichende Formen«, »Poeme des Dichtamts« bilden je ein Kapitel. Die strenge und anspruchsvolle Form des *tanka* dominiert mit 1102 Poemen, dagegen finden sich nur fünf »Langgedichte« *(chōka)* und vier »Kehrverslieder« *(sedōka)*.

Während des 9. Jahrhunderts entwickelten sich die ausführlichen *mana*-Silbenzeichen allmählich zu den bis jetzt gültig gebliebenen *kana*-Silbenreihen von 48 Zeichen. Zunächst tauchen die Kurzzeichen wie zufällig in einer Eingabe von Fujiwara no Aritoshi auf. Es war die Zeit der beginnenden Japanisierung, die Sh. Kato als den »ersten Wendepunkt« in der Literatur bezeichnet[20]. Als der Priester Shunei der Tendai-Sekte 865 als letzter der China-Pilger zurückgekommen war, bevor die

China-Beziehungen endgültig einschliefen und Fujiwara no Yoshifusa 866 zum Regenten (Sesshō) ernannt wurde, vollzog sich im sozialen, politischen und wirtschaftlichen Bereich ein Umbruch. Damit ging eine Umprägung der ästhetischen Werte einher, und Facetten des japanischen Denkens und Fühlens begannen sich herauszukristallisieren, die bis heute ihre Gültigkeit behielten.

Einen weiteren Höhepunkt in der chinesisch geprägten Literatur und Poesie der Heian-Zeit bildet der geniale Staatsmann Sugawara no Michizane (845–903). Er schrieb und dachte fließend Chinesisch und verfaßte zwei Gedichtsammlungen, das *Kanke-bunsō* von 900 und das *Kanke-koshū* von 903 mit Poemen, die ganz Persönliches aussagen. Sein Schüler Ki no Haseo (845–912) brillierte als Kalligraph chinesischer Schrift. Dessen Sohn wiederum, Ki no Yoshimochi, war es, der das ursprünglich chinesisch konzipierte Vorwort zur japanischen Gedichtsammlung *Kokin-shū* verfaßte. Aufgrund ihrer Gegnerschaft zu den mächtigen Fujiwara konnten die Sinologen-Familien jedoch ihre hohe Position nicht behaupten. Michizane, ein Opfer von Intrigen, wurde zu einer der *noble failures* in der japanischen Geschichte.

Die *kana*-Silbenschrift wurde durch den Dichter und Kompilator Ki no Tsurayuki hoffähig. Eine Niederschrift des von ihm zusammengestellten *Kokin-shū,* das Manuskript, das als »Koya-Fragment« bekannt ist, enthält einzelne Passagen, die seiner Hand zugeschrieben werden. Da Tsurayuki in sehr präzisen Zeichen schrieb, bezeichnet man seine Form der *kana*-Schrift als »echten Stil« *(shintai)*. Im gleichen Manuskript folgen auch noch Partien mit verlaufenden *kana (gyō-tai)* und die bravourös verschliffenen *kana*-Zeichen der Grasschrift *(sō-tai)*. Diese aber stammen wohl aus etwas späterer Zeit. Man sieht, wie spontan die *kana*-Schrift adaptiert und zu Varianten verfeinert wurde, die den Dukti der chinesischen Kalligraphie gleichgestellt wurden. Tsurayuki hinterließ einige kleine, aber hochberühmte Schriftkunstwerke in Form von Gedichtblättern, »Farbpapieren« *(shikishi)*. Mit diesen »Farbpapieren« tritt eine in kommenden Jahrhunderten immer wieder neu konzipierte Kunstform auf, die der Freude am sublimen Variieren, für die wohl die Japaner besonders empfindsam sind, zutiefst gerecht wird. Die zwölf »Farbpapiere« von Tsurayuki, nach ihrem Aufbewahrungsort »Shunsōan-shikishi« genannt, zeigen 44
seine Schrift auf auserlesenem, farbigem, aufwendig mit Glimmerpulver bedrucktem »China-Papier« *(kara-kami)*. Je ein Gedicht ist in verbundenen *kana*-Zeichen auf ein Papier geschrieben. Mit diesem Ansatz zu einer rein japanischen kalligraphischen Kunstschrift steht Tsurayuki am Anfang einer Entwicklung, die bis in die Moderne weiterwirkte.

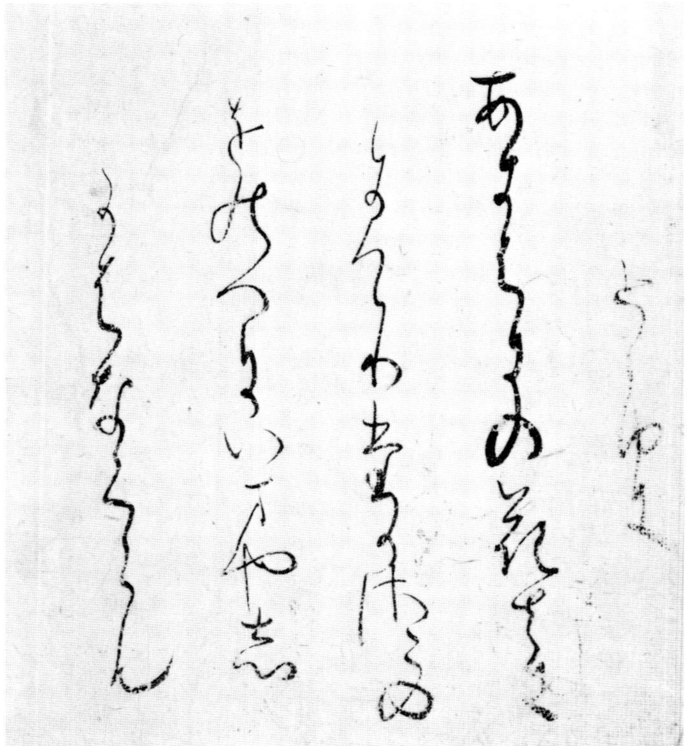

44
Gedichtblatt, Ki no Tsurayuki (872–945) zugeschrieben. Tusche auf hellblauem Papier mit Glimmerdruck. 12,9 x 12,3 cm. 11. Jahrhundert. Gotō Art Museum, Tōkyō
Das Gedichtblatt *(shikishi)* ist heute als Hängerolle montiert. Das vornehme chinesische Schreibpapier mit einer Kürbisranke in Glimmerdruck stammt aus einem berühmten Album, das ursprünglich dem Tempel Shunsōan des Daitoku-ji in Kyōto gehörte (daher der Name »Shunsōan-shikishi«). Die kraftvolle *kana*-Schrift wird zwar Ki no Tsurayuki zugeschrieben, da es sich um eines seiner Gedichte handelt, sie datiert jedoch erst aus dem 11. Jahrhundert.

Obwohl die *kana*-Schrift wegen ihrer einfachen und eleganten Form als Frauenschrift galt, scheuten sich Tsurayuki und andere Dichter japanischer

Sprache nicht, in dieser neuen Form zu schreiben. Tsurayuki verfaßte sein »Tagebuch von Tosa«, das *Tosa-nikki,* so, als sei es von einer Frau geschrieben. Das Werk entstand 935, als der Dichter von der Statthalterschaft in der Provinz Tosa zur schmerzlich vermißten Hauptstadt Heian-kyō zurückreiste. Er schrieb: »Tagebücher werden, wie mir gesagt wurde, von Männern geschrieben, aber ich will einmal eigenhändig probieren, was eine Frau fertigbringen kann.«

Damit nimmt das *Tosa-nikki* als erstes, ganz persönlich und gefühlvoll-sentimental geschriebenes Tagebuch eine herausragende Stellung in der japanischen Literatur ein. Zwar hatte zuvor schon Ennin ein Tagebuch seiner China-Reise geführt, doch schrieb er chinesisch, registrierte lediglich ganz nüchtern Etappen und Ereignisse seiner Fahrt und ließ keine persönlichen Empfindungen einfließen.

Japanische Prosaschriften hatte es auch schon vor dem *Tosa-nikki* gegeben. Aber die Form der Erzählung *(monogatari)* fand erst an der Wende vom 9. zum 10. Jahrhundert ihre früheste Fixierung. Das »Märchen vom Bambushacker« *(Taketori-monogatari)* wurde nahezu gleichzeitig mit dem *Kokin-shū* geschrieben. Sein Autor faßte es in einem Gemisch von *kana*-Schrift und Chinesisch ab. Inhalt und Stil des Märchens verraten, daß es von chinesischen und koreanischen Vorstellungen mitbeeinflußt ist. Trägt das *Taketori-monogatari* volkstümliche Züge, so sind die berühmten »Geschichten von Ise« *(Ise-monogatari)* Verserzählungen, die nur in den Kreisen des Kaiserhofes entstanden sein konnten. Im *Ise-monogatari* werden in 125 Episoden die Liebesabenteuer eines japanischen Don Juan, des Dichters Ariwara no Narihira (825–880), eines der Rokkasen, geschildert. Jede Episode beginnt mit »Einst lebte ein Mann...«. Es gibt keine fortlaufende Handlung, sondern nur kleine Rahmenerzählungen zu ein oder zwei Liebesgeschichten. Zu einem Drittel sind es Gedichte von Narihira selbst. Mit dem *Ise-monogatari,* das nach Lebzeiten des Narihira entstand, beginnt die Reihe der reizvollen Erzählwerke, die als Vorläufer des großartigen epischen Kunstwerkes der Heian-Zeit, des *Genji-monogatari* der Hofdame Murasaki Shikibu, anzusehen sind.

Die Hochblüte der Heian-Zeit

Die Fujiwara

Die Macht des Kaiserhauses gründete sich seit der Nara-Zeit auf die nach chinesischem Vorbild verfaßten Gesetze des Taihō-Kodex von 702 und des Yōrō-Kodex von 718. Diese Kodizes legten Strafbestimmungen und Verwaltungsvorschriften des zentralistischen Staates fest. An beider Kompilation hatte Fujiwara no Fubito (659–720), ein Sohn des Nakatomi no Kamatari, großen Anteil. Kamatari, der sich als Sieger über die Soga-Sippe und als Urheber der Taika-Reform von 645 profiliert hatte, erhielt den Namen »Fujiwara« als Auszeichnung verliehen. In den Kodizes waren die Ver- und Gebote des jungen japanischen Staatswesens festgelegt. Nach diesen Gesetzen gehörte der Grund und Boden dem Kaiser, der ihn an die Untertanen vergab. Nutzungsrechte und Steuern staffelten sich nach Haushalten und Kopfanteilen und sollten theoretisch alle sechs Jahre neu verteilt werden, zumal nach der Feldordnung im Todesfall das Land an den Staat zurückfiel. Haushaltregister *(koseki)* wurden angelegt und von Beamten überprüft. Neben den Haushaltfeldern gab es Rangfelder *(iden)* für Prinzen und Hochadel, Dienstfelder für Beamte *(shikibunden),* Verdienst- und Ehrenfelder *(kōden).* Postfelder *(ekiden)* lieferten ihren Ertrag an den Staatshaushalt, Kronfelder *(kanden)* an den kaiserlichen Haushalt. Dieses System bewährte sich jedoch in der Praxis nicht. Durch Urbarmachung neuer Ländereien entstanden private Latifundien *(shōen),* die fiskalisch nicht erfaßt wurden. Immer häufiger auch unterliefen Adel und Klerus durch Mittelsmänner die Feldordnung, so daß der Staat immer weniger Einnahmen und Dienstleistungen erhielt. Mit ihrem gewaltigen Grundbesitz wuchsen die Landadligen zu neuen politischen Machthabern heran. Da überdies die Bauern immer härter erpreßt wurden – die Abgabenhöhe lag zwischen 40 und 60 Prozent –, sanken sie zu Hörigen der neuen Grundeigner herab oder flohen in die Stadt und wurden als Diener in den Haushaltungen des Adels tätig.

Die alten Sippenverbände waren zwar als soziale Einheit in das bürokratische System der Verfassung eingegliedert worden, gewannen aber seit dem Ende der Nara-Zeit ihre Eigenständigkeit zurück. Sie organisierten sich als Familienverbände parallel zum Kaiserhaus. Ihre Sippenhäupter besaßen wie der Tennō absolute patriarchalische Macht über alle Mitglieder, die in einen in Ämter und Ränge gegliederten Verwaltungsapparat eingestuft waren. Sie übten auch die priesterliche Autorität über Shintō-Schreine und Tempel ihrer Ländereien aus, standen den Hausuniversitäten vor und konnten für ihre Sippenmitglieder bei Hofe Rangerhöhungen durchsetzen. Das Oberhaupt erhielt die Insignien der Sippenherrschaft auf einem Zeremonialbankett überreicht: Rotlackutensilien, fünf Rotlacktische und das Sippensiegel als Zeichen absoluter Autorität. Die Verwaltung glich der komplizierten Hierarchie des kaiserlichen Haushalts: dem Haushofmeister *(bettō)* unterstanden ein Adjutant, Inspektoren, Erzieher und Schreiber zur Abfassung der Dokumente. Dem Sippenhaupt diente überdies ein eigenes Heer von Vasallen *(kenin)* und Rittern *(samurai),* dazu persönliche Dienstmänner *(toneri).* Durch Mittelsmänner übte es das Patronat über Gruppen von Handwerkern und Technikern aus, die aus dem Sippenvermögen entlohnt wurden. Bande von Loyalität hielten, wie nur in Japan, diese komplizierten Gefüge wirkungsvoll zusammen.

Unter den acht herrschenden Sippen hatte sich der Nordzweig der Fujiwara (Hokke) in der Mitte des 9. Jahrhunderts die Vorrangstellung vor den anderen besonders durch Einheirat der Töchter in die Kaiserfamilie verschafft. »In der Regel erlangten die Fujiwara ihre Ziele nicht durch Gewalt, sondern durch den hartnäckigen politischen Druck, den sie einsetzen konnten, durch ihre Verwandtschaft mit dem Thron in weiblicher Linie wie durch ihren großen Reichtum und ihren demzufolge großen Einfluß in den Provinzen, wo sie ihren Landbesitz rapide vermehrten.«[21]

In dem skrupellosen, weder vor Intrige noch vor Mord zurückschreckenden dynastischen Machtkampf um die kaiserliche Erbfolge spielten die Fujiwara eine zwielichtige Rolle. Ob allein Machthunger, der persönliche wie der familiäre, sie antrieb, oder ob auch loyale Bindungen zum Kaiserhaus ihre Handlungen bestimmten, bleibt undurchschaubar.

Kammu-Tennō, der Gründer von Heian-kyō, regierte bis zu seinem Tod (806), ohne Kanzler oder Regenten eingesetzt zu haben. Von seinen 42 männlichen Nachkommen kam ein Schwächling,

Prinz Ate, als Heizei-Tennō auf den Thron. Er wurde zur Abdankung gezwungen, regierte aber als Großkaiser (Dajō Tennō) weiter. Diese Institution festigte sich während der Heian-Zeit und brachte die Staatskasse an den Rand des Ruins. In der nächsten Generation gab es sogar einen dritten Kaiserhof: den des Saga-Tennō, der 823 zugunsten seines Bruders Junna abgedankt hatte und 833 bei dessen Rücktritt zum Senior-Großkaiser (Saki no Dajō Tennō) ernannt wurde. Den Drahtzieher spielte Fujiwara no Yoshifusa (804–872), der selbst das Amt des Regenten (Sesshō) für den minderjährigen Kaiser Seiwa übernahm, ein Amt, das in früherer Zeit nur einem kaiserlichen Verwandten zugestanden hatte. Als der Sohn des Yoshifusa, Fujiwara no Mototsune (836–891), sich 884 nicht nur zum Sesshō, sondern auch zum Zivildiktator (Kampaku) für den von ihm inthronisierten 55jährigen Kōkō-Tennō machte, lag die Regierung praktisch bis 1068 in den Händen der Fujiwara. Auch dieses Amt des Diktator-Regenten (Sekkan) blieb in der Sippe der Fujiwara erblich.

Erst Uda-Tennō (867–931), der keine Verwandtschaftsbande zur Regentenfamilie besaß, regierte selbstbewußt und eigenständig. Nachdem er zugunsten seines Sohnes Daigo abgedankt hatte, regierte er von 897 an als Großkaiser im Palais Suzaku und später im Tempel Ninna-ji mit eigenen Gefolgsleuten. Gestützt auf die Gegner der Fujiwara-Regenten, zu denen Sugawara no Michizane, Ki no Haseo und Minamoto no Takaakira gehörten, beherrschte er die Politik seiner Nachfolger Daigo und Suzaku, obwohl er vorgab, nur seinen künstlerischen Neigungen leben zu wollen. Auch nach dem Rücktritt von Suzaku-Tennō, der mit seiner Mutter Fujiwara Onshi zusammen im Suzaku-in residierte, ernannte Kaiser Murakami (926–967) keinen Herrscher-Regenten. Erst unter Kaiser Reizei gelang es Fujiwara no Saneyori, wieder als Sekkan-Regent eingesetzt zu werden, denn als Onkel der Kaiser-Mutter Anshi hatte er deren Söhne, Kaiser Reizei und Enyū, inthronisieren können. Selbst die private Hofadministration der Großkaiser, die nach gleichem Prinzip und mit

45
Murasaki-Shikibu-nikki-ekotoba, 11. Szene. Tusche und Farben auf Papier. H. 20,6 cm. Mitte 13. Jahrhundert. Gotō Art Museum, Tōkyō
Am Abend des Tages nach dem Kaiserbesuch stehen die Hofadligen Narinobu und Mitsunari bei Vollmond auf der Veranda im Palais des Fujiwara no Michinaga. Sie tragen leichte Brokatgewänder und blicken durch die hölzernen Gitterfenster, hinter denen Murasaki Shikibu zu sehen ist. Die Veranda stößt im rechten Winkel in den Garten hinein, der herbstlich in silbernes Mondlicht getaucht ist.

gleichem Aufwand wie der kaiserliche Haushalt und die Sippenverwaltung aufgebaut war, konnte zur Hochblüte der Fujiwara-Regentschaft von 967 bis 1068 nicht effektiv handeln.

Die Macht und die Hybris der Fujiwara erreichte ihren glanzvollen Höhepunkt unter Michinaga (966–1027), dem fünften Sohn des Kaneie. Michinaga regierte, gestützt auf riesigen Landbesitz und auf seine festen Verwandtschaftsbeziehungen zu 45 drei Kaisern, vom Palais Tsuchimikado seiner Schwiegereltern aus. Nicht nur dieses Palais, das er 1016 nach einem Brand neu und über alle Maßen prunkvoll wiedererbaute, auch seine anderen Stadtbesitzungen, sein Biwa-Haus und sein Higashi Sanjō-Palais, übertrafen den Kaiserpalast und die Anwesen des Hochadels bei weitem an Eleganz und Luxus. Charakter und Wesen dieses Mannes lassen sich anschaulich rekonstruieren, nicht nur aus seinem eigenen Tagebuch, *Midō Tsuchimikado-nikki,* sondern auch aus den inoffiziellen Chroniken, dem *Eiga-monogatari* und dem *Ōkagami*. Vor allem aber berichtet Murasaki Shikibu nüchtern beobachtend in ihrem Tagebuch über ihn. Da wird Michinaga menschlich liebenswert bei der Niederkunft seiner Tochter Akiko, der Gemahlin des Ichijō-Tennō, geschildert. Das Ereignis fand aus rituellen Gründen wie üblich außerhalb des Palastes im Palais Tsuchimikado statt. Michinaga erscheint als stolzer Großvater und als souveräner Hausherr, der mit den Hofdamen scherzt und die Gärtner antreibt.

Als überzeugter Buddhist zeigte er sich von der Angst des nahenden Endzeitalters erfaßt und förderte den Tempelbau weit mehr, als ihm seine Verhältnisse eigentlich erlaubten. Am Begräbnisplatz der Fujiwara in Kobata bei Uji errichtete er vom Jahre 1005 an den Tempel Jōmyō-ji nach den Lehrvorstellungen der Tendai-Sekte, und er veranlaßte die Weihe und Prozession des Sūtrengrabes am Kimpusen, bei der seine eigenhändige Abschrift des *Ōjō Yō-shū* (»Wichtige Schriften über die Hinübergeburt«) für das kommende Zeitalter mitbestattet wurde. Als sich der Mächtige 1019 als Mönch von der Welt zurückzog, errichtete er im Osten neben seinem Palais einen Privattempel, den Hōjō-ji. Planung und Ausstattung schienen so übertrieben prunkvoll, daß selbst sein Sohn die Mittel für dieses Unternehmen verweigerte. Aber Lehenszuwendungen aus den Provinzen machten den Bau doch noch möglich. Als Muryōju-in entstand 1019 im Geist des Jōdo-Glauben die Amida-Halle mit neun monumentalen Skulpturen des Amitābha, die von den befähigtsten Bildhauern jener Zeit, Kōshō und Jōchō, geschnitzt wurden. Das *Eiga-monogatari* beschreibt die Weihe der »Goldenen Halle« am 10. Tag des 7. Monats 1022 in spannenden Einzelheiten. Nach ununterbrochener Bautätigkeit auch über den Tod des Michinaga hinaus brannte das grandiose Bauwerk im Jahre 1058 vollständig nieder.

Michinaga trat im Jahre 1017 zugunsten seines Sohnes Yorimichi (992–1074) zurück, der das Amt des Sesshō und 1020 das des Kampaku erhielt. Auch Yorimichi vermählte seine Töchter mit zwei Kronprätendenten. Unter Kaiser Gosuzaku und Kaiser Goreizei regierte er in absoluter Machtvollkommenheit und betrieb den Kult raffiniertesten Lebensstils, eleganter Vergnügungen und geistvoller, religiös-weltlicher Feste unvermindert weiter. Den eigenwilligen zweiten Sohn des Gosuzaku-Tennō, Prinz Takahito, hatte er sich zum Feind gemacht. Der Prinz stammte nicht von einer Mutter aus dem Fujiwara-Haus, und Yorimichi verweigerte ihm deshalb das Insigne des Kronprinzen, das Schwert *tsubori-no-tsurugi*. Während der 24 Jahre seiner Kronprinzenzeit studierte Takahito, der spätere Kaiser Gosanjō, intensiv konfuzianische Schriften, Kalligraphie und Poesie. Als er im Jahre 1068 auf den Thron erhoben wurde, zog Yorimichi die Konsequenz. Er begab sich in seine Besitzung nach Uji, wurde 1072 Mönch und starb 1074 im Alter von 82 Jahren. Mit seinem Rücktritt war die absolute Macht der Regentenfamilie Fujiwara gebrochen.

Yorimichi hatte ebenso wie sein Vater und seine Vorfahren einen Privattempel, den Byōdō-in, an- 65–66 gelegt, dessen Grundriß noch konsequenter als der des Hōjō-ji versuchte, ein »Westliches Paradies« bereits auf Erden nachzubauen. In einem Gesamtkunstwerk von unerhörter Schönheit entfalteten sich Hallenkomplexe um einen Lotusteich. Die Phönix-Halle Hōō-dō (1053), mit der monumentalen Skulptur des Buddha Amida, den im Gebälk 69 schwebenden Bodhisattva-Figuren und den 70 Wandbildern der verschiedenen Stufen des herab- 60 kommenden Amida (Amida-raigō) ist als bedeutendes Zeugnis der Kunst der Heian-Zeit bis heute erhalten.

Die Klosterregierung (Insei)

Kaiser Gosanjō (1034–1073) regierte ohne Beistand. Ihm dienten drei Adlige niederen Ranges als Sekretäre. Anstelle der Fujiwara rückten die Minamoto in den Hochadel auf. Gosanjō erließ im Jahre 1069 zwei Gesetze, die der Mißwirtschaft der Landverteilung steuerten und insbesondere die *shōen*-Ländereien der Regentenfamilie der Fujiwara wieder dem Staat zuführten. Im Palast erarbeitete ein Büro zur »Überprüfung der Landdokumente« bis 1071 die Umverteilung, aus der das Kaiserhaus gewaltige Latifundien zurückgewann. Gosanjō legte auch für das ganze Land ein einheitliches Maß für die Bemessung der Reisabgaben fest und führte eine Preiskontrolle durch. Als nach drei Jahren Regentschaft dieser Kaiser, der als eine der wirklich großen Persönlichkeiten auf dem Thron Japans gilt, zugunsten seines Sohnes abdankte, begann die Epoche der sogenannten Klosterregierung (Insei).

Prinz Sadahito (1053–1129) regierte als Shirakawa-Tennō über ein halbes Jahrhundert. Auch er folgte dem Regierungsmuster seines Vaters und dankte nach vierzehn Jahren Tennōschaft im Jahre 1086 zugunsten seines zweiten Sohnes ab; den Thronanspruch seiner Brüder wußte er klug zu umgehen. Shirakawa hatte sich mit großem Aufwand und gewaltigen Tributsendungen der Provinzgouverneure einen Ruhesitz im Süden der Stadt anlegen lassen: den Toba-dono. Dort weilte er allerdings auch als Großkaiser nur selten, vielmehr zog er es vor, im Palast Ōi-dono in der Stadt zu residieren und im Mittelpunkt der Ereignisse zu sein. Sein Regierungsbüro beschäftigte zwanzig Direktoren, vier Sekretäre, fünf Schreiber, fünf Assistenten und achtzig Soldaten[22]. Shirakawa war kein so tatkräftiger Regent wie sein Vater und stand zudem vor neuen Problemen. Den Frieden der Hauptstadt gefährdeten die Kriegermönche *(sōhei)* der Klöster. Die Tempel Enryaku-ji auf dem Hiei-zan, Kōfuku-ji in Nara und Onjō-ji am Biwa-See hatten Mönchsheere aufgestellt, die die Forderungen der Tempel – oft ging es um Ländereien – mit Gewalt beim Tennō und Großkaiser durchzusetzen suchten. Die Heere fluteten in die Stadt und postierten sich drohend vor den Toren der Paläste.

Zwar hatte Shirakawa die Regentenfamilie der Fujiwara mit Morozane wieder als Sekkan bestätigt, eine Machtposition jedoch, wie sie die Fujiwara ein Jahrhundert früher innehatten, konnte Morozane nicht zurückerlangen. Wenn auch die drei Exherrscher – zu diesen werden Shirakawa, Toba und dessen Gemahlin Shōshi gerechnet – die neuerliche kaiserliche Macht zu genießen wußten, so war die Stabilität des Kaiserhauses doch in Frage gestellt. Toba-Tennō (1103–1156), der auf seinen vitalen und machtvollen Großvater Shirakawa eifersüchtig war, stand seinem ersten Sohn – vermutlich ein Sproß des Shirakawa –, dem Kaiser Sutoku (1119–1164), feindselig gegenüber.

Ähnliche innerfamiliäre Zwistigkeiten beherrschten auch das Regentenhaus der Fujiwara, so daß, geschürt durch den intriganten Kanzler Fujiwara no Shinzei, der Hōgen-Aufstand von 1156 losbrach. Ein Jahr zuvor hatte Fujiwara no Tadamichi durch seine Schwester Bifukumon-in erreicht, daß der fünfte Sohn des Toba als Goshirakawa auf den Thron kam. Als Exkaiser Toba starb, spielten in den nun aufflammenden Kämpfen die paktierenden Familien der Taira und Minamoto eine wesentliche Rolle. Taira no Kiyomori (1118–1181) erlangte auf seiten von Goshirakawa Macht und Stärke. Kaiser Sutoku wurde abgesetzt und nach Sanuki verbannt. Der für den Kaiser kämpfende Minamoto no Yoshitomo (1123–1160) sah seinen Vater und dessen Anhänger hingerichtet. Auch Goshirakawa blieb nur bis 1158 auf dem Thron. Durch Anregung des Kanzlers Shinzei begann er mit Reformen, zuerst mit der neuen Landverteilung. Auch der Neubau des Kaiserpalastes wurde in Angriff genommen, für den alle Provinzen des Reiches Bau-Aufgaben zugewiesen bekamen und Beiträge liefern mußten. Mit dem neuen Kaiserpalast ließen sich alte Traditionen beleben. Goshirakawa, selbst ein begeisterter Dichter, führte den Gedichtwettstreit im 1. Monat am Kaiserhof wieder ein – ein Brauch, der seit 1038 nicht mehr durchgeführt worden war. Als Großkaiser regierte Goshirakawa vom Stadtpalais Takamatsu-dono aus. Sein Sohn, Nijō-Tennō, starb 1165 mit 23 Jahren.

Während Taira no Kiyomori zunächst durch Goshirakawa zu immer höherer Macht aufgestiegen war, versuchte der Monarch schließlich doch – wenn auch vergeblich –, sich durch eine Verschwörung von der Vormacht seines Günstlings zu befreien. Es gelang Kiyomori trotzdem, seinem Enkel, dem unglücklichen Kind-Kaiser Antoku (1178–1185), den Thron zu verschaffen. Der Machtkampf aber wurde zwischen den Kriegerclans der Taira und Minamoto ausgetragen. In der Seeschlacht von Dannoura im Jahre 1185 erlitten die Taira eine vernichtende Niederlage; die Gemahlin des Kiyomori, Nio-no-ama, sprang mit dem Kaiser in die Fluten. In Kyōto jedoch wurde die Linie des Kaiserhauses nicht unterbrochen, denn die Sieger des Machtkampfes, die Minamoto, setzten den Halbbruder des Antoku, Gotoba-Tennō (1180–1239), auf den Thron. Als Großkaiser-Mönch (Dajō Hōō) wahrte Goshirakawa seine Würde und seinen Machtanspruch gegenüber der 1185 in Kamakura errichteten Shōgunats-Regierung der Minamoto. Beharrlich lehnte er es ab, ein Edikt auszufertigen und Minamoto no Yoritomo (1147–1199), dem Sohn des Yoshitomo, den Titel Shōgun, den nur der Tennō vergeben konnte, zu verleihen.

Während der letzten Phase der Heian-Zeit, der Insei-Regierung der Großkaiser, hatte sich ein System herausgebildet, durch Zuweisung von Unterhaltsländereien an die kaiserlichen Palais Exkaisern und auch Exkaiserinnen stattliche Einkünfte zufließen zu lassen. Shirakawa-Tennō begann, ähnlich wie die Fujiwara-Regenten, ein eigenes Tempelkloster als Alterssitz anzulegen. Solche Tempelklöster erhielten, wie die Paläste, *shōen* zum Unterhalt.

Östlich des Kamo-Flusses entstanden innerhalb eines Jahrhunderts nahe beieinander die »Sechs Shō-Tempel« (Rikushō-ji). Den ersten gründete Shirakawa im Jahre 1077 als Hosshō-ji, eine prächtige Anlage mit einer Amida-, Lehr- und Lotus-Halle und einer gewaltigen Pagode. Dreißig Jahre später (1102) gründete Kaiser Horikawa den Sonshō-ji ebenfalls in der Shirakawa-Gegend. Ihm folgte im Jahre 1119 Kaiser Toba mit seinem Saishō-ji. Auch dessen Gemahlin Taikemmon-in weihte einen eigenen Tempel 1128 ganz in der Nähe. Mit den beiden letzten Gründungen, dem Seishō-ji von 1139 und dem Enshō-ji von 1149, den Kaiser Konoe errichten ließ, war dieses Bauprogramm abgeschlossen. Doch entstanden noch viele weitere kaiserliche Anlagen, die als Palais wie als Tempelstätten dienten. Sie verliehen der Kaiserstadt wenigstens ein bis zwei Jahrhunderte lang – ehe die Bürgerkriege Tempel und Paläste in Schutt und Asche legten – Einmaligkeit an Pracht und Glanz.

Das *shinden*-Palais

sono dono wa	Dieses Haus,
mube mo tomikeri	Wahrlich, wahrlich, es ist prachtvoll,
sakigusa no	Aus Hinoki-Holz, ja, aus Hinoki-Holz,
mitsuba yotsuba	Ja, mit drei, vier Flügeln
tonozukeri seri	Ist dies Haus gebaut,
	Ist dieses Haus gebaut.

Saibara[23]

Nach der Gründung der Stadt brannte der Kaiserpalast erstmals im Jahre 960 vollständig nieder. Der kaiserliche Haushalt sah sich gezwungen, in
ein Stadtpalais umzuziehen, das Reizei-in, das sich 49
im Südosten an die äußere Palastmauer anschloß. Der Tennō besaß etliche Grundstücke mit Zweigpalästen innerhalb und außerhalb der Stadt; dorthin und in die Palais ihrer Familien begaben sich die Frauen des Kaisers zur Niederkunft, die nach dem Ritus Unreinheit verursachte. Zwei Jahre dauerte der Neuaufbau des Palastes. Doch die Brände häuften sich in der Folge, vermutlich aufgrund von gezielten Brandstiftungen, so daß der Palast bis 1048 weitere elfmal abbrannte. Den Fujiwara-Regenten kam dieser Zustand der Unsicherheit und Improvisation zugute, denn er festigte ihre Machtposition.

In der Mitte des 10. Jahrhunderts hatte sich ein
typisches Schema für die Anlage des aristokrati- 47–48
schen Palais herausgebildet, das dem Lebensstil der späten Heian-Zeit den vornehm eleganten Rahmen gab. Diesen Bautyp nannte der Historiker

46
Kitano-Tenjin-engi, 1. Rolle, 2. Szene. Tusche und Farben auf Papier. H. 52,1 cm. Um 1219. Tempel Kitano-jinja, Kyōto
In der Halle des *shinden*-Palais der Sugawara-Familie sitzt der Gelehrte Sugawara no Koreyoshi. Vor ihm breitet sich der Garten mit rosa und rot blühenden Pflaumenbäumen aus. Dem Mann erscheint ein Kind und stellt sich ihm, wie die Legende berichtet, als sein zukünftiger Sohn Michizane vor.

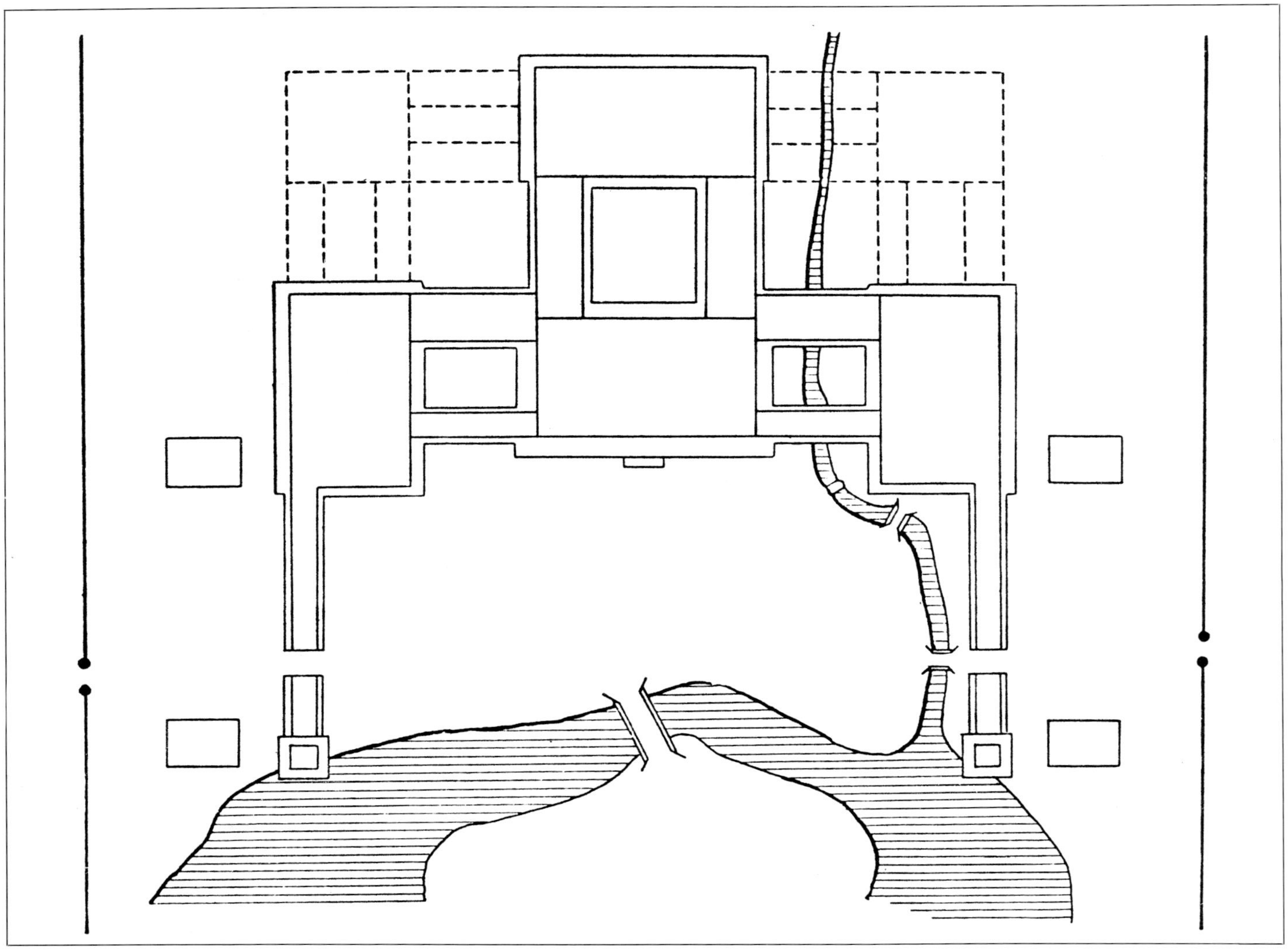

47
Grundriß einer *shinden-zukuri*-Anlage

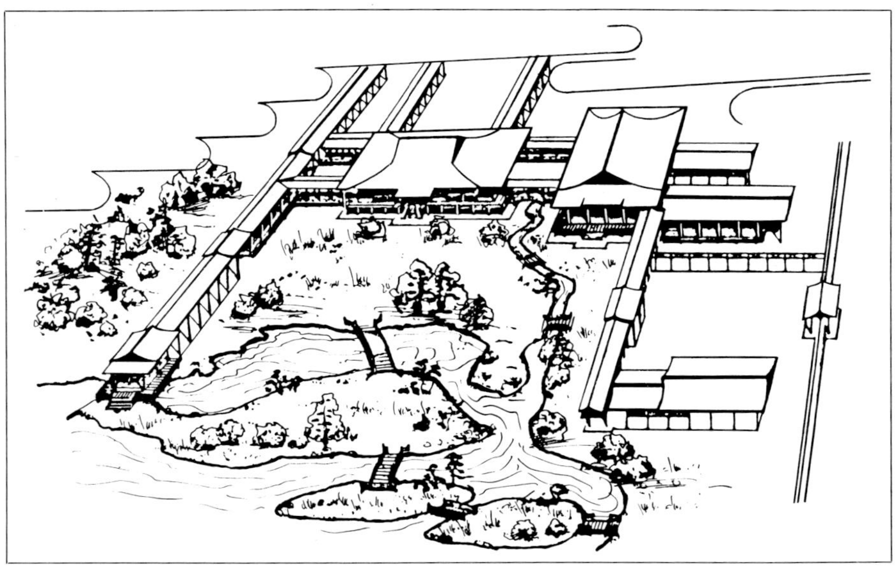

48
Rekonstruktion einer *shinden-zukuri*-Anlage mit Landschaftsgarten

52–53
Ujikami-jinja, Uji bei Kyōto. Holzbau mit Rieddach. 10. Jahrhundert
Drei kleine, in Pfahlbauweise errichtete Schreine sind aneinandergereiht und in einem größeren Bau zur Honden vereint. Das vorgezogene Dach schafft einen Andachtsraum vor den geschwungenen Treppen, die zu den kleinen Schreinen führen. Als ältestem Shintō-Bau überhaupt und als Beispiel für die Shintō-Architektur der Heian-Zeit kommt dem Ujikami-Schrein ebensolche Bedeutung zu wie der am gegenüberliegenden Flußufer erbauten Hōō-dō des Byōdō-in.

54
Itsukushima-jinja, Miyajima, Hiroshima. Holzbau mit Ziegeldächern
Die Anlage des ins Meer hinausgebauten Shintō-Heiligtums bestand seit dem 6. Jahrhundert. Durch Taira no Kiyomori, der als Herr von Angei dort residierte, erhielt der Schrein um 1149–1169 seine elegante, ausgefächerte Form. Mit dem großen *torii* im Meer orientiert sich die den Meeresgöttinnen geweihte Anlage zum Wasser hin. Der heutige Bau von 1556 zeigt die gelungene Verschmelzung von shintōistischer und buddhistischer Bautradition.

sich die Anlage dem nahegelegenen Tempel Byōdō-in verwandt. Der dritte Baustil entwickelte sich im Usa-Schrein in der Provinz Ōita, Kyūshū, einem Zentralheiligtum des Kriegsgottes Hachiman. In seinen Zwillingshallen sieht A. C. Soper mögliche Einflüsse koreanischer Architektur[24]. Dieser Anlage folgten der Kitano-Temman-gū in Kyōto, in dem Sugawara no Michizane (845–903) verehrt wird, und der Hiei-Schrein von Sakamoto. Bei diesen Bauten lag eine Zwischenhalle zwischen den Zwillingshallen, die den späteren *gongen*-Baustil vorwegnahm.

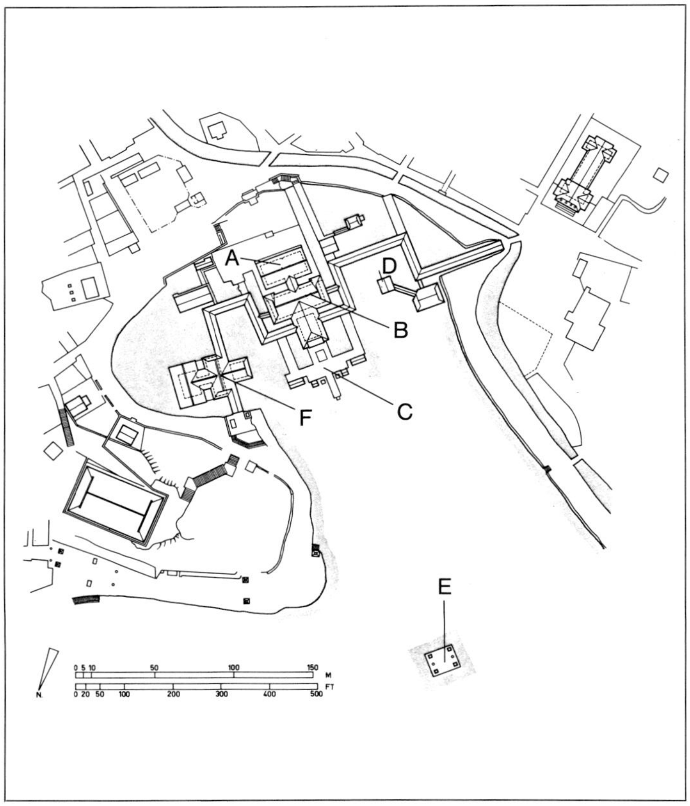

55
Grundriß des Itsukushima-jinja, Miyajima, Hiroshima
A Honden
B Haiden
C Plattform für Sakraltänze
D Nō-Bühne
E *torii*
F Marōdo-jinja

56
Halle Shaden des Itsukushima-jinja, Miyajima, Hiroshima. Holzständerbau mit Schindeldächern. 1164–1165
Durch überdachte Verandengänge ist der Gastschrein, Marōdo-jinja, mit dem zentralen Hauptschrein verbunden. Die über dem Wasser errichteten Hallen und offenen Gänge spiegeln sich mit ihren roten Säulen und ihrem roten Gebälk im Meer und vermitteln dem Besucher auch heute noch den Eindruck eines eleganten Bauwerkes der Heian-Zeit.

54–56 Der Familienschrein der Taira, Itsukushima-jinja, den Kiyomori nach seiner Ernennung zum Gouverneur der Provinz Aki baute, lagert wie ein Traumpalais vor der Insel Miyajima. Wenn auch der ursprüngliche Bau aus der Mitte des 12. Jahrhunderts – wie die anderen Shintō-Schreine – mehrfach zerstört und wieder neu errichtet wurde, strahlt die reiche, elegante Anlage noch sehr eindrucksvoll die Atmosphäre der Heian-Zeit aus.

Der Amida-Glaube

Zu den religiösen Übungen der esoterischen Sekten, vor allem zu denen der Tendai-Lehre, gehörte
57–58 auch die Anrufung des Amida Nyorai (Buddha Amitābha)[25]. Als Herr des »Westlichen Paradieses«, seines »Reinen Landes« *(jōdo)*, verhalf er bei Namensanrufung *(namu Amida Butsu,* kurz *nembutsu)* dem Gläubigen zur Hinübergeburt in sein Paradies und zur Lösung aus dem Kreis der Wiedergeburten, wenn auch noch nicht zum Eingang in das Nicht-Sein des Nirvāna. Diese Namensanrufung kristallisierte sich zur zentralen Glaubenshandlung.

Seit dem Beginn der Mahāyāna-Lehre war eine solche Vorstellung nicht unbekannt gewesen. Sie wurde aber während des 10. Jahrhunderts in Japan in breiten Schichten des niederen Volkes rasch beliebt, da sie weder Gelehrsamkeit oder asketische Übungen noch Opfer an Reichtum oder Taten forderte. In China hatte seit 390 n. Chr. auf dem Berg Luoshan eine Sekte der »Weißen Lotusblüte« die Anrufung des Buddha Amitābha gelehrt. Der Priester Tanhuan gründete 508 in der Hauptstadt Luoyang die »Sekte des Reinen Landes«, aus der in Japan die gleichnamige Jōdo-shū – aber erst 1175 mit Priester Hōnen – hervorging.

Auf drei der indischen Sūtren stützte sich der Amida-Glaube: auf das Sukhāvatīvyūha-Sūtra (Amida-kyō), das große Amitāyus-Sūtra (Muryōju-kyō) und das Amitāyurdhyāna-Sūtra (Kammuryōju-kyō). Sie beschreiben das Westliche Paradies, das der gnadenreiche Amida Nyorai

beherrscht. Das zweite Sūtra zählt überdies seine 48 Gelübde auf, darunter das 18., mit dem sich Amida die Buddhaschaft versagt, bevor nicht alle Lebewesen erlöst sind.

Ehe es in Japan zu einer präzisen Lehrfassung des *nembutsu* kam, hatte Gyōgi (670–749), der bedeutende Priester der Hossō-Sekte, im Tempel Tōdai-ji den Amida-Anruf bereits als einen möglichen Heilsweg verkündet. Besonders tief wurzelte das *nembutsu* in der folgenden Zeit in den Lehren der Tendai-Sekte. Unabhängige Prediger und Missionare vom Hiei-zan-Kloster verbreiteten die Heilswirkung des Anrufs. Im Westbezirk des Enryaku-ji errichtete ein Schüler von Priester Ennin erstmals eine Amida- und Zuijii-Doppelhalle, in der Meditation und *nembutsu* praktiziert wurden.

59 Als ein Heiliger des Volkes zog der Mönch Kūya Shōnin (903–972) missionierend, den Amida-Ruf in Ekstase rezitierend und tanzend umher. Er fand viel Zulauf in Stadt und Land. Ebenso populär wurde eine Hymne an Amida, die Senkan (gest. 944), ein Tendai-Priester, dichtete. Der Oberpriester des Enryaku-ji ließ in seiner Sterbestunde seinen Glauben an die Hinübergeburt in das »Reine Land« durch Fäden sichtbar machen, die seine Hände mit denen einer Amida-Skulptur verbanden. Dieser Sterberitus breitete sich aus. Ein hochberühmter Klappaltar mit »Amida über den Bergen« (Yamagoshi-Amida) des Tempels Konkaikōmyō-ji in Kyōto aus dem späten 13. Jahrhundert zeigt noch die Fäden an den Händen des Buddha.

Eine volkstümliche Schilderung des buddhistischen Kosmos mit seinen »sechs Existenzstufen« *(rokudō)* – Höllen, Purgatorien, Dämonen, Tiere, Menschen, Götter – findet sich in dem 985 veröffentlichten Traktat des Priesters Genshin (Eshin Sōzu). Seine »Wichtigen Schriften über die Hinübergeburt« *(Ōjō Yō-shū)* erinnern an Dantes Beschreibung der Höllenstrafen. Da es allgemein verständlich nach den Sūtren zusammengestellt war, wurde das *Ōjō Yō-shū* zum religiösen Text des Tages. Ein jeder konnte hören, was für Folgen schlechte und gute Taten mit sich brachten, und welche Gnade der Anruf Buddhas verhieß. Die Beschreibung beginnt mit detaillierten Horrorbildern der acht Haupthöllen und ihren jeweils 16 Nebenhöllen, in denen über Myriaden von Jahren – aber nicht ewig – die sündhaften Wesen gequält und geschunden werden. Grausig schildert Genshin die beiden Welten der Hungergeister *(gaki)* und die Welt der Dämonen *(ashura)*. Auch die Welt der Menschen ist mit Unreinheit, Leiden und Vergänglichkeit behaftet. Die anatomische Beschreibung von 404 Krankheiten lehrt Ekel und Abscheu. Selbst die himmlischen Götter, die dem Verfall ebenfalls nicht entgehen können, existieren leidvoll. Allein die Welt des »Westlichen Paradieses« bedeutet Erfüllung und Glück. Ausführlich
wird die Ankunft des Amida mit seinen 25 Bodhi- 60
sattva und einer Schar von 100000 Mönchen unter Purpurwolken, goldenen Strahlen, Blütenregen, Duft und Musik dargestellt. Bodhisattva Kannon (Avalokiteshvara) hält den Lotussitz für die wiedergeborene Seele. Die Paradieswelt umfaßt goldene Paläste, juwelenbesetzte Hallen, grüne Haine, Schatzteiche mit Gänsen und Enten, umgeben von unzähligen Buddha-Wesen.

Die Erziehung zum Guten durch die abschrekkende Höllenschilderung kam der Zeitstimmung entgegen, denn der einfältige Glaube verhieß ein Entkommen von dem im Buddhismus angekündigten Endzeitalter. Dieses Endzeitalter des Buddha-Gesetzes begann nach der Auslegung der buddhistischen Sūtren im Jahre 1052; zu diesem Zeitpunkt sollte nach der Epoche des Vollkommenen Gesetzes und der des Kopierten Gesetzes die Epoche der Wirren und Unruhen beginnen.

Nicht nur das streng religiöse Schrifttum, sondern auch die profane Literatur wurde von dem Endzeit-Gedanken durchzogen. Im *Genji-monogatari* tauchen kontinuierlich die melancholischen Ideen der bereits beginnenden Endzeit auf, und sie bestimmen auch das Handeln und Denken der Romangestalten.

Der bildenden Kunst erschloß der Amida-Glaube eine neue Welt sakraler und zugleich strahlend prächtiger Heilsdarstellungen. Die Vision der vier Paradiese, in der jeweils, einer der vier Himmelsrichtungen zugeteilt, ein Buddha mit zwei Bodhisattva, manchmal auch zusätzlich mit zwei

57
Hände des Amida Nyorai, von Jōchō. Holz mit Blattgold über Lackfassung. 1053. Hōō-dō des Tempels Byōdō-in, Uji
Amida Nyorai hält die Hände im Meditationsgestus. Diese Haltung ist Symbol für seinen Erlösungsschwur, der alle Wesen der »neun Seinsstufen« umfaßt.

58
Haupt des Amida Nyorai, von Jōchō. Holz mit Blattgold über Lackfassung. H. (der Figur) 280 cm. 1053. Hōō-dō des Tempels Byōdō-in, Uji
Das Haupt der monumentalen Sitzfigur des Amida Nyorai von Jōchō strahlt in nie wieder erreichter Weise das Wesen des Buddha, des »Herrn des Reinen Landes«, aus. Sein enthobener, dem Anbetenden voll milder Güte zugewendeter Blick verheißt die Wiedergeburt in seinem Paradies (vgl. Abb. 57 und 69).

Schüler-Mönchen, als Dreier- oder Fünfer-Gruppe erscheint, kannte schon die älteste buddhistische Malerei und Skulptur Japans. Nach koreanisch-chinesischem Vorbild zeigen die Wandbilder der Kondō des Hōryū-ji in Nara (um 700; 1949 ausgebrannt) diese Paradiese. Das »Westliche Paradies« des Amida findet man im Schrein der Dame Tachibana in Rundplastik und Flachrelief gestaltet und in Bronze ausgeführt, denn insbesondere die Damen des Hofes scheinen dem Wiedergeburtsglauben zugeneigt gewesen zu sein. Daneben entstand das Mandara vom »Reinen Land« (Jōdo-Mandara), von dem drei Versionen überliefert sind. Beim Taema-Mandara des 8. Jahrhunderts erscheinen – in einer Architekturlandschaft mit der zentralperspektivischen Ordnung chinesischer Hallen – als zentrale Trias Amida mit Kannon und Seishi auf einer Terrasse. Davor liegt der Schatzteich mit den auf Lotusblüten wiedergeborenen Seelen. Seitlich sind weitere Buddha und Bodhisattva zu erkennen, und im Vordergrund tanzen himmlische Wesen auf einer Tanzbühne. Zum Mandara bestimmen Randfriese die Bilder, denn rechts neben der Paradieslandschaft zeigen kleine Bildfelder 13 der kanonischen »16 Kontemplationen«, links Ereignisse aus dem Vorleben des Buddha; am unteren Bildrand sind die »Neun Grade der Hinübergeburt ins Westliche Paradies« dargestellt, bei denen Amida den gläubig Sterbenden bewillkommnend entgegenkommt.

Die Darstellung der Amida-Konfigurationen als Andachtsbild folgt wie die des »Reinen Landes« im Jōdo-Mandara sehr genau chinesischen Bilderfindungen; in den Höhlentempeln von Dunhuang aus dem 7. Jahrhundert begegnet man beispielsweise gleichen Buddha-Konfigurationen und Architekturlandschaften. Ursprünglich fußten beide Gruppen von Kultbildern vermutlich auf den Sakralbil-

59
Kūya Shōnin, von Kōshō. Holz mit Farbfassung. H. 117 cm. Erste Hälfte 13. Jahrhundert. Tempel Rokuharamitsu-ji, Kyōto
Priester Kūya (903–972) zog als Wanderpriester durch Japan und verkündete die Namensanrufung Amidas *(nembutsu)*. Der Bildschnitzer Kōshō, vierter Sohn des Unkei, stellte ihn höchst realistisch dar: Seinem im Wandern geöffneten Mund entschweben sechs kleine Amida-Gestalten.

60
Amida-raigō (Ausschnitt). Farben auf Holz. 1053. Hōō-dō des Tempels Byōdō-in, Uji
Auf den Schwingtüren der Mittelhalle der Hōō-dō sind Szenen des Amida-raigō der »neun Existenzstufen« dargestellt. Dieser Bildausschnitt zeigt die Ideallandschaft des »Westlichen Paradieses« mit Pavillons, jubilierenden Bodhisattva und himmlischen Wesen; sie dient als Hintergrund für eine *raigō*-Szene: Der Buddha mit seinem Gefolge kehrt in sein Paradies zurück.

dern großer Maler in den Hauptstädten Chinas, die alle verlorengingen, da während der chinesischen Buddhistenverfolgungen von 842 bis 845 die prachtvollsten Kultwerke vernichtet wurden.

.In Japan gewann Priester Genshin durch seine aufrüttelnde Schrift den Ruhm, als Schöpfer neuartiger Amida-Bilder genannt zu werden, an deren handwerklicher Ausführung er sicherlich keinen Anteil hatte. Die in Japan völlig unabhängig ge-
60–61 prägte Darstellung des »herabkommenden Amida« *(raigō)* kam als zentrales sakrales Thema auf und löste das Buddha-Bild aus der hierarchischen Strenge. Das *raigō* führte den Buddha und seine Scharen aus der Transzendenz hinab in die Menschenwelt. Damit durfte die Darstellung gelöster, freier und individueller werden; im Hintergrundsraum war irdische Natürlichkeit möglich.

Der Tempel als Gesamtkunstwerk

Bis ins 10. Jahrhundert hinein förderte das Kaiserhaus in Kyōto vornehmlich die Tempelgründungen der Shingon-Sekte. Vielleicht hatte Kūkai die allerhöchste Zuwendung erlangen können, weil er den nationalen Aspekt seiner Lehre durch die Gleichsetzung der Shintō-Gottheiten mit den Buddha-Wesenheiten hervorhob. Mit der Halle Shingon-in westlich des Dairi besaß die Shingon-Sekte eine eigene Kulthalle im Großpalast.

Der durch Kaiser Kōkō 886 gegründete Tempel Ninna-ji diente dessen Nachfolger Uda-Tennō nach seiner Abdankung als Klosterresidenz *(in)*. Seither blieb das Amt des Abtes in diesem Tempel einem Prinzen aus kaiserlichem Blut vorbehalten. Die rituelle Ausstattung der alten Anlage kennt

61
Amida-raigō. Farben und geschnittene Goldfolie auf Seide. Drei Hängerollen: Mitte 210,8 x 210,6 cm, links 210 x 105,7 cm, rechts 211 x 105,7 cm. Ende 12. Jahrhundert. Tempel Yūshi-Hachimankō-Jūhakka-in, Kōya-san, Wakayama
Die ursprünglich als ein monumentales Gemälde konzipierte Herabkunft des Amida mit 32 Begleitern auf einem Wolkenschweif ist eine großartige Leistung buddhistischer Malerei der späten Heian-Zeit. Während Amida über einer japanischen Herbstlandschaft wie eine Sonne in Gold erscheint, umgeben ihn bewegt und farbig gestaltete musizierende Bodhisattva, Mönche und eine ferne Amida-Trias. Die räumliche Anordnung der Begleitscharen auf den in Hell-Dunkel wiedergegebenen Wolkenpartien erhöht den visionären Charakter des Kultbildes.

man nicht, da die jetzigen Bauten aus dem 16. bis 17. Jahrhundert stammen.

In ähnlich direktem Bezug zum Kaiserhaus stand der Tempel Daigo-ji im Südosten der Stadt. Am Fuß des Berges Daigo hatte Priester Shōbō die Erschließung begonnen. Den Tempel gründete und förderte Kaiser Daigo. Im oberen Bezirk lag die Yakushi-Halle, in der eine Yakushi-Trias auf- 64
gestellt war. Die Skulpturen hatte der Kaiser im Jahre 907 zu stiften gelobt. In ihnen lebt noch die Schwere der Proportionen und der manierierte Faltenstil der Jōgan-Skulptur, wenn auch eine goldene Fassung den Statuen in neuer Weise Glanz und Milde verleiht. Die kleine, fünf Joch breite Yakushi-Halle entstand anstelle des ursprünglichen Gebäudes in den Jahren 1121–1124. Die
Pagode des Daigo-ji jedoch, die in den Jahren 63
951–952 aufgrund eines Gelöbnisses von Kaiser Suzaku erbaut wurde, steht noch in ihrer Urgestalt. Über dem schmalen Baukern ragen fünf breite, schwere, von dreifachen Konsolen getragene Dächer auf. Die hohe bronzene Ringstange *(sōrin)* macht ein Drittel der Gesamthöhe des Bauwerkes aus. Der innere Kapellenraum stellt den Kosmos vor, wie er sich nach der Shingon-Lehre in den Gestalten der Mandara der »Beiden Welten« manifestierte. Der tragende Mittelpfeiler, der als Weltachse aufzufassen ist, wird von vier Bretterwänden

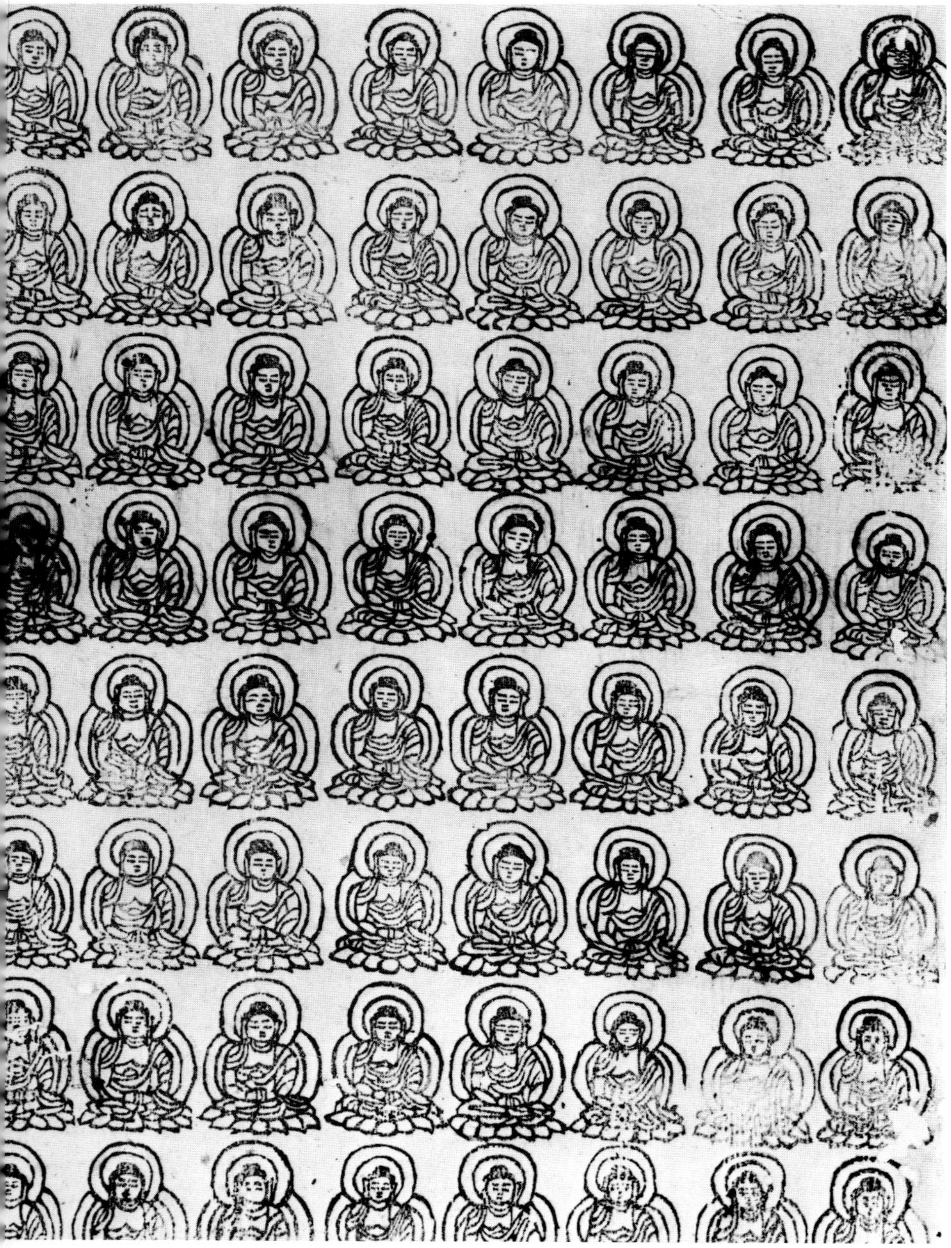

umschlossen, auf denen die Emanationen des All-Buddha Dainichi aufgereiht sind. An der Seite sind die »Acht Patriarchen der Shingon-Sekte« dargestellt. Die vier Innenpfeiler tragen die Bilder der Shi-tennō und umschließen schützend das ikonographische Programm. Lotus und überirdische Blumen schmücken das Gebälk. Im Medium der Malerei ist hier die Idee eines Gesamtkunstwerkes vorgegeben.

In den Tempelanlagen der mittleren und späten Heian-Zeit spiegelt sich die synkretistische Einstellung der Hofgesellschaft zu den Lehren des Buddhismus wider. Die Geheimlehren von Shingon und Tendai, die »offenen Lehren« des frühen Nara-Buddhismus und nicht zuletzt die Erlösungsvorstellung des Amida-Glaubens reihen sich friedlich nebeneinander. Im Tempelbezirk besaß jede Welt- und Lehrauffassung eine eigene Kulthalle mit den für sie durch die Sūtren bestimmten heilswirkenden Kultbildern.

Die Meditationshallen, die zuerst für die Tendai-Übungen von Priester Ennin im Enryaku-ji auf dem Hiei-zan errichtet wurden, gewannen an Bedeutung. Die Hallen für die Hokke- und Umschreitungs-Meditationen (Hokke-dō und Jōgyō-dō) hatten einen quadratischen Grundriß von drei, fünf oder sieben Joch und schindelgedeckte Pyramidendächer. Sie wurden zum Grundschema der Amida-Halle. Bereits in der zweiten Hälfte des 9. Jahrhunderts leisteten sich die Fujiwara-Regenten dank ihrer absoluten Herrscherposition die Stiftung privater Tempel. Fujiwara no Mototsune stand mit der Einweihung seines Paradiestempels Gokuraku-ji an erster Stelle. Sesshō Tadahira folgte seinem Beispiel mit der Stiftung des Hōshō-ji. Aus diesem Tempel blieb ein Kultbild erhalten: der Tausendarmige Kannon von 924. Aber die Privattempel von Fujiwara no Tamemitsu, Fuji-

62
»Gedruckte Buddha« *(suribotoke)* (Ausschnitt). Schwarzdruck auf Papier. Ca. 44 x 30 cm. 1047 oder 1107. Ehemals Tempel Jōruri-ji, Nara, heute Museum für Kunst und Gewerbe, Hamburg (Inv.-Nr. 1979.229)
In den Kultfiguren der neun Amida Nyorai des Tempels Jōruri-ji entdeckte man als »magische Substanz« Votivblätter mit je zehn Reihen von zehn kleinen Amida-Figuren. Die Blätter wurden von einer Holzplatte gedruckt und vermutlich zu Hunderten abgezogen.

63
Pagode des Tempels Daigo-ji, Kyōto. Holzbau mit Ziegeldächern und Bronzebekrönung. H. 38,16 m, Grundfläche 6,63 x 6,63 m. 951–952
Den Bau der Pagode im unteren Bezirk des Tempels planten 931 die Witwe und der Sohn Kaiser Daigos, Suzaku-Tennō. Das 951 vollendete Gebäude wurde im folgenden Jahr geweiht. Die schweren Ziegeldächer laden wuchtig über den schmalen Kernbau aus. Die Bekrönung, eine kunstvolle Bronzearbeit, nimmt ein Drittel der Höhe ein.

wara no Yukinari und dem mächtigen Kaneie wurden vollständig vernichtet.

Die pompöse Anlage des Tempels Hōjō-ji von Fujiwara no Michinaga erlitt das gleiche Schicksal. Bei seinem Eintritt in den geistlichen Stand im Jahre 1019 begann Michinaga mit dem Bau einer Amida-Halle, die nach dem Muryōju-Sūtra Muryōju-in genannt wurde. In dieser Amida-Halle waren neun Sitzfiguren des Buddha Amida ähnlich nebeneinandergereiht, wie man es heute nur noch im Tempel Jōruri-ji findet. Die vergoldeten hölzernen Bildwerke waren von vermutlich stehenden Skulpturen von Kannon und Seishi sowie von den vier farbig gefaßten Shi-tennō begleitet. Die Figuration blickte nach Osten. Sie wurde vom Bildhauer »Buddhameister« *(busshi)* Kōshō, der im Jahre 1005 erstmals für Fujiwara no Michinaga eine Figur des Fugen für dessen Tempel Jōmyō-ji gearbeitet hatte, zusammen mit seinem Schüler Jōchō geschaffen. Nur dank der neuentwickelten raffinierten Technik des arbeitsteiligen *yosegi-zukuri* konnten die gewaltigen Aufträge der Aristokratie in den Bildhauerateliers überhaupt erfüllt werden.

Es ist überliefert, daß diese Amida-Halle bis ins kleinste Detail die »Herabkunft des Amida in neunfacher Gestalt« *(kubon-raigō)* verbildlichte, der die Seele des Sterbenden empfing und den Neun Stufen der Wiedergeburt im Paradies zuführte. Auch die Türen des Tempels zeigten die Herabkunft in neun Bildern mit den dazugehörigen Sūtrentexten. Das Gebälk war vergoldet sowie mit Perlmutter und Edelsteinen besetzt, ein goldenes Netz überspannte die Figuren. Im Mitteljoch des Umganges befand sich eine Altarnische für Michinaga. Die fünf bunten Schnüre, die von den Händen der zentralen Figur ausgingen, ergriff der Regent im Sterben, der direkten Hinübergeburt ins »Westliche Paradies« gewiß.

Am 14. Tag des 7. Monats 1022 weihte Michinaga die Goldene Halle und die Halle der Fünf Myōō (Godai-dō) ein. Der Buddha-Bildhauer Jōchō und seine Werkstatt hatten dafür zwölf monumentale Skulpturen geschaffen. Als Hauptkultwerk der Kondō nahm die 10 m hohe Sitzfigur des All-Buddha Dainichi den zentralen Platz mit sechs Begleitfiguren ein. Die Godai-dō beherbergte die Fünf Myōō mit der Skulptur des Fudō im Zentrum.

64
Yakushi Nyorai, von Eri. Holz und Blattgold auf Lack. H. 154,5 cm. Frühe Heian-Zeit (907–913). Halle Yakushi-dō des Tempels Daigo-ji, Kyōto
Die überlebensgroße Sitzfigur des Heil-Buddha Yakushi steht im Zentrum einer Trias, die der Bildschnitzer Eri, ein Schüler des Tempelgründers Prinz Shōbō, angefertigt haben soll. Der Faltenstil der Jōgan-Plastik tritt bei diesem Werk ziemlich zurück, da die Fassung den scharfen Schnitt der Gratfalten überdeckt.

65
Hōō-dō (Phönix-Halle) des Tempels Byōdō-in, Uji. Holzbau mit Ziegeldächern. 1053
Die Phönix-Halle erhielt ihren Namen nach ihrem Grundriß wie nach den Bronzevögeln auf ihrem First. Die Front des Baus eröffnet sich nach Osten auf einen Lotusteich und gleicht darin den Bauten des »Westlichen Paradieses« des Amida Nyorai. Die kleine Mittelhalle wirkt durch Zwischendächer, luftige Galerien und Eckpavillons besonders leicht und zierlich. Als einzige uns erhaltene Anlage der Heian-Zeit gibt die Hōō-dō einen Begriff von der höfischen Architektur des 11. Jahrhunderts.

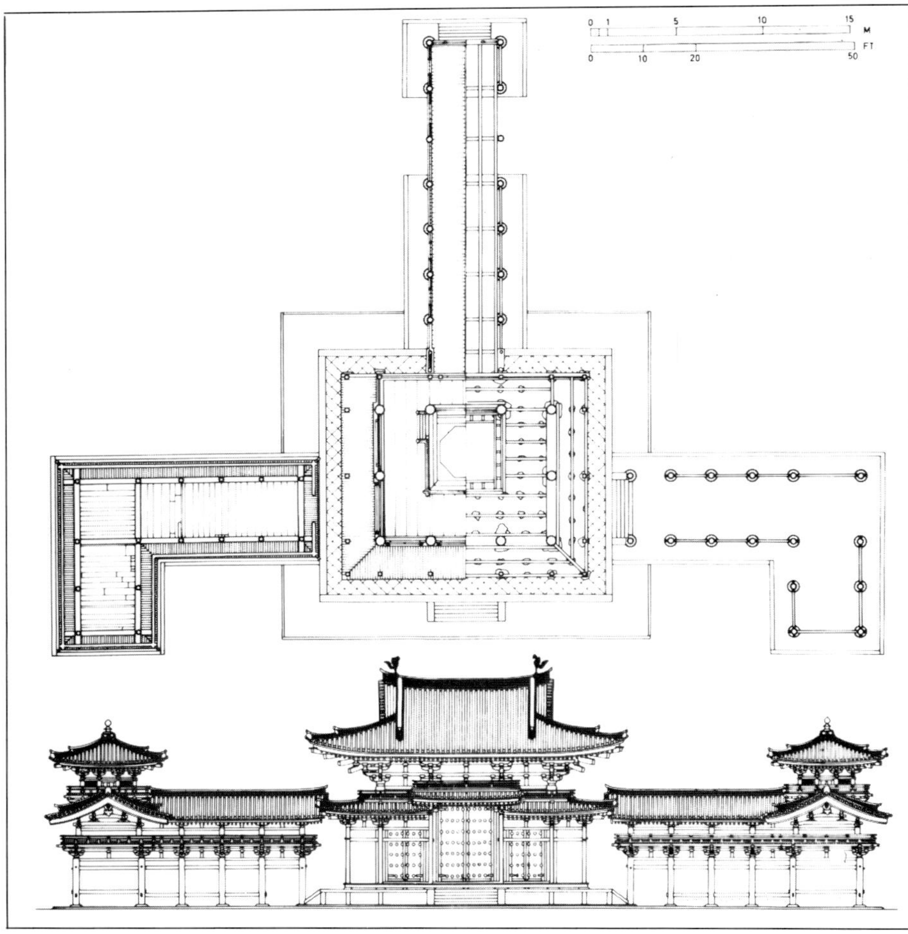

66
Hōō-dō (Phönix-Halle) des Tempels Byōdō-in, Uji, Grundriß und Aufriß. 1053
Der Grundriß ist rechts auf Höhe des Bodens (Pfahlbaukonstruktion), links auf Höhe des Bretterfußbodens gezeichnet.

67
Phönix. Bronze, gegossen und vergoldet. H. 100 cm. 1053. Hōō-dō des Tempels Byōdō-in, Uji
Den Mittelbau der Phönix-Halle bekrönen zwei lebendig gestaltete Bronzevögel. Ihnen, wie auch dem Grundriß der Anlage, verdankt die Halle ihren Namen. Vermutlich ließ der Bildhauer Jōchō sie entwerfen und ausführen, zumal überliefert ist, daß er für die kaiserlichen Lustboote ein »Drachenhaupt« und einen »Hahnenkopf« als eine Art Galionsfigur anfertigte.

Die drei Hallen des Hōjō-ji umschlossen mit ihren Galerien einen großangelegten künstlichen Teich. Drei Brücken führten zu einer Insel, auf der eine Tanzbühne und zwei Musikpodeste aufgebaut werden konnten. Die gesamte Anlage glich dem visionären Bild des »Westlichen Paradieses«, wie es die Jōdo-Mandara, von denen Ennin ein gesticktes Exemplar aus China mitgebracht hatte, als Andachtsbilder vorführten. In den Hallen standen die Skulpturen nicht isoliert, sondern waren durch Wandgemälde, die den jeweils im Mittelpunkt stehenden Sūtrentext illustrierten, in ein rituelles Gesamtkonzept eingebettet. Architektur, Skulptur, Malerei und Kunsthandwerk schlossen sich zu einem Gesamtkunstwerk *(sōgō-bijutsu)* zusammen, das an ausgewogener Konzeption und ebenso kostbarem wie vollendetem Detail den Reichtum und die Macht der Stifter, aber auch deren Anspruch auf künstlerische und ästhetische Vollkommenheit verriet. Der überfeinerte, poetisch-sensible Geschmack der Hofgesellschaft gab auch hier, wie im Lebensstil des Alltags, die anspruchsvolle Richtschnur.

Von dem Charakter jener raffinierten Kunst gibt
heute noch die Phönix-Halle des Byōdō-in in 65
Uji eine Vorstellung. Denn nicht weniger prätentiös als sein Vater Michinaga errichtete Fujiwara no Yorimichi seinen Privattempel in Uji. Der Besitz war ursprünglich als Sommerpalais angelegt. Yorimichi gestaltete ihn ein Jahr nach seinem 60. Geburtstag, in jenem ominösen Jahr 1052, das als Beginn der buddhistischen Endzeit galt, in einen Tempel um. Er erbaute die Haupthalle nach Osten zum Uji-Fluß blickend. Ihr Hauptkultbild war wie im Hōjō-ji ein Buddha Dainichi mit Yakushi und Shaka sowie den Ni-ō (Vajradhara, die beiden Könige) als Nebenfiguren. Erst das zweite Gebäude des Tempels entstand als Amida-Halle. Es erhielt

nach seinem Grundriß und den es bekrönenden
67 Bronzevögeln den Namen Phönix-Halle, Hōō-dō. Das Bauwerk verkörpert als Gesamtkunstwerk das »Westliche Paradies« des Amida.

66 Die Anlage mit quadratischer Amida-Halle, Seitenflügeln und rückwärtigem Korridorflügel liegt, von Wasser umgeben, wie auf einer Insel. Durch übereinandergeordnete, feinschwingende Ziegeldächer entsteht bei der Halle und den seitlichen Pavillons der Eindruck von Zweistöckigkeit. Nichts kommt der Konstruktion dieses Bauwerkes an graziler Eleganz gleich. Es ist trotz unverkennbar chinesischer Einzelelemente eine japanische Schöpfung von höchstem künstlerischem Rang und markiert die Vollendung des *wa-yō*-Stils in allen Kunstzweigen. Das Innere der Halle nimmt die
57–58, 68–69 monumentale Sitzfigur des Amida von Jōchō ein. D. Seckel kennzeichnet sie folgendermaßen: »Diese doch gewaltige Statue hat trotz (oder wegen?) ihrer festen, breit und unerschütterlich gegründeten Meditationshaltung etwas Schwebendes, Leichtes, das der vordergründigen, handgreiflichen Welt der Erscheinungswirklichkeit gar nicht anzugehören scheint; die Gestalt ist machtvoll anwesend und gleichzeitig vollkommen entrückt, und bei all ihrer strengen geistigen und formalen Konzentration wirkt sie locker entspannt. Solche Einheit der Widersprüche, solche ›Nicht-Zweiheit‹ nun ist ein fundamentaler Wesenszug buddhistischen Denkens, und der Kunst ist [es] gelungen, diese Idee in überzeugender Weise in die Sprache der Form zu übersetzen und dadurch unmittelbare Anschauung werden zu lassen.«[26]

Aus dem Atelier des Jōchō kamen auch die
70 52 Bodhisattva-Figürchen, die – den Amida umschwebend – an den Wänden angebracht sind. An Türflügeln und Holzwänden sind – im Hōjō-ji wurde diese Idee erstmalig durchgeführt – als Wandgemälde die »Neun Stufen der Herabkunft des Amida« dargestellt. Nicht nur als Schöpfungen religiöser Malerei, sondern auch als Darstellungen eines natürlichen und ganz japanischen landschaftlichen Hintergrundsraumes nehmen die Bilder eine zentrale Stellung in der voll ausgereiften rein japanischen Malerei (Yamato-e) ein. Das dekorative Beiwerk des Altars, der Nimbus und der Baldachin sind zwar teilweise ergänzt, stehen aber den Skulpturen in kunstvoller, durchbrochener Schnitzarbeit an Qualität nicht nach. Und auch jede Verzierung, sei es die des Podestes oder die der Facettendecke und der Säulen, zeigt in Lackarbeit mit Perlmuttereinlagen absolute Meisterschaft. Selbst die eisernen Türgriffe sind mit Kupfereinla- 71
gen kraftvoll und formschön verziert.

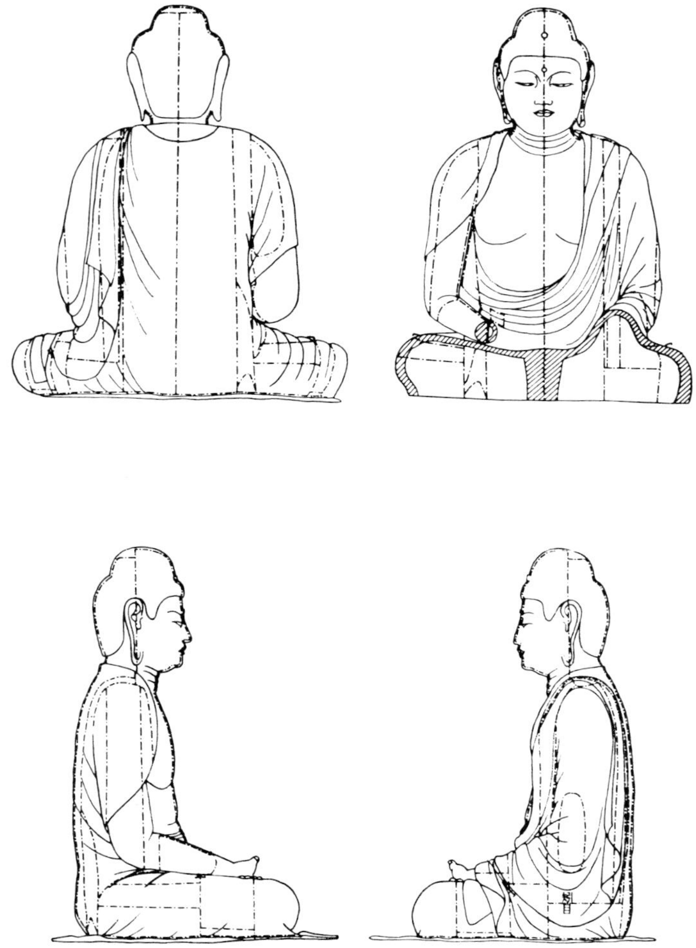

68
Amida Nyorai, von Jōchō, Konstruktionszeichnung. 1053. Hōō-dō des Tempels Byōdō-in, Uji

69
Amida Nyorai, von Jōchō. Holz mit Blattgold über Lackfassung. H. 280 cm. 1053. Hōō-dō des Tempels Byōdō-in, Uji
Als Meisterwerk höchsten Ranges und absoluter Heiligkeit galt die Amida-Figur des Buddhameisters Jōchō bereits bei der Aufstellung und Weihe im Jahre 1053; sie blieb bis heute die zentrale und großartigste Skulptur der Fujiwara-Plastik überhaupt (vgl. Abb. 57 und 58). Als Kernfigur seines Paradieses sitzt Amida mit den Händen im Meditationsgestus auf einem kunstvollen Sockel und ist von einem sorgfältig geschnitzten Nimbus und Baldachin (ergänzt) umgeben.

70
Bosatsu mit Mundorgel, von Jōchō. Holz mit Farbresten. H. 55 cm. 1053. Hōō-dō des Tempels Byōdō-in, Uji
An den Wandflächen der Hōō-dō sind oberhalb der bemalten Holztüren 52 kleine Bohisattva-Figuren angebracht, die als musizierendes Gefolge den Amida des Jōchō umschweben. Der Bosatsu mit Mundorgel gehört zur südlichen Gruppe. Wie jede der Gestalten sitzt er in lässiger Pose auf einem Wolkenschweif und hält das Instrument mit beiden Händen. Der Oberkörper ist vollplastisch, die untere Partie im Rücken flach gearbeitet und aus wenigen Einzelteilen zusammengesetzt. Auf seinem Rücken steht Kongō-kō als Name.

71
Türgriff. Eisen mit Kupfereinlagen. Ø 9 cm. 1053. Hōō-dō des Tempels Byōdō-in, Uji
Die Griffe an den Schwingtüren der Phönix-Halle sind kraftvoll und formschön gearbeitet. Über dem vierpassigen Beschlag sitzt plastisch eine Chrysanthemenblüte, auf der ein quaderförmiger Knauf als Fassung des Halteringes angebracht ist. Die Kupfereinlagen betonen den Charakter eines Blütengebildes.

72
Amida Nyorai, von Kenen. Holz mit Goldfolie auf Lack. H. 87,3 cm. 1135–1140. Tempel Anrakuju-in, Kyōto
Das Bildwerk stand ursprünglich in der von Exkaiser Toba in seinem Zweigpalais in Toba errichteten Tempelhalle Toba Shinmie-dō. Als führender Bildschnitzer wurde der Buddhameister Kenen, ein Enkel des Chōsei, in der Bauhütte des Zweigpalais beschäftigt und für seine Werke zum Hōin ernannt. Obwohl Nimbus und Sockel spätere Ergänzungen sind, strahlt die Skulptur den erhabenen, überirdischen Glanz und die Ruhe aus, die die Werke der Insei-Zeit kennzeichnen.

Der Grundriß der Hōō-dō, vor allem aber die Amida-Skulptur des Jōchō, wirkten stark auf die nachfolgende buddhistische Kunst bis ins 12. Jahrhundert hinein. Von den Fujiwara übernahmen mit Beginn der Insei-Regierung die Exkaiser und auch die Damen des Hofes wiederum das Patronat für die neuen großen Tempelanlagen.

Den ersten der kaiserlichen sechs »Shō-Tempel« in Shirakawa gründete Shirakawa-Tennō 1077. Sein Hōsshō-ji wurde an der Nijō-ōji-Straße nördlich des Shirakawa-Baches mit großem Aufwand errichtet. Die Amida-Halle mit neun aufgereihten Sitzfiguren des Buddha blickte auf einen See, dessen Insel mit einer achteckigen, neunstöckigen Pagode geschmückt war. Die Skulpturen arbeitete der *busshi* Kenkei, ein Enkel und Schüler des Jōchō. Nach seiner Abdankung im Jahre 1086 begann Exkaiser Shirakawa in Toba, im Südosten der Stadt, sein Toba-Palais anzulegen. Am gleichen Ort entstand 1101 der Tempel Shōkoku-in mit einer Amida-Halle, dessen Monumentalskulptur von einem anderen bedeutenden Holzbildhauer, Ensei, geschaffen worden war.

Im Gelände der Ostvilla des Toba-Palais, im Tempel Anrakuju-in, weihte Toba-Tennō 1147 eine Amida-Halle. Ihr Hauptkultwerk, die Sitzfigur 72

73
Gruppe der 1001 Senjū Kannon. Holz mit Blattgold über Lackfassung. H. ca. 170 cm. 1164 und 1254–1266. Sanjūsangen-dō des Tempels Myōhō-in, Kyōto
Das Hauptkultbild des sitzenden Senjū Kannon in Überlebensgröße von Tankei aus dem Jahre 1254 flankieren rechts und links in Zehnerreihen tausend stehende lebensgroße Senjū-Kannon-Figuren. Das gewaltige Programm vollendete die Shichi-jō-Werkstatt um 1266 zum zweitenmal, da die ursprüngliche Halle von 1164 mit ihren Figuren bei einem Brand fast völlig vernichtet worden war.

74
Hondō des Tempels Jōruri-ji, Kyōto. Holzbau mit Ziegeldächern. L. 25,9 m, B. 9,1 m. 1107
Anstelle der 1047 erbauten Yakushi-Halle entstand 1107 eine Hondō, die 1157 an die Westseite des Sees verlegt wurde. Da sie für die neun Amida-Skulpturen bestimmt war, hatte sie dort als »Paradies-Halle« ihren symbolischen Platz. Das ursprüngliche Schindeldach der neun Joch breiten Halle ersetzte man in der Edo-Zeit durch Ziegel und baute ein Vordach an. Die Gitterfenster an der Frontseite geben dem kleinen Gebäude eher das Aussehen eines Wohnbaus als einer Tempelhalle.

eines Amida, folgt zwar auch dem großen Vorbild des Jōchō, läßt aber doch eine gewisse glatte Routine erkennen.

Von den gewaltigen Tempelgründungen der Exkaiser in Kyōto legt die Sanjūsangen-dō des Tempels Myōhō-in Zeugnis ab. Diese Halle stiftete Goshirakawa im Jahre 1164 südöstlich seines Hōjū-ji-Palais. Die 33 Joch lange Halle beherbergte die auf der Shingon-Lehre basierende
73 Konfiguration von 1001 Tausendarmigen Kannon-Skulpturen. Die monumentale Sitzfigur flankierten tausend lebensgroße Standfiguren, die von den berühmten Buddhameistern Kōjō und Kōchō der Shichi-jō-Werkstatt angefertigt worden waren. Die Halle brannte 1249 mit dem größten Teil ihrer Statuen bei einem Großfeuer in Kyōto nieder, nur etwa 120 bis 150 der ursprünglichen Skulpturen wurden gerettet. Erst 1266 wurde die Gesamtkonfiguration in der neuerbauten Halle, unter anderen von den *busshi* Tankei, Kōen und Kōsei, wieder vervollständigt.

Nur wenige Tempel und Tempelhallen, in denen die Ideen des Gesamtkunstwerkes, besonders die des Jōdo-Paradieses und des Amida-raigō, gestaltet wurden, haben die Zerstörungen des japanischen Mittelalters überdauert.

Von den über 30 großen Amida-Hallen mit der Konfiguration von neun Amida-Skulpturen ist nur
74 eine erhalten: die Amida-Halle des Tempels Jōruri-ji. Sie wurde 1107 erbaut und 1157 an die Westseite eines künstlichen Sees verlegt. Rechts und
75 links neben der monumentalen Zentralgestalt sind die übrigen Amida-Skulpturen aufgereiht. Wieder
76 erinnert die Zentralgestalt an Jōchōs Amida in der Hōō-dō. Die acht Nebenfiguren wirken eintönig, sind sich aber keineswegs vollständig gleich. Der Nimbus des Hauptkultbildes ist in altertümlicher Weise mit unzähligen imaginären Buddha-Figürchen besetzt, aus denen sich sieben größere und vier schwebende Bodhisattva herausheben. Die Nebenfiguren haben Brettnimben mit flacher Reliefschnitzerei. Weder von den Künstlern noch von der Werkstatt ist Bestimmtes bekannt. Hohen künstlerischen Rang besitzen vor allem auch die
93 vier Shi-tennō, die an den Ecken des Podestes aufgestellt sind. Die sanfte Eleganz der Form verrät den Zeitgeist, ebenso die gut erhaltene Farbfassung, die Bemalung und die Ornamentierung mit geschnittener Goldfolie *(kirikane)*. Zur Anlage des Tempels gehört im Osten eine kleine dreistöckige Pagode. Das zierliche, nur drei Joch im Geviert 77–78
große Gebäude wurde 1178 vom Ichijō-Palast in Kyōto überführt. Sein Kapellenraum ist mit Wandbildern verziert und birgt eine Yakushi-Skulptur, das älteste, wenn auch stark restaurierte Kultbild des Tempels.

In der zweiten Hälfte des 11. Jahrhunderts weihte Hi no Sukenari, ein Adliger der Fujiwara-Sippe, in Fushimi südlich von Kyōto einen Privattempel, den Hōkai-ji. Zunächst ließ er eine Yakushi-Halle für sein ganz persönliches Kultbild, eine 1051 datierte Standfigur des Yakushi, bauen. Das Werk, in der Tradition der Sandelholzskulpturen aus naturbelassenem Kirschholz gefertigt, schmücken allerfeinste Goldfolien-Ornamente. Die Amida-Halle von fünf Joch im Quadrat mit 79
schindelgedecktem Pyramidendach entstand 1098 und wurde später verändert. Ihr Hauptkultbild aber stammt vom Ende des 11. Jahrhunderts: eine monumentale Amida-Skulptur nach dem Vorbild 81
des Jōchō. Vom Vorbild rückt das Kunstwerk jedoch durch seine glatte formale Eleganz und den strengen Gesichtsausdruck ab. Die Einbettung in das Gesamtbild des »Westlichen Paradieses« geschieht durch die Wandmalerei. Auf schmalen Wandstreifen unterhalb der Decke des Kernraums sind fliegende Hiten dargestellt, in den Facetten 80
der Decke ornamentale Ranken und Blüten. Auf den Wänden des Umganges sind zahlreiche kleine Buddha-Gestalten neben- und übereinandergereiht. Die zwei Stützpfeiler vor dem Altarpodest schmücken Gestalten des »Diamantwelt«-Mandara in strenger Ordnung.

Eine weitere Paradies-Halle stiftete angeblich Priester Ryōnin (1072–1132). Priester Shinnyobō überführte im 12. Jahrhundert die heute als San-

75
Neun Amida. Holz mit Blattgold auf Lack. Hauptfigur: H. 224,2 cm, Nebenfiguren: 139–145 cm. 1107. Tempel Jōruri-ji, Kyōto
Die neun Sitzskulpturen des Amida Nyorai verbildlichen den Erlösungsschwur des Buddha. Der ältesten Figuration im Hōjō-ji des Fujiwara no Michinaga folgend, gleicht die Hauptfigur dem Amida des Jōchō in der Hōō-dō des Byōdō-in (vgl. Abb. 69). Vielleicht arbeitete ein Schüler des Jōchō im Jōruri-ji. Die acht Nebenfiguren – sie halten die Hände im Meditationsgestus – zeigen trotz formaler Gleichheit individuelle Züge.

76
Amida Nyorai. Holz mit Blattgold auf Lack. H. 224,2 cm. 1047–1107. Hondō des Tempels Jōruri-ji, Kyōto
Das Hauptkultbild der neun Amida-Skulpturen des Tempels Jōruri-ji hält im Gegensatz zu den Nebenfiguren die Hände im *raigō*-Gestus, der die Erlösung verheißt. Die Gestalt besitzt im Vergleich zum Amida des Jōchō in der Hōō-dō des Byōdō-in (vgl. Abb. 69) kompaktere Körperformen. Der Nimbus mit sieben dominierenden und unzähligen kleinen Buddha-Figuren, zu denen vier schwebende Bosatsu hinzukommen, symbolisiert die Buddha-Welten.

77–78
Pagode des Tempels Jōruri-ji, Kyōto. Holzbau mit Schindeldächern. H. 16,1 m. 1171
Die zierliche dreistöckige Pagode soll vom Ichijō-Palais in Kyōto im Jahre 1178 zum Jōruri-ji überführt worden sein. Die drei schindelgedeckten Dächer werden von einem komplizierten System von Konsolgebälk getragen. Auf einem Fels gegenüber der Hondō errichtet, spiegelt sich das elegante Bauwerk im Teich. Der untere Kapellenraum, in dem eine Yakushi-Skulptur steht, ist farbig ausgemalt.

79

79
Halle Amida-dō des Tempels Hōkai-ji, Kyōto. Holzbau mit schindelgedecktem Pyramidendach. 18,51 x 18,51 m. 1098
Auf dem Landsitz der Hino-Familie des Fujiwara-Clans wurde ein Tempel der Tendai-Sekte mit einer Amida-Halle errichtet, die ursprünglich fünf mal fünf Joch groß war. Der Umgang und das über den Umgang vorgeschobene Zwischendach soll erst bei der Renovierung der Halle im Jahre 1226 angebaut worden sein.

80

80
Fliegender Hiten. Wandmalerei auf Putz. H. 42 cm, B. 92 cm. Ende 12. – Anfang 13. Jahrhundert. Amida-dō des Tempels Hōkai-ji, Kyōto
Die schmalen Wandstreifen über der Gebälkzone der Innenpfeiler sind mit Bildern von Buddha und Apsaras, fliegenden himmlischen Wesen, geschmückt. Die Hiten umschweben mit Opfergaben von Blumen, Blütenkörben und Weihrauch die Skulptur des Amida. Eine ähnliche Wandbemalung fand sich zur gleichen Zeit in der Nanen-dō-Halle des Tempels Kōfuku-ji in Nara.

81
Haupt des Amida Nyorai. Holz mit Blattgold über Lackfassung. H. 227 cm. 1098 (?) Amida-dō des Tempels Hōkai-ji, Kyōto
Die Sitzfigur des Amida steht in der Nachfolge des Amida von Jōchō in der Hōō-dō des Byōdō-in (vgl. Abb. 69). Die Skulptur wirkt zurückgenommen und schwer, obwohl sie technisch im Vergleich zur Figur des Jōchō raffinierter gearbeitet ist.

82
Hondō des Tempels Sanzen-in, Ōhara bei Kyōto. Holzbau mit Rieddach. 7,9 x 9,1 m. 12. und 17. Jahrhundert
Die kleine Halle soll von Priester Ryōnin im 11. Jahrhundert gestiftet worden sein und wurde im 12. Jahrhundert von Priester Shinnyobō als »Paradies-Halle« umgestaltet. Während der Kernraum mit Decke und Amida-Trias erhalten geblieben ist, baute man das Außengebäude im Jahre 1668 um.

81

82

83
Amida-Trias. Holz mit Blattgold über Lackfassung. H. des Amida 233 cm. 1148. Hondō des Tempels Sanzen-in, Ōhara bei Kyōto
Die Trias zeigt die Figuren des Amida Nyorai mit Kannon Bosatsu und Seishi Bosatsu in der Willkommenshaltung für den Verstorbenen. Der Amida hat nur noch eine schwache Bindung an Jōchōs Meisterwerk in der Hōō-dō des Byōdō-in (vgl. Abb. 69).

84
Seishi Bosatsu. Holz mit Blattgold über Lackfassung. H. 132 cm. 1148. Hondō des Tempels Sanzen-in, Ōhara bei Kyōto
Seishi Bosatsu kniet links vom Amida mit gefalteten Händen auf einem Lotussockel. Wie der Kannon auf der anderen Seite strömt er die Milde der Erlösungsbereitschaft aus und neigt sich dem Gläubigen zu. Der Name des Künstlers ist unbekannt, doch steht im Innern der Figur das Datum 1148.

82 zen-in bekannte Halle Gokuraku-in nach Ōhara.
Die kleine Halle von 7,9 x 9,1 m im Grundriß be-
83 herbergt eine Amida-Trias. Amida-Buddha wird
84 von Kannon und Seishi begleitet; die beiden Bodhisattva knien in Willkommensstellung und sind den Gläubigen zugewendet. Die durch Inschrift in das Jahr 1148 datierte Trias scheint in ihrer goldstrahlenden Majestät die kleine Halle zu sprengen.

85
Haupt des Ichiji-Kinrin. Holz mit Farbfassung. H. (der Figur) 78 cm. Ende 12. Jahrhundert. Tempel Chūson-ji, Hiraizumi
Die von einem Sonnennimbus umschlossene Gestalt stellt den Buddha Dainichi in »Menschenhaut« als Manifestation höchster Tugendverdienste dar. Die Sitzfigur ist in *yosegi*-Technik aus Katsura-Holz geschnitzt und wie ein Hochrelief vor den Nimbus gesetzt. Sie hat noch die ursprüngliche Fassung, den alten Metallschmuck und die Krone, da sie in einem Schrein aufbewahrt wird.

86
Halle Konjiki-dō des Tempels Chūson-ji, Hiraizumi. Inneres. B. des Mittelaltars ca. 180 cm. 1124–1126
Das Innere der Goldenen Halle ist aufs kunstvollste mit Lack, Perlmutter und Bronze geschmückt. In der Mitte steht der Altar über der Grabstätte des Fujiwara no Kiyohira. Wie auf den beiden anderen Altären nimmt ein Amida Nyorai als Hauptkultbild die Mitte ein, begleitet von Kannon Bosatsu und Seishi Bosatsu sowie sechs Figuren des Seelenretters Jizō Bosatsu. Je zwei Ni-ten stehen als Wächter an den Ecken der Konfiguration. Zum reichen Schmuckprogramm gehören auch die Säulen des Altarbaus: Auf ihnen erscheinen in Polierlack die Gestalten des Ur-Buddha Dainichi.

87
Schmuckfeld mit Vogelwesen. Holz mit Lack, Perlmuttereinlagen und getriebener Bronze. H. des Feldes 32,5 cm. 12. und 14. Jahrhundert. Sūtren-Halle des Tempels Chūson-ji, Hiraizumi
Der achteckige Altarsockel mit den Gestalten des Monju Bosatsu und seiner Begleiter ist ähnlich wie die Altäre der Konjiki-dō verziert. Der Grund mit Resten von Pflanzenmotiven und die Rahmen haben Perlmuttereinlagen in dichtem Goldstreulack. Auf den Rahmen erkennt man *vajra*-Donnerkeile und Blüten. In den in Bronzeblech eingetieften Reserven stehen *kalavinka,* himmlische Vogelwesen, in eleganter Relief- und Gravierarbeit.

Der Kernraum dürfte von 1148 stammen, denn die kielbogenförmige Decke ist mit 25 Bodhisattva bemalt, um das *raigō*-Konzept abzurunden. Außerdem sind Shingon-Ideen einbezogen: Gestalten der Mandara der »Beiden Welten« erscheinen im Bildprogramm.

Der fromme Erlösungsglaube ließ die Bautätigkeit nicht nur in der Hauptstadt, sondern auch in den Provinzen anwachsen. In Ostjapan ging aus den Machtkämpfen der Militärs Fujiwara no Kiyohira (gest. 1128) als Sieger hervor. Für die Provinzen Mutsu und Dewa gründete er in Hiraizumi eine neue Hauptstadt, die an Glanz und kosmopolitischer Atmosphäre der Kaiserstadt Kyōto gleichkommen sollte. Der Tempel Chūson-ji umfaßte über 40 Hallen. Im Jahre 1105 entstand die erste Halle, zwei Jahre später eine Amida-Halle mit neun Amida-Figuren, deren Zentralgestalt wie nur noch die des Hōjō-ji die überdimensionale Größe von 10 m besaß. Heute steht neben der späteren Sūtren-Halle noch die Goldene Halle, Konjiki-dō, 86
die, 1124 erbaut und 1126 geweiht, durch eine Urkunde vom Kaiserhof sogar die kaiserliche Protektion erhielt. Die Halle sollte nicht nur Grabkapelle für drei Generationen von Fujiwara-Gouverneuren in Hiraizumi sein, sondern auch allen Gefallenen der Bürgerkriege zur Wiedergeburt in Amidas »Reinem Land« verhelfen. Das nur drei Joch breite und von einem Pyramidendach be-

krönte Bauwerk besitzt eine beispiellos kostbare
87 Innenausstattung. Nicht nur sind die Holzpartien gelackt, mit Perlmutterornament und wechselweise mit zierlich durchbrochenen Bronzebeschlägen besetzt, sondern auch die Binnenpfeiler tragen Medaillons mit sitzenden Buddha Dainichi in feinster Gold- und Silberlackarbeit. Drei Altäre sind über den Gräbern von Fujiwara no Kiyohira (gest. 1128), Fujiwara no Motohira (gest. 1154) und Fujiwara no Hidehira (gest. 1187) errichtet. Die Podeste sind ebenso reich verziert wie die Säulen und haben an den Wandungen Zierfelder mit Pfauen, Päonien und Schmetterlingen aus vergoldetem Bronzeblech. Die Figurationen auf den Altären gleichen sich: Einer Sitzfigur des Amida sind die Bodhisattva Kannon und Seishi, sechs Jizō und zwei Ni-ten zugeordnet. Im Vergleich der einzelnen Statuen kann man den Formwandel vom Stil des Jōchō, der fraglos als Vorbild diente, zu immer

88
Halle Shiramizu-Amida-dō oder Ganjō-ji, Fukushima. Holzbau mit schindelgedecktem Pyramidendach. 9,39 x 9,39 m. 1166
Die Amida-Halle von Shiramizu vertritt in ihrem Grundriß von drei auf drei Joch den klassischen Typ der Amida-Halle, wie er sich in der späten Heian-Zeit herausbildete.

89
Halle Ōdō des Tempels Fuki-dera, Kunisaki-Halbinsel, Kyūshū. Holz mit ziegelgedecktem Pyramidendach. 7,7 x 9,3 m. Vor 1164
Das Ziegeldach der drei auf vier Joch großen Halle wird von einem Wunschjuwel bekrönt. Von den vielen Tempeln, die ursprünglich auf der Kunisaki-Halbinsel in Nord-Kyūshū gestiftet worden waren, ist einzig der Fuki-dera erhalten. Saichō, der Gründer der Tendai-Sekte, soll vor seiner China-Reise in Kyūshū missioniert haben. Später gelangte auch der Amida-Glaube dorthin, wovon der Fuki-dera mit seiner Amida-Halle Zeugnis ablegt.

90
Halle Ōdō des Tempels Fuki-dera, Kunisaki-Halbinsel, Kyūshū, Inneres. Vor 1164
Der Innenraum der Ōdō-Halle ist mit einer Kassettendecke ausgestattet, die nur über dem Altar kielbogenförmig hochgewölbt ist. Auf dem Gebälk und an den Altarsäulen erkennt man Reste einer alten Bemalung, die schwach an die Muster der Konjiki-dō erinnert. Während die Amida-Skulptur später in den Tempel gelangte, stammt die *raigō*-Wand hinter der Figur mit dem Bild des »Westlichen Paradieses« aus der Zeit der Gründung.

grazileren und glatteren Formen des endenden Heian-Stils erkennen.

Es läßt sich vermuten, daß viele mächtige Provinzadlige in ihren Ländereien Tempel stifteten, die den Amida-Hallen der Hauptstadt Heian-kyō und denen des Chūson-ji in Hiraizumi gleichkommen sollten. In Iwaki, südlich von Hiraizumi, stiftete Iwaki no Norimitsu im Jahre 1166 eine Amida-Halle, angeblich für seine Frau, die in den
88 Nonnenstand trat. Heute ist die Halle als Ganjō-ji bekannt, aber auch als Shiramizu-Amida-dō, da das schön proportionierte Gebäude auf einer Insel in einem Waldsee stand (Shiramizu = weißes Wasser). Die Halle ist etwa doppelt so groß wie die Konjiki-dō und trotz ausgewogener Holzkonstruktion des Typs *wayō-degumi,* eines Konsolentyps, zurückhaltend schlicht. Das schwingende Pyramidendach ist mit Schindeln gedeckt. Auch im Innern kann sich die Halle nicht mit der Konjiki-dō messen. Auf einem Buddha-Altar haben die Sitzfigur eines Amida mit Kannon und Seishi und zwei Ni-ten Aufstellung gefunden. Anstatt pompöser Lack- und Perlmutter-Ausschmückung ist hier schlichte Farbbemalung zu finden.

Wie im höchsten Norden Japans blieb auch im Süden auf der Insel Kyūshū eine Amida-Halle des ausgehenden 12. Jahrhunderts erhalten. Die Große
89 Halle Ōdō des Tempels Fuki-dera nördlich von Beppu mißt 7,7x9,3 m im Grundriß. Dem Innenraum ging vermutlich die originale Figuren-
90 gruppe verloren. Heute steht die Sitzfigur eines Amida vor der hölzernen Rückwand, die als *raigō*-Wand das Bild eines Jōdo-Paradieses noch erkennen läßt. Die Ausschmückung des Gebälks erinnert nur annähernd an die Flächenmotive des späten Heian-Stils.

Die Fujiwara-Plastik

Den bedeutsamen Schritt, der die Holzskulptur Japans am Ende des 10. Jahrhunderts zu einer neuen Hochblüte führte, findet man nur bei wenigen früheren Plastiken angedeutet. Es handelt sich um die Erprobung der Methode, Holzskulpturen aus systematisch zusammengefügten Holzblöcken *(yosegi-zukuri)* arbeitsteilig herauszuschnitzen. Man hatte allerdings schon in der Jōgan-Skulptur häufig Rücken und Kopfpartie der aus einem Block *(ichiboku-zukuri)* gefertigten Figurenkörper vertikal ausgehöhlt und mit einem Brett verschlossen. Ob die Anregung zur neuartigen Zusammensetztechnik aus China kam, ist nicht mit voller Gewißheit
zu sagen. Die bekannte Figur des Tobatsu-Bisha- 29
mon-ten im Tempel Kyōōgokoku-ji soll angeblich chinesischen Ursprungs sein. Sie ist aus unregelmäßigen Holzstücken zusammengesetzt. Auch das strenge Bildwerk des von Priester Chōnen aus China mitgebrachten Shaka aus Sandelholz im Seiryō-ji zeigt eine unjapanische Technik, die als Spalt- und Einsetztechnik *(warihagi)* bekannt ist. Man spaltete den Korpus vertikal, höhlte beide Teile aus und fügte die Schalen wieder zusammen. Diese Technik hatte den Vorteil, daß man einen Hohlraum für die »heiligen Substanzen« erhielt und daß bei der dünnen Schalenhaut die Gefahr des Reißens gemindert wurde.

Vermutlich war in Japan der *busshi* Kōshō (tätig um 990–1021?) an der Weiterentwicklung der *warihagi*- zur *yosegi*-Technik entscheidend beteiligt, und die zweite Technik könnte eine rein japanische Erfindung sein. Bei der Plastik eines Fudō-myōō in *jōroku*-Größe, die Kōshō angeblich 1006–1007 für den Tempel Jōmyō-ji des Fujiwara no Michinaga (heute im Dōshu-in in Kyōto) schuf, kann man die Grundstruktur der *yosegi*-Technik erkennen. Der Bildhauer setzte nämlich fünf geeignete Blöcke und Bretter teils vertikal, teils horizontal im Baukastenprinzip zusammen. Nach dem Verleimen der Blöcke wurde die äußere Gestalt herausgeschnitzt. Danach zerlegte man die Figur wieder in ihre Einzelteile und höhlte diese einzeln zu dünnen Schalen aus, die dann endgültig zusammengesetzt, mit Stoff überzogen, gelackt und schließlich mit Folie vergoldet oder aber farbig gefaßt wurden, je nach der ikonographischen Vorschrift. Bei der gleichfalls in *yosegi*-Technik gearbeiteten, wenn auch sehr zerstörten Senjū Kannon des Tempels Kōryū-ji von 1012 läßt sich eine in der Jōgan-Skulptur unbekannte weiche Eleganz des Ausdrucks und der Haltung erkennen, Züge, die durch Jōchō, den Sohn des Kōshō, zur höchsten Reife gelangten. Nicht ohne Beziehung zur Malerei kündigte sich diese neue Auffassung an. Der Priester Genshin (Eshin Sōzu), der als Verfasser des *Ōjō Yō-shū* und Verkünder des Amida-Glaubens hervortrat, soll selbst Maler, besser wohl In-

91
Amida-raigō. Holz mit geschnittener Goldfolie auf Lack. H. der Hauptfigur 233 cm. H. der Nebenfiguren um 90 cm. 1098. Tempel Sokujō-ji, Kyōto
Die Vorstellung, daß Amida mit seinem Gefolge den Gläubigen beim Sterben in sein »Westliches Paradies« geleitet, hat diese Konfiguration geprägt. Amida sitzt überlebensgroß inmitten seiner Begleiter, lebensgroßer Bodhisattva. Der Stil des Jōchō und die plastischen Gestaltungsideen des Meisters sind hier übernommen und in neuer Weise interpretiert. Allerdings sind von den ursprünglichen Begleitfiguren nur zehn erhalten.

spirator, der berühmtesten Amida-raigō-Gemälde gewesen sein. Kōshō stand in engem Kontakt zu ihm und schnitzte Skulpturen für drei seiner Tempel.

Diese seit Ende des 10. Jahrhunderts unter ihren Mönchsnamen bekannten und für ihre Bildwerke mit geistlichen Rängen geehrten Buddhameister unterstanden nicht wie die Bildhauer der Nara-Zeit, die fast ausschließlich in anderen Werkstoffen arbeiteten, einem Tempelbüro, sondern arbeiteten in Gilden und hatten eigene Ateliers. Aufträge erhielten sie vom Kaiserhaus wie von den Fujiwara-Regenten und dem Hochadel, aber auch von Priestern und Tempeln der unterschiedlichsten Sekten; sie wurden also wegen ihres Könnens als Künstler engagiert. Das Material stellten ihnen die Auftraggeber zur Verfügung, die sie für ihre Arbeit im Stil der Zeit, etwa mit Seidenbrokatrollen, entlohnten. Wie für das Atelier des Hōjō-ji überliefert ist, unterstanden dort den 20 »Groß-Buddha-

92
Jizō Bosatsu, von Jōchō. Holz mit Farbfassung. H. 152 cm. Anfang 11. Jahrhundert. Tempel Rokuharamitsu-ji, Kyōto
Die Standfigur des Jizō Bosatsu wird als Frühwerk des Buddhameisters Jōchō angesehen. Der Bildschnitzer stellt den jungen Mönch, der leidende Seelen und vor allem Kinder aus den Höllen errettet, mit zartem, nach innen gekehrtem Gesichtsausdruck dar. Der klare Fall der dünnen Mönchskutte mit den langen Ärmeln weist auf das Meisterwerk des Bildhauers, den Amida in der Hōō-dō des Byōdō-in, voraus (vgl. Abb. 69). Die Attribute des Jizō, Rasselstab und Wunschjuwel, gingen verloren; Sockel und Heiligenschein sind spätere Ergänzungen.

meistern« *(dai-busshi)* jeweils fünf »Klein-Buddhameister« *(ko-busshi)*. Insgesamt arbeiteten 105 qualifizierte Kunsthandwerker an Projekten, die für Geburts- und Sterbezeremonien oft innerhalb weniger Wochen erstellt werden mußten. Für seinen Tempel Hōjō-ji ließ Fujiwara no Michinaga 199 Skulpturen arbeiten, zuerst 15 von Kōshō, die übrigen unter der Leitung von *dai-busshi* Jōchō. Das Hauptkultbild der Goldenen Halle, der 10 m (32 *shaku*) große Dainichi, muß vom Entwurf wie von der technischen Ausführung her eine Herausforderung für den Künstler gewesen sein. Jōchōs insgesamt zehn Monumentalplastiken der Jahre 1022–1024 dürften den Glaubens- und Schönheitsvorstellungen der Aristokratie so vollkommen entsprochen haben, daß ihm dafür als erstem Künstler Japans der buddhistische Ehrenrang Hokkyō verliehen wurde. Den nächsthöheren Rang Hōgen erhielt Jōchō 1048 für die Restaurierung von Skulpturen im Stammtempel der Fujiwara, dem Kōfuku-ji in Nara.

Die Größe seines Könnens vermittelt noch heute ungemindert der Amida in der Hōō-dō des Byō- 68–69
dō-in in Uji. Die Skulptur besteht aus 53 Einzelteilen, die nach dem Baukastenprinzip teils aus gespaltenen Blöcken für Körper und Kopf mit vielen Ansatz- und Einschiebeteilen für Arme, Hände und für den Gewandüberhang kombiniert wurden. Da die Wandung der Figur außerordentlich dünn ausgeschnitzt wurde, wie man bei der Restaurierung im Jahre 1955 ermitteln konnte, blieb ein Hohlraum für die magische Substanz. Diese besteht aus einer Scheibe mit mystischen Sanskrit-Zeichen des Amida, die auf einem farbig gefaßten, äußerst kunstvoll geschnitzten Lotussockel ruht. Der *busshi* Jōchō entwarf und schnitzte auch eine Gruppe der 52 Bodhisattva-Figuren auf den Tempelwänden. Wie beim Nimbus der Skulptur und dem Baldachin, die allerdings teilweise ergänzt wurden, ist hier die Schnitztechnik der Relief- und Durchbruchsarbeit *(ukibori)* vervollkommnet worden.

Mit seinem ikonometrischen Grundschema der Sitzfigur eines Buddha prägte Jōchō die Norm für nahezu alle nachfolgenden Arbeiten der Heian-Zeit und später. Etwa 60 Sitzfiguren des Buddha sollen nach diesem Vorbild entstanden sein. Keines dieser Werke jedoch kopierte das Urbild sklavisch genau. Die technischen Details blieben Geheimnis des Ateliers. Die späteren Skulpturen des Hōkai-ji,
Jōruri-ji, Anrakuju-in, Sokujō-ji und Sanzen-in 91
folgten eigenen Entwürfen. Die Tendenz zu noch kleineren Stückelungen der Baublöcke in *yosegi-zukuri* und die Einzapfung des Kopfes ermöglichten die Darstellung einer bewegteren Haltung. In Anbetracht der ikonographischen Normierung der Buddha-Gestalt bot sich dafür sonst kaum Spielraum.

Nicht nur für die enthobene Gestalt des Buddha, sondern auch für die der Welt zugeneigten Gestalten der Bodhisattva, insbesondere des Kannon in

93
Tamon-ten (Bishamon-ten). Holz mit geschnittener Goldfolie und Farbfassung. H. 169,5 cm. 1107. Hondō des Tempels Jōruri-ji, Kyōto
Die »Vier Himmelskönige«, Shi-tennō, stehen als Wächter an den vier Ecken des Podestes mit den neun aufgereihten Amida-Skulpturen. Auch sie sind in *yosegi*-Technik geschnitzt und überaus fein mit Farben und geschnittener Goldfolie gefaßt. Der Sockeldämon und der durchbrochen gearbeitete Nimbus zeigen die Verfeinerung und weiche Eleganz, die man in der späten Heian-Zeit auch diesen grimmigen Schutzwesen gab.

seinen verschiedenen Manifestationen, prägte die späte Heian-Zeit neue Stiltypen. Dem Jizō Bosatsu
92 gab Jōchō in seiner Skulptur des Tempels Rokuharamitsu-ji weiblich zarte Züge. Man denkt an die häufig im *Genji-monogatari* geäußerte Meinung über die männlichen Helden: »... und man wünschte unwillkürlich, er möchte eine Frau sein.«[27]

Selbst die wegen ihrer Schutzfunktion aggres-
93 siv-kraftvollen Shi-tennō und die Ni-ō zeigen beruhigte oder aber spielerisch-theatralische Gebärden. Hohen künstlerischen Rang besitzen die Shi-tennō des Tempels Jōruri-ji, die in der Subtilität der Schnitzerei und der Farbfassung, die zusätzlich mit geschnittener Goldfolie verziert wurde, neben den statischen, zurückgenommenen goldenen Gestalten der neun Amida-Skulpturen eine andere Facette der Fujiwara-Skulptur aufzeigen.

Der durch Jōchō geprägte elegante Figurentyp des *wa-yō*-Stils, der auf einer einmaligen, nicht

94
Shōtoku Taishi im Alter von 45 Jahren mit vier Begleitern (Ausschnitte). Holz mit geschnittener Goldfolie und Farbfassung. H. der Hauptfigur 84,3 cm. H. der Begleiter 64 cm. 1121. Shōryō-in des Tempels Hōryū-ji, Nara
Das repräsentative Bildnis des Shōtoku Taishi als Regent zeigt Ähnlichkeit mit den Götterskulpturen des Shintō. Der Prinz trägt die offizielle Hoftracht mit *kammuri*-Mütze und hält ein *shaku*-Zepter in beiden Händen. Der Ausdruck konzentrierter Weisheit in seinem Gesicht wird durch die sorgfältige Farbfassung unterstrichen. Das Gewand zeigt über der farbigen Musterung Ornamente in geschnittener Goldfolie. Rechts einer der Begleiter.

95
Kichijō-ten. Holz mit Farbfassung. H. 117 cm. 1078. Kondō des Tempels Hōryū-ji, Nara
Die Fruchtbarkeits- und Glücksgöttin Kichijō-ten (Shrī Devi) wurde gemeinsam mit der Figur des Bishamon-ten zur Zeremonie des Saishō-e-Festes aufgestellt. Die vornehme Gestalt einer chinesischen Dame ist aus gespaltenen Holzblöcken aufgebaut und mit einer zarten Farbfassung über Leinen und Muschelkalk versehen. Die Metallornamente sind spätere Ergänzungen.

96
Schutzgeneral Mekira Taishō. Holz mit Farbfassung. H. 88 cm. 11. Jahrhundert. Tempel Kōfuku-ji, Nara
Die zwölf Schutzgenerale gehören zur Trias des Yakushi Nyorai von 1013 im Tempel Kōfuku-ji. Aus Brettern in Flachrelief geschnitzt, stellen sie eine Besonderheit der Fujiwara-Plastik dar. Die barock übersteigerte, humorvolle Gestaltung der zwölf Figuren ist für das 11. Jahrhundert ungewöhnlich. Vom Hof in Heian-kyō nur wenig beeinflußt, entstanden in Nara eigenwillige Kunstschöpfungen.

zu überbietenden Stufe stand, wirkte weiter bestimmend auf den durch den Stiftungseifer der Exkaiser entfachten Boom der Bildschnitzerei. Die Schüler des Jōchō gründeten eigene Ateliers, die nach ihrer Lage benannt wurden: die Shichi-jō-, die San-jō- und die Roku-jō-Linien. Weitere Ateliers übernahmen ihre Bezeichnung von den Künstlernamen. Den höchsten buddhistischen Ehrentitel Hōin erhielt *busshi* Chōen (tätig bis 1150) als führender Holzbildhauer der dritten Generation nach Jōchō. Er war für Adel und Tempel gleicherweise tätig. Nach ihm erreichte nur Inson (1120–1198) diese Ehrung, vielleicht, weil er bei der Restaurierung der Nara-Tempel mitarbeitete.

In Kyōto umfaßte das Skulpturen-Programm seit Shirakawa-Tennō Tausende von Figuren. Selbst die an die Macht gelangten Taira-Generale stifteten Sätze von Kultbildern: Taira no Tadamori stiftete 1132 für Toba-Tennō tausend Figuren des Shō Kannon. In der 1164 geweihten Sanjūsangen-dō oder Rengeō-in-Halle ließ Goshirakawa 1001 Skulpturen des Tausendarmigen Kannon auf- 73
stellen. Die Halle und drei Viertel der Skulpturen brannten jedoch 1249 ab. Im Neubau von 1266 hatten *busshi* Tankei und seine Werkstatt die Skulpturen erneuert. Die glatte Eleganz der ergänzten Skulpturen hebt sie von den frühen Plastiken deutlich ab.

In der alten Tempelstadt Nara arbeiteten die Buddha-Schnitzer vor allem an der Restaurierung des alten Skulpturenbestandes. Für den Hōryū-ji allerdings entstanden bedeutende Skulpturen in altertümlicher Technik und doch von höchster Verfeinerung. Die Skulptur des »Shōtoku Taishi mit

97
Senjū Kannon. Holz mit geschnittener Goldfolie. H. 31,5 cm. 1154. Tempel Būjō-ji, Kyōto
Wie ein Juwel erscheint die kleine Statuette des Tausendarmigen Kannon auf dem kostbar verzierten Sockel und dem mit vergoldeten Bronzeornamenten geschmückten Lotusthron. Auch die Figur selbst mit den spielerisch agierenden Händen und dem schönen, stillen Gesicht ist reich mit Schmuck behängt. Gewand und Sockel sind über dem naturbelassenen Sandelholz mit geschnittener Goldfolie besetzt. Der in filigranartiger Metallarbeit reliefierte und durchbrochene Nimbus umgibt die Gestalt mit schillerndem Glanz.

98
Priester Rōben. Holz mit Farbfassung. H. 92,5 cm. 11. Jahrhundert. Kaisan-dō des Tempels Tōdai-ji, Nara
Das posthume Idealporträt des 773 verstorbenen ersten Abtes vom Tempel Tōdai-ji strahlt die sichere Vornehmheit seiner Persönlichkeit aus. Die Skulptur ist noch der Jōgan-Plastik verpflichtet, läßt aber bereits die weicheren, eleganteren Formen der Fujiwara-Zeit erkennen. Seit 1019 wird das geheim verwahrte Bildnis einmal jährlich anläßlich der Gedächtniszeremonie öffentlich verehrt. Das Zepter soll Rōben zu Lebzeiten benutzt haben.

sieben Jahren«, die *busshi* Enkai und der Maler Hata no Munesada (Chitei) 1069 schufen, zählt zu den Meisterwerken der späten Heian-Kunst, ebenso die für die Zeremonie des Saishō-e-Festes im Jahre 1078 in *ichiboku*-Technik geschnitzten Figuren des
95 Bishamon-ten und des Kichijō-ten. Im 12. Jahr-
94 hundert wurde eine Gruppe des »Shōtoku Taishi im Alter von 45 Jahren mit vier Begleitern« geweiht, die sich von den früheren Gestalten durch

99
Dainichi Nyorai, von Unkei. Holz mit Blattgold über Lackfassung. H. 100,6 cm. 1176. Tempel Enjō-ji, Nara
Die hoheitsvolle Sitzfigur des Ur-Buddha Dainichi ist ein Jugendwerk des Unkei, des großen Bildschnitzers der Kamakura-Zeit; in ihr wirkt noch die künstlerische Auffassung der Heian-Zeit nach. Eine Inschrift auf der Unterseite des Lotusthrons besagt, daß die Skulptur von Kōkei und seinem Sohn Unkei am 24. Tag des 11. Monats 1175 begonnen und am 19. Tag des 10. Monats 1176 vollendet und aufgestellt worden sei.

100
Fugen Bosatsu. Holz mit Resten von Farbfassung und geschnittener Goldfolie. H. des Fugen 55,2 cm, H. des Elefanten 58,2 cm. Mitte 12. Jahrhundert. Okura Shūkokan Museum, Tōkyō
Für den Hofadel gehörte das Lotus-Sūtra zu den zentralen Heilsschriften. Die Tendai-Sekte förderte die Lehren des Sūtra und die Verehrung des Bodhisattva der höchsten Weisheit, Fugen, der auf einem Elefanten mit sechs Stoßzähnen vom »Östlichen Paradies« herabgestiegen sein soll. Den Vorstellungen der überfeinerten und sentimentalen Hofgesellschaft in Heian-kyō entsprachen Kultbilder von solch hohem Liebreiz und so großer Kostbarkeit.

eine ins Humoristische getriebene Auffassung unterscheidet. In gleicher Weise grotesk-humorvoll
96 erscheinen die zwölf Generale (Jūni Shinshō) des Buddha Yakushi im Tempel Kōfuku-ji. Als Beispiele der flachen Reliefschnitzerei *(itabori)* sind sie einmalig in ihrer Art.

Auch in der späten Heian-Zeit lebten die Sandelholzskulpturen weiter. Sie wurden anscheinend als private Andachtsbilder geschaffen. Im Tempel Hōkai-ji wird als Kernkultbild die Kirschholzfigur des Buddha Yakushi verehrt. Ausdruck und Gestalt besitzen die weiche, überirdische Sanftheit des späten Heian-Stils, und zudem verleiht das reiche, vielfältig gemusterte Goldfolien-Ornament, das direkt auf das ungefaßte Holz aufgeklebt wurde, dem Werk einen neuartigen Effekt hoher Kostbar-
97 keit. Die gleiche Technik zeigt der Tausendarmige Kannon des Tempels Būjō-ji im Norden von Heian-kyō. Taira no Kiyomori soll ihn angeblich 1154 für Priester Sainen gestiftet haben. Das kleine Kultbild wird dem Bildschnitzer Kenen der Sanjō-Linie zugeschrieben. Es zählt zu den Juwelen der Bildschnitzkunst Japans. Der Körper ist ungefaßt belassen, abgesehen von leichten Farben an Lippen, Haaransatz und Augen. Reiche Goldfolien-Ornamente überziehen die Gewandpartien und den Sockel. Der üppige Schmuck – Halsgehänge, Ohrschmuck und Diadem – ist wie der Nimbus in Gold gearbeitet und mit Juwelen besetzt.

Dem allgemeinen Streben, Verdienste für die Hinübergeburt anzuhäufen, ein Streben, das in der späten Heian-Zeit alle Volksschichten erfaßt, sind auch die weniger kunstvoll ausgeführten Skulpturen zuzuschreiben. Man kennt Gruppen von roh aus dem Holz gekerbten Figuren *(natabori)* aus Ost-Japan, die in beabsichtigter Naivität wie Antipoden zur höfischen Kunst wirken.

Auch Gruppen von steinernen Figuren, häufig zu Mandaras in der Landschaft geordnet, wie die Furuzono-Gruppe in Usuki, Provinz Ōita, entstanden im 12. Jahrhundert. Die ursprünglich von Holzgebäuden geschützten Steinfiguren zeigen teilweise Spuren einer Lack- und Farbfassung.

Die Wendung in der Skulptur von der Statik und Überfeinerung des späten Heian-Stils zu einer
99 dramatischeren, körpernahen Interpretation vor allem der niederen Wesensstufen, etwa der Dämonen, der Schutzwesen und nicht zuletzt des Porträts, sollte sich in Nara vollziehen. Dort wirkten die Kultwerke der Nara-Zeit stilprägend fort. Mit der Amida-Trias des Chōgaku-ji wurde eine neue Technik, die Einsetzung von Kristallaugen, entwickelt. Zudem wurden die Körperformen dieses Amida und seiner rahmenden Bodhisattva fülliger. Die Bodhisattva in gelöster Sitzhaltung mit einem herabhängenden Bein lassen vermutlich den neuen Einfluß vom Festland sichtbar werden, denn die chinesische Plastik der Song-Zeit bevorzugte diese Haltung. In der Schnitztechnik allerdings ist die in Japan entwickelte Methode des *yosegi-zukuri* mit hoher Sensibilität um diese neuen Möglichkeiten erweitert worden.

Die religiöse Malerei

Im buddhistischen Kult nehmen die plastisch geformten Buddha-Wesen als Manifestationen der transzendenten Gestalten und Kräfte den zentralen Platz in der Tempelhalle ein. Ein Hauptkultbild *(honzon)* stand als Krönung und Offenbarung der Buddha-Welt mit oder ohne Begleitfiguren auf einem Podest *(shumi-dan),* das den Weltenberg Sumeru versinnbildlichte. Die Malerei hatte in der Kulthalle nur eine Nebenfunktion, sie diente in buddhistischem Sinn der »Heiligung durch Prachtfülle« *(shōgon),* wie D. Seckel diesen Begriff übersetzt hat. Ihr oblag der bildhafte oder dekorative Schmuck der Wände und Bauteile. Die Vorlagen zu den Wandbildern der Tempel kamen als Skizzen nach Japan. In hoher und eigentlich nie wieder erreichter Vollendung findet man bereits Anfang des 7. Jahrhunderts die Kondō des Tempels Hōryū-ji mit Darstellungen der vier Paradiese geschmückt. In der Heian-Zeit zog man zumeist Gemälde auf Holz, »Bretterbilder« *(ita-e),* den auf

102
Buddhas Eingang in das Nirvāna, Detail von Abbildung 101
Hinter dem Podest mit dem ruhenden Buddha stehen unter den Shāla-Bäumen Bodhisattva und Mönche. Während die mit gesenktem Blick trauernden Kannon und Fugen weißhäutig sind, hat Monju wie Shaka eine gelbe Körpertönung, die mit roten Linien umzogen ist. Die Mönche rechts heben sich mit ihren gramerfüllten Zügen von der erhabenen Ruhe der Bodhisattva ab, denn sie gehören, als Menschen, einer niedrigeren Seinsstufe an.

101
Buddhas Eingang in das Nirvāna. Farben und geschnittene Goldfolie auf Seide. 266,2 x 270,9 cm. 1086. Tempel Kongōbu-ji, Kōya-san, Wakayama
Shaka, der Buddha unseres Zeitalters, begab sich zum Ufer des Hiranyavati-Flusses und ging unter zwei blühenden Shāla-Bäumen in das Nirvāna ein. Er liegt hier in weißem Schleiergewand mit reicher Goldfolienmusterung auf einem Podest, umgeben von Trauernden aller Lebensbereiche: Bodhisattva, Mönchen, Dämonen, Königen und Tieren, die schmerzerfüllt oder gelassen trauern. Oben rechts erscheint seine Mutter Māyā. Der japanische Maler hat dieses »Lehrbild« nach chinesischem Vorbild geschaffen und trotz der Schriftschilder eindringlich gestaltet. Das Datum – 7. Tag des 4. Monats 1086 – befindet sich am rechten Bildrand.

103
Hōrōkaku-Mandara. Farben und Gold auf Seide. 144,4 x 86,7 cm. 12. Jahrhundert. Freer Gallery of Art, Washington, D.C. (Inv.-Nr. 29.2)
Das Kultbild zeigt die Vision, die der Mönch im Vordergrund hat. Ihm erscheint eine zweistöckige Halle, in der Shaka, flankiert von zwei zwölfarmigen und vierköpfigen Bohisattva, predigend thront. Vor dem zentralperspektivisch dargestellten Bau stehen die Shi-tennō und knien Bodhisattva; in ihrer Mitte ist auf einem Sockel das Rad der Lehre zu sehen. Das ungewöhnliche Kultbild des esoterischen Buddhismus geht auf eine Passage des Lotus-Sūtra zurück.

Wandputz in Wasserfarben aufgemalten Darstellungen vor. Holzpaneele, Schwingtüren, Pfeiler und Tragbalken dienten als Bildträger.

Heilige Schmuckbilder von magischer Kraft sind ebenfalls die Mandara- und Patriarchendarstellungen im Innern der Pagode des Daigo-ji. Doch auch im Gesamtkunstwerk des Amida-Paradieses der Hōō-dō des Byōdō-in in Uji von 1053 haben die Gemälde der neunfachen Amida-Erscheinung nur eine sekundäre Bedeutung neben
69 der Kernskulptur des Amida von Jōchō. Ebenso hatten die *raigō*-Szenen auf den Bild-Mandara des »Westlichen Paradieses« ihren Platz auf den rahmenden Bordürenstreifen.

Zum Einzelkultbild emanzipierte sich das Gemälde vermutlich als temporäres Andachtsbild anläßlich besonderer Fest- und Gedenktage. Als Vorbild dienten auch Banner, wie man sie aus den Funden der Höhlen von Dunhuang kennt. Für das zusammenrollbare Hängebild *(kakemono)* gaben Seide, Leinen und Papier den Malgrund ab. Neben den in der frühen Heian-Zeit dominierenden Gestalten der Geheimsekten traten aber, ungeschmälert in ihrer Bedeutung, die Heilsfiguren der alten Nara-Sekten weiter auf, wie etwa der Heil-Buddha Yakushi mit den ihn schützenden »Zwölf Generalen«. Als Glücks- und Schutzgötter indischer Herkunft wurden unter den Schutzgottheiten (Ten) Taishaku-ten und Kichijō-ten besondere Verehrung zuteil. Ebenso stellte man die 16 Rakan (skr. Arhat, chin. Luohan) als »menschliche« Heilsgestalten dar. Den verschiedenen Erscheinungsformen des Bodhisattva Avalokiteshvara als Elfköpfiger, Tausendarmiger oder Nyoirin Kannon weihte man Einzeldarstellungen.

Eine dem Mandara vergleichbare Bedeutung kam den erzählenden Lehrbildern zu. Ereignisse aus dem Leben des Buddha Shaka, zum Beispiel
101–102 sein Eintritt in das Nirvāna und sein Erscheinen aus
107 dem Goldenen Sarg, wurden auf großflächigen Schaubildern in künstlerisch vollendeter Weise dargestellt. Eine Vielzahl neuer Bildthemen kam aus dem Lotus-Sūtra. Nach dessen visionärer Be-
103 schreibung ist im Hōrōkaku-Mandara das Erscheinen des Shaka mit seinen Begleitern in einer Pagode dargestellt. Die Predigt des Buddha auf dem Geierberg, umgeben von Bodhisattva und angebetet von Gläubigen, wird zum Hokkekyō-Mandara gestaltet.

Mit dem Amida-Glauben rückte die Darstellung von Amidas Herabkunft als Trias oder mit der Schar seiner Bodhisattva beherrschend in den Mittelpunkt. Die Darstellung des »Reinen Landes« als Ziel der Wiedergeburt und die grauenerregenden Leiden in den sechs Existenzstufen boten aufrüttelnde und gefühlsbetonte Themen. Die Transponierung des buddhistisch-indischen Glaubensgutes in die japanische Lebens- und Umwelt half dem rein japanischen Yamato-e, eine eigenständige Bildsprache zu finden.

Die malerische Darstellung richtete sich in der frühen Heian-Zeit aus heilswirkenden Gründen genau nach den über China tradierten ikonographischen Vorlagen. Körperbau, Haltung, Physiognomie und Attribute wurden von den Leitbildern übernommen. Die Mittel des Malvortrags – eine gleichmäßige Lineatur »wie Eisendraht«, die bei den Buddha und Bodhisattva in Rot, bei niederen Gestalten in Schwarz gehalten wurde, die bandartige Anordnung der Farben, dazu die leichte, unrealistische Schattierung der Fleischpartien – waren von chinesischen Gemälden bekannt. Dazu kam das malerische Verfahren der »umgekehrten Schattierung«. Die dem Auge dunkel erscheinenden, tieferliegenden Partien der Gewandfalten, der Körperrundung und die Innenflächen des Lotussockels wurden nicht dunkel, sondern hell gemalt. Dadurch erhielt die Gestalt etwas Visionäres, Schwebendes. Eine geheime Strahlung schien von dem dargestellten Heilswesen auszugehen. Ein raffiniertes, beinahe kunstgewerbliches Schmuckelement kam zur Erhöhung dieser Wirkung hinzu: Die Gewandpartien wurden mit fadendünnen Ornamenten aus aufgeklebter Goldfolie gemustert, eine Technik, die in solchem Reichtum wohl allein in der japanischen buddhistischen Malerei in Erscheinung tritt und an die raffinierte Musterung der Schreibpapiere für Sūtren- und Gedicht-Niederschriften anknüpft. Neben Tusche verwendete man die mit Leim gebundenen Mineralfarben Rot, Blau, Grün, Gelb, Muschelkalk-Weiß sowie Gold- und Silberfarbe.

Die Farben wurden in symbolisch-liturgischer Weise eingesetzt. »Die einzelnen Existenzstufen sind auch in ihrer Farberscheinung deutlich unterschieden. Je höher eine Heilsgestalt steht, desto einfacher und großzügiger die Farbgebung; manche Buddhabilder wirken gerade durch den Kon-

104
Porträt des Jion Daishi. Tusche und Farben auf Seide. 161,2 x 129 cm. Um 1061. Tempel Yakushi-ji, Nara
Das ausdrucksvolle Bildnis des chinesischen Priesters Kuiji der Hossō-Sekte geht auf ein chinesisches Vorbild zurück. In Japan diente es seit 951 bei einer Gedächtniszeremonie, die von 1061 an im Tempel Yakushi-ji stattfand, als Kultbild. Die wache, kraftvolle Persönlichkeit des Patriarchen ist gut erfaßt. Meditierend sitzt er auf einer Bank, neben sich ein kostbares Schreibgestell. Auf den Schriftfeldern am oberen Rand erscheinen kalligraphierte Lobesinschriften.

trast dieser jenseits aller Erscheinungsvielfalt stehenden Schlichtheit zu der reichen Fülle und Pracht der Bodhisattvas besonders erhaben. [...] Die Vidyārājas zeigen die dämonische Seite der Farbe in ihrer düsteren, unheimlichen Glut und mitunter in einem zu der tiefen Ruhe der anderen Gestalten in scharfem Kontrast stehenden Fortissimo, das aber doch aus dem Grunde jener absoluten, alle Möglichkeiten potentiell in sich bergenden Ur-Farbe hervorbricht. Die Gestalten der menschlichen Sphäre, vor allem die Arhats und die Patriarchen, sind gewöhnlich in ganz anderen, ›irdischeren‹ Farben behandelt. [...] Gerade das Kolorit trägt entscheidend dazu bei, das innerste Wesen der einzelnen Gestalttypen zu versinnlichen.«[28]

Vom Ende des 10. Jahrhunderts an stand die buddhistische Malerei unter dem allbeherrschenden Einfluß des höfischen Geschmacks. Die Priestermaler *(e-busshi)* arbeiteten vielleicht wie die Bildschnitzer *(ki-busshi)* in Gilden und Ateliers, doch ist darüber nichts überliefert. Vielmehr war das Malbüro des Hofes *(e-dokoro)* mit seinen in die Ämterhierarchie eingegliederten Malern führend, teils auch in der religiösen Malkunst. Fujiwara no Michinaga übertrug die Ausmalung und die Ausführung von Hängebildern für seinen Tempel Hōjō-ji dem Priestermaler Enen, von dem wir wissen, daß er der Sohn eines Fujiwara-Höflings, des Yoshikane Ajari, war. Auch die Wandbilder in der Hōō-dō des Byōdō-in werden, allerdings ohne den geringsten Beweis, einem Maler des Hofes zugeschrieben. Von Priestermalern stammen allerdings viele der ikonographischen Skizzen, die den Gemälden als metrische Vorlage dienten. Der »Blaue Fudō« mit Begleitern des Tempels Shōren-in geht vermutlich auf eine Skizze des Buddhamalers Genchō im Daigo-ji (10. Jahrhundert) zurück. In ähnlicher Weise bleibt auch das Idealporträt des Jion Daishi aus dem Tempel Yakushi-ji 104
überlieferten Vorbildern verbunden. Die Gruppe der zehn Patriarchen der Tendai-Sekte, die der Tempel Ichijō-ji besitzt, zeigt die indischen und chinesischen Lehrer sowie als japanischen Vertreter Shōtoku Taishi, teils in hierarchischer Transfiguration, wie Nāgārjuna auf dem Lotussockel, 105
teils als Handelnder, wie Shubhākara-simha (Zemmui), zudem in versunkenem Gebet oder seine Schüler belehrend.

In neuer Weise und dennoch der frühen Heian-Zeit formal verwandt ist der Amida des Tempels Hokke-ji dargestellt. Das frühe Mittelbild scheint 106
mit den Seitenflügeln – links Kannon und Seishi, rechts der kleine Bannerträger – vielleicht erst Ende des 11. Jahrhunderts zu einem Bild der »Herabkunft des Amida« zusammengefügt worden zu sein.

Die großen und großformatigen Erzählbilder auf Seidengrund stammen aus der zweiten Hälfte des 11. Jahrhunderts. »Buddhas Eingang in das 101–102

105
Porträt des Nāgārjuna. Farben auf Seide. 126,5 x 72,5 cm. 11. Jahrhundert. Tempel Ichijō-ji, Hyōgo
Das Idealporträt des indischen Tendai-Patriarchen Nāgārjuna (Ryūmyō) gehört zu einer Folge von Patriarchenporträts, in die auch der japanische Kronprinz Shōtoku Taishi einbezogen wurde. Nach Skizzen, die Priester Ennin aus China mitgebracht hatte, sollen die Gemälde in Farbe gemalt worden sein. Ryūmyō gilt als Verkörperung des Jizō Bosatsu. Er sitzt in reichem Mönchsgewand auf einem Lotussockel und hält in der Rechten ein Zepter und in der Linken ein Räuchergefäß.

Nirvāna« (1086) gehört zu den bedeutendsten Gemälden der Heian-Zeit überhaupt. Auf dem Podest unter blühenden Shāla-Bäumen liegt Buddha in enthobener Stille. Ihn umgeben die trauernden Bodhisattva, Jünger, Götter, Dämonen und Tiere, die ihren Schmerz verbergen oder aber ungehemmt ausdrücken. Buddhas Mutter Māyā schwebt über einer Felslandschaft heran. Jede einzelne Gestalt dieses figurenreichen Gemäldes zeigt große Individualität. Meisterhaft und kostbar sind Lineatur und Kolorit ausgeführt, ist die Schleiergewandung mit Goldfolien-Ornamenten verziert. Nur die Namensschilder betonen die lehrhafte Funktion des Bildes. Dem Nirvāna sehr nahe steht
das Gemälde »Buddha erhebt sich aus dem Golde- 107
nen Sarg« (Ende 11. Jahrhundert). Hier schließt sich die Gruppe der staunenden Adoranten enger um die zentrale Buddha-Gestalt. Trotz des sehr ähnlichen malerischen Vortrags sind einzelne Details in freier, akzentuierender Pinselführung gemalt. Der neue Einfluß chinesischer Song-Malerei scheint in diesem Bild sichtbar zu werden.

Aus der ersten Hälfte des 12. Jahrhunderts erhielt sich eine größere Zahl von Andachtsbildern mit Einzelgestalten, die wohl zum Teil aus Privatkapellen hochgestellter Herren und Damen des Hofes stammen. Auf diesen *kakemono* erscheint der Buddha oft wie eine Sitzskulptur auf dem Lotussockel und auf einem Podest, meist auch von ei-
nem Baldachin bekrönt. Das Bild des Shaka Nyo- 108
rai im Tempel Jingo-ji vertritt diesen Typ. Mit großer Einführung ist miniaturhaft fein die predigende Gestalt in reichgeschmücktem Mönchsgewand auf zierlich skulpiertem Sockel dargestellt, umgeben von einem Heiligenschein aus filigranhaften Goldranken. Vergleichbares leistete die
Plastik etwa mit der Sandelholzfigur des Senjū 97
Kannon im Būjō-ji. In ähnlicher Weise ist auch bei
dem Kokūzō Bosatsu, Inkarnation der höchsten 109
Weisheit, im Nationalmuseum in Tōkyō die Transzendenz der Erscheinung sichtbar gemacht. Die Gestalt erscheint vor einer riesigen silbernen Mondscheibe auf einem Felssockel im Meer. Die dumpfe Stimmung der Farben unterstreicht die Magie dieser trotz unermeßlich reichen Schmukkes und zarter Gewandung herben Gestalt.

Im Tempel Kyōōgokoku-ji werden zwei Sätze mit Wesen des Shingon-Ritus vom Anfang des 12. Jahrhunderts verwahrt. Sie stehen in der Tradi-

tion der Werke des beginnenden 9. Jahrhunderts, die mit Kūkai in Verbindung gebracht werden. Es handelt sich um die »Fünf Großen Weisheitskönige« (Godai-myōō) und um einen Satz der »Zwölf
110 Ten« (Jūni-ten). Beide Gemäldefolgen sind in das Jahr 1127 zu datieren. Während die Jūni-ten mit großer Feinheit und jener visionären Subtilität gemalt sind, die ihrer Wesenheit zusteht, wirken die Weisheitskönige in ihrer wilden Schrecklichkeit und mit ihren Flammenaureolen, oberflächlich betrachtet, viel grobschlächtiger.

Die Zuwendung zum Gläubigen findet man bei diesen Darstellungen allerdings nicht. Mit den Vorstellungen aus dem Lotus-Sūtra und aus den Amida-Sūtren, die die Erlösung aus dem Kreislauf der Wiedergeburten verkünden, rücken neue Gestalten in den Mittelpunkt der Verehrung. So spielt der Bodhisattva Fugen (Samantabhadra) im Tendai-Kult eine tragende Rolle, denn sein Gelöbnis im Lotus-Sūtra galt der Errettung, d.h. der Wiedergeburt auch der Frauen im Paradies. Fugen findet man ab und zu auf seinem weißen, mit sechs Stoßzähnen bewehrten Elefanten; auf dem Lotus sitzend ist er in der Gestalt eines betenden Jünglings dargestellt und schaut mit mildem Blick zu den Betenden hinab. In gleicher Haltung und

106
Amida-raigō. Farben und Seide. Drei Hängerollen, Mitte: 185,5 x 146,1 cm; links: 186,4 x 173,6 cm; rechts: 183,3 x 55 cm. Erste Hälfte 11. Jahrhundert. Tempel Hokke-ji, Nara
In der Mitte erscheint Amida Nyorai frontal auf einem Lotus über Wolken herabschwebend. Er hält die Hände im Erlösungsgestus und blickt mit halbgeschlossenen Augen auf den Betenden. Sein rotes Mönchsgewand mit dunklem Futter fällt, farbgleich mit den Lotusblättern des Throns, in sparsamen Linien um seinen weißen Körper. Ein doppelter Nimbus umschließt die in sich ruhende Gestalt. Auf den äußeren, vielleicht späteren Bildern sind rechts ein jugendlicher Bannerträger in schreitender Pose und links die Bodhisattva Kannon und Seishi auf bunten Lotussitzen dargestellt. Kannon hält den goldenen Lotussitz, und Seishi trägt einen Baldachin.

107
Buddha erhebt sich aus dem Goldenen Sarg (Ausschnitt). Farben auf Seide. 159,7 x 228,7 cm. Ende 11. Jahrhundert. Tempel Chōhō-ji, Kyōto
Nachdem Shaka in das Nirvāna eingegangen ist, öffnet er mit göttlicher Kraft den Deckel seines Sarges und erscheint golden strahlend seiner Mutter Māyā, die rechts im Profil mit Pilgerstab zu sehen ist. Den Buddha umgeben Bosatsu und Wesen aller Seinsstufen. Dieses Thema findet man sonst nur noch in den Höhlen von Dunhuang dargestellt. Der Einfluß songzeitlicher Malerei läßt sich in der schwungvollen Lineatur des Beutels und Gewandes neben dem Buddha erkennen.

Heilsfunktion wird er häufig auch auf Titelblättern von Sūtrentexten dargestellt.

Im Amida-Kult folgten den frühen Paradiesdarstellungen und Mandaras des »Reinen Landes«
111 Neufassungen, die ihre endgültige Gestalt – wie im Chinkai-Mandara des Nationalmuseums in Nara – erst im 11./12. Jahrhundert fanden. Gerade seit der Herrschaft der Fujiwara gewannen die Paradieskompositionen mit den Palästen, Juwelenbäumen, Scharen von tanzenden und musizierenden Bodhisattva und den aus dem Schatzteich wachsenden Lotusblüten mit den wiedergeborenen Seelen einen neuen Sinn als Vorbild der zum Gesamtkunstwerk gestalteten Tempelanlagen.

In der zweiten Hälfte des 12. Jahrhunderts zeigt sich verstärkt die Freude an fabulierender Interpretation neuer Bildthemen. Den absoluten Höhepunkt innerhalb der Bilddarstellungen von Buddha Amidas Herabkunft bildet das Werk »Amida erscheint mit der Schar seiner Bodhisattva« (Amida shōju raigō), das heute im Tempel Yūshi-Hachimankō-Jūhakka-in auf dem Kōya-san aufbewahrt wird. Das gewaltige, etwa 4,20 m breite Kunstwerk besteht aus drei Bildfeldern. Das

108
Shaka Nyorai. Farben und geschnittene Goldfolie auf Seide. 159,5 x 85,5 cm. 12. Jahrhundert. Tempel Jingo-ji, Kyōto
Shaka steht nach dem Lotus-Sūtra als Buddha unseres Zeitalters im Mittelpunkt der Lehren der Tendai-Sekte. Trotz der wachsenden Bedeutung des Amida-Glaubens wurde er bei Hofe weiterhin verehrt. In diesem Gemälde sieht man die Gestalt des lehrenden Buddha wie eine Skulptur auf einem Sockel dargestellt. Die visionäre Erscheinung ist durch Kolorit und Goldfolienmusterung hervorgehoben. Das Karminrot des Gewandes und das weiße Inkarnat sind typisch für die späte Heian-Zeit.

109
Kokūzō Bosatsu. Farben und geschnittene Goldfolie auf Seide. 131,8 x 84,2 cm. Mitte 12. Jahrhundert. Nationalmuseum, Tōkyō
Auf einem Felsen im Meer erscheint der Bodhisattva der universellen Weisheit vor einer Mondscheibe. Diese magische Gestalt des esoterischen Buddhismus wurde von einem unbekannten Maler in gedämpften Tönen geschaffen und wie eine Skulptur mit zierlichem Doppelnimbus umgeben. Die Feinheit der Malerei, die umgekehrte Schattierung und die Goldfolienmusterung verleihen der Figur eine Transparenz, die sie wie eine Vision erscheinen läßt.

110
Der Gott Sui-ten. Farben und Gold auf Seide. 144,2 x 126,6 cm. 1127. Tempel Kyōōgokoku-ji, Kyōto
Die Darstellung von Sui-ten, dem Gott des Wassers, gehört zu einem Satz von zwölf Bildern der Jūni-ten. Die Bildgruppe wurde für die Shingon-Halle des Kaiserpalastes gemalt und diente – zusammen mit den Gemälden der Godai-myōō – bei magischen Zeremonien am 7. Tag des 1. Monats. Die Figuren stammen aus dem »Mutterschoß-Mandara« und strahlen die erhabene Ruhe transzendenter Gestalten aus.

111
Fugen Bosatsu (Ausschnitt). Farben und geschnittene Goldfolie auf Seide. 159 x 74,6 cm. Erste Hälfte 12. Jahrhundert. Nationalmuseum, Tōkyō
Unter einem Blumenbaldachin und zwischen fallenden Blüten erscheint der Bodhisattva auf einem Lotussockel, der von einem weißen Elefanten getragen wird. Auf dem Kopf des Elefanten stehen drei kleine Gestalten, Emanationen des Bodhisattva. Linien und Farben der Figur sind zart ausgeführt, die Binnenlinien, Strahlen und Nimben mit geschnittener Goldfolie besetzt. Die weiblichen Formen des Fugen gefielen den Hofdamen, die gerade diesen Bodhisattva, der auch die Erlösung der Frauen verkündete, besonders verehrten.

fast quadratische Mittelstück zeigt den goldscheinenden, auf violett-weißen Wolken schwebenden Amida und vor ihm auf Wolkenschweifen die Bodhisattva Kannon und Seishi. Um die Zentralgestalt scharen sich weitere 23 heiter musizierende Bodhisattva, drei still-ernste Mönchsgestalten und in weiter Entfernung am Ende des linken Wolkenbandes ein rotgewandeter Buddha mit seinen beiden Begleitern. Hier setzte der Maler alle künstlerischen Mittel ein, um den überirdischen Glanz des Amida zu steigern: Die Gestalt ist von der Rückseite mit Blattgold beklebt, die geschnittene Goldfolie des Buddha-Gewandes ist delikat ausgeführt, und die farbigen Begleitgestalten zeigen Bewegung, Ausdruck und Humor. Im Hintergrund ist in meisterhafter Andeutung eine leicht farbige Herbstlandschaft zu erkennen. Das Thema der Herabkunft des Amida zeigt sich in diesem Gemälde eines unbekannten Künstlers aufs großartigste interpretiert. In der Kamakura-Zeit werden neue, bisher unbekannte Variationen zu diesem Thema entstehen.

Das Sūtrenschreiben

Im 5. und 6. Jahrhundert hatten der Kaiserhof und der buddhistische Klerus alle Schreibmaterialien – Papiere, Tusche und Pinsel – als Tributgaben aus Korea und China erhalten. Wie die Annalen berichten, soll im Jahre 610 während der Wirkungszeit des gläubigen Kronprinzen Shōtoku Taishi ein koreanischer Priester Donchō die Herstellung von Mühlsteinen, von Papier und Tusche im Inselland gelehrt haben. Diese Werkstoffe waren nicht nur von den Tempeln gefragt. Auch der Regierungsapparat und der Kaiserhof brauchten geeignete Schreibmaterialien für die Korrespondenz mit den Auslandsgesandtschaften, zur Buchführung und Registrierung der Tributabgaben und zur Abfassung von Bevölkerungs- und Steuerstatistiken.

Die Buchführung der Schatzkammern lag in den Händen der Schreibergilde *(fumi-be)*, den Nachkommen der chinesischstämmigen Adligen, die vor der Einführung des Buddhismus Ende des 4. Jahrhunderts aus Korea eingewandert waren.

In Japan stellte man bald einfache Papiere nach chinesischem Vorbild aus Hanffasern *(mashi)* und aus Getreidestroh *(kokushi)* her. Meist wurden sie mit einem aus Eichenrinde *(kihada)* gewonnenen Farbstoff gelblich gefärbt und mit Bienenwachs geglättet. Zum Schreiben der komplizierten chinesischen Schriftzeichen benutzte man weiche, dem Druck der Hand geschmeidig folgende Pinsel aus Hasenhaaren. Festere Dachshaarpinsel dienten zum Schreiben der Titelzeichen, und für das Linieren der Zeilen zeigten sich Pinsel aus Hirschborsten am geeignetsten. Aus neun japanischen Provinzen wurden seit dem 6. Jahrhundert neben Seide auch Papiere als Abgaben an den Kaiserhof geliefert.

Zur Nara-Zeit besaßen nicht nur der Hof und der Hochadel, sondern auch die großen Tempel – Tōdai-ji, Yakushi-ji, Daian-ji zum Beispiel – zum Sūtren-Abschreiben *(shakyō)* eigene Schreibbüros *(shakyō-jo)*. Dort arbeiteten ausgebildete Kopisten, Titel-Kalligraphen, Liniateure, Korrekteure, Goldschriftspezialisten, Maler und Buchbinder neben Kunsthandwerkern, um nicht allein die Schriften, sondern auch deren Montierung, Verzierungen und Kästen herzustellen.

Ebenso wie das Rezitieren der heiligen Schriften galt auch deren Schreiben und Schreibenlassen als heiliges Verdienst für die kommende Existenz. Es war aber auch zur Abwehr von Übel und Krankheit und in übertragenem Sinn zum Schutz des Landes nützlich. Aus diesen Gründen vollbrachte man die heiligen Handlungen des *shakyō* in Sammlung und kultischer Reinheit.

Mit gewaltigem Aufwand ließ Kaiser Kōtoku (645–654) im Jahre 651 den gesamten Kanon des Mahāyāna-Buddhismus *(issai-kyō)* kopieren. 2100 Mönche und Nonnen schrieben an dem Opus von über 2000 Buchrollen. Einen weiteren vollständigen Satz stiftete der überfromme Kaiser Shōmu (724–749) zur Hochblüte des Buddhismus in der Nara-Zeit. Die frühesten dieser Sūtrentexte tragen das Datum Tempyō 6. Jahr (734) und sind mit Nachschriften von Beamten des kaiserlichen Schreibbüros gezeichnet. Von diesem Werk, das in Tuscheschrift auf einfachem Papier geschrieben wurde, sind heute noch vier Buchrollen erhalten.

Beim Sūtrenschreiben folgten die Kopisten der Heilswirkung wegen den chinesischen Vorlagen recht genau. Die Anordnung des Textes in senkrechten Spalten von je 17 Schriftzeichen geht auf chinesische Vorbilder zurück, vermutlich bis auf die Zeit um 400 n. Chr. Aus China kam auch die Anregung, verschiedenfarbige Papierbogen nebeneinander zu Schriftrollen zusammenzukleben und dann nahtlos zu überschreiben. Vor allem aber wurden dunkelblaue Indigo-Papiere *(konshi)* oder purpurgefärbtes Papier *(shishi)* hergestellt und mit Gold- und Silberschrift *(kingin-ji)* beschrieben. Vermutlich fanden diese Farbklänge bei den ästhetisch empfindsamen Japanern besonderes Wohlgefallen, zumal in buddhistischer Vorstellung der Schönheitswert die Heiligkeit zu steigern vermag. So entstanden in den kaiserlichen Schreibbüros einige hundert Exemplare des Goldglanz-Sūtra (Konkōmyō-saishōō-kyō) für die Provinztempel des Landes. Sie waren im Jahre 740 in Goldschrift und Goldliniierung auf Purpurpapier geschrieben worden. Kaiser Shōmu hatte die Abschrift angeordnet, da das Sūtra dem frommen Herrscher zusätzlich zum persönlichen Verdienst den Schutz des Landes und die Festigung der buddhistischen Lehre verhieß.

Nach der Verlegung des Kaiserhofes von Nara nach Heian-kyō ging die fanatische Kopierarbeit zunächst zurück, denn aus politischen Gründen

112
Dai-Hannya Haramitta-kyō. Schriftröllchen mit Gold- und Silberfarbe auf dunkelblauem Papier. 4,4 x 200 cm. Wahrscheinlich 12. Jahrhundert. Ehemals Tempel Jingu-ji, Sumiyoshi, Ōsaka. Staatliche Sammlung Preußischer Kulturbesitz, Museum für Ostasiatische Kunst, Berlin (Inv.-Nr. 214)
Die über 50 Miniaturrollen zeigen auf den Vorsatzblättern Szenen mit dem predigenden Buddha und auf den Umschlagblättern Blumenrankendekor. Der ungewöhnliche Satz ist im illustrierten, gedruckten Reiseführer *Settsu Meisho zue* von 1796 erwähnt und fälschlicherweise der Kaiserin Kōken (8. Jahrhundert) zugeschrieben.

wurde den alten Tempeln um Nara die Protektion des Hofes entzogen.

Die von den beiden Priestern Saichō und Kūkai aus China mitgebrachten Lehren der esoterischen Tendai- und Shingon-Sekten stellten andere kanonische Texte in den Vordergrund und brachten andere Glaubenspraktiken. Außerdem traten mit beiden Männern kraftvolle Persönlichkeiten auf, die dank ihrer hohen Bildung und Individualität auch der Schrift erstmals einen kalligraphisch eigenwilligen Charakter verliehen.

In der Tendai-Lehre stand das Sūtra vom Lotus des wunderbaren Gesetzes (Myōhō-renge-kyō) im Mittelpunkt. Es schildert in Prosa und Versen die Predigten des Buddha Shākyamuni. Seine Verkündigungen und Parabeln werden in packend visionärer, allgemein verständlicher Sprache vorgetragen. Im 3. Jahrhundert ins Chinesische übersetzt und einige Male revidiert, gelangte das Lotus-Sūtra früh nach Japan, so daß Shōtoku Taishi schon 606 einen Kommentar dazu verfaßte. Es verkündet das Erlangen der Buddhaschaft eines jeden Lebewesens durch den Glauben an Buddha und das Lotus-Sūtra und schildert die vom Mitleid geprägten, Erlösung spendenden Taten der Bodhisattva, die dem Gläubigen die Transmigration durch die zehn Stufen der Erlösung zum Reinen Buddha-Land und endlich zum Nirvāna ermöglichen. Allen Wesen steht die Erlösung offen; selbst den niederen Lebewesen und Frauen verheißt das Sūtra die Hinübergeburt. Im Tempel Enryaku-ji auf dem Hiei-zan entstanden die frühesten Blau-Gold-Sūtren mit Bildszenen auf dem Vorsatzblatt. Wir kennen das gleiche Prinzip der Gestaltung von dem berühmten, 868 in China gedruckten Diamant-Sūtra aus Dunhuang im Londoner British Museum. Im Tempelschatz des Enryaku-ji befanden sich Exemplare von Blau-Gold-Sūtren aus China und Korea, die im 10. und 11. Jahrhundert kopiert worden sein können. Die Maler der Vorsatzblätter kamen vom Schreiben her und gehörten nicht zur Zunft der Kultbildmaler. Meist malten sie in kalligraphischer Pinselführung ein Motiv: den Buddha mit zwei Bodhisattva, predigend auf dem Geierhügel, umgeben von Schülern, Deva, lauschenden Mönchen und weltlichen (chinesischen) Königen. Nicht immer illustrieren die Bilder tatsächlich den Inhalt.

Kerntexte der Shingon-Lehre sind dagegen das
112 Sūtra von der vollkommenen Weisheit (Dai-Hannya-Haramitta-kyō) und das nicht »an Menschen« gerichtete Mahāvairocana-Sūtra (Dainichi-kyō). Beide Schriften wenden sich zur Erkenntnis des Absoluten an den Verstand und nicht – wie das Hokke-kyō – an den Glauben.

Die freie künstlerische Entfaltung der Sūtrenhandschriften läßt sich im breiten Strom der allgemeinen Japanisierung aller bildenden Künste beobachten, der in der Mitte der Heian-Zeit einsetzte. Da die diplomatischen und klerikalen Beziehungen zum Festland völlig abgeschnitten waren, vollzog sich die Lösung von chinesischen Vorbildern zunächst nur in langsamen Schritten. Auch das Sūtrenschreiben neigte dazu, sich vom Geschmack und der ästhetischen Eleganz der tonangebenden Gesellschaftsschicht des Hofes und der Hofaristokratie beeinflussen zu lassen. So entstanden handwerklich hervorragend ausgeführte, leicht verspielte Schriften, die das zentrale religiöse Grundanliegen nur noch wie zufällig vortrugen.

Vor allem die Erlösungslehre des Lotus-Sūtra und der sich immer stärker in den Vordergrund drängende Glaube an die Wiedergeburt im »Reinen Land« des Buddha Amida erfüllte die Menschen des 10. Jahrhunderts. Man glaubte, die Endzeit des Buddha-Zeitalters von Shākyamuni bräche an, und man suchte deshalb, sich in die Zukunftszeit des kommenden Buddha Maitreya hinüberzuretten.

Nicht nur dem Tempelbau und der Anfertigung heiliger Bildwerke, auch der Schaffung ikonographisch begründeter irdischer Paradiesanlagen galt das fieberhafte Erlösungsstreben der Aristokratie.
Man legte sogar Sūtrengräber *(kyō-zuka)* an. Der 113
mächtigste Herrscher seiner Zeit, Fujiwara no Michinaga, schrieb im Jahre 998 eigenhändig das Lotus-Sūtra ab. Einige Fragmente dieser Texte, die er in Goldzeichen auf indigoblaues Papier schrieb, sind erhalten. Sie zeigen die etwas ungelenke, schulmäßige Schrift eines Staatsmannes, der ein Büro mit Schreibern zur Verfügung hatte und selbst wohl nur gelegentlich zum Pinsel griff. In großer Zeremonie ließ er unter Leitung von Tendai-Priestern die Rollen mit Bambushüllen versehen, in Bronzezylindern verwahren und zusammen mit anderen heiligen Objekten auf dem Berg Kimpusen in Yoshino bei Nara vergraben. Bei Anbruch des nächsten Buddha-Zeitalters sollte ihm damit zur Wiedergeburt verholfen werden.

Die Geschichtswerke und Tagebücher der Hofadligen sowie die lebendige, reiche Literatur der Damen des Hofes berichten immer wieder vom Sūtrenschreiben bei Hofe, von Sūtrenzeremonien und -lesungen bei Geburt, Krankheit, Tod und Totengedenkfeiern.

Hatte die Kalligraphie sich bewußt von den strengen Formen des buddhistischen Schreibstils gelöst und in der Poesie im »japanischen Stil« durch den Dichter Fujiwara no Yukinari

(972–1027) – einem Zeitgenossen des Michinaga – ihre Krönung gefunden, so lockerte sich der Schriftduktus der buddhistischen Texte vermutlich aus sakralen Gründen nicht derart weitgehend. Aus diesem Grund vielleicht kamen die zeitmodischen Formen im Beiwerk und nicht in der Form des Textes zum Ausdruck. »Schmuck-Sūtren« *(sōshoku-kyō)* entstanden. In Auftrag gegeben waren sie von den mächtigen und reichen Adelsfamilien aus dem inneren Kreis des Hofes und von manchen Provinzadligen. Man kennt die Schönheit der riesigen Sūtrenbibliothek, die der Nordzweig der Fujiwara-Sippe in Hiraizumi für den Tempel Chūson-ji anfertigen ließ. Fujiwara no Kiyohira, Fürst von Mutsu und Dewa, hatte durch Flußgoldfunde in seinem Gebiet die Mittel in der Hand, Hunderte von Handwerkern aus Kyōto in den Norden zu ziehen und dort Tempelanlagen zu schaffen, die mit Heian-kyō konkurrieren sollten. Die Goldene Halle und die Sūtren-Halle legen heute noch Zeugnis davon ab.

Zunächst ließ Kiyohira für seinen »Paradiestempel« vom Jahre 1125 an einen Sūtrensatz des *issai-kyō* von 5000 Buchrollen schreiben. Jede der indigofarbenen Rollen besitzt ein Titelbild mit einer Darstellung zum Inhalt, dem auf der Außenseite ein Deckblatt mit heiligen Blüten entspricht. Die Schrift selbst ist in abwechselnd gold- und silberfarbenen Zeilen geschrieben. Nur 15 Rollen des frühen Satzes befinden sich noch im Chūson-ji, der Hauptanteil gelangte in den Tempel Kongōbu-ji auf dem Kōya-san. Von den drei Sūtrensätzen jedoch, die der Enkel des Kiyohira, Fürst Hidehira, um 1176 dem Chūson-ji widmen ließ, sind 2739 Textrollen in diesem Tempel erhalten. Etliche
114 Rollen gelangten in westliche Museen und in private Sammlungen.

Standen die Sūtren mit Gold- und Silberschrift auf Indigopapier in der Konzeption noch weitgehend dem chinesischen Vorbild nahe, so erdachten die japanischen Kunsthandwerker und Auftraggeber neue Varianten des Schmuckstils. Es wurden etwa die einzelnen Zeilen zu Pagoden zusammengefaßt (Ichiji-hōtō-kyō) oder aber die Schriftzeichen einzeln auf Lotussockel gesetzt, um ihre dem Buddha-Wesen gleichrangige Heiligkeit zu unterstreichen. Diese Zierform bezeichnet man gewöhnlich als Einzeichen-Lotussockel-Sūtra (Ichiji-rendai-kyō).

113
Sūtrenbehälter. Bronze, vergoldet. H. 41,5 cm. Um 1116. Fundort Fukuoka. Privatsammlung, Tōkyō
Der elegante Behälter stammt aus einem Sūtrengrab, das Texte des Lotus-Sūtra in das kommende Zeitalter retten sollte. Die achteckige Hülse trägt an den Seiten die Titel der Kapitel des Sūtra. Der blütenförmige Deckel ist mit einem Juwel bekrönt, das von bronzenen Flammenstegen gehalten wird. Auch der Sockel hat die Form eines Lotus. An allen Blattspitzen sitzen Glasperlen.

114
Kanfugen-bosatsu-kyō. Gold- und Silberfarbe auf blauem Papier. 25,4 x 76,9 cm. Erste Hälfte 12. Jahrhundert. Freer Gallery of Art, Washington, D.C. (Inv.-Nr. 68.60)
Das Vorsatzblatt des Kanfugen-bosatsu-kyō zeigt die Erscheinung des Fugen Bosatsu. Auf seinem mit sechs Stoßzähnen bewehrten Elefanten reitend, schwebt er über eine Landschaft chinesischen Stils zu einem Betenden herab.

Aber auch das Papier verzierte man auf das raffinierteste. Gold- und Silberfolie wurde in Form von Mosaikblättchen, unregelmäßigen Flecken, Sandflocken oder Haarstreifen aufgeklebt. Wie bei buddhistischen Bildwerken und Gemälden kamen auch Detailmuster aus Blattgold vor. Auf zart getöntem Papier benutzte man Schablonen zu Pflanzen- und Tierornamenten, oder aber man überspritzte sie mit Metallpulver. Hier treten Dekortechniken auf, die anscheinend ganz und gar japanischer Phantasie entsprangen. Man findet sie nur noch in der Lackkunst, in diesem Reichtum jedoch erst sehr viel später. Die Qualität des Papiers war seit der Mitte der Heian-Zeit verbessert worden; aus den Fasern der *kōzō-* und *gampi*-Pflanzen gewann man das feste *torinoko*-Papier, das mit Füllstoffen verfestigt und geglättet wurde.

An die Prachtpapiere fügte man neuartige Deck- und Titelblätter an. Das kanonische Sūtrenbild mit hieratischen Buddha-Szenen wurde von rein japa-
115 nischen Darstellungen abgelöst. Bei dem Ichijirendai-Hokke-kyō ist dem Text eine Bildszene im Stil des Yamato-e vorangestellt. Man blickt in einen Bergtempel, in dem Mönche das Lotus-Sūtra rezitieren. Die Bildkomposition mit dem dachlosen Gebäude, Parallelperspektive und den starkfarbigen, pausbäckigen Figuren ist über golddekoriertem Papier auf einer linearen Vorzeichnung ebenso angelegt wie die *monogatari-emaki* im *tsukuri-e*-Stil.

In die höfische Sphäre gehört der Satz des Lotus-Sūtra von 1141 aus dem Tempel Kunō-ji. Auf dem Vorsatzblatt sehen wir einen Höfling mit aufgespanntem Schirm im silbernen Gnadenregen melancholisch in der Landschaft sitzen.

Zu nahezu gleicher Zeit entstand auch das be-
116–118 rühmte Sūtren-Werk der Taira-Sippe, das Heike-nōkyō, in dem die Kunstform der Schmuck-Sūtren ihren Gipfel erreichte. Taira no Kiyomori (1118–1181) stiftete im Jahre 1164 mit seiner Familie diesen Satz von 33 Rollen. Dazu gehören das Lotus-Sūtra mit 28 Rollen, das Muryōju-kyō und Kanfugen-bosatsu-kyō, die das Lotus-Sūtra umrahmen, ferner das Amida-kyō und das Hannya-shingyō. Zu diesen Texten, die teils im Auftrag, teils aber tatsächlich von Kiyomori und seiner Familie geschrieben worden sind, gehört noch die Weihschrift *(gammon)*. Das ganze Rollenwerk wird in einem dreiteiligen Metallkasten von erlesener Ziselierarbeit aufbewahrt, vermutlich einer Arbeit, die in Kyōto in Auftrag gegeben worden war.

Beim Heike-nōkyō lassen sich die Handschriften vieler Schreiber feststellen. Auch die dekorierten Papiere sind nicht einheitlich ausgeführt. Meist besitzen sie ein tee- oder purpurfarbenes Grundpapier mit den unterschiedlichsten Dekoren auf der Schriftseite, Dekore, die oft selbst für die oberen und unteren Randpartien zusätzliche ornamentale Bildelemente zeigen. Auch die Rückseiten sind mit kunstvoll dekorierten Papieren doubliert.

In diesem Sūtrensatz treten viele im buddhistischen Motivschatz wurzelnde Bildmotive auf, sehr
oft auch einzelne, rebusartig eingebettete Schrift- 116
zeichen. Die Vorsatzpapiere – Deckblatt und Titelbild – sind aus anderen Grundpapieren angesetzt, die wechselnd sehr sparsam oder aber überreich bemalt sind. Auch hier finden sich Bildszenen, die das Heilswirken des Buddha in Japan illustrieren. Sieben Titelbilder des Satzes zeigen Hofherren und -damen, die das Hokke-kyō verehren und die während des Rosenkranzbetens von
rettenden Goldstrahlen des Buddha getroffen 117
werden. Wieder andere Vorsatz- und Titelbilder stellen chinesische Szenen dar. Landschaften und Figuren bauen auf dem chinesischen Blau-Grün-Stil auf und zählen zum China-Stil (Kara-e) in der Malerei der Heian-Zeit. Schließlich kommen auch einfache Vorsatzbilder vor, bei denen das Schmuckelement im Vordergrund steht: Lotusblüten, Musikinstrumente, Sanskrit-Zeichen und reine Rapportmuster.

Dem kostbaren Material der Papiere entsprachen besonders fein gearbeitete Montierungen.
Die Endstäbe mit den Bändern sind in Silber sorg- 119
fältig ziseliert und die Griffe der Rollen aus Halbedelsteinen, Metall und Lack mit buddhistischen Motiven auf das abwechslungsreichste gestaltet.

Die Vorstellung vom nahenden Endzeitalter ließ nach immer neuen Formen suchen, das rettende Lotus-Sūtra oder aber auch andere heilsverkündende Sūtren und Zauberformeln gleichsam symbolisch über alles Diesseitige auszubreiten. Aus diesem Grund findet man die Schriftzeichen in ihrer orthodoxen, strengen Form und Anordnung über zeitgenössische Genreszenen geschrieben, die überhaupt keinen sichtbaren Bezug zu den heiligen Texten haben. Die Bilddarstellung wird hier zum

115
Ichiji-rendai-Hokke-kyō. Tusche und Farben auf mit Gold- und Silberfolie dekoriertem Papier. H. 21,1 cm. 12. Jahrhundert. Yamato Bunkakan Museum, Nara
Diese Abschrift des Lotus-Sūtra hat ihren Namen davon, daß jedes Schriftzeichen *(ichiji)* auf einem Lotussockel *(rendai)* ruht. Das Vorsatzblatt zeigt das Innere eines Bergtempels, in dem vier Mönche das Lotus-Sūtra rezitieren, während ihnen eine Gruppe Reisender vor der Veranda zuhört. Die Darstellung trägt alle Züge des Yamato-e und steht stilistisch dem Heike-nōkyō und dem Kunō-ji-kyō nahe.

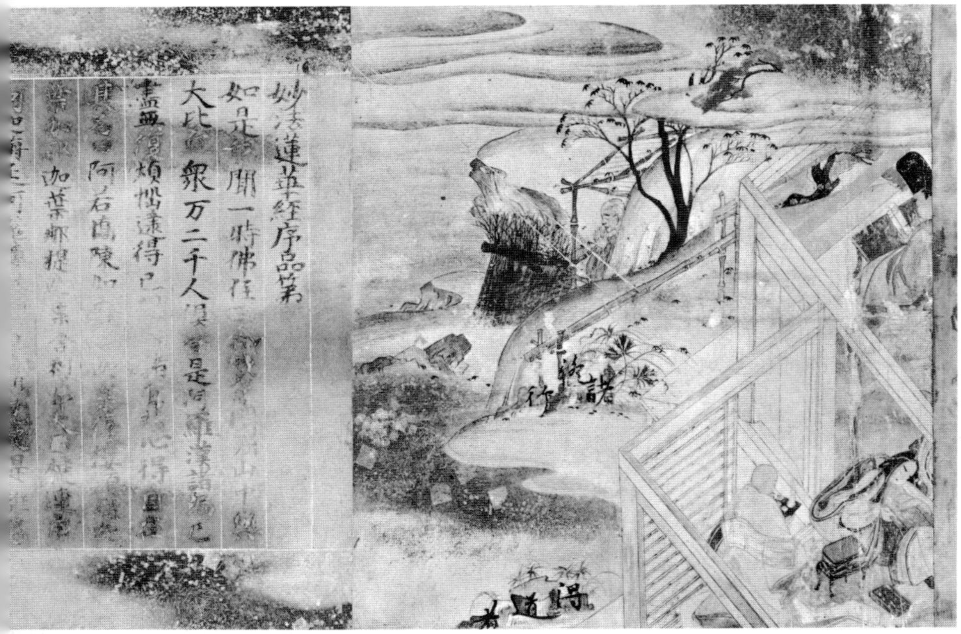

◁ 116
Heike-nōkyō. Tusche und Farben auf dekorativ gemustertem Papier. H. 26,6 cm. 1164. Itsukushima-jinja, Miyajima, Hiroshima
Das Vorsatzbild der ersten Rolle des Lotus-Sūtra gibt in Art des Yamato-e den Blick in ein dachloses Haus frei. Man sieht Hofleute und einen Priester beim Lesen des Hokke-kyō. Im Garten betet ein Asket in seiner Grashütte. Zwei rebusartig als »Schilfschrift« gestaltete Gruppen von Schriftzeichen im Garten verweisen auf die Heilsübungen. Vom Himmel fallen Gnadenstrahlen auf die Menschen herab.

Untergrundbild *(shita-e)*. In diese Gruppe gehören die Sūtren in Heftform *(sōshi-kyō)*. Besonders erlesene Papiere verschiedener Art dienen als
Schriftgrund. Bei dem berühmten Album des 120
Gotō Art Museum wechseln China-Papiere mit aufgedruckten Ornamenten in Glimmer ab mit Papieren, die mit reizvollen höfischen Szenen vollkommen japanischen Inhalts und Stils übermalt worden sind.

Selbst alltägliche Gebrauchsgegenstände dienten
als Schreibgrund für das Lotus-Sūtra. Die Fächer- 121–122
Sūtren *(semmen-kyō)* sind mit besonders lebensvollen Genrebildern bemalt. Faltfächer – eine Erfindung der Japaner – sollen in der Heian-Zeit sogar zahlreich nach China exportiert worden sein. Daher wohl findet man hier teilweise gedruckte Untergrundbilder, und Einzelfiguren erscheinen immer wieder in wechselnden Gruppierungen. Die Fächer-Sūtren stammen ursprünglich aus dem Tempel Shitennō-ji in Ōsaka. Es waren 115 Fächer, auf die das gesamte Hokke-kyō mit den Begleittexten in radialer Anordnung mit der Hand geschrieben worden war. Auch hier ist das Papier mit Gold- und Silberfolie verziert, und die Maltechnik ist die des *tsukuri-e*. Durch die Darstellung zahlreicher Szenen aus dem Leben des einfachen

117
Heike-nōkyō. Tusche und Farben auf dekorativ gemustertem Papier. H. 26 cm. 1164. Itsukushima-jinja, Miyajima, Hiroshima
Auf dem Vorsatzbild des 27. Kapitels sind in klassischem Yamato-e zwei Hofdamen dargestellt, die hingebungsvoll den Rosenkranz beten. Über eine Wasserlandschaft mit stilisierten Motiven und Symbolen fallen Lotusblätter und himmlische Strahlen.

118
Heike-nōkyō. Tusche und Farben auf dekorativ gemustertem Papier. H. 26,5 cm. 1164. Itsukushima-jinja, Miyajima, Hiroshima
Das Titelbild des 21. Kapitels zeigt eine Szene, die viele Elemente des Kara-e aufweist. Auf einem Felsplateau sitzt ein Einsiedler in seiner Hütte und rezitiert das Lotus-Sūtra. Felsen, Bäume und selbst der Lotusteich stehen in der chinesischen Bildtradition.

119
Sūtrenrollen des Heike-nō-kyō. Papierrollen auf Holzstäben mit Metallbeschlägen und Knäufen aus Metall und Kristall. H. 28–30 cm. 1164 bis 1167. Itsukushima-jinja, Miyajima, Hiroshima
Der Satz von 33 Sūtrenrollen, die im Auftrag von Taira no Kiyomori (1118–1181) und seinen Familienangehörigen für den Shintō-Schrein in Itsukushima angefertigt wurden, zeigt das große Können des höfischen japanischen Kunsthandwerkes der späten Heian-Zeit. Vielfalt und Vielseitigkeit der Goldschmiedekunst kommen in jedem Detail der Beschläge zum Ausdruck.

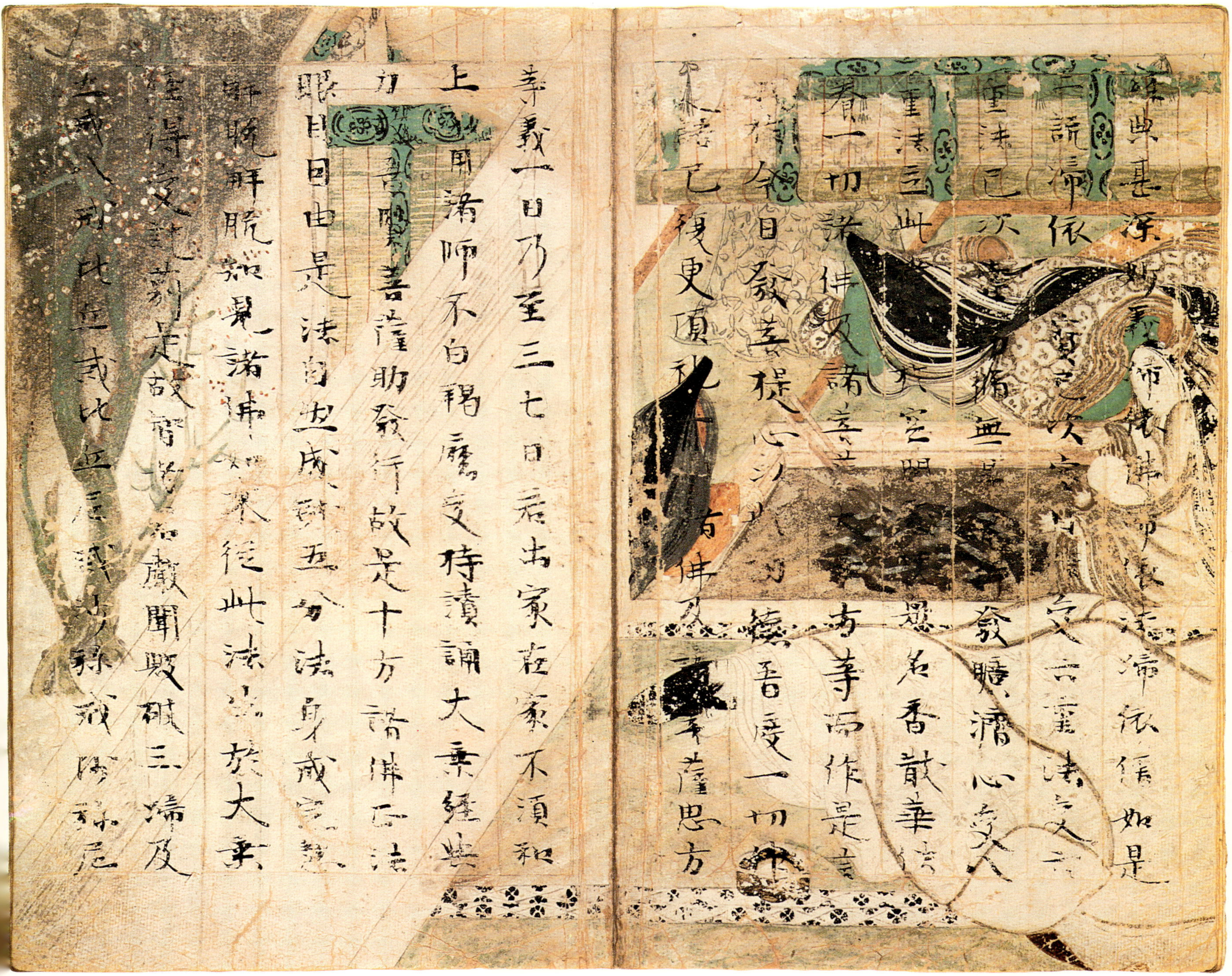

120
Hokke-kyō-Heft. Tusche und Farben auf bedrucktem Papier. 18,8 x 23 cm. Mitte 12. Jahrhundert. Gotō Art Museum, Tōkyō
In diesem kleinen Heftalbum aus China-Papier zeigt sich in der Vermischung von weltlichem Bild und religiösem Text die Tendenz zum Gesamtkunstwerk, die für die späte Heian-Zeit typisch ist. Als Untergrundbild dient eine häusliche Szene im Yamato-e-Stil zu einem Gedicht von Ki no Tsurayuki. Der darüber kalligraphierte Text stammt aus dem Kanfugen-bosatsu-kyō.

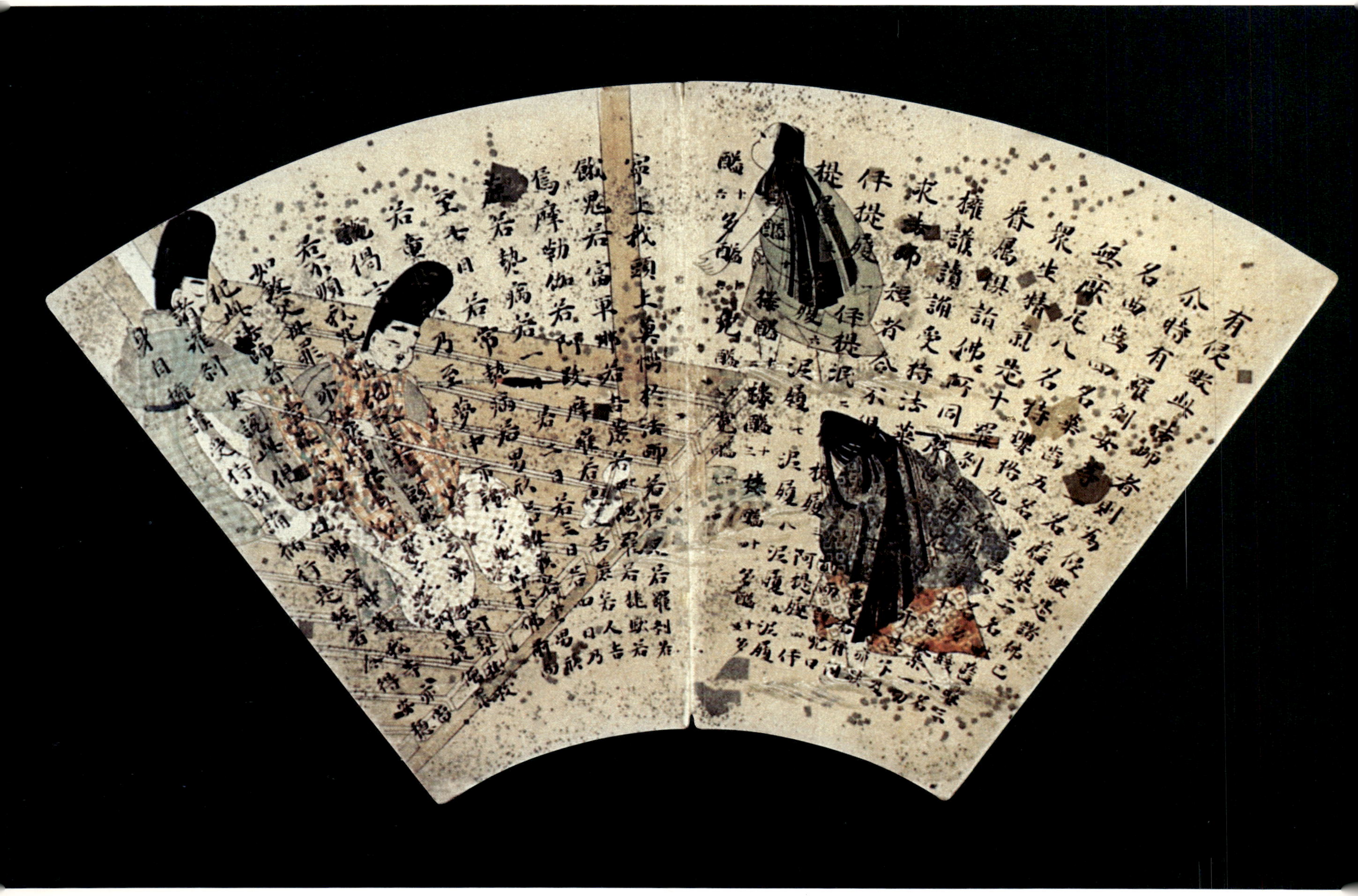

121
Sūtrenfächer. Tusche und Farben auf dekorativ gemustertem Papier. 25,6 x 49,4 cm. Zweite Hälfte 12. Jahrhundert. Nationalmuseum, Tōkyō
In gläubigem Eifer schrieb man das Lotus-Sūtra auch über Fächerbilder, die – teils in Modeldruck – mit Alltagsszenen aus dem Volksleben geschmückt waren. Fünf Alben mit Fächer-Sūtren besitzt der Tempel Shitennō-ji in Ōsaka, eines das Nationalmuseum in Tōkyō. Das Untergrundbild des hier abgebildeten Fächers zeigt Hofbedienstete beim Reinigen der Hausveranda. Über diese volkstümliche Szene sind in radialer Anordnung Textpassagen des Lotus-Sūtra geschrieben.

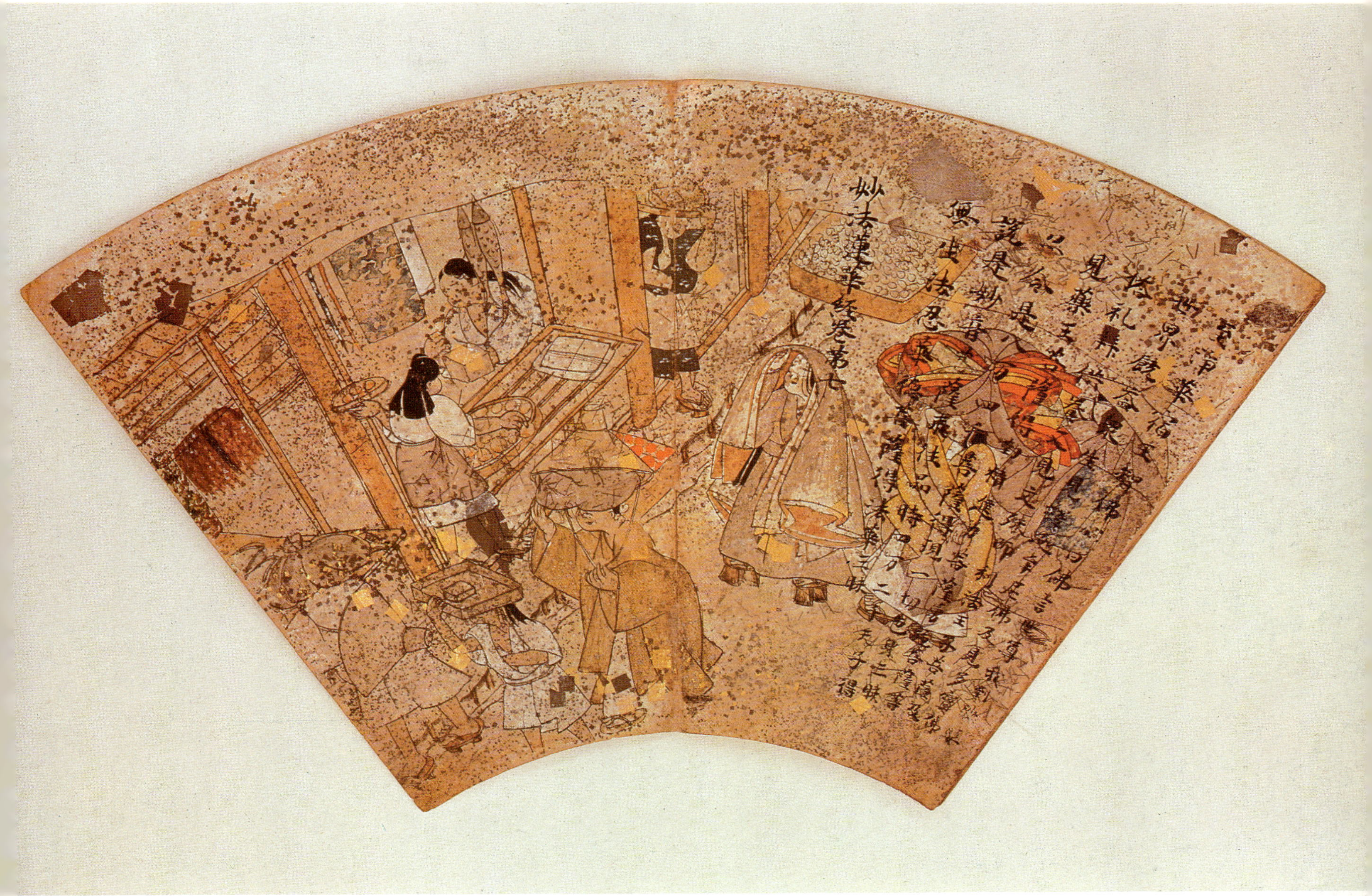

122
Sūtrenfächer. Tusche und Farben auf dekorativ gemustertem Papier. H. 25,2 cm. Zweite Hälfte 12. Jahrhundert. Tempel Shitennō-ji, Ōsaka
Das 7. Kapitel des Lotus-Sūtra ist über ein Fächerbild geschrieben, das eine Marktszene von Heian-kyō darstellt. Die teils mit Modeln aufgedruckte, drastisch naive Zeichnung läßt die Darstellung sehr lebendig erscheinen.

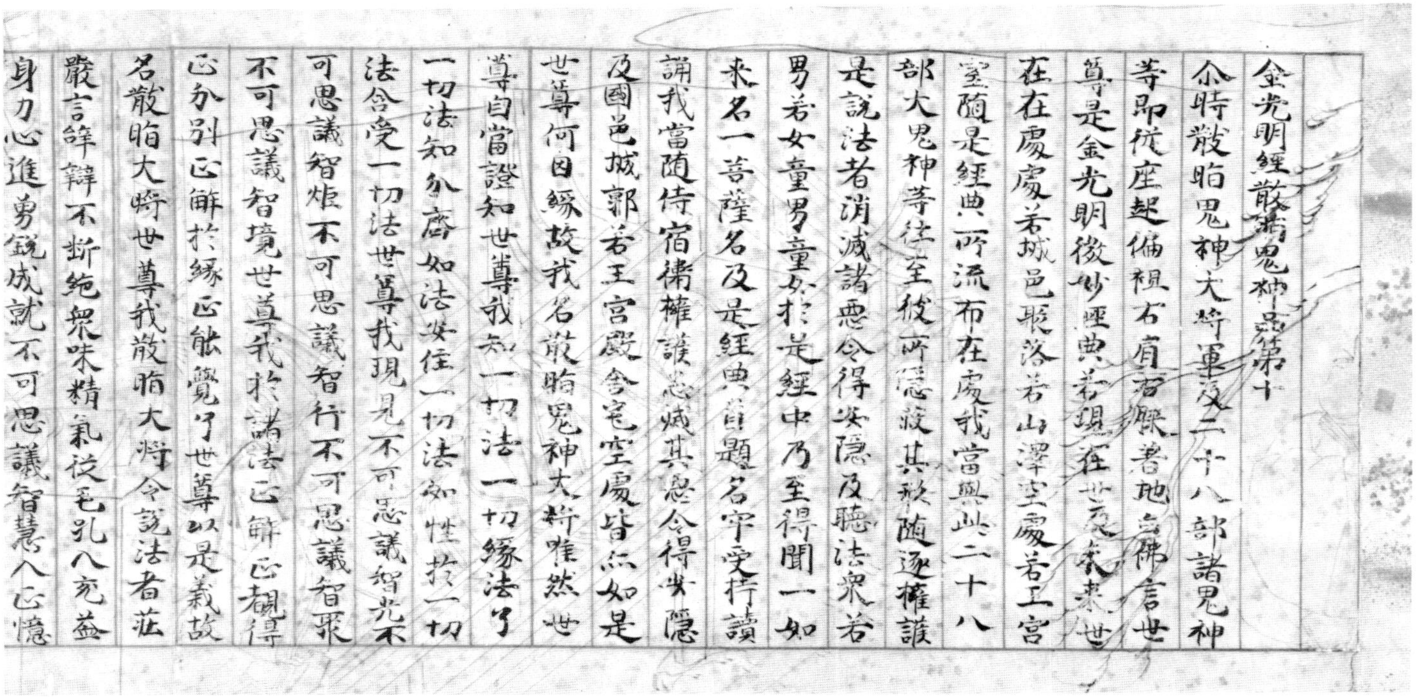
金光明經散脂鬼神品第十
爾時散脂鬼神大將軍及二十八部諸鬼神
等即從座起偏袒右肩右膝著地白佛言世
尊是金光明微妙經典若現在世及未來世
在在處處若城邑聚落若山澤空處若王宮
宅隨是經典所流布處我當與此二十八
部大鬼神等往至彼所隱蔽其形隨逐擁護
是說法者消滅諸惡令得安隱及聽法衆若
男若女童男童女於是經中乃至得聞一如
來名一菩薩名及是經典首題名字受持讀
誦我當隨侍宿衛擁護滅其惡令得安隱
及國邑城郭若王宮殿舍宅空處皆亦如是
世尊何因緣故我名散脂鬼神大將唯然世
尊自當證知世尊我知一切法一切緣法了
一切法知分齊如法安住一切法如性於一切
法含受一切法世尊我現見不可思議智光不
可思議智炬不可思議智行不可思議智聚
不可思議智境世尊我於諸法正解正觀得
正分別正解於緣正能覺了世尊以是義故
名散脂大將世尊我散脂大將令說法者莊
嚴言辭辯不斷絕衆味精氣從毛孔入充益
身力心進勇銳成就不可思議智慧入正憶

123
Augenloses Sūtra, 10. Abschnitt des Goldglanz-Sūtra. Tusche auf Papier. H. 26 cm. Vor 1192. Nationalmuseum, Kyōto
Exkaiser Goshirakawa hatte eine Nonne beauftragt, *monogatari-e*-Bilder zu malen. Da das Werk beim Tod des Exkaisers jedoch noch nicht vollendet war – es lagen nur die »augenlosen« Umrißskizzen vor –, wurden diese mit dem Text des Konkōmyō-saishōō-kyō (Goldglanz-Sūtra) als Weihgabe für den Verstorbenen überschrieben.

Volkes besitzen die Fächer-Sūtren hohen kulturgeschichtlichen Wert.

Den Sūtren mit Untergrundbildern eng verwandt sind die Weißmalerei-Sūtren *(hakubyō-e)*
123 oder auch die »Augenlose Sūtren« *(menashi-kyō)* genannten Sūtrentexte. Bei den Untergrundbildern ist hier nur das lineare Gerüst von Raum und Figuren zu erkennen. Eine Abschrift des Goldglanz-Sūtra von 1192 vertritt wohl als ältestes Werk diese Gruppe. Die unfertigen Bildrollen sollen für die Totenfeier des Kaisers Goshirakawa mit den Sūtrentexten beschrieben worden sein.

In der Folgezeit verblaßte diese ebenso religiöse wie höfische Kunstform. Der gewaltige Aufwand für pompöse Schriftkunstwerke, die auf das Jenseits ausgerichtet waren, lag wohl kaum noch im Interessenkreis der nachfolgenden Generationen militärischer Machthaber.

Die Hochblüte der Literatur

yamato-uta no michi asaki ni nite fukaku yasuki ni nite katashi wakimaeru hito mata ikubaku narazu.	Die Kunst des Yamato-uta erscheint seicht, sie ist aber tief, sie erscheint leicht, sie ist aber schwer. Es gibt nicht viele, die sie verstehen.

Fujiwara no Teika[29]

Im Jahre 951 gründete der Kaiserhof ein Dichtamt, denn die Kunst des *waka*-Dichtens hatte sich wie eine Sucht ausgebreitet, der jeder bei Hofe und in der eleganten Welt verfallen war. Man dichtete zur Selbstdarstellung seiner Empfindungen und Bildung, vor allem in einem Frage- und Antwortritual, das unausweichlich die offizielle und private Sprache der Liebe diktierte. Man dichtete auch in geregeltem Zeremoniell, dem Dichterwettstreit *(uta-awase)*.

Die Wettspiele zu einem aufgegebenen Thema mit ihren Regeln kamen aus China und wurden in

Japan mit Enthusiasmus aufgenommen und erweitert. Wie bei anderen *awase*-Spielen, bei denen Schwertlilien-Wurzeln, Bilder, Muscheln oder Weihrauch bewertet wurden, standen ein oder mehrere Schiedsrichter über den beiden Parteien. Die linke war stets die erste, die rechte die zweite Partei. Im Wechsel wurden die Poeme von Rezitatoren vorgetragen, nach den Regeln der Poetik beurteilt und prämiert. Besonders ehrenvoll galt die Aufnahme des Gedichts in eine der offiziellen Gedichtsammlungen. Das früheste *uta-awase* fand im Haus des Dichters Ariwara no Yukinari zwischen 884 und 887 statt, ein nächstes zur Kampyō-Zeit (889–898); beide wurden übertroffen durch den Dichtwettstreit im Teiji-in-Palais des Exkaisers Uda im Jahre 913. Zwischen diesem, von dem übrigens einige Gedichte im *Kokin-shū* enthalten sind, und dem berühmten Wettstreit im Kaiserpalast von 960 fanden über hundert weitere *uta-awase* statt. Die ältesten sachlichen Poetik-Schriften verfaßten nach Fujiwara no Kintō (966–1041) aber erst die Dichter vom Ende der Heian-Zeit. Fujiwara no Shunzei (1114–1204) stellte als sein Ideal auch das »Geheimnisvoll Tiefsinnige« eines Gedichts heraus; sein Sohn Fujiwara no Teika (1162–1241) differenzierte dagegen den Stil des »tiefen Gefühls« und schuf den Begriff des »Bestrickend-Anmutigen« als höchstes Prädikat.

In den Palais boten Schiebewände *(shōji)* und Stellschirme *(byōbu)* ebenfalls einen Anreiz zum Dichten, sei es, daß man ein auf Gedichtpapier kalligraphiertes Poem auf den Schirm klebte, sei es, daß man ein Gemälde würdigend bedichtete. Faltschirme wurden in ästhetischer Anordnung mit Gedichtblättern beklebt. Die Schirme für chinesische Gedichte waren ca. 1,50 m, die für japanische 1,20 m hoch. Gerade diese Gedichte *(byōbu-uta* und *shōji-uta)* vermitteln uns eine Vorstellung von der weltlichen Malerei jener Tage, von der die Originale zumeist verloren sind.

Die Prosa zeigte sich in der zweiten Hälfte des 10. Jahrhunderts formal und inhaltlich in verschiedener Gestalt. Nicht ohne Einfluß auf die Erzählwerke scheint der chinesische Roman des 7. Jahrhunderts, »Wanderungen in den Höhlen der Unsterblichen« *(You Xiangku)*, gewesen zu sein. Eine Richtung von Erzählungen, die man Lied-Geschichten *(uta-monogatari)* nennt, folgt dem *Ise-monogatari*. Darunter fallen die »Geschichten aus Yamato« *(Yamato-monogatari)*. Sie sind aus 173 einzelnen Episoden zusammengestellt, die teilweise von höchsten Persönlichkeiten, wie Exkaiser Uda und seiner Geliebten, Ise, einer berühmten Dichterin, handeln. Jede der kurzen Geschichten – es spielen in ihnen über hundert Personen eine Rolle – gipfelt in Liebesgedichten.

Auch die »Geschichten des Heichū« gehören zu dieser Gattung. Allerdings ist Heichū als Liebesheld eine tragische Gestalt und wird bereits im *Genji-monogatari* als komisch apostrophiert. Eine andere Gedicht-Erzählung handelt von Ono no Takamura, der im 9. Jahrhundert lebte. Doch nicht das Schicksal von Takamura, der einen Posten als China-Gesandter ablehnte und verbannt wurde, schildert das Erzählwerk, sondern ausschließlich seine Liebesbindungen zu seiner Halbschwester und nach deren Tod zu der ihm tief ergebenen Ehegemahlin.

Selbst in die religiöse Sphäre führen manche Geschichten des 10. Jahrhunderts. Das *Tōnomine Shōshō-monogatari* hat Fujiwara no Takamitsu zum Helden, einen Bruder des Fujiwara no Kaneie. Tagebuchartig wird von des Helden Abschied von der Welt und seiner Familie sowie von seiner Mönchswerdung auf dem Tōnomine am Hiei-zan berichtet. Eine Pilgerreise zu den Kumano-Schreinen ist dagegen im »Tagebuch des Ionishi« niedergelegt.

Im Bann des *You Xiangku* und der Lied-Erzählung stehen vor allem jene zwei Phantasie-Romane, die mit historischen, moralischen und romantischen Elementen durchsetzt sind und sehr wohl als Vorläufer des größten Romans des heianzeitlichen Japan, des *Genji-monogatari*, gelten können. Es handelt sich um das *Uchikubo-* und das *Utsubo-monogatari*, deren Autoren und präzise Entstehungsdaten unbekannt sind. Wohl werden hier von der Literaturkritik schon einzelne Ansätze zu realistischer Schilderung vermerkt, die Einheit des Erzählungsablaufes ist aber nicht konsequent durchgeführt.

Gegenüber diesen Werken schlägt eine Hofdame, die als »Mutter des Michitsuna« bekannt wurde, eine Nebenfrau des mächtigen Fujiwara no Kaneie, in einem Tagebuch, das sie »Tagebuch des Nachsommers« oder auch »Tagebuch einer Eintagsfliege« *(Kagerō-nikki)* nennt, einen völlig neuen Ton an. E. Seidensticker führt dazu aus[30]:

»Es ist der erste Versuch in der japanischen und der Literatur überhaupt, eine tatsächliche soziale Situation ohne Ausflüchte und Idealisierung zu Papier zu bringen. Die Autorin legt ihre Absicht dar und erklärt ihre Unabhängigkeit von ihren Vorgängern in den Eingangssätzen ihres Tagebuchs. Sie spricht von sich in der dritten Person und sagt: ›... wie die Tage in monotonem Einerlei vorbeizogen, hatte sie Gelegenheit, sich die alten Romane anzusehen und fand, daß die meisten davon die krassesten Unsinnigkeiten enthielten. Vielleicht, sagte sie zu sich selbst, könnte sogar die Geschichte ihres eigenen öden Lebens als Tagebuch abgefaßt, Interesse erwecken und es könnte vielleicht auch die Frage beantworten helfen: War dieses Leben als solches einer hochgeborenen Dame würdig?‹«

Die Schreiberin, eine bekannte Schönheit ihrer Zeit, verzehrt sich in Eifersucht gegenüber ihrem eigenen Mann, dem Prinzen Fujiwara no Kaneie. Er hatte sie als Nebenfrau geheiratet und sie, die sich »einen Mann für alle 30 Tage des Monats« wünschte, dann schmählich vernachlässigt. Die Tagebucheintragungen beginnen im Jahre 954 und enden abrupt in der Neujahrsnacht 974. Je bitterer und bissiger die Schreiberin die Ereignisse ihrer eintönigen Tage und ihre Reflexionen schildert, desto mehr reift zum Ende hin ihr Prosastil.

Mit dem *Kagerō-nikki* begann am Ausgang des 10. Jahrhunderts in Japan eine Hochblüte der Frauen-, der »Hofdamen«-Literatur, die ihresgleichen auf der Welt nicht wieder hat. Diese Damen, die meist aus Kreisen des niederen Provinzadels stammten, lebten als Gesellschafterinnen der Kaiserinnen im Palast. Sie hatten, was man vielleicht aus dem »Kopfkissenbuch«, dem *Makura no sōshi* der Sei Shōnagon, immer wieder herauslesen kann, vornehmlich die Aufgabe, ihre Kaiserinnen zu unterhalten, ihnen Amüsement, Anregung und Lesestoffe zu bieten. »Sie hatten keine Macht, die Welt zu verändern, sie beobachteten und interpretierten sie.«[31] Auch wäre die große Frauenliteratur um das Jahr 1000 nicht zu verstehen, wenn man nicht die andere Komponente der japanischen Literatur, die auf Chinesisch verfaßte der Männerwelt, betrachtete.

Für die chinesische Poesie in Japan blieb auch weiterhin das Opus des Tang-Dichters Bo Juyi, das die Gesandtschaft 838 mit nach Japan gebracht hatte und dessen Druckausgabe von 1012 direkt nach Japan kam, ein unversiegender Quell der Anregung. Allerdings führten die Dichter die Vielseitigkeit ihres Könnens in neuer Weise vor: chinesischen Gedichten wurden japanische zugeordnet. Das klassische Werk dieser Richtung kompilierte Fujiwara no Kintō (966–1041) um 1013: das *Wakan-rōei-shū,* eine Sammlung japanischer und chinesischer Gedichte zum Rezitieren. Das Werk entstand in Anlehnung an Chinas berühmte Anthologie *Wenxuan* aus dem 6. Jahrhundert. Von den 588 chinesischen Gedichten des *Wakan-rōei-shū* stammen 354 von japanischen Dichtern, aber auch 234 Werke der klassischen Dichter Chinas wurden aufgenommen, dabei allerdings stark gekürzt. Dazwischen stehen 218 rein japanische *waka.* Ein solches geistiges und formales Wechselspiel bildete eine Herausforderung an die Rezitatoren wie an die Kalligraphen, die ihre Geschmeidigkeit des Geistes und der Hand beweisen mußten.

Die alten offiziellen Geschichtswerke fanden ihre Fortsetzung und Erweiterung in den offiziellen Chroniken, die sich in ihrem Text dem japanischen Erzählstil ein wenig annäherten. Das *Eiga-monogatari* schildert die Zeit von 887 bis 1092, der *Ōkagami* die Epoche 850–1025. Beide Werke bieten mehr oder minder schön gefärbte Bilder der Fujiwara-Herrschaft.

Die Hofetikette gebot, daß die offiziellen Tagebücher der führenden Staatsmänner in Chinesisch geschrieben werden mußten. Die Freiheit, die Ki no Tsurayuki sich im *Tosa-nikki* nahm, japanisch zu schreiben, konnte sich nur ein Dichter leisten. Die Fujiwara-Adligen hinterließen, wie Michinaga im *Midō-Kampaku-ki,* Fujiwara no Sanesuke im *Shoyū-ki* und Fujiwara no Yukinari im *Gon-ki,* würdige und doch kulturgeschichtlich hochinteressante Zeitbilder.

Wenn die Hofdame Sei Shōnagon auch kein Wort Chinesisch in ihrem »Kopfkissenbuch« verwendete, so klingen doch chinesische Elemente in ihrem scharfsinnig-amüsanten Geplauder auf. Ihr Vater, Kiyohara no Motosuke (908–990), gehörte als profilierter Dichter zu den Kompilatoren der Anthologie *Gosen-shū* und zu dem Dichterkreis »Die Fünf des Birnengartens«. Ihr Urgroßvater Fukayabu ist im *Kokin-shū* vertreten.

Sei (Kiyohara) Shōnagon (Staatsrat 2. Klasse), so benannt nach dem Titel ihres Vaters, stand als

124
Genji-monogatari-emaki, 36. Kapitel, Kashiwagi I (Ausschnitt). Tusche und Farben auf Papier. 21,8 x 48,3 cm. Erstes Viertel 12. Jahrhundert. Tokugawa Reimeikai Foundation, Tōkyō (nach Uyeno, N., Wood-Block Reproductions of the Genji Picture Scrolls, Tōkyō 1963)
Exkaiser Suzaku sitzt schmerzerfüllt am Krankenlager seiner Tochter Onna San no Miya, die beschlossen hat, Nonne zu werden (vgl. Abb. 179).

125
Genji-monogatari-emaki, 40. Kapitel, Minoru (Ausschnitt). Tusche und Farben auf Papier. 21,8 x 48,3 cm. Erstes Viertel 12. Jahrhundert. Gotō Art Museum, Tōkyō
Murasaki no Ue, die geliebte Nebenfrau des Prinzen Genji, liegt totkrank darnieder. In ihrem Gemach empfängt sie, auf eine Armstütze gelehnt und mit einem Vorhangständer zur Seite, ihren Gatten. Trotz ihrer Krankheit trägt sie die offizielle Hoftracht mit mehreren *kimono* übereinander. Mit einem Tuch bedeckt sie kummervoll ihr Gesicht (vgl. Abb. 183).

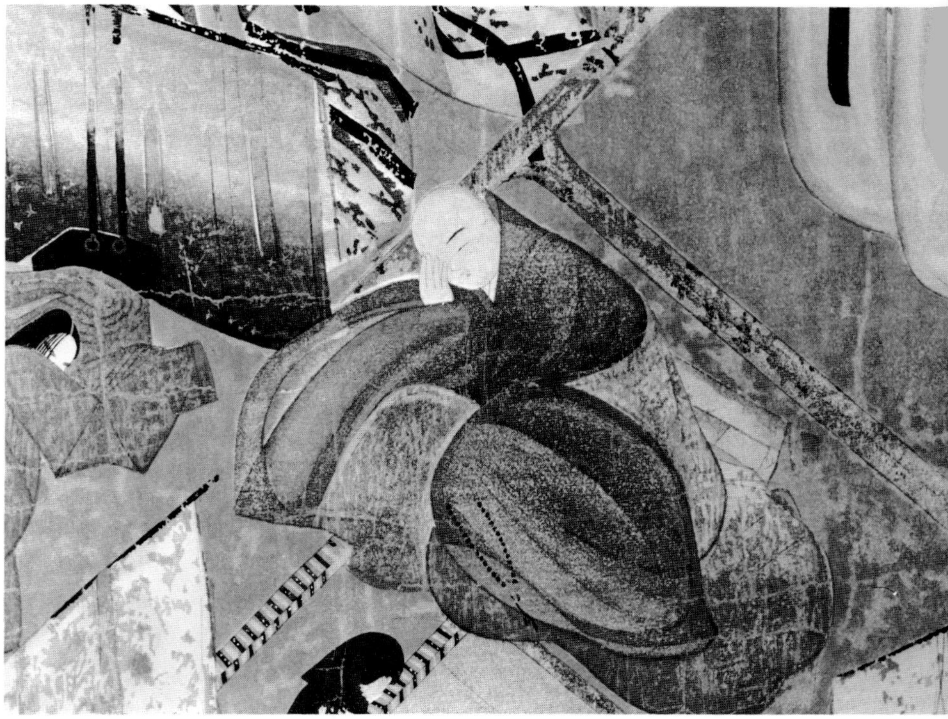

Hofdame im Dienste der Kaiserin Sadako, Gemahlin von Kaiser Ichijō und Tochter des Fujiwara no Michitaka. Über ihr Leben weiß man nichts, außer daß sie im Jahre 990 in den Dienst der Kaiserin trat und bis zu deren Tod im Jahre 1000 am Hof blieb. »Kopfkissenbuch« nannte sie ihre vermischten Gedanken. Sie hatte im Jahre 994 von der Kaiserin einen Stapel Schreibhefte erhalten, die der Minister Korechika Kaiserin Sadako geschenkt hatte. »Laßt mich das Papier zu einem Kopfkissen machen, sagte ich. Jetzt hatte ich eine Menge Papier zur Verfügung und fing an, die Hefte mit dem Verschiedensten, Geschichten aus der Vergangenheit und allem möglichen Anderen, oft den trivialsten Dingen zu füllen. Ich konzentrierte mich auf Dinge und Leute, die ich interessant fand; meine Notizen sind auch mit Gedichten, wie mit Beobachtungen über Bäume und Pflanzen, Vögel und Insekten gefüllt.«[32]

Den Inhalt dieses auch heute noch unvermindert lebendigen Buches gliedert Mark Morris in drei Typen[33]. Einmal haben wir die tagebuchartigen Erinnerungen an Episoden des Hoflebens unter Kaiserin Sadako, zum anderen Essays, in denen Beobachtungen und Gedanken über Leute, Dinge, Natur und Welt beschrieben sind, und drittens jene »Listen«, die bisher einmalig in der japanischen Literatur sind und die Hälfte der 300 Kapitel ausmachen.

126
Genji-monogatari-emaki, 49. Kapitel, Yadorigi III (Ausschnitt). Tusche und Farben auf Papier. 21,5 x 48,9 cm. Erstes Viertel 12. Jahrhundert. Tokugawa Reimeikai Foundation, Tōkyō (nach Uyeno, N., Wood-Block Reproductions of the Genji Picture Scrolls, Tōkyō 1963)
Im Palais Rokujō-in sitzt Prinz Niou an der Seite seiner Nebenfrau Naka no Kimi, die ihm fremd geworden ist, und versucht, sie mit seinem Spiel der *biwa*-Laute zu versöhnen. Die Farbkomposition der Figuren und des herbstlichen Gartens betont die tief melancholische Stimmung der Szene.

In diesen Listen zählt Sei kritische Gedanken auf über Naturphänomene, Geographisches, Gebäude, Tiere und Pflanzen, Religiöses, Kunst und Unterhaltung, Kleider und Krankheiten. Solche Aufzählungen und Beurteilungen kamen aus der chinesischen Literatur. Älteste Werke dieses Genres sind das *Erya* und das *Shiming,* Hilfswerke für die Literatur der Klassiker. In Japan hatte Minamoto no Shitagō 934 ein ähnliches Sachwörterbuch der japanischen Sprache, *Wamyō-ruijushō,* verfaßt. Sei kannte es bestimmt, ebenso die vielen »Vermischten Schriften« der populären Tang-Literatur, die positive und negative Dinge und Bilder mit Humor in Fünfergruppen zusammenstellen. In ihren Kopfkissennotizen konnte sie durch die Kraft ihrer Prosa glänzen – von ihr sind überhaupt nur 15 Gedichte bekannt –, denn die modische *waka*-Dichtung reizte sie nicht. Sei schilderte die sichtbare Welt aus der selbstbewußten und anmaßenden Perspektive der Aristokratin, die das gemeine Volk verachtete, weil sie es nicht kannte.

Gleichzeitig mit Sei Shōnagon stand bei der Kaiserin Akiko, einer weiteren Tochter des mächtigen Fujiwara no Michinaga, die auf Kaiserin Sadako gefolgt war, eine andere geniale Dichterin als Hofdame in Diensten: Murasaki Shikibu. Sie schrieb durch Jahre hindurch den gewaltigen Seelenroman »Die Geschichte vom Prinzen Genji«: »Wenige Werke erzählender Prosa können sich mit dem *Genji-monogatari* messen: es ist Literatur der höchsten Qualität und Vielfalt und hat sich in Japan seit seinem Erscheinen im frühen 11. Jahrhundert ununterbrochener Popularität erfreut.«[34]

Die Verfasserin entstammte einem Nebenzweig des herrschenden Hokke-Clans der Fujiwara. Als Tochter des Sekretärs am Zeremonialamt des Fujiwara no Tametoki erhielt sie – nach dem Beruf ihres Vaters – den Namen »Shikibu«. Mit ihrem Vater, der zum Provinzgouverneur von Echizen ernannt wurde, reist sie vermutlich dorthin und heiratete spät, nach ihrer Rückkehr 998, einen sehr viel älteren Verwandten, mit dem sie 999 eine Tochter hatte. Erst nach dem Tod ihres Mannes kam sie als Hofdame an den Hof der Kaiserin Akiko. Über diese Zeit berichtet sie lebendig, ausführlich und doch ganz nüchtern in ihrem Tagebuch *Murasaki Shikibu-nikki.* Nach dem Tod des Kaisers Ichijō im Jahre 1011 scheint sie noch weiter beim Hofstaat der Kaiserin geblieben zu sein. Man nimmt an, daß sie im Jahre 1015 verstarb.

Ihr Lebenswerk, der Roman des Prinzen Genji, besteht aus 54 Kapiteln, die eine Zeitspanne von etwa 75 Jahren umfassen und in Fortsetzungen das Leben des »Strahlenden Prinzen Genji«, seines Sohnes Yūgiri, seines vermeintlichen Sohnes Kaoru und seines Enkels Niou no Miya behandeln. Die ausgezeichnete Übersetzung von Oscar Benl füllt über 1800 Seiten und bringt 993 Gedichte[35]. Es ist ermittelt worden, daß die jetzige Folge der Kapitel vertauscht wurde, daß einige fehlen und daß man eines (Takegawa) etwas später hinzufügte. Auch die letzten Uji-Kapitel entstanden vermutlich später; wann und ob sie noch Murasaki

Shikibu selbst schrieb, läßt sich nicht klären. Die ältesten vollständigen Niederschriften stammen erst vom Ende der Heian-Zeit. Fragmente allerdings begleiten die großartigen Bildrollen des *Genji-monogatari-emaki* vom Beginn des 12. Jahrhunderts.

Der Roman schildert das Liebesleben des Prinzen Genji, der im Stil seiner Zeit und Umgebung dank seiner Schönheit, Zartheit und Bildung immer wieder neue Frauen eroberte. Seine innige Liebe jedoch galt zum einen seiner Stiefmutter, der Kaiserin Fujitsubo, und zum anderen deren Nichte, der minderjährigen Murasaki no Ue, die zwar nur seine Nebenfrau wurde, ihm aber in tiefer Liebe bis zu ihrem Tod verbunden blieb. Mit großer Meisterschaft schildert die Dichterin die Atmosphäre des höfischen Lebens, die Feste und die menschlichen Situationen, vor allem jedoch die feinen und stets anders gelagerten Beziehungen zwischen Genji und seinen verschiedenen Geliebten. Das *Genji-monogatari* wird deswegen als der früheste psychologische Roman der Weltliteratur gepriesen.

Im Unterton des Erzählwerkes schwingt die buddhistische Lebensauffassung von Ursache und Wirkung mit, von der Vorbestimmung durch Taten in einem vorhergegangenen Dasein, von der tiefen Melancholie im Wissen um das Endzeitalter. Es ist eine faszinierende Schilderung jenes kleinen Zirkels der Heian-Zeit, der damals die Hochblüte einer überfeinerten Kultur, die *culture of taste* (G. B. Sansom), verkörperte. Für uns scheint aber gerade der Held so schemenhaft zu bleiben wie sein erstes Phantasie-Porträt im *Genji-monogatari-emaki.*

Einer dritten Dichterin jener Zeit um 1000 gelang im *Izumi Shikibu-nikki* die leidenschaftliche Schilderung echter Gefühle. Izumi heiratete einen Provinzgouverneur von Izumi, Tachibana no Michisada, und stand als Hofdame im Dienst der Kaiserin Jōtomon-in. Ihre Affären mit den Prinzen Tametaka und Atsumichi, den Brüdern von Sanjō-Tennō (1011–1016), schildert sie – was zum Skandal wurde – mit flammend leidenschaftlicher Offenheit. Vor allem ihre Gedichte brachten ihr Ruhm; 1400 ihrer *waka* sind in den Anthologien überliefert.

Das *Sarashina-nikki* dagegen kann sich mit dem Tagebuch der Izumi Shikibu nicht messen, auch die späteren, teils grotesken Dichtwerke von Hofdamen der Nachfolgezeit fallen gewaltig ab gegenüber den Meisterwerken der Sei Shōnagon, Murasaki Shikibu und Izumi Shikibu.

Aus einer völlig anderen Sphäre des Lebens und Denkens stammt eine volkstümliche Sammlung von Geschichten, das *Konjaku-monogatari* (»Geschichten von Einst und Jetzt«). Die anscheinend von einem einzigen Verfasser geschriebene Sammlung umfaßt 31 Bände. Sie ist ein Volksbuch, im Unterschied zu der vorher geschilderten Hofliteratur, und vielleicht zum erbaulichen Vorlesen für den Klerus gedacht. Das Werk enthält Geschichten über das Wunderwirken des Buddha, über die kausalen Folgen guten und bösen Handelns im buddhistischen Sinne. Viele Erzählungen schildern Begebnisse aus China. Aber auch weltliche Geschichten aus der japanischen Volkstradition sind im *Konjaku-monogatari* aufgenommen. Die lebensvollen Erzählungen voll Witz und Lebensweisheit sind so naturalistisch geschildert und so packend zu lesen, daß moderne Autoren wie Filmemacher ihre Stoffe, etwa Rashōmon, aus dem *Konjaku-monogatari* bezogen. Deutlich wird gerade an diesem Erzählwerk, daß die elitäre Sphäre des Hofes nicht mehr allein die literarische Welt bestimmte. Eine neue Zeitströmung, die in der Umstrukturierung des politischen und gesellschaftlichen Lebens zum Untergang der Heian-Zeit führen sollte, zeichnet sich hier deutlich ab.

Die Kalligraphie der späten Heian-Zeit

> »Heutzutage«, sagte Genji zu Murasaki, »wird alles immer schlechter, und das Einzige, was in dieser Endzeit noch gekonnt wird, ist die Kana-Schrift. Einst hatte man eine festgelegte Art zu schreiben. Der einzelne besaß nicht die Freiheit, die Striche nach Belieben auszuziehen, und so sahen alle Schriften ähnlich aus. [...] Schreibt in Schilfhand-Schrift oder in Gedichtbildform, jeder in der Art, die er bevorzugt.«[36]

In der Mitte des 10. Jahrhunderts traten nach den »Drei Pinselkünstlern« der frühen Heian-Zeit erneut drei herausragende Kalligraphen auf, die als »Drei Spuren«, d.h. vielleicht »Schrittmacher« *(sanseki),* bezeichnet werden. Ihnen verdankt die japanische Kalligraphie die volle Ausprägung ihrer

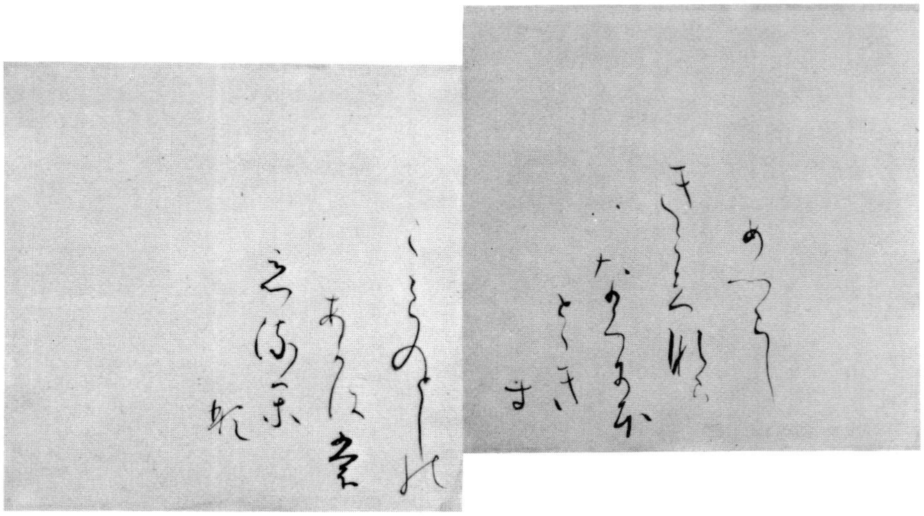

127
Als Hängerolle montierte Gedichtblätter von Ki no Tomonori, Ono no Tōfu (Michikaze, 894–966) zugeschrieben. Tusche auf zwei in unterschiedlichem Braun getönten Papieren. Jedes Blatt 12 x 12,8 cm. Gotō Art Museum, Tōkyō
Das Blatt gehörte ursprünglich zu einem Album, für das Ono no Tōfu einzelne Gedichte des *Kokin-shū* jeweils auf zwei Papiere *tsugi-shikishi* verteilte. Er schrieb den Oberstollen auf das rechte Blatt, den Unterstollen auf das linke und plazierte die *kana*-Schriftzeichen nach ästhetischen Gesichtspunkten locker und dicht gestreut. Das Gedicht von Ki no Tomonori besingt den »Ruf des Kuckucks« (*Kokin-shū* 357).

nationalen Eigenart in dem gereiften *wa-yō*-Stil der Schrift.

Die Kalligraphen gehörten drei aufeinanderfol-
127 genden Generationen an. Der älteste Meister, Ono no Tōfu (Michikaze) lebte von 894 bis 966 und wurde von Daigo-Tennō als Meisterkalligraph *(nōsho)* am Hof angestellt. Er erhielt das Amt eines Schatzmeisters und stieg bis zum Direktor mit dem oberen vierten Rang zweiter Klasse auf. Als *nōsho* hatte er folgende Aufgaben: das Schreiben von Namenstafeln für Hallen und Tore des Palastes, für kaiserliche Tempel und Schreine, außerdem das Kalligraphieren der Sūtrenlehrtexte, die als Erklärungen für Wand- und Türgemälde bei Tempeln angebracht wurden. Solche Schriftfelder sieht man auf den Amida-raigō-Gemälden in der Hōō-dō des Byōdō-in, die jedoch keinem Kalligraphen mit Sicherheit zugeschrieben werden können[37]. Überdies mußten kaiserliche Erlasse

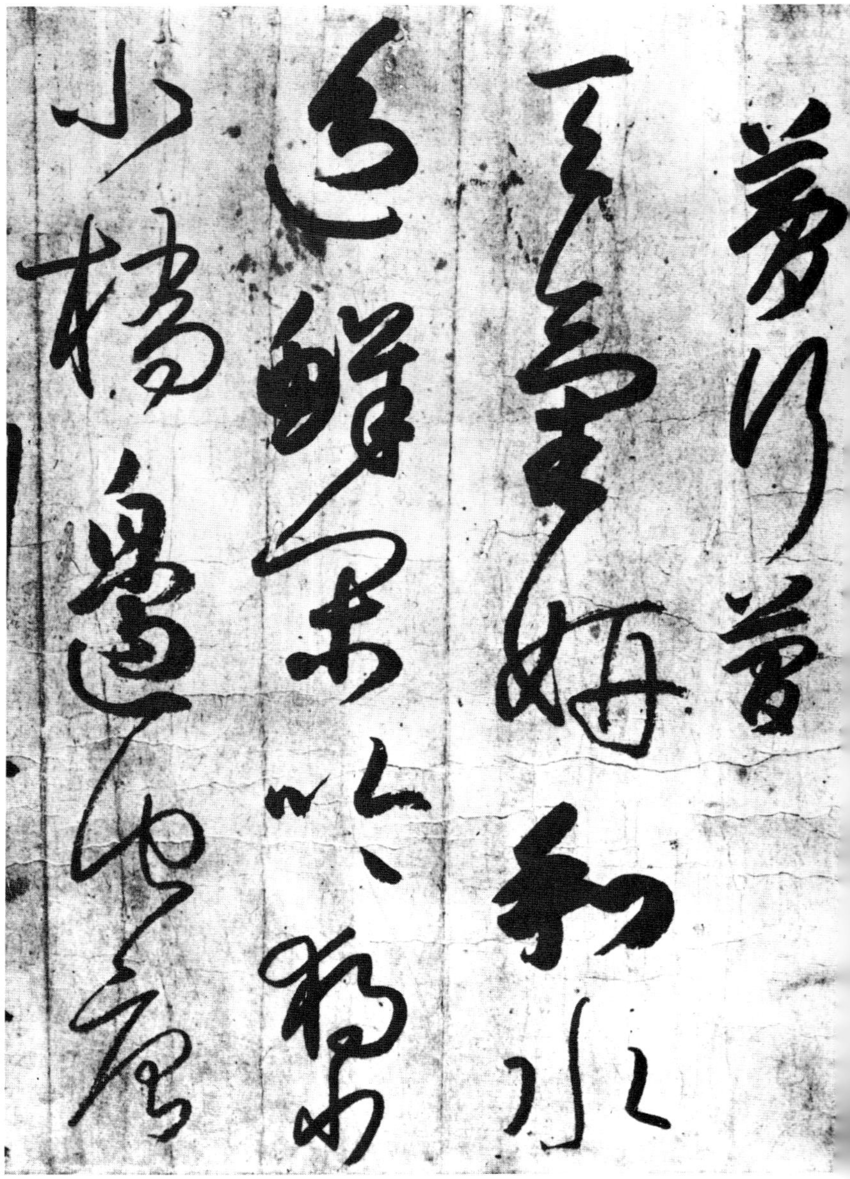

128
Gedichte von Bo Juyi, Ono no Tōfu (Michikaze, 894–966) zugeschrieben. Tusche auf Papier. H. 30 cm. Ehemals Sammlung Konoike (nach: Shodō Zenshū, Bd. 12, Nihon 3, Heian II, Tōkyō 1955, Abb. 26)
Ono no Tōfu kopierte die Gedichte des in Japan berühmtesten chinesischen Dichters der Tang-Zeit, Bo Juyi, in drei Schrifttypen: Druckschrift, laufende Schrift und Grasschrift. Seine äußerst kraftvolle Pinselführung scheint an die Kalligraphie des Kaisers Saga zu erinnern. Vermutlich schrieb Ono no Tōfu die Gedichte als Vorlage für kalligraphische Studien nieder.

und Denkschriften nach den Entwürfen der Doktoren der Literatur ins reine geschrieben werden. Den *nōsho* oblag es ferner, Gedichte elegant niederzuschreiben, die für die Stellschirme zum Daijō-e-Fest oder zu Krönungsfeierlichkeiten ausgewählt worden waren. Als sechste der Aufgaben wird die Abfassung der Weihinschriften für Sūtren genannt, deren Texte die Berufskopisten kalligraphiert hatten.

128 Von Ono no Tōfus Hand blieb eine Sammlung chinesischer Gedichte, die für einen Schirm be-

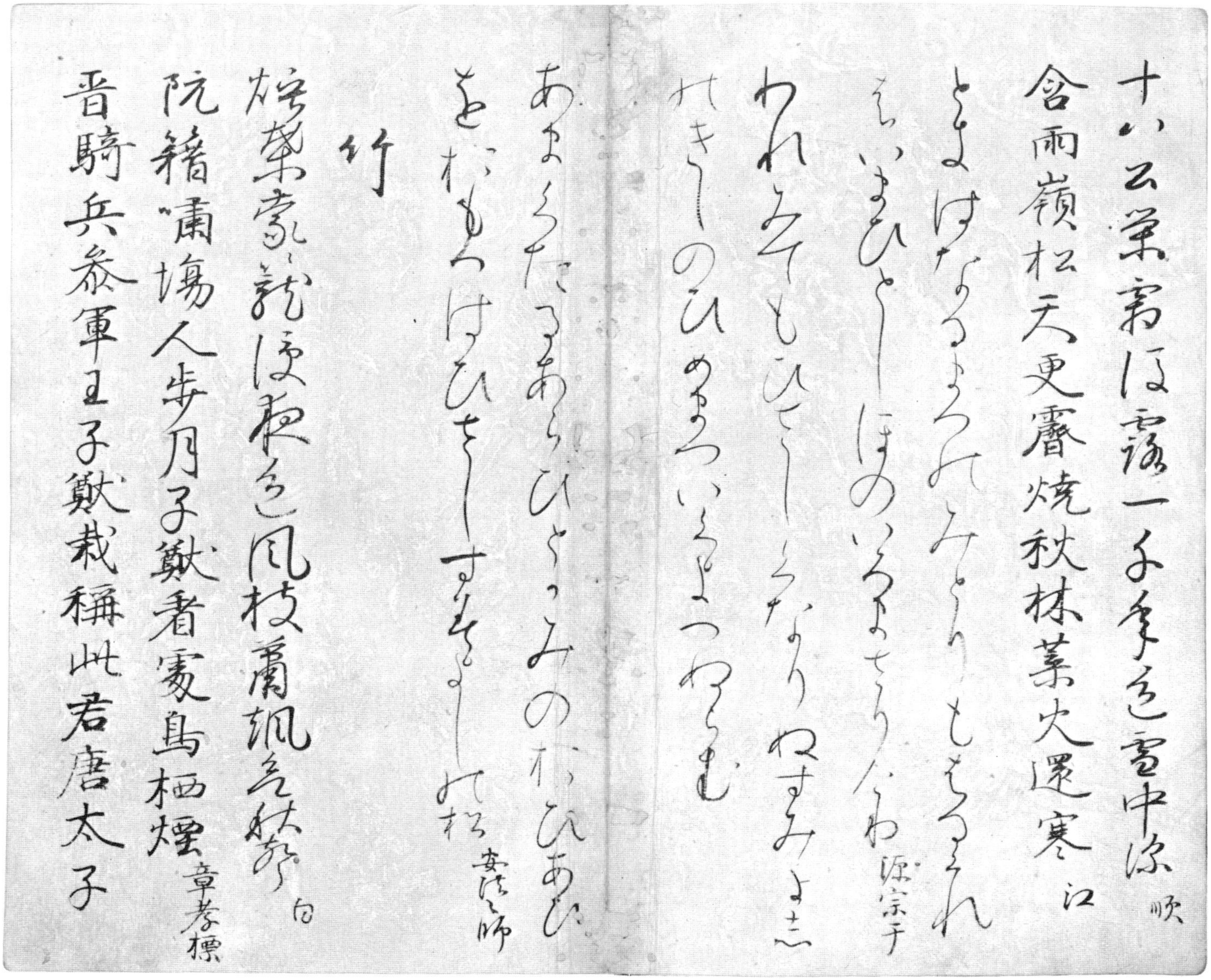

129
Wakan-rōei-shū, Fujiwara no Yukinari (972–1027) zugeschrieben. Tusche auf farbig bedrucktem Papier, Klebeheft. 20 x 12 cm. Mitte 11. Jahrhundert. Kaiserlicher Haushalt
Das *Wakan-rōei-shū,* die »Sammlung japanischer und chinesischer Gedichte zum Rezitieren«, hatte Fujiwara no Kintō 1013 kompiliert. Das Werk, das beliebteste Opus zweisprachiger Dichtung, wurde häufig vorgetragen und kopiert. Dabei hatte man die komplizierten chinesischen *kanji* ebenso zu kalligraphieren wie die schlichten japanischen *kana.* Die dem Dichter Fujiwara no Yukinari zugeschriebene Ausgabe hat edles, mit Glimmer bedrucktes China-Papier zum Grund und wirkt daher doppelt kostbar.

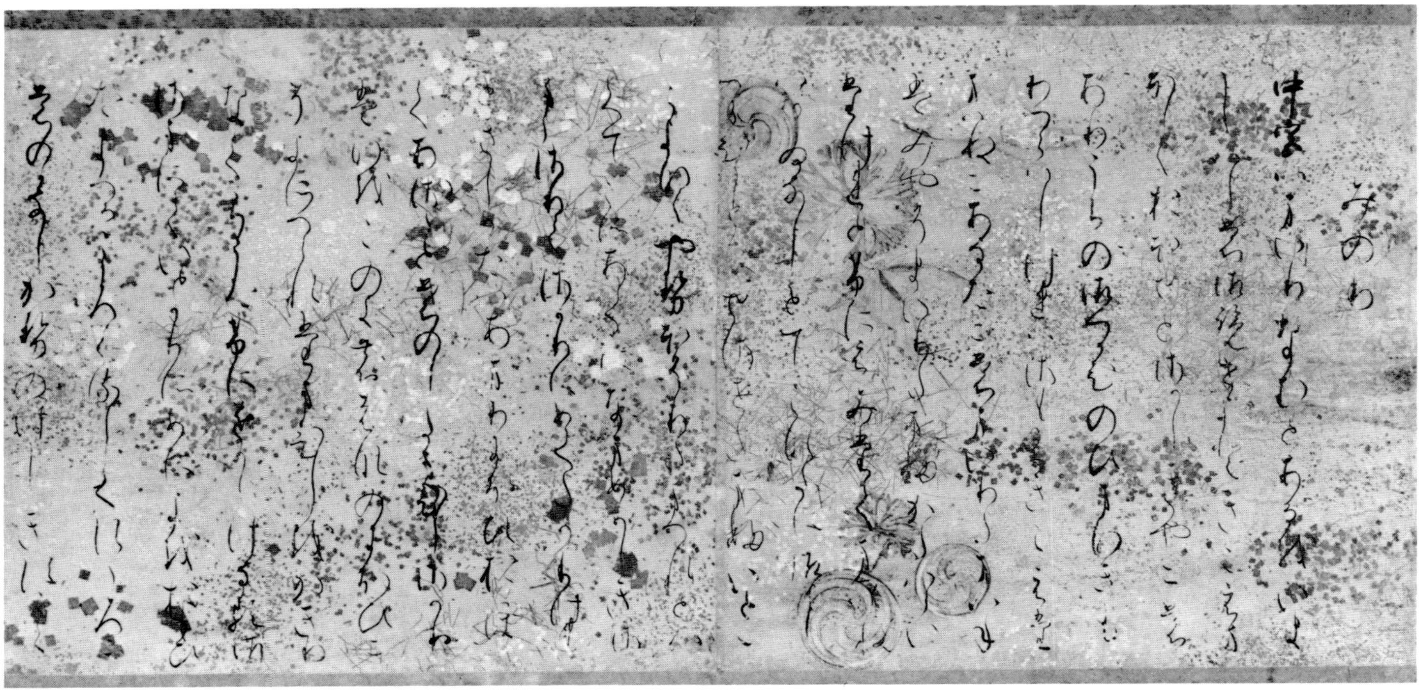

stimmt waren, im kaiserlichen Besitz erhalten, des weiteren die Reinschrift eines Erlasses für Priester Enchin und Abschriften der immer noch im Mittelpunkt der *kambun*-Schriften stehenden Gedichte von Bo Juyi. Hier zeigt sich Tōfus kraftvolle, markante Handschrift in der Variationsbreite von »*kai* und *sō*«-Druck- und Grasschrift. In der als »Frauenschrift« benannten Schreibform in einfachen *kana*-Silbenzeichen sind seine allerdings nicht signierten oder dokumentierten Doppelgedichtblätter kalligraphiert. Die mittelgroßen, in drei unterschiedlichen Farben getönten Gedichtblätter tragen je ein halbes Gedicht. Die Zeilen sind »verstreut« plaziert und in rhythmischer Gruppierung bei locker verbundener Zeichenfolge auf eine hohe ästhetische Wirkung hin konzipiert.

Auch die *kana*-Schriften der nachfolgenden Schreibkoryphäen sind nicht überzeugend gesichert. Der genialische Kalligraph Fujiwara no Sari (944–998) stand als *nōsho* bei den Kaisern Enyū, Kazan und Ichijō im Amt. Der Ruhm seiner Kalligraphie drang bis nach China, und in Japan stieg er bis in den oberen dritten Rang des Hochadels auf. Unter seinen Schriftwerken faszinieren einige von 981–982 datierte Briefe, die er mit beinahe peitschendem Pinsel niederschrieb und mit seinem Amtstitel signierte.

130
Genji-monogatari-emaki, 40. Kapitel, Minoru. Tusche auf dekoriertem Papier. H. 21,8 cm. Erstes Viertel 12. Jahrhundert. Gotō Art Museum, Tōkyō
Vom Kapitel Minoru sind ein Bild (Abb. 125) und 69 Zeilen Text auf fünf Papieren erhalten. Die Handschrift wird dem ersten der fünf Kalligraphen zugeschrieben, von denen Texte zum *Genji-monogatari-emaki* überliefert sind. Das zartfarbene Papier ist besonders prachtvoll mit Gold- und Silberornamenten verziert und zusätzlich mit wappenartigen Mustern bemalt.

131
Sanjūroku-nin-shū, Ishiyama-Fragment, Gedichte der Dichterin Ise. Tusche auf dekoriertem Papier. 20,3 x 16 cm. Um 1112. Freer Gallery of Art, Washington, D.C. (Inv.-Nr. 69.4)
Dieses Fragment *(gire)* gehörte früher zu der 38bändigen Gedichtsammlung *Sanjūroku-nin-shū* im Besitz des Tempels Nishihongan-ji in Kyōto. Zwei Bände, der eine mit Werken der Dichterin Ise, der andere mit Gedichten von Ki no Tsurayuki, wurden zerteilt und gelangten in verschiedene Sammlungen. Das hier abgebildete Blatt ist ein Beispiel für raffinierteste Papierbearbeitung in Reiß- und Collage-, Färbe-, Druck- und Maltechnik, deren Wert durch die Kalligraphie noch gesteigert wird.

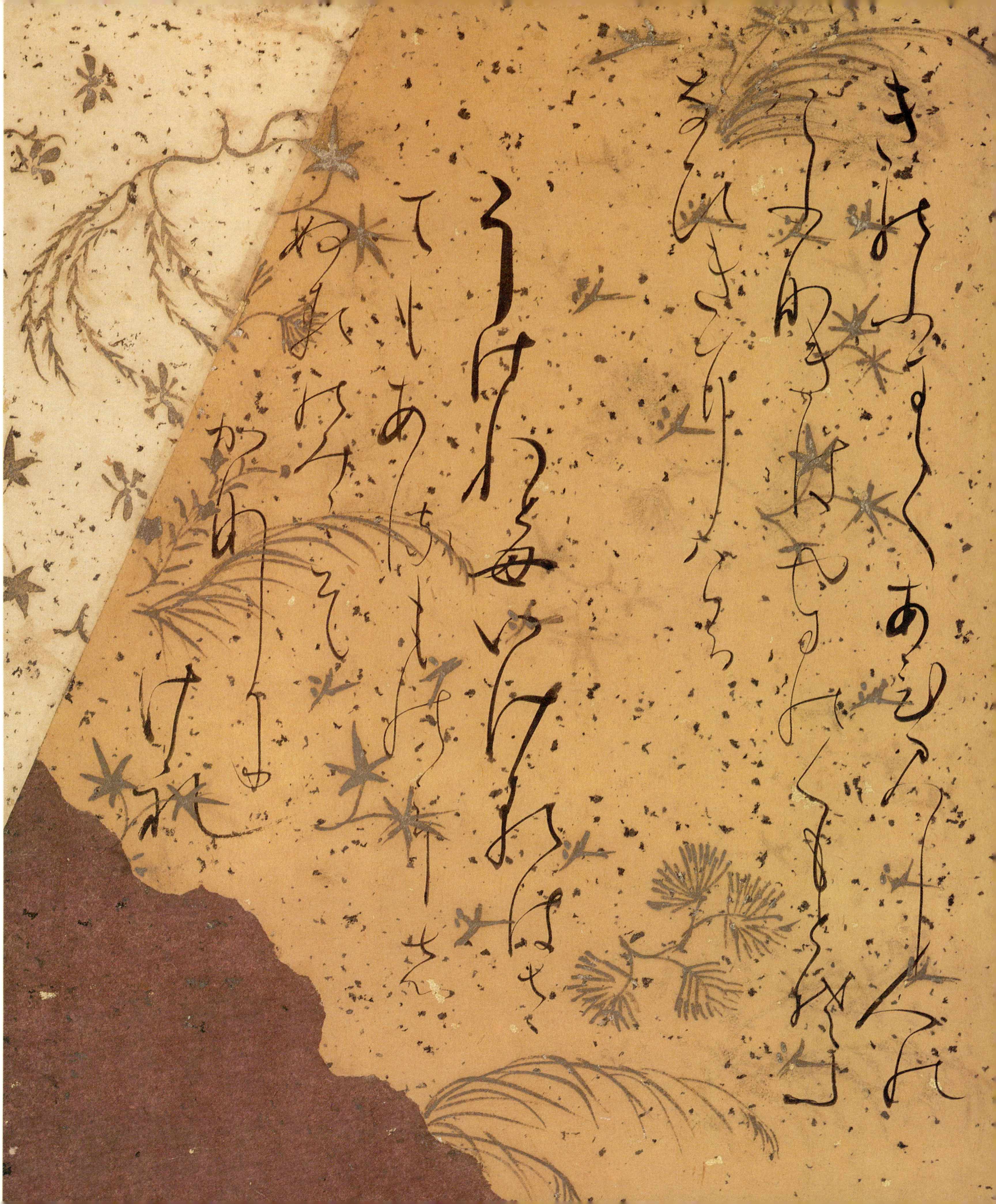

Das große Genie der *sanseki* ist der jüngste unter ihnen, Fujiwara no Yukinari (972–1027). Seine Talente waren weit gestreut. Als Freund von Fujiwara no Michinaga, als offizieller *nōsho* von den Kaisern Sanjō und Goichijō gefördert, wurde er zum »Vize-Staatsrat« befördert und hatte den oberen zweiten Hofrang inne. Als Kalligraph fühlte er sich als Schüler des Ono no Tōfu, darüber hinaus vervollkommnete er seine Handschrift beim Kopieren von Gedichten des Bo Juyi. Obwohl gerade seine chinesischen Zeichen die Würde und Klarheit seiner Schriftform und seines Charakters – etwa gegenüber dem ungebärdigen Duktus des Sari – erkennen lassen, gilt Yukinari als Vollender des rein japanischen Schreibstils. Sogar die Tatsache, daß er in einem chinesisch abgefaßten Brief von 1020 – einem Dankschreiben für seine Beförderung – ein Namenssignet vor den Text stellt, ist eine einmalige und ganz neue, rein japanische Art der Signierung, die mit den *sanseki* aufkam.

Unter den vielen Fragmenten von Manuskripten in »Frauenschrift« mit fließenden, weichen Zeichen findet man alle Stilvarianten vertreten, die in dieser Epoche der Hochblüte japanischer Kultur überhaupt nur möglich sind. Yukinari werden auch einige Abschriften des von Fujiwara no Kintō
129 1013 kompilierten Werkes *Wakan-rōei-shū* zugeschrieben. Es gibt wohl einige Fragmente der angeblichen Urschrift des Kompilators, doch übertrifft Yukinaris elegante Kalligraphie, bei der die Akzentverteilung von schwer und leicht – chinesischen und japanischen Gedichten – hervorragend herausgestellt ist. Als Begründer der Seson-ji-Schule der Kalligraphie, deren Meister am Hof noch durch Generationen tätig waren, blieb Yukinari mit seinem Schreibstil vorbildlich.

In der Einflußsphäre dieses Schreibstils entstanden viele erlesene Schriftkunstwerke der späten Heian-Zeit. Für den im Ästhetischen so überaus empfindsamen Aristokraten der Heian-Zeit galt mehr noch vielleicht als das Dichtwerk die Schrift als untrüglicher Spiegel von Wesen und Bildung. Immer wieder werden in den Werken der Murasaki Shikibu und der Sei Shōnagon Männer und Frauen allein nach ihrer Schrift beurteilt. Auch die Wahl des passenden Briefpapiers, seine sinnvolle Faltung und Befestigung an einem bedeutungsreichen Zweig, mit dem das Schreiben überreicht wurde, unterstanden den Regeln des Geschmacks.

Die allerkostbarsten Schreibpapiere kamen aus China. Als der Handel mit der Nördlichen Song-Dynastie wieder Auftrieb erhielt, dürften auch Papierrollen importiert worden sein. Selbst Chōnen, ein Priester am Tōdai-ji, brachte 897 von seiner China-Reise 50 Rollen China-Papier mit. Dieses *kara-kami* war mit Muschelkalk präpariertes, gefärbtes Bambuspapier, das in Holzmodeldruck, Glimmer- oder Branddruck mit heraldischen oder textilen Rankenornamenten gemustert wurde. In Japan kopierte man diese Papiere sofort und transponierte die Muster nach japanischem Geschmack: Streumuster von Pflanzen und Tieren aus der Welt der Poesie kamen auf. Aber auch Papier aus japanischen Papiermühlen fand stets hohe Wertschätzung. Die Damen liebten das ganz weiße Michinoku-Papier oder das mit zartfarbenen Wolkenmustern geschöpfte Papier.

In den japanischen Papiermühlen nahe der Hauptstadt färbte man Papier durch Eintauchen oder aber durch Auftragen der Farbe mit dem Bürstenpinsel. Man mischte auch beim Filtern vorher getönte Fasern zu Mustern, so daß gewölktes Papier entstand. Hatte man kleine Farbwolken eingesetzt, nannte man das Papier »Fliegende Wolken-Papier« *(tobigumo-gami)*. Bei einem anderen Schöpfvorgang erhielt man dünnfaseriges Papier mit gazeartigem Wellenmuster. Auch die Musterung des »Tusche-Einfließens« *(sumi-nagashi)*, bei 130

132
Sanjūroku-nin-shū, Ishiyama-Fragment, Gedichte der Dichterin Ise. Tusche auf dekoriertem Papier. 20,2 x 31,8 cm. Um 1112. Sammlung Hikotaro Umezawa, Tōkyō
Aus dem Album mit Werken der Dichterin Ise stammt auch dieses, aus vielen farbigen Papieren in Collagetechnik zusammengesetzte Blatt. Die fließende *kana*-Schrift harmoniert mit den zierlichen, aufgedruckten und gemalten Ornamenten in Metallpulver.

133
Sanjūroku-nin-shū, Gedichte des Yamabe no Akahito. Tusche auf collageartig geklebtem Papier mit Malerei in Silber. 20,5 x 32 cm. Um 1112. Tempel Nishihongan-ji, Kyōto
Sechs Gedichte des Akahito sind, rechts oben beginnend, zunächst gedrängt, dann immer lockerer auf ein Papier geschrieben, das in ornamentaler Weise eine Küstenlandschaft zeigt. In das mit Silberblättchen bestreute, tiefgrüne Wasser ragt eine Landzunge, während oben und unten Uferpartien erscheinen. Uferlinien, Kiefern und fliegende Wildgänse sind mit Metallfarbe gemalt.

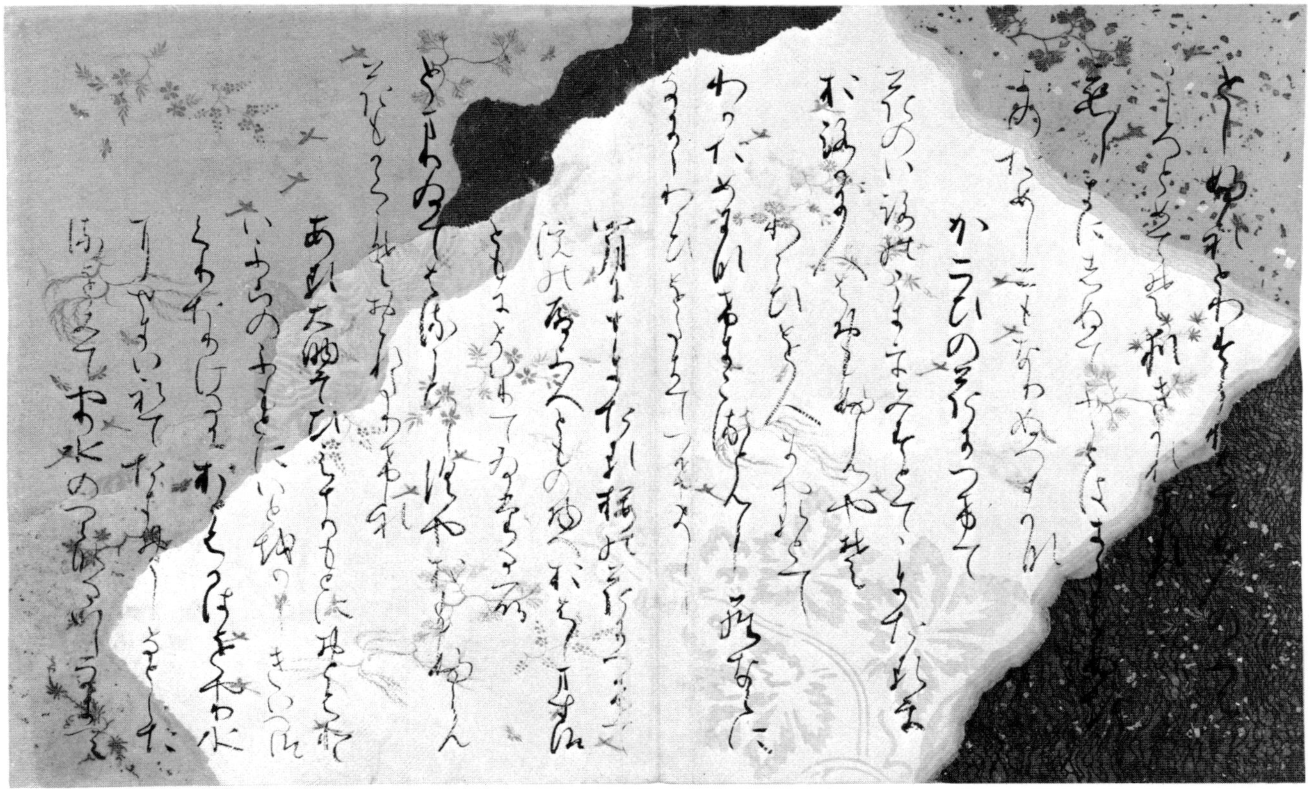

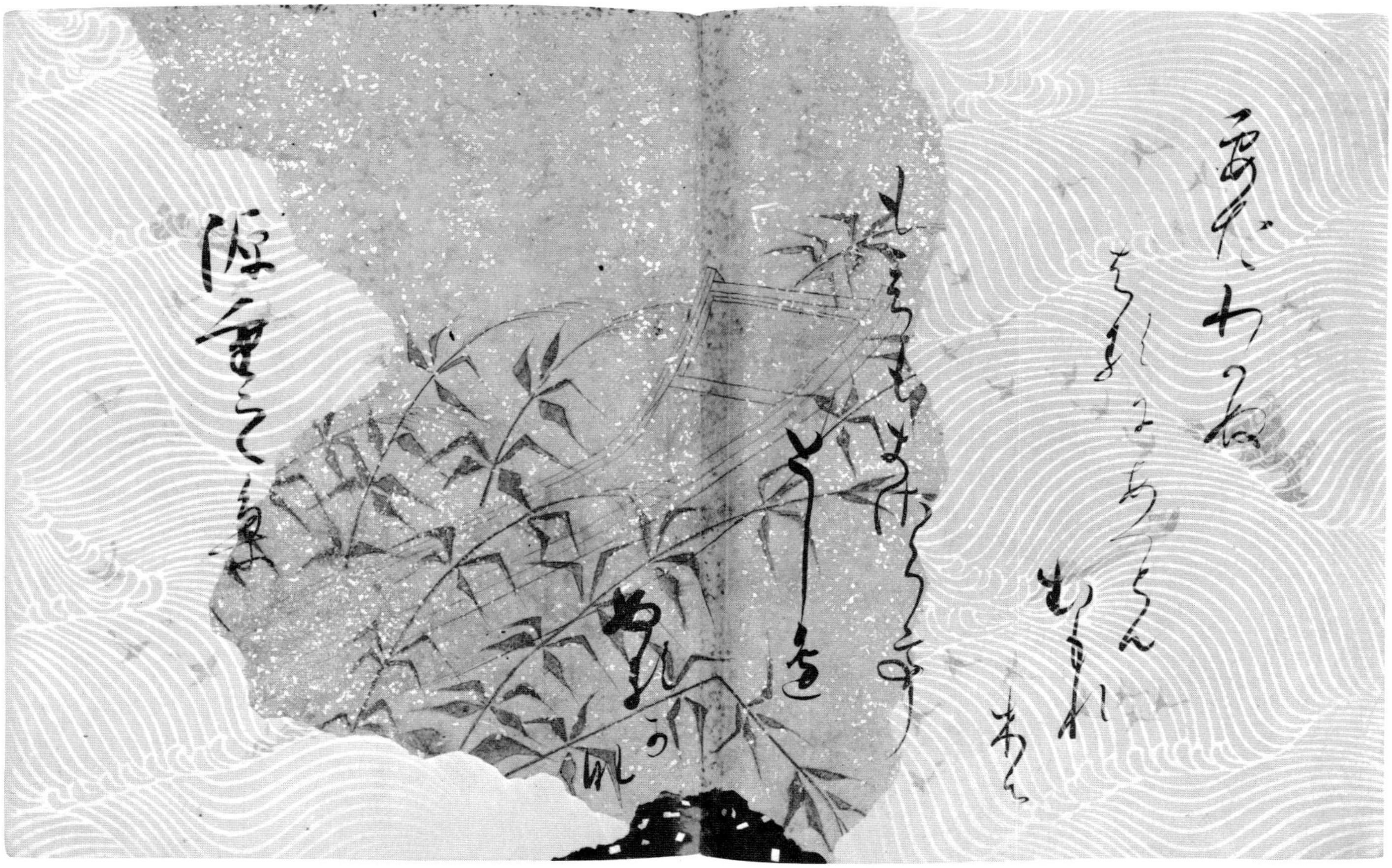

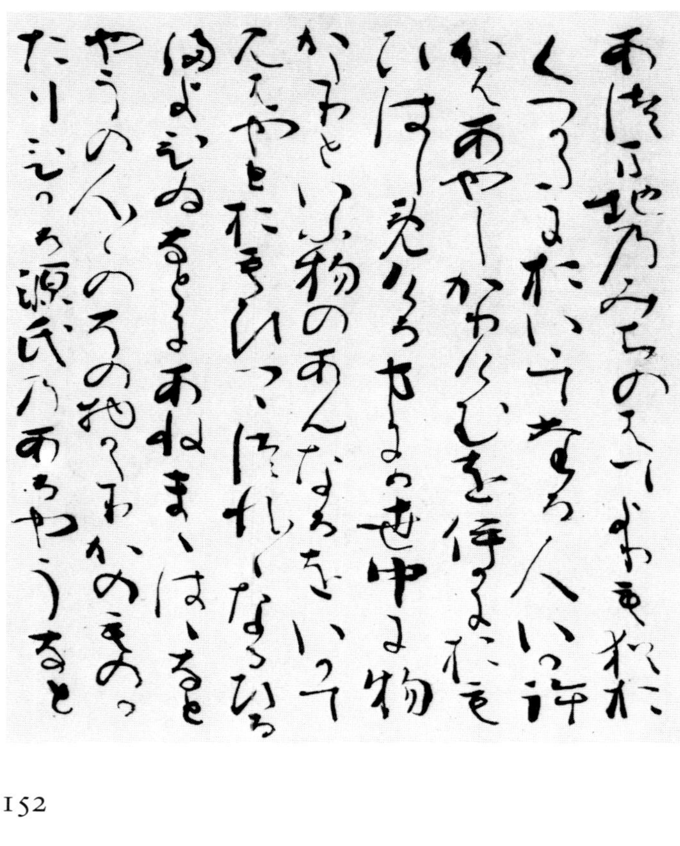

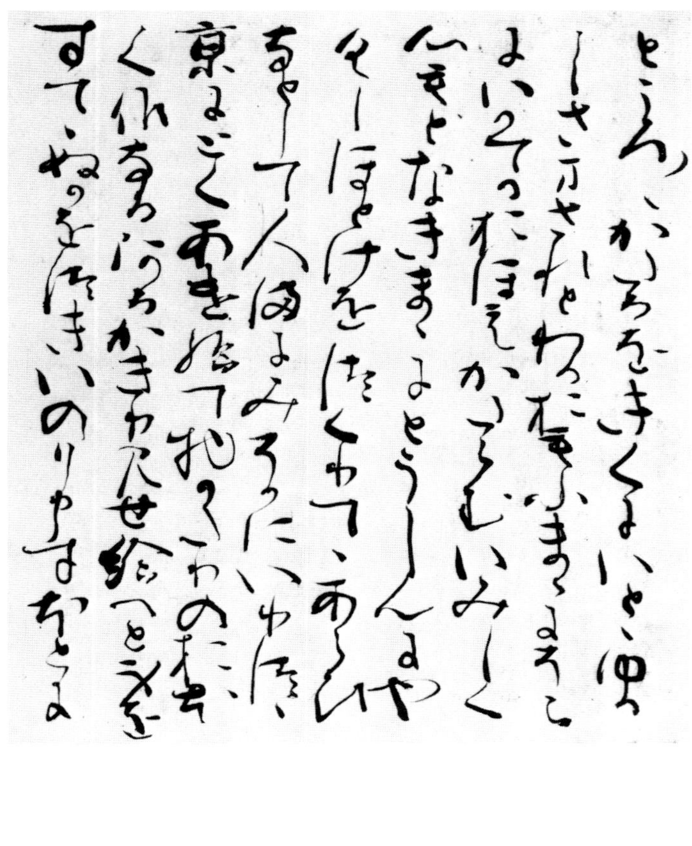

134
Sanjūroku-nin-shū, Gedicht des Minamoto no Shigeyuki. Tusche auf collageartig geklebtem Papier mit Glimmerdruck und Zeichnung. 20,1 x 31,8 cm. Um 1112. Tempel Nishihongan-ji, Kyōto
Drei Bogen gemustertes Papier sind zu einer Seite zusammengeklebt: China-Papier mit in Glimmer aufgedruckten Wellen rahmt eine Uferpartie aus gesprenkeltem Papier. In zierlichen Linien ist ein Boot aufgemalt, das im Schilf liegt. Über das Untergrundbild schrieb der Kalligraph in loser, harmonischer Zeichenstreuung ein Gedicht von Shigeyuki.

135
Sarashina-nikki (Ausschnitte), Schrift von Fujiwara no Teika (1162–1241). Tusche auf Papier, Heft mit originalem Umschlag. 16,3 x 14,5 cm. Kaiserlicher Haushalt
Das Tagebuch *Sarashina-nikki* verfaßte nach 1058 die Tochter des Provinzadligen Sugawara no Takesue. Sie berichtet darin über die Zeit von 1021 bis 1058 und erzählt vom unruhigen Leben einer von Romanen besessenen Frau, die bei Hofe keinen Erfolg hatte und früh ihren Mann verlor. Die älteste Niederschrift dieses Tagebuches stammt vom berühmten Dichter und Kritiker Fujiwara no Teika. Er schrieb eine unkonventionelle, mit *kanji*-Zeichen pointiert vermischte *kana*-Schrift.

dem man Farben gesteuert in das feuchte Papier einfließen läßt, scheint eine rein japanische Erfindung zu sein, für die sich japanisches Papier *(washi)* besonders gut eignete. Noch raffiniertere Schmuckeffekte erreichte man durch das Aufkleben von geschnittenen oder gerissenen Blattgold- oder Silberblättchen oder Brocken, durch das Aufstreuen von Metallpulver und durch haarfeine Streifen. Aber zusätzlich konnten noch Bildmuster in Tusche und in Gold- oder Silberfarbe aufgemalt werden. Häufig mischten sich Schriftzeichen von Gedichten oder aber »Schilfschriftbilder« *(ashi-de)* spielerisch unter die Bildfolien.

In der einzigartigen Prachtausgabe der »Sammlungen der 36 Dichter« *(Sanjūroku-nin-shū),* einer Anthologie, die Fujiwara no Kintō (966–1041) zusammenstellte, findet man 687 verschiedene Pa-
131 pierarten vereint. Das Werk wurde angeblich dem Exkaiser Shirakawa zu seinem 60. Geburtstag im Jahre 1112 gewidmet. Manche Seiten erhielten
132 durch Collagetechnik eine besonders raffinierte Dekoration. Man riß oder schnitt bis zu fünf Lagen
133–134 verschiedener Papiere gleichmäßig durch und klebte sie mit verschobenen Rändern auf, so daß wie bei den Gewändern von Hofdamen verschiedenfarbige schmale Streifen sichtbar wurden. Heute sind noch 136 von ursprünglich über 140 dieser Collageblätter erhalten. Wenn auch bei den Schmuck-Sūtren einige der Ziertechniken in ähnlicher Weise eingesetzt wurden, so übertrifft das *Sanjūroku-nin-shū* alle anderen Schreibpapiere an eigenständiger Schönheit. Zu dem Werk, das anfangs im Tempel Nishihongan-ji aufbewahrt wurde, gehörten eigentlich 38 Einzelhefte, da von Ki no Tsurayuki und Nakatomi no Yoshinobu je zwei Hefte mit Gedichten aufgenommen worden waren. 32 Originalhefte blieben im Besitz des Tempels Nishihongan-ji erhalten, die verlorenen ergänzte man in moderner Zeit. Einige der abhanden gekommenen Hefte und Einzelseiten wurden zuletzt im Jahre 1929 verkauft, und mehrere Ein-
zelseiten befinden sich in amerikanischen Samm- 131
lungen.

An der Abschrift der insgesamt 6438 Gedichte sollen zwanzig Kalligraphen beteiligt gewesen sein. Mit einiger Wahrscheinlichkeit kann man verschiedene Heftchen mit Gedichten von Ki no Tsurayuki (Band 2), Minamoto no Shitagō (Band 26) und Prinzessin Nakatsukasa (Band 36) einem Nachfolger von Yukinari, Fujiwara no Sadanobu (1088–1156), zuweisen. Die Gedichte von Mitsune soll die Frau des Exkaisers Michiko (Dōshi) selbst beigesteuert haben.

Neben der Seson-ji-Schule, die für Hof und Adel die Niederschrift japanischer Literatur im Stil des Fujiwara no Yukinari weiterpflegte, gründete Fujiwara no Tadamichi (1097–1164) die Hōshō-ji-Schule. Diesen Tempel hatte Kaiser Shirakawa 1077 als den ersten der »Sechs Shō-Tempel« errichtet. Von dort ging eine Gegenbewegung in der Kalligraphie aus, die wieder stärker die kraftvolle chinesische Tradition bevorzugte. Zu dieser Richtung stießen auch die großen Dichter und Literaturkritiker der späten Heian-Zeit: Fujiwara no
Shunzei und Teika. Das neu aufkommende ritter- 135
liche Ideal wurde von den Landadligen als Gegnern des höfisch-aristokratischen Lebens getragen; sie fanden die ihnen gemäße Form der Kalligraphie in der Gokyōgoku-Schule des Fujiwara no Yoshitsune (1169–1206). Der geistige Umbruch zeichnet sich auch in der Kalligraphie ab, obwohl im Umkreis des Kaiserhofes die eleganten *kana*-Schriften, die sich in der Heian-Zeit ausgeprägt hatten, als ideale Leitbilder für die *wa-yō*-Kalligraphie bis heute lebendig blieben.

Die weltliche Malerei: Kara-e und Yamato-e

Von der weltlichen Malerei ist aus der frühen und mittleren Heian-Zeit nichts erhalten. Man kann sich aber aus der Literatur, vor allem aus Vorworten zu Gedichten aus dem *Kokin-shū,* eine Vorstellung davon machen. In der vornehmen Lebenssphäre des Kaiserhofes und des Hochadels gehörten Bilddarstellungen auf Schiebewänden *(shōji)* und Stellschirmen *(byōbu)* zum eleganten Bestandteil und Schmuck der Wohnhallen. Diese boten sich als ideale Malgründe an. Dem Dunkel der Innenräume, das durch Klappgitter nach außen und im Innern durch Staatsschirme der Damen und Würdenträger noch verstärkt wurde, gaben sie Farbe und Glanz. Je nach den dargestellten Motiven wurde eine formelle oder aber eine intime Atmosphäre geschaffen. Die formelle Atmosphäre prägten Bilder chinesischen Stils (Kara-e), die intime jene im japanischen Stil (Yamato-e). Stellschirme verschiedenartiger Materialien und Dekore besaß das Kaiserhaus bereits in der Nara-Zeit. In die Schatzkammer des Shōsō-in in Nara kamen im Jahre 756 vom Hausrat des Kaisers Shōmu ursprünglich 105 Schirme; von diesen werden 856 noch 68 Stück erwähnt – heute sind nur noch elf Stück vorhanden.

Nach dem Abschluß des Palastbaus in Heian-kyō im Jahre 808 wurde das Büro für Malerei und Innenausstattung verkleinert. Es blieben nur noch zwei hauptamtliche Maler mit zehn Gehilfen angestellt. Das Interesse an malerischer Ausschmükkung der Palasthallen indessen nahm zu: Kaiser Saga ließ im Jahre 818 auf die *shōji*-Wände der Halle Shishin-den lebensgroße Idealporträts von chinesischen Weisen malen, wie sie im Kaiserpalast von Chang'an zu sehen waren. Auch die kaiserliche Wohnhalle, die im rechten Winkel anschließende Seiryō-den, wurde mit sinisierenden Bildschirmen geschmückt, etwa mit der »Ansicht des Gunming-Sees« und dem Bildschirm »Rauhe Wellen des Ozeans« nach dem chinesischen *Shanghaiqing.* Aber auch Bilder von Pferden und Porträts großer chinesischer Dichter werden erwähnt. Alle Gemälde sind strenge Kopien nach chinesischen Vorlagen: »China-Bilder« (Kara-e). Als prominenter Künstlername wird Kudara no Kawanari (783–853) überliefert, der wesentlich an den kaiserlichen Projekten beteiligt gewesen sein muß. Im Jahre 840 erhielt er den Hoftitel Ason.

Nach der Mitte des 9. Jahrhunderts trat jedoch im Gefolge der literarischen Mode auch in der Malerei ein Wendepunkt ein: Die Maler wagten sich an japanische Bildmotive. Viele Vorreden zu Gedichten des *Kokin-shū* berichten, daß das Gedicht zu einem Bildschirm verfaßt wurde; 593 derartige Gedichte zählte man im *Kokin-shū*[38].

Erwähnt werden Schirme mit Bildern des Tatsuta-Flusses bei Kyōto, einer der klassischen Naturschönheiten im Herbst. Mönch Sōsei beispielsweise (um 890) verfaßte ein Gedicht über einen Schirm in der Osthalle der Kaiserin Nijō no Kisaki, der Gemahlin des Uda-Tennō. Der Schirm zeigte das Bild des Tatsuta-Flusses bei Kyōto mit schwimmendem rotem Herbstlaub.

momiji no ha	Wo die Herbstblätter
nagarete tomaru	sich fließend stauen,
minato niwa	dort an der Flußmündung
beni fukaki namida ya	wird es tiefrote, tränengleiche
tatsuran	Wellen geben.
	(*Kokin-shū* 293)

Ein anderer Schirm mit einem Bild vom Tatsuta-Fluß, an dem Mensch und Pferd zurückscheuen, um das Herbstlaub nicht zu zertreten, stand im

136
Fächer. Tusche und Farben auf Zypressenholz. 28,7 x 48,5 cm. Zweite Hälfte 12. Jahrhundert. Itsukushima-jinja, Miyajima, Hiroshima
Auf dem mit Gold- und Silberfolie gesprenkelten Grund sind in kräftiger Yamato-e-Malerei ein Adliger mit Frau und Tochter bei einer Kiefer dargestellt, in deren Stamm und Zweigen sich Schriftzeichen als »Schilfschrift« finden. Auf der Rückseite ist die rein dekorative Wirkung noch augenscheinlicher: Pflaumenblüte, Streumotive und Schriftzeichen sind locker verstreut.

137
Nenjū-gyōji-emaki, 5. Rolle, 4. Bild. Tusche und Farben auf Papier. H. 45,2 cm. Kopie nach Original von etwa 1160. Privatsammlung
Nach dem Naien-Bankett findet im Ostgarten der Halle Ryōki-den ein Tanz von Hofdamen statt, die zu sechst in chinesischen Gewändern auf einem Podest tanzen. Das Damenorchester sitzt in einem Nebenraum. Um die mit Vorhängen begrenzte Bühne, die in Zentralperspektive gemalt ist, drängen sich Hofleute und Fackelträger.

綾綺殿
左青璅門
陳座北戸
恭禮門

138
Landschaftsschirm. Tusche und Farben auf Seide. 146 x 258 cm. 12. Jahrhundert. Ehemals Tempel Kyōōgokoku-ji. Nationalmuseum, Kyōto
Den Mittelpunkt der breiten Landschaftsszenerie nimmt die Grashütte eines Einsiedlers ein. Der Eremit sitzt unter dem Vordach und empfängt einen Gelehrten, der gerade vom Pferd gestiegen ist. Die Figuren sind Chinesen; vielleicht handelt es sich demnach beim Einsiedler um den berühmten Dichter Bo Juyi. Die Landschaft türmt sich zwar hoch, zeigt aber auch poetische Momente, die sie in die Nähe der japanischen Malweise rücken. Als Beispiel des Kara-e hat dieser Schirm, der im Tempel Kyōōgokoku-ji zur Taufzeremonie aufgestellt worden sein soll, eine große Bedeutung.

Palast von Kaiser Uda, dem Teiji-in, und wurde ebenfalls bedichtet.

Solcherart tief empfindsame und doch farbig bildhafte Darstellungen von Naturerlebnissen waren nicht nur im Kaiserpalast, sondern auch in den Palais des Adels zu finden. Ist es nur ein Zufall, daß die ältesten Bildthemen rein japanischer Erfindung gerade den Frühling und den Herbst mit der Schönheit der Blüten oder des fallenden Laubes besingen? Die süße Melancholie des *mono no aware,* des »tief von den Dingen angerührt sein« (O. Benl), ein zentrales Lebensgefühl der Heian-Zeit, tritt in zweifach künstlerischer Gestaltung hervor: in der Malerei und in der Poesie. T. Akiyama weist überzeugend nach, daß am Ende des 9. Jahrhunderts die rein japanische Malerei, das Yamato-e, bereits in vielfältigen Themen Gestalt angenommen hatte. Es gab bereits die Landschafts- und Figurendarstellung in »Jahreszeiten-Bildern«, Bildern von Monatsfolgen und berühmten Ansichten. So tief japanisch erwies sich die Auswahl und Gestaltung gerade dieser Themenkreise, daß noch im 19. Jahrhundert populäre Holzschnittmeister wie Andō Hiroshige sich zu Landschaftsholzschnitten über die gleichen Themen inspirieren ließen.

Im 10. Jahrhundert begann sich das Spektrum der rein japanischen Bildthemen insofern zu erwei- 136
tern, als auch Romanillustrationen *(monogatari-e)* aufgegriffen wurden. Aus den Tagebüchern und Romanerzählungen weiß man, daß Bildrollen *(emaki)* und Erzählbilder *(sōshi-e)* neben den großen Schirmgemälden als kleine Bildformen zur intimen Betrachtung in Mode kamen. In diesen Sujets waren die Maler der Kose-Schule führend. Sie gehörten zu dem im Jahre 886 neu am Hof gegründeten Atelier für Malerei, dessen Administrator sie zumeist stellten. Zwar sind uns ihre Namen,

etwa Kose no Kanaoka, Kose no Ōmi, Kimmochi und Kintada, überliefert, von den Originalen jedoch hat sich nichts bis heute erhalten.

Auf den *emaki* mit Illustrationen des Hoflebens kann man vorzüglich die verschiedenen faltbaren Wandschirme und festen Schiebetüren, sogar Seidenvorhänge mit Landschaftsbildern erkennen. Im *Genji-monogatari-emaki* und auch im *Nenjū-gyōji-emaki* sieht man, wie nahe sich Yamato-e und Kara-e häufig in der Darstellung kommen. Beim *Genji-monogatari-emaki* überwiegen Landschaften mit Frühlings- oder Herbstbäumen, in die Figuren wie Staffage hineinkomponiert sind. Häufig sieht man auch, wie farbige Gedichtblätter *(shikishi-gata)* mit oder ohne erkennbare kalligraphische Aufschrift mosaikartig über das Bild geklebt wurden, um auch hier dem Kunstwerk durch die Poesie eine neue Dimension zu geben.

137 Das *Nenjū-gyōji-emaki* zeigt eine Tanzvorführung vor der Halle Ryōki-den der Kaiserin. Die Tänzerinnen tragen chinesische Kleidung, und in den Nebengelassen links sieht man im vorderen Raum Damen in japanischer Tracht und Faltschirme mit Yamato-e-Landschaften. Im Hinterraum musizieren Damen in japanischen und chinesischen Roben. Auf den hier zur Abgrenzung aufgehängten breiten Vorhängen kann man deutlich Szenen mit Chinesen, vermutlich berühmten Dichtern, erkennen; diese Figuren haben ein größeres Gewicht im Bildraum.

Die genannten Vorhänge stehen dem bekanntesten Werk des Kara-e nahe, dem sechsteiligen Landschaftschirm *(senzui-byōbu)* aus dem Tempel 138
Kyōōgokoku-ji. In der Malerei, die er trägt, wird ein Dichter, vermutlich Bo Juyi, vor seiner einsamen Hütte von Besuchern überrascht. Der Schirm diente anläßlich der Taufzeremonie der Shingon-Sekte.

Einen zweiten *senzui-byō*bu besitzt der Tempel 139
Jingo-ji. Im Gegensatz zum vorhergehenden blickt

139
Landschaftsschirm. Farben auf Seide. 110,8 x 245 cm. Anfang 13. Jahrhundert. Tempel Jingo-ji, Kyōto
Der sechsteilige Schirm stand trotz seiner profanen Darstellung bei der Taufzeremonie im Ritus der Shingon-Sekte hinter dem Sitz des Abtes. Er zeigt eine völlig japanisierte Landschaft. Die teils gebirgige, teils sanft sich hinziehende Szenerie ist mit Nebelbänken und Wolken im Stil des Yamato-e gehalten.

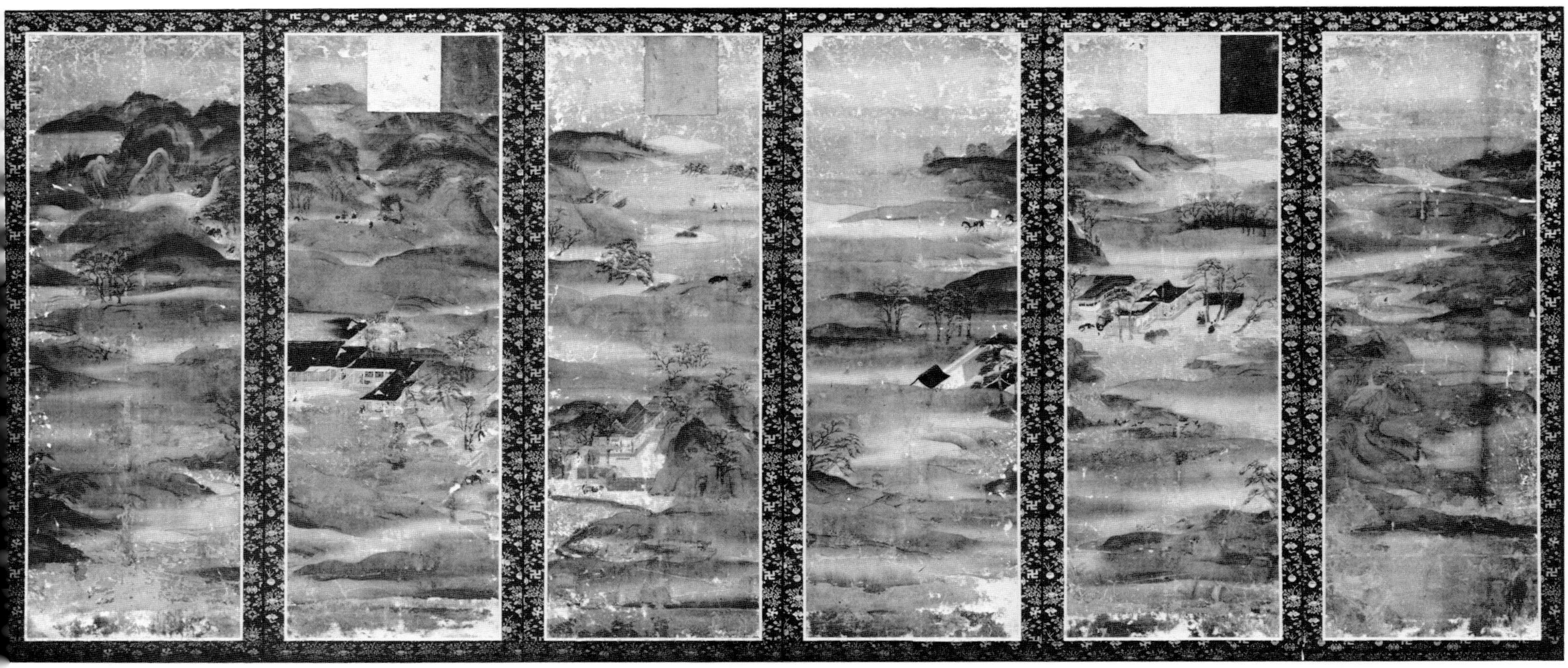

man hier in einen tiefen, rein japanischen Landschaftsraum, der mit Adelspalästen und Szenen aus dem Leben der Heian-Aristokratie belebt ist. Nebelbänke gliedern die Bildebenen. Der *senzui-byōbu* des Kyōōgokoku-ji wird heute ins 12. Jahrhundert datiert, der des Jingo-ji erst in die Zeit nach 1200. Als Beispiele der frühen Landschaftsmalerei beider Stilrichtungen nehmen die Schirme eine wichtige Rolle in der Kunst der Heian-Zeit ein. Wie in den Beispielen des *Genji-monogatari-emaki* erkennt man auch hier die aufgeklebten *shikishi*-Gedichtblätter.

Das Kunsthandwerk

Japan war seit den frühesten kostbaren Tributgaben, die im 6. Jahrhundert und zur Nara-Zeit an den Kaiserhof kamen, zutiefst von der Überlegenheit chinesischen Kunsthandwerks überzeugt. Auch in der Heian-Zeit bevorzugte der Adel Dinge chinesischer Herkunft. Die offiziellen Gesandtschaften und die privat reisenden Mönche suchten auf dem Festland nicht nur religiöse Schriften und Kultobjekte zu erlangen, sondern auch Kostbarkeiten wie Brokate, Papiere, Keramiken und Metallarbeiten gegen Zahlung in Gold zu erwerben und nach Japan mitzubringen. Überdies blühte ein inoffizieller Handel mit chinesischen Artikeln, den die seetüchtigeren Koreaner und Chinesen führten. Wie berichtet wird, verkaufte man die Importe sogar auf den Märkten in Heian-kyō.

Mit dem Anfang des 10. Jahrhunderts bildete Japan seinen eigenen kunsthandwerklichen Stil heraus. Es entstand – keineswegs isoliert – im Strom der allgemeinen Japanisierung des Lebensstils und Geschmacks ein eigenständiges Kunsthandwerk in Materialien, die Japan auch in späteren Epochen bevorzugt gestaltete: in Metall und in Lack.

Im Bereich der Keramik erreichte Japan dagegen am allerwenigsten die Perfektion des in China gebrannten monochromen Steinzeugs und Porzellans. Man liebte chinesische Originale jedoch bei Hofe sehr. Sei Shōnagon beschreibt im »Kopfkissenbuch«, daß eine Seladonvase mit blühenden Kirschzweigen in der Seiryō-den-Halle in der Lage war, die schreckerregenden Kara-e-Bilder mit »Wellen des Ozeans und langbeinigen Ungeheuern« durch die Eleganz des Gefäßes und der Blüten vergessen zu machen.

Die japanische Keramik stand in der Heian-Zeit weit unter dem Niveau chinesischer und koreanischer Töpferkunst. Für den Bedarf des Volkes und auch der Küche dienten als Teller, Schüsseln, Wasserkannen und Vorratstöpfe schlichte irdene Gefäße *(haji)* oder die bereits hartgebrannten und mit Aschenglasur verschönten Steinzeuggefäße *(sue-mono)*, deren Urformen aus Korea gekommen waren. In der Heian-Zeit entwickelte das *sue-mono* 140
eigene Züge, sei es in der grazileren Gefäßform oder aber im Schmuck durch ornamentale Ritzzeichnungen. In Sagayama bei Nagoya grub man 1955 einen heianzeitlichen Ofen aus mit Töpfen, die wohl für den Gebrauch im Kult, etwa als Blumenvasen oder als Ritualgefäße, bestimmt waren.

Nur wenige Keramikgefäße aus der Heian-Zeit haben überlebt, die man nicht in der Erde, häufig in Sūtrengräbern, entdeckte. Damals stellten auch Öfen in Bizen, Settsu, Sanuki, Mino und Owari einfache *sue*-Keramik her. Ziegelbrennereien arbeiteten vermutlich in der Umgebung von Heian-kyō und von Nara, denn man benötigte, obwohl in den Bergklöstern und Stadtpalais Schindeln aus Zypressenrinde im japanischen Stil immer beliebter wurden, schlichte, verzierte und teils glasierte Ziegel weiterhin für den Palast- und Tempelbau.

Im Bereich der sakralen Kunst spielte die Bronze immer noch eine wichtige Rolle, obwohl buddhistische Skulpturen in der Heian-Zeit fast ausschließlich aus Holz gearbeitet waren. Silberne Statuetten gab der Kaiser oder der Regent zu besonderen Anlässen in den Bildhauerateliers in Auftrag.

Für die frühe Heian-Zeit bezeugen Tempellaternen und die großen Tempelglocken, daß die Kunst des Bronzegießens nicht in Vergessenheit geriet. Die Glocken sind meist datiert; 839 die des Tempels Saikō-ji, 858 die des Daiun-ji, 875 die bedeutende Glocke des Tempels Jingo-ji und 917 die des Eizan-ji. Diese Glocken wurden wegen ihres historischen Wertes als *kokuhō* (Nationalschatz) registriert.

Im Shingon-Kult benötigte der Priester einen Satz von magischen Bronzegeräten: Donnerkeile, Glocken, ein Rad der Lehre, das Nioi-Zepter, auch 141
Symbolfiguren für den Altar und Tabletts zur Auf-

stellung. Priester Kūkai hatte aus China einen Ursatz des Kultgeräts mitgebracht. Um ihre Zauberwirkung zu bewahren, mußten diese Geräte auch in Japan der tradierten Form treu bleiben.

Die Bronze bot sich ebenfalls als ein geeignetes Material für Reliquiare an, denn die Vorstellung vom nahenden Endzeitalter führte dazu, die heiligen Texte, vor allem das Lotus-Sūtra, in Bronzezylindern zu begraben, damit die Seele des Stifters in das neue Weltzeitalter des Buddha Miroku (Maitreya) hinübergerettet würde. Fujiwara no Michinaga legte das älteste Sūtrengrab im Jahre 1007 auf dem Kimpusen in Yoshino bei Nara an. Auch aus Fukuoka in Kyūshū stammen Reliquiare aus Sūtrengräbern. Ins Jahr 1116 läßt sich eine zylindrische Pagode datieren, die zwei kleine Buddha-Fi-
113 guren enthielt. Ein anderes Reliquiar aus Fukuoka ruhte auf einem Lotussockel und war mit einem Glasjuwel bekrönt.

Bei Bronzegongs, durchbrochenen Schmuck-
142 gehängen *(keman)* und den metallenen Beschlägen der Altäre blieb die mit dem Buddhismus verbundene Ornamentik der Tang-Zeit lebendig. Es läßt sich allerdings eine Nuance der ästhetischen Sensibilisierung erkennen, die man als typisch japanisch ansprechen und am vollkommensten im
86 Schmuckprogramm der Konjiki-dō in Hiraizumi (1124) beobachten kann. Kleine, goldschmiedeartige Metallarbeiten gewannen an Bedeutung, da
119 Zierbeschläge für die Sūtrenrollen und auch für

140
Topf mit vier Füßen. Steinzeug mit gelber Glasur. H. 16,3 cm. 9. Jahrhundert. Tempel Jishō-in, Kyōto
Der Topf gehört zu den seltenen Gefäßformen der Sue-Keramik. Seine vier Füße sind vertikal zur Mündung hochgezogen und überschneiden drei horizontale Rippen. Die glänzende gelbe Glasur ist vermutlich eine aufgetragene Silikatglasur und nicht eine zufällig beim Brand entstandene Aschenglasur. Nach datierten Grabfunden nimmt man an, daß Töpfe dieses Typus während der Kōnin-Periode (810–824) gebrannt wurden.

141
Vajra-Glocke. Bronze, gegossen. H. ca. 18 cm. 9. Jahrhundert (?). Nationalmuseum, Tōkyō
Zu den magischen Geräten der Shingon-Sekte gehört ein Satz von Donnerkeilen und eine mit dem fünfzackigen *vajra* (Diamantkeil des Indra) kombinierte Glocke. Auf der Wandung stehen stellvertretend für die Figuren der »Fünf Großen Buddha« deren Namenszeichen in Sanskrit.

142
Keman-Gehänge. Bronze, teils versilbert. 28,5 x 32,8 cm. Erste Hälfte 12. Jahrhundert. Tempel Shinshō-ji, Shiga
Anstelle von Blütengebinden schmückte man in der späten Heian-Zeit Altäre und heilige Gegenstände mit *keman*-Gehängen aus Leder oder Bronze. Das abgebildete Stück ist durchbrochen gearbeitet, reliefiert und graviert. Zwei *kalavinka* (jap. *karyōbinga*), buddhistische Vogelwesen, stehen mit ihren Opfergaben vor einem zierlichen Blütengeranke. Eine plastische Kordel betont das Gebinde, und ein fein gepunzter Beschlag hält die Öse.

deren Metallkästen angefertigt wurden. Bei dem großen Satz des Heike-nōkyō der Taira-Familie von 1164 findet man die anspruchsvollsten Bronze- 119
beschläge, Knöpfe und Besatzstücke in allen möglichen Metalltechniken und mit Edelsteinen gearbeitet. Aber auch die Gegenstände des aristokratischen Haushalts besaßen Metallbeschläge, etwa die Schreibkästen oder Toilettenkästen, und selbst die wenigen Möbelstücke aus Holz und Lack erhielten vergoldete Einfassungen. Die Gilde des Goldschmiedehandwerks arbeitete zudem die Zierstücke für Rüstungen und vor allem jenen vornehmen und kostbaren Schmuck, der beim Schwert für Griff und Scheide benötigt wurde.

Unter allen Bronzearbeiten der Heian-Zeit zeigen aber die Spiegel den entschiedensten Schritt 143
zur Japanisierung. Anstelle der schweren Füllmuster der Tang-Spiegel treten auf der Rückseite des heianzeitlichen Spiegels leichte, verspielte, wie Schilfschrift hingesetzte Naturbilder auf: Blumen und Vögel der japanischen Umwelt. Man wird bei diesen eleganten Objekten an die Musterungen des Schreibpapiers erinnert, aber auch an die lebensvolle und dabei doch stilisierte Wiedergabe von Wiesenstücken auf Lackarbeiten. Die poetische Freude an Blume und Tier in ihrer landschaftlichen Umgebung und im jahreszeitlichen Wechsel tritt in der späten Heian-Zeit in ganz japanischer Weise zutage. Zu erwähnen sei, daß diese häufig dem profanen Zweck entzogenen Spiegel auf den blanken Vorderseiten sakrale Bilder eingraviert bekamen und auch zu den Weihgaben der Sūtrengräber gehörten.

Die Kunst des Schwertschmiedens galt in Japan 144
als ein Handwerk von hohem, nahezu kultischem Rang. Der Schmied *(kaji)* unterzog sich bei seiner Arbeit den Observanzen des Shintō: Reinigende Waschungen, Abstinenz, Anrufungen der Gottheit gingen voraus. Die Schmiedewerkstatt wurde zum heiligen, durch Strohseile abgetrennten Bezirk; der Schmied legte shintōistische weiße

143
Spiegel. Weißbronze, gegossen. ∅ 12,4 cm. 11.–12. Jahrhundert. Nationalmuseum, Tōkyō
Der Spiegel stammt aus einem Grabfund und zeigt die für die Heian-Zeit charakteristische Ornamentierung im *wa-yō*-Stil mit weich modellierten Kranichen und Kiefernzweigen.

144
Schwert. Holzscheide mit Lack und Perlmutter. L. 96,3 cm. 12. Jahrhundert. Kasuga-jinja, Nara
Das besonders kostbar montierte Schwert zeigt am Griff über vergoldeter Rochenhaut feines Goldrelief in Form durchbrochen gearbeiteter Ranken. Die Scheide ist mit Goldstreulack überzogen. In Perlmuttereinlagen sind Sperlinge zwischen Bambus dargestellt, die von einer Katze verfolgt werden. Auch grünes und weißes Glas, Schwarzlack und Elfenbein sind im Dekor verwendet. Das Stück ist ein Beispiel für die hohe Verfeinerung der Handwerkskünste gegen Ende der Heian-Zeit.

Priestertracht an, und mit nur einem Gehilfen schmiedete er nach strenger Vorschrift oft Wochen hindurch in Absonderung von der Welt.

Schwertklingen hatten zu Beginn des 10. Jahrhunderts eine hohe Perfektion erlangt. Die Schwertschmieden lagen in der frühen Heian-Zeit in den entfernten Provinzen Buzen, Bizen, Hōki und Yamashiro bei Heian-kyō. Aber auch im höchsten Norden von Honshū und im Süden auf der Insel Kyūshū in Satsuma unterstanden die Werkstätten den machtvollen Sippen des Ritteradels, die auf ihren Ländereien sich für den Kriegsfall ein Arsenal bester Schwerter sicherten.

Den ersten Höhepunkt erreichte die Schmiedekunst während der Regierung von Kaiser Ichijō (980–1011), zur Zeit des *Genji-monogatari.* Aus der höfischen Literatur ersieht man allerdings, daß die verweichlichten, ihren Liebesabenteuern und eleganten poetischen Unterhaltungen hingegebenen Helden für ritterliche Belange und Ideale nur Verachtung hegten.

In dieser Zeit signierten die Schmiede bereits die Zapfen ihrer Klingen. Man kennt viele von ihnen mit Namen; die fünf berühmtesten arbeiteten in der Provinz Bizen, aber auch in Heian-kyō gründete Sanjō Munechika (938–1014) eine Schule. Selbst die Schwerter hatten persönliche Namen. Zudem war das Schwertschmieden die einzige eines Kaisers würdige manuelle Tätigkeit; Gotoba-

Tennō übte sie aus. Der Ruhm der japanischen Schwertklinge stand im 11. Jahrhundert so hoch, daß chinesische Händler japanische Schwerter für China kauften. Der große Dichter Ouyang Xiu (1007–1072) schrieb sogar ein Gedicht über japanische Schwerter[39].

Die Rüstungen fertigten die Meister der Plattner-Gilde *(katchū-shi)* an, die im Zeremonialwerk *Engi-shiki* von 927 Erwähnung finden. Bei der ja-
145 panischen Rüstung bildeten mit farbigen Schnüren zu unterschiedlich großen Schienen verknüpfte Eisenplatten die Panzerung der Arme, Schenkel- und Bauchpartie. Die Schienen gewährten größtmögliche Bewegungsfreiheit. Nur die Brustplatte war massiv und mit farbigem Leder überzogen. Zur Rüstung gehörte der kappenförmige, genoppte Helm, dessen Seiten- und Halspartien wie die Schienen angeknüpft waren.

Zur Zeit der Bürgerkriege im 11. Jahrhundert war die Ritterausrüstung farbenprächtig, kostbar und überdies von hoher Wirksamkeit. Die großen Clan-Herren und Kriegsführer weihten ihre heilig gehaltenen Rüstungen und Waffen den Shintō-Heiligtümern ihrer Sippen. Heute bewahrt der Itsukushima-jinja das Erbgut der Taira-Sippen,
146 der Kasuga-jinja in Nara das der Fujiwara und der Ōyamazumi-jinja auf der Insel Ōmishima die Rüstung des unglücklichen Helden Minamoto no Yoshitsune (1159–1189).

Als festigender Glanz- und Farbstoff spielte der Lack in Architektur, Skulptur und Gerätekunst eine wichtige Rolle. Zu Beginn der Heian-Zeit im Jahre 808 wurden die Ämter für Malerei und Lackkunst im Palastbüro zusammengeschlossen. Nach Beatrix von Ragué lebte die Lackkunst im ersten Jahrhundert der Heian-Zeit noch mit den Techniken, die in der Nara-Zeit durch die China-Lacke des Shōsō-in (756) bekannt geworden waren[40]. Die Rahmenpartie des Taima-Schreins in der Provinz Nara, der für den berühmten Gobelin mit Amidas »Westlichem Paradies« aus der zweiten Hälfte des 8. Jahrhunderts gebaut wurde, zeigt auf

145
Blaue Rüstung. Eisen und Leder. H. des Körperstückes 39,9 cm. 12. Jahrhundert. Itsukushima-jinja, Miyajima, Hiroshima
Die Rüstung mit blauer Lederverschnürung soll mit dem dazugehörigen Helm von Taira no Shigemori (1138–1179) gestiftet worden sein.

146
Rückenbrett eines Köchers. Metall und Rotsandelholz mit Lack und Perlmutter. H. 32 cm. Um 1131. Kasuga-jinja, Nara
Der kleine Zeremonialköcher ist in einer besonderen Lacktechnik verziert, die nur hier angewendet wurde. Die Rückwand besteht aus Sandelholz mit einer aufgelegten Gelbmetallplatte. Die eingeschnittenen Streumotive von Felsen, Gräsern und Vögeln sind mit Schwarzlack gefüllt. Die Randleiste hat dagegen Intarsien von Perlmutter und Bronzebeschläge.

Lackgrund nachträglich leicht in Gold- und Silberfarbe aufgemalte Streumotive im klassischen Tang-Stil. Sie werden um 800 datiert und bilden eine Brücke zur Gerätekunst der frühen Heian-Zeit.

Mit dem Beginn des 10. Jahrhunderts entwickelten die Lackhandwerker eine neue, selbständige japanische Ziertechnik: das Streubild *(maki-e)*. Eine Armstütze mit Blumen und Schmetterlingen zeigt

sie wohl erstmals. Beim *maki-e* streut man Gold- und Silberpulver in die feuchte, vorgezeichnete Lackpartie ein. In einer weiteren Stufe der Verfeinerung wird die Fläche mit Schwarzlack überzogen und dann wieder abgeschliffen, bis das Streubild flächenglatt sichtbar wird. Durch erneuten Überzug mit Transparentlack festigt man die Oberfläche. In dieser Technik ist der ins Jahr 919
147 datierte, rechteckige Schriftenkasten im Tempel Ninna-ji gearbeitet. Nach seiner Inschrift war er zur Aufnahme der von Priester Kūkai aus China mitgeführten Schriften bestimmt. Sein Kern ist aus Hanfgewebe, auf das ein typisches Flächenmuster der Tang-Zeit aus Blumenranken mit Wolken und mythischen Vogelwesen in Gold und Silber sorgsam und dünn aufgestreut wurde *(togidashi)*. Der Schwarzlackgrund zeigt geringe Sprenkelung mit Goldfeilspänen. Diese Grundierung kennzeichnet fast alle Lacke der Heian-Zeit.

Weniger dem hieratischen buddhistischen Ornament verpflichtet scheint der Kasten für Priesterschärpen des Tempels Tōji, der nur wenig später als der Schriftenkasten entstanden sein dürfte. Wellen, Wassertiere und Vögel überziehen den Kasten flächenfüllend; die Häupter zweier Drachen bestimmen die Mitte des Deckels. Besonderen Zauber strahlt das kleine Juwelenkästchen aus, das ebenfalls dem Tempel Ninna-ji gehört, aber aus der Hinterlassenschaft des 937 verstorbenen Kaisers Uda stammen soll. Die metallische Wirkung wird durch den dicht gestreuten Goldgrund erzielt, auf dem Phantasieblumen und -vögel in lebensvoller Präsenz erscheinen. Von diesen drei Kästen, die ins 10. Jahrhundert datiert werden,
148 hebt sich der Sūtrenkasten des Fujita Art Museum in Ōsaka ab, denn auf seinen Wandungen findet man Bildszenen aus dem Vorleben des Buddha, die den Beginn einer neuen Bilddarstellung in der Technik des Streulackes anzeigen.

Während die Literatur der Hofdamen um das Jahr 1000 zur Genüge von Lackgerät und Lackmöbelstücken berichtet, finden wir im *Genji-monogatari-emaki* und auch im *Ban-Dainagon-ekotoba* die wichtigsten Einrichtungs- und Gebrauchsgegenstände der Adelshaushalte sehr getreu abgebildet.
9, 174 Regale und Tische, Toiletten-, Spiegel-, Kamm- und Schreibkästen wurden von den Malern als mit Gold- und Silbermustern verziertes Lackgerät dargestellt.

147
Kasten für buddhistische Schriften. Trockenlack mit Gold- und Silber-*togidashi*. L. 37 cm, B. 24,4 cm, H. 8,3 cm. 919. Tempel Ninna-ji, Kyōto
Der flache Kasten erhält durch den leicht gerundeten Deckel eine elegante Form, die durch das dichte Rankenwerk in »Polierlack« mit *kalavinka*-Vogelwesen noch betont wird. Nach der Inschrift im Mittelfeld war der Kasten für Schriften der Shingon-Lehre bestimmt.

148
Sūtrenkasten. Holz mit Schwarzlack und Gold- und Silber-*togidashi*. L. 32,7 cm, B. 23,3 cm, H. 16,7 cm. Ende 11. Jahrhundert. Fujita Art Museum, Ōsaka
Auf den Seitenwänden des zur Aufbewahrung des Lotus-Sūtra bestimmten Kastens sind Szenen aus dem Sūtra dargestellt. Die eine Langseite zeigt Buddha in einem seiner früheren Leben als König, der einem Asketen dient, ihm Feuerholz bringt und Früchte sammelt. Chinesische Vorbilder sind erkennbar, doch zeigen einige Details und vor allem die Ornamentik der Oberseite den Einbezug japanischer Motive.

149
Tisch. Holz mit Lack und Perlmutter. L. 66,5 cm, B. 33,5 cm, H. 77,5 cm. Anfang 12. Jahrhundert. Tempel Chūson-ji, Hiraizumi
Der Altartisch aus der Sūtrenbibliothek des Tempels ist mit derselben kunsthandwerklichen Meisterschaft gearbeitet wie die Innenausstattung der Konjiki-dō. Rankenmedaillons mit Blüten in Perlmutter wirken in dem mit Goldstaub vermischten Schwarzlackgrund besonders prächtig.

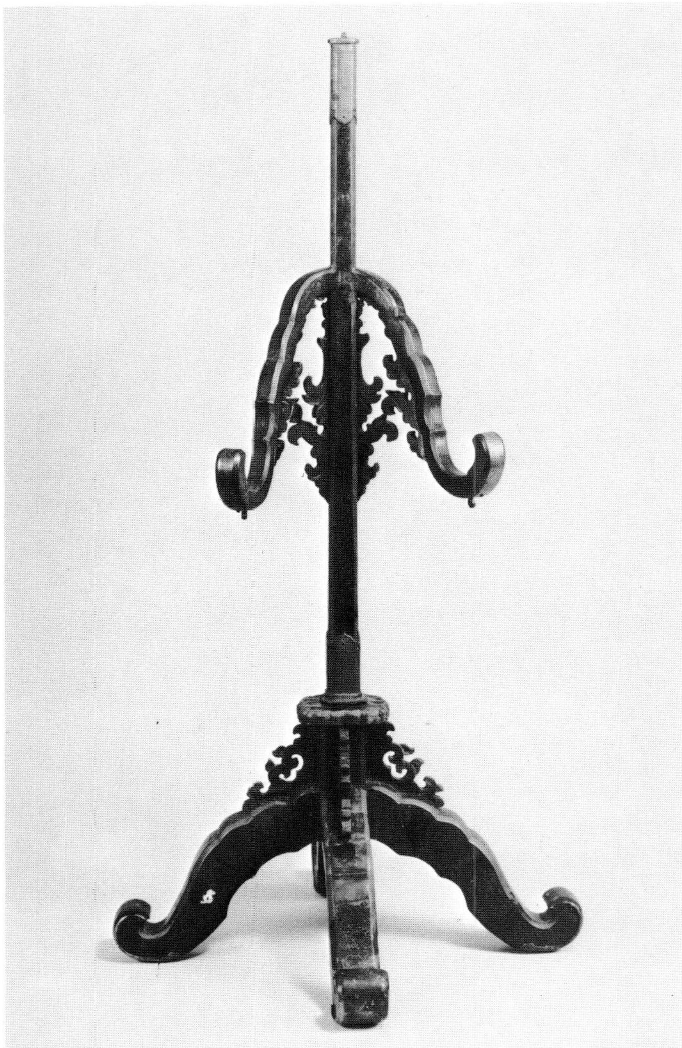

150
Spiegelständer. Holz mit Schwarzlack. H. 67 cm. 11. Jahrhundert. Kasuga-jinja, Nara
Der zierliche Ständer steht auf vier geschwungenen Beinen. Die beiden für den Metallspiegel vorgesehenen Arme sind in spitzem Winkel angesetzt und wiederholen die Form der Beine. Plastische Rankenornamente geben dem Ständer eine elegante, an chinesische Formen erinnernde Silhouette. Die Schwarzlackgrundierung ist mit Streugold und Mustern in Gold- und Silberblech verziert.

Die mittlere und späte Heian-Zeit brachte auch die erste Hochblüte der rein japanischen Lackkunst. Goldlack und Perlmutter tragen in die Tempelhallen das paradiesische Leuchten hinein, das die Heils- und Erlösungskraft der goldenen Skulpturen noch hervorhob. Die Hōō-dō des Byōdō-in in Uji verlor die ursprünglichen Perlmutter- und Lackverzierungen des Altars, aber die etwa siebzig Jahre jüngere Konjiki-dō des Tempels 86
Chūson-ji in Hiraizumi bewahrte ihren Innenschmuck. Die Hauptpfeiler zeigen zwölf Medaillons mit der Gestalt des All-Buddha Dainichi aus den Mandara. Sie sind in dichter Goldlackstreuung ausgeführt, die die Umrißlinien freiläßt. Die Zwickelfelder sind mit Ranken in gleicher Technik gefüllt. Im Gegensatz dazu zeigen die Zwischenstreifen und das gesamte Gebälk Ornamentkartuschen in Perlmuttereinlage, teils im Wechsel mit durchbrochenen Bronzebeschlägen. Auch die Sockel anderer Skulpturen und die Altartische des 149
Tempels sind vermutlich von der gleichen Werkstatt mit reichen Perlmuttereinlagen verziert.

Außer Waffen und Rüstungen sind auch vier Feldsättel der späten Heian-Zeit erhalten. Sie sind 151
in ähnlicher Weise mit Einlagen von Perlmutter geschmückt, die anschließend durch Überlackierung gefestigt wurden. Hier tauchen profane und poetische Motive auf: Eichenzweige und Käuzchen, Hagi-Klee, Päonienzweige und dekorative ornamentale Wellen. Die volle Freiheit des Dekors finden wir bei dem einzigen erhaltenen Toiletten- 152
kasten der späten Heian-Zeit. Er zeigt in *togidashi*-Lack und mit Einlagen von Perlmutter und Edelmetallfolie eines der beliebten Motive der Zeit: Wagenräder, die zum Härten im Wasser schwimmen. Das gleiche Sujet findet sich auch in den Gedichtpapieren der Sammlung *Sanjūroku-nin-shū*. Noch freier gestaltet gibt sich die Naturwelt auf der kleinen Truhe mit Irissumpf und Regenpfei- 153
fern, die der Tempel Kongōbu-ji auf dem Kōyasan besitzt. Mit leichter Hand ist in *togidashi*-Lack mit wenigen blitzenden Perlmuttereinlagen – hier und da ein Vogel oder Pfeilkrautblatt – eine rein japanische lyrische Landschaft dargestellt.

151
Sattel. Holz mit Perlmutter. H. 27 und 30 cm, L. 44 cm. 12. Jahrhundert. Nationalmuseum, Tōkyō
Vorderer und hinterer Aufsatz des Sattels sind in Perlmuttereinlagen mit langen Rispen blühenden Hagi-Klees verziert, die in der Mitte auf ein Spinnenetz hinwachsen. Auch auf den Querbrettern sind an Kanten und in der Mitte Hagi-Pflanzen in feinem Perlmutter in einen Schwarzlackgrund eingelegt. Der Hagi-Klee, der poetische und kriegerische Assoziationen hervorruft, gehört zur Bilderwelt des Heian-Hofes.

152
Toilettenkasten. Holz mit Schwarzlack, Goldlack und Perlmutter. L. 22,4 cm, B. 30,6 cm, H. 13,5 cm. 12. Jahrhundert. Nationalmuseum, Tōkyō
Den ältesten noch erhaltenen Toilettenkasten mit Streulackdekor schmückt das poetische und ornamentale Motiv der Räder, die zum Härten im Wasser schwimmen. Die Linien des Wassers und die Räder sind in *togidashi*-Lack gearbeitet, die Räder teils auch in Perlmutter eingelegt. Das Innere zeigt einen Dekor mit blühenden Pflanzen und Vögeln der vier Jahreszeiten, der in reizvollem Kontrast zum Äußeren steht.

153
Kleine Truhe. Holz mit Schwarzlack, *togidashi* und Perlmutter. L. 30,5 cm, B. 39,9 cm, H. 30 cm. 12. Jahrhundert. Tempel Kongōbu-ji, Kōya-san, Wakayama
Auf Deckel und Seiten der kleinen Truhe, die zur Aufbewahrung von Kultgegenständen diente, sind Wiesenstücke mit blühenden Iris, Wasserpflanzen und fliegenden Regenpfeifern gesetzt, die an den Dekor von Schreibpapieren erinnern. Mit höchster Kunstfertigkeit sind Linien und Flächen in *togidashi* verschiedener Färbung gearbeitet. Einzelne Details sind mit Perlmutter eingelegt und erhöhen den Oberflächenglanz. Auch der Einsatzkasten zeigt das Sumpfmotiv an den Wandungen, der Boden dagegen ist wappenartig durchbrochen und mit Ranken in Goldbronze gefüllt.

154
»China-Truhe«. Holz mit Schwarzlack und Perlmutter. L. 92,3 cm, B. 67,7 cm, H. 59 cm. Ende 11. Jahrhundert. Nationalmuseum, Tōkyō
Die Seiten und den Deckel der »China-Truhe« schmücken große Phönix-Wappenrunde, die in Perlmutter in den Schwarzlackgrund eingelegt wurden. Zeitgemäß ist der Schwarzlack locker mit Goldpulver bestreut, im Innern der Wappen dichter und in den kleinen Wappen an den Beinen fast flächenfüllend, so daß eine vielfältige Glanzwirkung zu dem Perlmutter hinzukommt.

Im Bereich des liturgischen Geräts allerdings bleibt die Bindung an die buddhistische Formenwelt stärker. Ein neues Schmuckelement in Gestalt von Wappenmustern tritt in der Lackkunst des
154 12. Jahrhunderts auf. Die Truhe chinesischen Typs auf sechs Beinen zeigt versetzt angeordnete kraftvolle Phönix-Wappen in Perlmuttereinlage über die Wandung des Deckels verstreut; im kleinen wiederholen sich die Wappen auf den Beinen. Hinzu kommt Goldstreuung in dreifacher Abstufung, die jedoch den kräftigen ornamentalen Stil des Dekors nur wenig zu mildern vermag.

Musik und Tanz

> »So standen an diesem Tag im Schatten des roten Herbstlaubes vierzig Leute im Flötenring nebeneinander. Im richtigen Takt zu dem unbeschreiblich schönen Flötenspiel hörte sich der Kiefernwind wie ein Brausen aus den tiefen Bergen an. Mitten aus den bunt durcheinander wehenden Blättern erhob sich glanzvoll der ›Tanz der Blauen Meereswellen‹ so zauberhaft schön, daß es jeden beinahe mit Furcht erfüllte.«[41]

Im Gefolge der Gesandtschaftsreisen gelangten auch Formen von Musik und Tanz vom Festland nach Japan, die wegen ihres exotischen Charakters und ihrer hohen künstlerischen Faszination begeistert aufgenommen wurden. Die *gigaku*-Musik- und Tanzkunst rückte mit dem Ausgang der Nara-Zeit in den Hintergrund. Dagegen kam die »elegante Musik« *(gagaku)* in Mode. Sie wurde vom Kaiserhof gefördert und bei zeremoniellen Anlässen zur feierlichen Unterhaltung aufgeführt. Bei den Tänzen mit Musikbegleitung sprach man von »Tanzmusik« *(bugaku)*. Je nach den Herkunftsländern, aus denen auch Instrumentation, Choreographie, Kostüme und Masken kamen, unterschied man die anscheinend älteren zentralasiatischen und koreanischen von den jüngeren indischen-hinterindischen und den tangzeitlichen chinesischen Tänzen. Auch die altjapanischen shintōistischen und ländlichen Tänze wurden zu *bugaku* fortentwickelt.

Die Herkunft der Musik bestimmte zudem die Instrumente. Indische und chinesische Musik wurden mit Bambusflöten, Bambusoboen, Mundorgeln, einem Bronzegong, einer Seitentrommel und der großen Pauke gespielt; dazu kamen Saiteninstrumente: die *biwa*-Baßlaute und die 13saitige *sō no koto*-Röhrenzither. Die Instrumente der koreanischen Musik waren anders gestimmt. Zu ihnen zählen Korea-Flöte, Bambusoboe, Bronzegong und eine Seitentrommel. Instrumente japanischer Tradition sind die kleine *wagon*-Röhrenzither und Schlagstöcke, die bei den *kagura*-Tänzen des Shintō-Kults benutzt wurden.

Die im Orchester vorgetragene Musik basierte auf kurzen, volksliedartigen Melodien von 16 bis 32 Takten, zu denen man alle Instrumente einsetzte. Beim *bugaku* wurde der Tanz nur von Flöten und Schlaginstrumenten begleitet.

Der Pflege von Musik und Tanz nahmen sich die Kaiser persönlich an. Kaiser Saga, der Sohn des

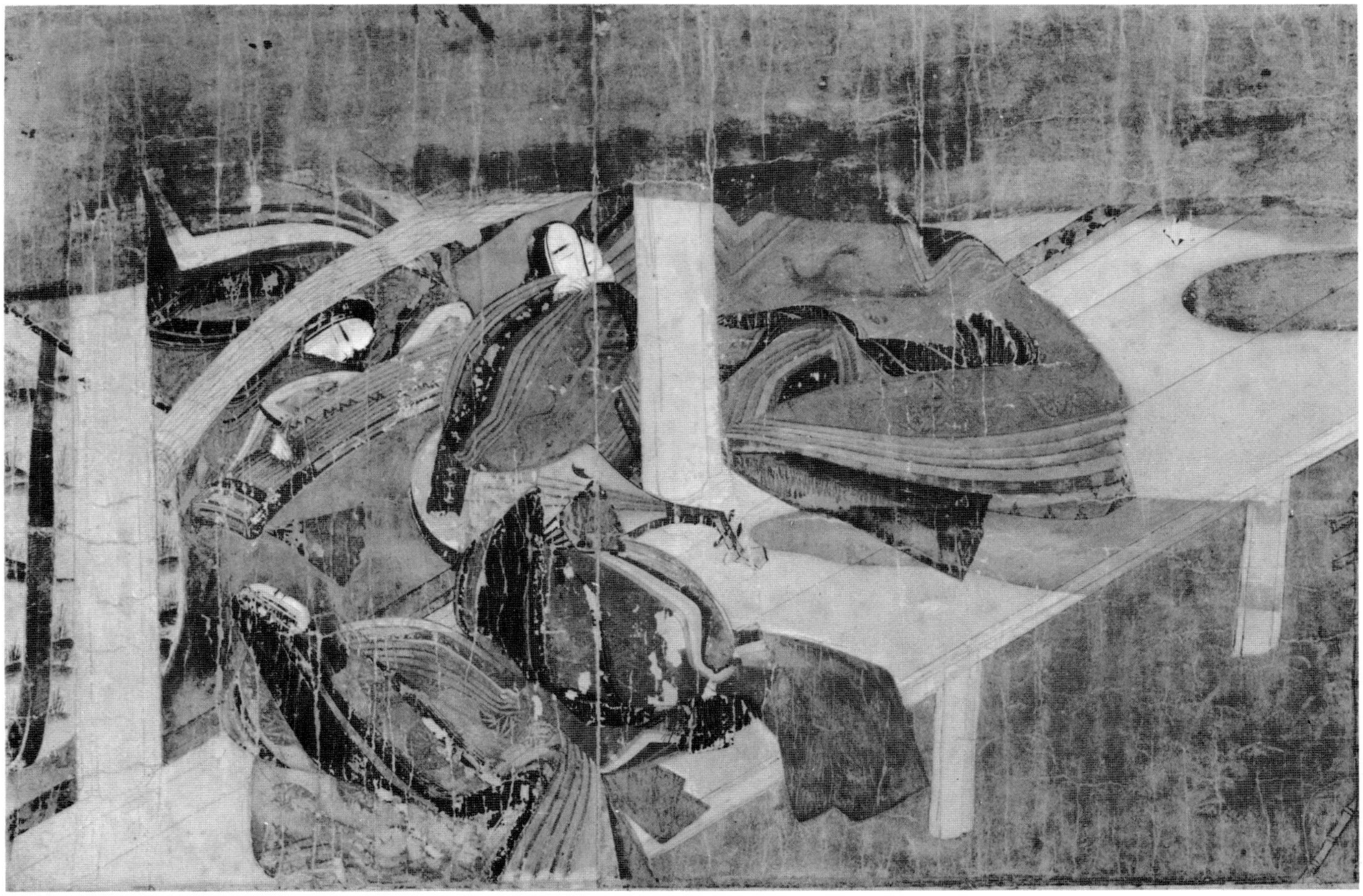

155
Genji-monogatari-emaki, 45. Kapitel, Hashihime. Tusche und Farben auf Papier. 22 x 48,9 cm. Erstes Viertel 12. Jahrhundert. Tokugawa Reimeikai Foundation, Tōkyō
Bei Vollmond blickt Prinz Kaoru in Uji durch einen mit rotem Efeu bewachsenen Zaun auf die musizierenden Schwestern Ōigimi und Naka no Kimi. Hinter dem Umgang des Hauses sieht man Ōigimi mit der *koto*-Zither und Naka no Kimi mit der *biwa*-Laute. Silberwolken lagern über der Szene.

156
Koto. Holz mit Schwarzlack und *togidashi.* L. 152 cm, B. (oben) 26,5 cm. 11. Jahrhundert. Tempel Kongōbu-ji, Kōya-san, Wakayama
Auf dem langen Klangbrett der 13saitigen Zither sind zwischen den – heute verschwundenen – Randbeschlägen lineare, wie »fließende Tusche« unregelmäßig schwingende Felsformationen dargestellt, um die und auf denen Pflanzen, blühende Bäume, Vögel und Schmetterlinge erscheinen. Streugold und -silber kolorieren die bald dicht, bald locker gestreuten Motive. Die Bildauffassung erinnert an die berühmten Schmuckpapiere des *Sanjūroku-nin-shū* im Tempel Nishihongan-ji.

Kammu-Tennō, reorganisierte und erweiterte im Jahre 809 das alte Büro für Musik. Es umfaßte jetzt je vier Lehrer für Tanz, Musik und Flötenspiel, dazu zwölf Lehrer für koreanische Musik und je zwei für die exotische Musik aus Dora, Wu und Indien[42]. Die Zahl der Musiklehrer übertraf die der anderen Disziplinen, etwa der Literatur, bei weitem. Das Amt wurde später wieder verkleinert und bekam unter Kaiser Nimmyō durch die Reform von 848 seine endgültige Form. Der aus China zurückgekehrte Gesandte Fujiwara no Sadatoshi hatte auf dem Festland Musik studiert und zudem 20 bis 30 neue Rollen mit Musiknotationen mitgebracht. Die *gagaku*-Hofmusik basierte auf zwei Fünftonarten, der *ryō*- und der *ritsu*-Weise. Es gab drei Arten der Notation: eine Tabulatur für Saiteninstrumente, die Bezeichnung der exakten Tonhöhen für Blasinstrumente und für die Vokalmusik linienartige Neumen; alle wurden von den Notationen buddhistischer Hymnenrezitation übernommen.

Durch die Reform wurden Musik und Tänze modernisiert. Eine quadratische Bühne diente für die Aufführungen. Je zwei Musikzelte im Osten und Westen beherbergten die Musiker der verschiedenen Orchestrierungen. Im Norden der Bühne standen die beiden großen Pauken. Nach der damaligen Terminologie wechselten sich Links- und Rechtsmusik ab. Zur Linksmusik, die von der linken kaiserlichen Leibwache des fünften Ranges in roter Hoftracht vorgetragen wurde, zählte die Tang-Musik, die indische Musik, aber auch die neue nationale japanische Tanzmusik. Zur Rechtsmusik gehörte die altertümlichere koreanische Musik und das obsolete *gigaku;* sie wurde von Angehörigen der rechten Leibwache des sechsten Hofranges gespielt, die ihrem Rang entsprechende grün-blaue oder gelbe Gewänder trugen.

Auch die Choreographie der Tänze war unterschiedlich. Es gab Kriegstänze und literarische Tänze. Die ersteren wurden in energischem Lauftempo, die letzteren mit eleganten, fließenden Bewegungen als Friedenstänze vorgetragen. Die Tänzer traten meist zu zweit, viert oder sechst auf und bewegten sich im Gleichtakt. Grundsätzlich tanzten nur Männer, doch gab es auch Knaben- und Frauentänze.

Den Übergang vom Musik-Amt *(gaku-ryō)* zur Musik-Schule des Hofes *(gaku-sho)* vollzog Kaiser

157
Hare-Maske des *bugaku*-Tanzes Ninomai, von Gyōmyō. Holz mit Lack- und Farbfassung. H. 29,8 cm, 1173. Itsukushima-jinja, Miyajima, Hiroshima
Im *bugaku* folgte der Tanz Ninomai dem Ama-Tanzstück und parodierte es. Zwei Tänzer traten auf, der eine mit männlicher, lachender Gesichtsmaske (Emi-men), der andere mit weiblicher, leprös geschwollener Maske (Hare-men). Das berühmteste Paar dieser Masken wird im Itsukushima-jinja aufbewahrt. Der groteske Ausdruck der Hare-Maske ist vom Schnitzer Gyōmyō ins Abgründig-Tragische gesteigert worden.

Murakami im 10. Jahrhundert. Veraltete Tänze wurden ausgeschieden, neue Paartänze entwickelt. In der Regierungszeit des Kaisers Ichijō (986–1011) begann die Blütezeit des *bugaku*. Traktate zur Tanzkunst wurden verfaßt; ein grundlegendes Werk schrieb und illustrierte Fujiwara no Shinzei (Michinori) im Jahre 1159.

Die Kunst des *bugaku*-Tanzes gehörte zur obligaten Ausbildung des Mannes bei Hofe. Zu den

Hoffeierlichkeiten tanzten Prinzen und Höflinge oft ganz spontan, stets jedoch ohne Masken. Im *Genji-monogatari* wird hingebungsvoll über die Tanzvorführung des Strahlenden Prinzen Genji beim Herbstlaub-Fest berichtet. Genji tanzte den »Tanz der blauen Meereswellen« mit Tō no Chūjō vor dem Kaiser im Palais Suzaku-in. 40 Flötenspieler gaben unisono die Begleitung. Tanz folgte bei jenem Fest auf Tanz und wurde vom Kaiser durch Geschenke und Rangerhöhungen belohnt. Ein besonderes künstlerisches Ereignis bei Hofe stellte am 2. Drachentag des 11. Monats der *gosechi*-Tanz dar. Vier junge Hofdamen tanzten ihn auf der Bühne mit elegant schwingenden Ärmeln.

Aber nicht nur zu offiziellen Anlässen wurde musiziert. Ebenso wesentlich wie die Bildung in Dichtung und Kalligraphie war für die Damen und Herren der Aristokratie die Ausbildung ihrer musikalischen Fähigkeiten. Auf Saiteninstrumenten,
155–156 der *wagon*-Zither, der sō *no koto*-Zither und der *biwa*-Laute, konnten die Damen die Vornehmheit ihres Wesens zum Ausdruck bringen; ebenso die Herren, die aber außerdem noch in der Kunst des Querflötenspiels ihre Seele offenbarten. Instrumente besonderer Klangschönheit wurden als Kostbarkeiten gehütet, vererbt und besaßen persönliche Namen.

Bei den über 100 aus der Heian-Zeit überlieferten *bugaku*-Tänzen verwendete man 32 Gesichtsmasken. Heute kann man aus diesem Repertoire noch 24 Maskentypen identifizieren[43]. Die Masken der Heian-Zeit scheinen für Aufführungen in Tempeln angefertigt, jedenfalls aber bei solchen getragen worden zu sein. Im Tempel Tōdai-ji verwahrt man *bugaku*-Masken, die 1042, 1086, 1160 und 1162 bei Kegon-e-Festen getragen und mit diesen Daten beschriftet worden waren. Ebenfalls ins 12. Jahrhundert datierte Masken befinden sich im Besitz des Tempels Hōryū-ji. Aber auch Shintō-Schreinen weihte man *bugaku*-Masken.
157–158 Der Bestand des Itsukushima-Schreins trägt die Jahreszahl 1173 und zeichnet sich durch Meistersignaturen aus. Vom Ende des 12. Jahrhunderts an signierten die Holzbildhauer der großen Ateliers auch die von ihnen gefertigten Masken.

Wie die monumentalen Buddha-Skulpturen Japans gestalteten die Schnitzmeister auch die Gesichtsmasken des *bugaku* zu hervorragenden, ausdrucksvollen Kunstwerken. Bei den bizarren

158
Emi-Maske des *bugaku*-Tanzes Ninomai, von Gyōmyō. Holz mit Lack- und Farbfassung sowie Pferdehaar. H. 27 cm. 1173. Itsukushima-jinja, Miyajima, Hiroshima
Der männliche Part des Tanzes Ninomai stellt einen faltigen, lachenden Alten mit langen Augenbrauen und langem Barthaar dar. Das Komische und Burleske der Tanzrolle sind meisterhaft erfaßt.

Geistermasken des Ryō-ō und des Genjō-raku, den grotesken, manchmal lasziven Ninomai- und Kotoku-raku- wie den tiefernsten und den schönen Shintoriso- und Ayagiri-Masken wurde jeder wesentliche Zug der Tanzenden zum Ausdruck gebracht.

Die buddhistischen Prozessionsmasken stehen zeitlich und teils auch formal den *bugaku*-Masken nahe, dienten aber nicht bei Tanzvorstellungen, sondern ausschließlich bei einer Kulthandlung, die als Bildprozession bezeichnet werden kann[44]. Ein zentrales Kultbild, im Hōryū-ji die Skulptur des Shōtoku Taishi, bei *raigō*-Prozessionen die des Buddha Amida, wurde zur heiligen Umschreitung *(gyōdō)* von Trägern und Begleitern in Masken umhergetragen. Diese repräsentieren niedere Gottheiten, aus dem Hinduismus übernommene Gestalten von Göttern, Dämonen, Halbgöttern und Tiermenschen, die als Schutzgötter im Buddhismus auftreten. Als vornehmste Maskengestalt
159 traten die Bodhisattva auf, deren erhabenes überirdisches Wesen in der Bildung des Maskenantlitzes verkörpert wurde. Auch die *gyōdō*-Masken entstanden in den Buddha-Bildhauerateliers und zeigen einen sehr direkten Bezug zur Großplastik der Heian-Zeit. Sie folgen dem Zeitstil der japanischen Plastik des 11. und 12. Jahrhunderts. Wie bei den *bugaku*-Masken wurden bei ihnen die technischen Mittel zur Steigerung des Künstlerischen eingesetzt, wobei die *yosegi*-Schnitzmethode mit dem Zusammenfügen mehrerer Holzblöcke die Einstammtechnik abgelöst hatte.

Die Jahresfeste

Das Leben des Kaisers und seines Hofstaats prägten die für das ganze Jahr kalendarisch festgelegten Zeremonien und Feste. Der Tennō, Nachfahre der Sonnengöttin Amaterasu, stand als Hauptpriester den shintōistischen Observanzen vor. Gleichzeitig leitete er alle von China übernommenen konfuzianistischen Bräuche und führte mit seinem Hofstaat die ihm persönlich und dem Lande dienlichen buddhistischen Übungen aus. Die Möglichkeit zu selbständigem politischem Handeln nutzten nur einige der 33 Kaiser der Heian-Zeit. Diese wenigen Persönlichkeiten auf Japans Kaiserthron waren nicht durch blutmäßige Bindungen an die Fujiwara-Regenten gebunden.

Die Zeremonien im Jahresablauf *(Nenjū-gyōji)* wurden durch Saga-Tennō im Jahre 821 aufgeschrieben. Das dreibändige Werk trägt den Titel »Palastzeremonien während der Kōnin-Zeit« *(Kōnin-dairi-shiki)*. Erst darin werden die altüberlieferten und die zu Beginn des 9. Jahrhunderts neu eingeführten Zeremonien genannt. Kaiser Kammu, der Begründer von Heian-kyō, hatte wohl zwingendere Aufgaben, als sich um das Hofzeremoniell zu kümmern. Im Buch der Palastzeremonien werden zusätzlich erwähnt: das »Fest der blauen (weißen) Pferde«, verbunden mit einem »Stampfsingen« am 7. Tag des 1. Monats, das »Dichtfest am Bachlauf« im Palastgarten und das »Chrysanthemenfest« am 9. Tag des 9. Monats. Diese drei Feste führte man nach chinesischem Vorbild ein. Zugleich kamen zwei ganz japanische Feste auf: das »Kirschblüten-Fest« und das »Fest des roten Herbstlaubes«, die sich nach dem Stand der Vegetation richten mußten und kalendarisch nicht festgelegt werden konnten. Zwar erscheinen diese beiden Feste nicht im *Nenjū-gyōji,* doch widmete Murasaki Shikibu ihnen im *Genji-monogatari* je ein eigenes Kapitel.

Ein Bilddokument der Hofzeremonien und Feste soll erstmals unter Daigo-Tennō um 930 vom Hofmaler Kose no Kanaoka geschaffen worden sein; es ging anscheinend verloren. So ließ gegen Ende der Heian-Zeit Goshirakawa-Tennō, vielleicht schon im Bewußtsein der Zeitenwende, zwischen 1158 und 1166 erneut eine *emaki*-Folge der *Nenjū-gyōji* malen. Wie beim *Ban-Dainagon-emaki* gilt Fujiwara no Mitsunaga als Hauptmaler dieses gewaltigen Werkes von 60 Langrollen. Der Exkaiser verwahrte die Lackbehältnisse mit den Rollen zunächst in seinem Tempelschatzhaus im Rengeō-in auf. Nach dessen Zerstörung im 13. Jahrhundert erhielt sie das Kaiserhaus zurück. Aus lebendigem Interesse ließ Kaiser Gomizunoo das

159
Bosatsu-Maske. Holz mit Lack- und Farbfassung. H. 24,9 cm. Mitte 12. Jahrhundert. The Cleveland Museum of Art, Cleveland, John L. Severence Fund (Inv.-Nr. 50.581). Die Maske zeigt das hoheitsvolle Antlitz eines Bodhisattva. Solche Masken wurden bei *gyōdō*-Prozessionen von 25 Mönchen getragen, die die Herabkunft des Amida Nyorai als Heilszeremonie darstellten. In den Tempeln Hōryū-ji und Tōdai-ji wie auch im Jōdo-ji in Hyōgo haben sich Bosatsu-Masken erhalten. Vermutlich schuf ein Buddha-Schnitzer aus dem Umkreis des Unkei in Nara diese Maske.

160
Nenjū-gyōji-emaki, 1. Rolle, 2. Szene. Tusche und Farben auf Papier. H. 45,2 cm. Kopie nach Original von etwa 1160. Privatsammlung
Im Vorhof der Palasthalle Shishin-den warten an den Toren Shōrei-mon und Kenrei-mon die kaiserlichen Gefolgsleute mit der Phönix-Sänfte auf die Ankunft des Tennō. Der Kaiser begibt sich an Neujahr zum Palast des Exkaisers, seines Vaters.

ganze Werk im Jahre 1661 von der Werkstatt des Hofes, den Malern der Sumiyoshi-Familie, kopieren. Da das Original verlorenging, haben wir heute nur noch die Kopien: sieben Rollen des Satzes in präziser farbiger Kopie, neun Rollen in Schwarzweiß. Dazu kommen noch etliche Repliken nach Kopien aus dem 19. und 20. Jahrhundert.

Die Bildszenen des *Nenjū-gyōji-emaki* zeigen vom Leben der Heian-Zeit einerseits die elitären Rituale am Kaiserhof, zum Beispiel die Ausfahrt 160
des Kaisers zum Besuch des Exkaisers zu Neujahr, andererseits aber auch, wie alle Schichten der Bevölkerung daran teilhaben, teils als Wachpolizei, teils als Bedienstete oder als gaffendes Volk auf der Straße. Zu sehen sind ebenfalls die Feste, wie das Kamo-Fest im 4. Monat. Dabei geleitet die Priesterin, eine kaiserliche Prinzessin, die Prozession des Regenten zum Unteren und Oberen Kamo-Schrein, um am Fluß die Reinigungsrituale zu vollziehen. Gleichzeitig finden im Kaiserpalast *bugaku*-Vorführungen und Bankette für Bogenschützen statt.

Den höfischen *kemari*-Fußballspielen im Palastgarten werden die populären Hahnenkämpfe ge-

161
Kitano Tenjin-engi, 2. Rolle, 2. Szene. Tusche und Farben auf Papier. H. 52,1 cm. Um 1219. Tempel Kitano-jinja, Kyōto
Im Hof des Palais des Adligen Miyako no Yoshika findet ein Bogenschießen statt. Der berühmte Staatsmann Sugawara no Michizane legt den Pfeil an und zielt auf die Scheibe, während hinter ihm der Hausherr auf einem Mattensitz und rundherum Gäste, Diener und Volk fasziniert zuschauen.

genübergestellt, die zu den Hauptvergnügungen des niederen Adels im inneren *shinden*-Palais und des Stadtvolkes auf der Straße gehören. Die Bankette bei Hofe zu Neujahr werden gezeigt, die nach
161 den Wettkämpfen im Bogenschießen der Palastwache am 18. Tag des 1. Monats veranstaltet werden, zudem die *bugaku*-Tänze vor dem Kaiser und das zeremonielle Verlesen von Gedichten. Ferner sieht man die hochzeremoniellen Veranstaltungen in der offiziellen Palasthalle Daigoku-den zum großen Erntedankfest. Verborgen bleiben die Thronsitze von Kaiser und Kaiserin, während ein langer Zug buddhistischer Priester Einzug hält. Dargestellt sind ferner die Empfänge der Kaiserin und der Nebengemahlin des Kaisers.

Auch die buddhistischen exorzistischen Rituale werden in den Langrollenbildern gezeigt. In der
35 Shingon-in-Halle westlich des Palastes finden Geheimzeremonien statt: Bilderrollen mit den »Fünf Großen Myōō« hängen über dem Altar, links und rechts werden sie von den beiden Mandara – »Mutterschoßwelt« im Osten und »Diamantwelt« im Westen – flankiert. Die Bilder der Jūni-ten haben ihren Platz in der östlichen Vorhalle.

Bei dieser religiösen Szene und noch einmal bei der Darstellung von sechs Hoftänzerinnen, die 137
nach dem Naien-Bankett, einem der Neujahrsbankette, auf einer Bühne im Ostgarten der Halle Ryōki-den tanzen, nahm der Maler die Zentralperspektive zu Hilfe, um den Blick des Betrachters auf diese kultisch wichtigen Szenen zu lenken.

Da zudem in folgenden Rollen das Gion-Fest und Volkstänze im Bild vorgeführt werden, lassen diese Langrollen das Jahr im Erleben des Hofes und des Volkes, von höchster Würde bis zu fröhlicher Unbekümmertheit, anschaulich mitverfolgen. Auf diese Weise hält das *Nenjū-gyōji-emaki* vergangene Bräuche und Bauten fest. Wir sehen nicht nur 162
die offiziellen Palasthallen des Chōdō-in und Bu-

162
Nenjū-gyōji-emaki, 1. Rolle, 4. Szene. Tusche und Farben auf Papier. H. 45,2 cm. Kopie nach Original von etwa 1160. Privatsammlung
Ein Bote des Kaisers in offizieller Staatstracht verkündet mit einem *shaku*-Zepter in den Händen das Nahen des Tennō im Palais Hōjūji-dono, in dem der Exkaiser residiert. Rechts oben zeigen Hofdamen die Ärmel ihrer Gewänder unter Staatschirmen.

raku-in, sondern auch Gebäude des Inneren Palastes, die Hallen Shishin-den, Seiryō-den und die
175–176 Jijū-den der Kaiserin. Teilweise erkennt man die Inneneinrichtung mit bemalten Vorhängen und Faltschirmen in den Räumen der Damen. Auch die Kleider der verschiedensten Adelsränge, der Palastwachen, Priester, Diener und Leute des Volkes sind getreu und mit Freude am Detail überliefert.

So vermittelt das *Nenjū-gyōji-emaki* neben den literarischen Zeitbildern, die uns aus der Blüte der Heian-Zeit verblieben sind, ein auf der Welt einmaliges, lebendiges Anschauungsmaterial für eine rund tausend Jahre zurückliegende Kultur.

Die Herren und Damen des Hofes

Als den Prototyp des vornehmen Herrn der Heian-Zeit stellt Murasaki Shikibu den Idealhelden ihres Romans vor, den Strahlenden Prinzen Genji. Dieser schöne, elegante, sensible und leicht vom
163 Pathos des Lebens angerührte, unheldische Mann wurde zum Idealbild einer Zeit, zum Vorbild der Männer, zum Wunschprinzen der Damenwelt. Sein Sohn und sein Enkel trugen viele seiner Züge weiter, konnten ihm aber an Schönheit und Noblesse des Wesens und Aussehens nicht gleichkommen. Generationen japanischer Forscher haben nach dem Urbild des Prinzen Genji gesucht. Es scheint möglich, daß nicht nur die Phantasie der Dichterin den Romanhelden erschuf, sondern daß Murasaki Züge von Fujiwara no Korechika (974–1010) aufgriff, der ähnlich wie Genji wegen eines tatsächlichen oder versuchten Liebesverhältnisses mit der Gattin des Exkaisers in Verbannung geschickt wurde, doch rehabilitiert nach Heiankyō zurückkehren konnte. Von I. Morris stammt das folgende Bild eines Herrn der Heian-Zeit[45]:

»Der Höfling der Heian-Zeit puderte sein Gesicht (die Gesichter schlecht gepuderter Männer erinnern Sei Shōnagon an dunkle Erde, auf der der Schnee zu einzelnen Flecken geschmolzen ist) und verteilte großzügig Räucherwerk über Haar und Kleidung. Die Technik, Parfüms zu mischen, war hochentwickelt. In einer Zeit, da man nicht allzu gründlich badete und die kunstvollen Gewänder schwer zu reinigen waren, erwies sich das Räucherwerk als sehr nützlich. Natürlich war es kein gebrauchsfertiger Artikel, sondern das Produkt einer komplizierten und verfeinerten Kunst. Genji selbst wurde sehr bewundert für die Sorgfalt, mit der er seinen eigenen Räucherduft komponierte;

163
Genji-monogatari-emaki, 36. Kapitel, Kashiwagi III, 3. Szene (Ausschnitt). Tusche und Farben auf Papier. 21,9 x 48,1 cm. Erstes Viertel 12. Jahrhundert. Tokugawa Reimeikai Foundation, Tōkyō
Prinz Genji hält am 50. Tag nach der Geburt seinen angeblichen Sohn Kaoru im Arm. Er betrachtet das Kind und sinnt über die Wiederholung des Schicksals nach, denn durch seine unerlaubte Liebe zu Fujitsubo, der Frau seines Vaters, war er Vater von Kaiser Reizei geworden (vgl. Abb. 180).

eine unverwechselbare Duftnote kündete sein Kommen an und blieb nach seinem Fortgang gewöhnlich noch längere Zeit in der Luft hängen. Für Prinz Niou, der alles in allem als ein eher männlicher Charakter dargestellt ist, war die Vorbereitung von Räucherwerk eine Art Leidenschaft. Er, wie sein Freund Kaoru verdanken dieser Kunst ihren Namen, und nichts drückt die Ideale dieser Zeit besser aus und schafft einen stärkeren Kontrast zum nachfolgenden kriegerischen Zeitalter als der Umstand, daß diese beiden von Murasaki am meisten respektierten männlichen Figuren ›Herr Wohlgeruch‹ und ›Prinz Räucherduft‹ genannt wurden.«

Aber nicht Murasaki Shikibu allein schildert ihre männlichen Helden rundgesichtig, weißgepudert, pathetisch und effiminiert, auch in der von einem Mann verfaßten Geschichte *Utsubo-monogatari* gleicht die Heldengestalt dem Prinzen Genji. Selbst ein Jahrhundert später lebte dieses Schönheitsideal noch fort, denn sonst hätten die Maler des *Genji-monogatari-emaki* und aller übrigen Genrebilder der Zeit schwerlich ihre Figuren so getreu nach dieser Beschreibung dargestellt.

Prinz Genji vertritt insofern ein Ideal in den Augen der Welt des Heian-Hofes, als er, obwohl von seinem kaiserlichen Vater in den Untertanenstand versetzt, doch so märchenhaft reich ist, daß er zwei Stadtpalais besitzt, das Nijō-in und das Rokujō-in, und dort seine zahlreichen Geliebten nicht gemeinsam in einem Harem, sondern jede in einem ihr angemessenen Flügel standesgemäß unterbringt und für sie sorgt. Obwohl Genji heftig über die einengenden Staatsgeschäfte stöhnt, die ihm seine hohen Ämter aufbürden, widmet er den Damen, vor allem seiner geliebten Nebenfrau Murasaki, viel Zeit und Aufmerksamkeit. Als Mann seines Ranges hat er an allen Hofzeremonien teilzunehmen sowie bei Empfängen, Banketten und bei den offiziellen Tempelfesten, etwa dem Kamo-Fest, mit gebührendem Gefolge aufzutreten. Er muß die meiste Zeit bei Hofe zubringen, die Majestäten unterhalten, dort den fürstlichen Sport des *kemari*-Fußballs ausüben, musizieren und bei den *bugaku*-Tänzen und Gedichtwettstreiten mitwirken. Jagd und Ausritte, selbst Bogenschießen oder Fechten liegen unter seiner Würde.

Was Genji an politischen und Verwaltungsgeschäften zu bewältigen hatte – in jedem Falle tat er es mit Unlust –, weiß man nicht. Die Grundlage aller Wissenschaft der damaligen Zeit, das Chinesische und die klassische chinesische Literatur, dazu natürlich die Dichtung, gehörte zur standesgemäßen Bildung. Allerdings gibt er bei der Mannbarkeitsfeier seines Sohnes Yūgiri zu, daß seine Bildung Mängel aufweise, da er im Palast aufgewachsen sei. Nun solle sein Sohn aber das Universitätsstudium absolvieren. Dem armen Yūgiri wird nur der verachtete sechste Rang verliehen – der vierte stünde ihm zu. Der Knabe muß bei den abwertend und komisch geschilderten Gelehrten und Doktoren der Universität studieren und trägt offensichtlich einen Minderwertigkeitskomplex davon.

Denn im Leben des Aristokraten spielten die Liebesabenteuer letzten Endes eine wichtigere Rolle. Bereits im zweiten Kapitel des Romans wird geschildert, wie Genji des Nachts über die Psychologie der Frauentypen der verschiedenen Gesellschaftsklassen mit seinem Schwager Chūjō, mit Uma no Kami und Tō Shikibu no Jō diskutiert. Sie wägen die weiblichen Typen und Verhaltensweisen derart gegeneinander ab, daß man sich fragt, ob die Verfasserin des Romans diese Klassifizierung ihres eigenen Geschlechts selbst erkannt haben könne. Allerdings sind aus dem Tagebuch der Murasaki Shikibu scharfe Urteile über die anderen Damen bei Hofe bekannt; besonders Sei Shōnagon wird als überheblich und egozentrisch hingestellt und ihr freies Benehmen getadelt.

Ebenso wie das höfische Zeremoniell engten Verbote und Tabus das Alltagsleben ein, sei es die Vorstellung einer Unreinheit, wie die Berührung mit Tod, Krankheit, Geburt, Menses der Frauen, oder auch böse Träume, die gemäß shintōistischen Vorstellungen eine Klausur erzwangen, sei es die Behinderung durch geomantische Verbote bestimmter Richtungen, die aus der chinesischen Yin-Yang-Lehre kamen und die man durch Ausweichen umgehen mußte. Sie behinderten das normale Leben, boten aber auch in unangenehmen Situationen prächtige Ausreden.

Die medizinischen Kenntnisse waren außerordentlich gering. Zwar hatte man aus China die Akupunktur übernommen und benutzte bei vielen Gebrechen das Brennen von Moxa an bestimmten Nervenpunkten. Man diagnostizierte und behandelte den Kranken nach der taoistischen Methode der Yin-Yang-Lehre. Zumeist aber glaubte man an

164
Genji-monogatari-emaki, 50. Kapitel, Azumaya I (Ausschnitt). Tusche und Farben auf Papier. 21,8 x 39,2 cm. Erstes Viertel 12. Jahrhundert. Tokugawa Reimeikai Foundation, Tōkyō
In der rechten unteren Bildecke sitzen Dienerinnen von Naka no Kimi, während ihrer Herrin (vgl. Abb. 186) die Haare trocken gekämmt werden. Ukifune, die Halbschwester, betrachtet *monogatari*-Bilder. Die Damen tragen die offizielle Hoftracht mit farblich fein abgestimmten, gemusterten Seidengewändern. In der Dreiviertelansicht der einen und dem verlorenen Profil der anderen erkennt man die typisierte Darstellungsform des Frauengesichts, die als »Augen ein Strich – Nase ein Haken« bezeichnet wird.

Besessenheit durch böse Geister oder Einflüsse, die durch Dhāranī-Sprüche von Exorzisten, meist von buddhistischen Priestern, vertrieben und auf ein Medium übertragen werden mußten.

Der sensible, vom buddhistischen Gedankengut der Eitelkeit alles Irdischen beeinflußte Mensch der Heian-Zeit strebte danach, Mönch zu werden. Viele Gestalten des Genji-Romans befreien sich so von menschlichen Bindungen und von ihren Irrungen. Prinz Genji selbst äußerte oft seinen Entschluß, Mönch zu werden, tut es aber letztlich nicht. Er ist ein Kind des Diesseits mit vielen liebenswerten Zügen, derentwegen ihn seine Zeit vergöttert. Und auch die Nachwelt zollt ihm noch durch ein Jahrtausend hindurch Bewunderung als unwiederholbarer Gestalt einer der großen und unverwechselbar japanischen Epochen der japanischen Geschichte.

So vage und verschwommen uns das Bild der adligen Herren aus der Literatur anschaut, so lebendig und konturiert sehen wir die Frauen der 164
Heian-Zeit. Eigentlich verdanken wir das der Langeweile der Damen bei Hofe, die ihre bevorzugte Lage als Angehörige der herrschenden Familien mit großem Fleiß nutzten, denn sie schrieben und beschrieben je nach Temperament und Phantasie das Leben, das sie erträumten oder aber nüchtern sahen. In ihrem »Kopfkissenbuch« kommentiert Sei Shōnagon das Schicksal der verheirateten Hofdamen[46]:

»Frauen, die ein redliches Leben führen, mit dem ehelichen Scheinglück zufrieden sind und auch von der Zukunft keine besonderen Freuden zu erwarten scheinen, finde ich uninteressant und schätze sie gering. Mädchen aus gutem Stande sollten doch einmal in den Hofdienst treten, um die Menschen und die Welt kennenzulernen.

Wie verhaßt sind mir doch jene Männer, die die Damen bei Hofe als leichtfertige und verdorbene Wesen hinstellen! Gewiß, ein Körnchen Wahrheit mag in ihrer Kritik enthalten sein; denn es gibt kaum jemanden, den die Hofdamen nicht zu Gesicht bekommen. Angefangen bei Ihren Majestäten, dem Kaiser und der Kaiserin, bis zu den Vertretern des vierten, fünften oder sechsten Ranges, ist ihnen niemand unbekannt. Sie scheuen sich auch nicht vor den niedrigen Leuten, wie dem Gefolge der anderen Hofdamen, den Angestellten aus der Provinz, den Haushälterinnen, den Dienstmädchen und anderen Arbeitern. Vielleicht treffen sie nicht allzuoft adelige junge Herren. – Oh, doch! Soweit die Frauen im Hofdienst stehen, lernen sie viele Herren kennen. Die Kritik kann man also nicht gänzlich verneinen.«

Vor den Augen der Welt und der Männer saß die Dame des Hofes, in viele Schichten kostbarer Seidengewänder gehüllt, ziemlich bewegungsgehemmt auf einem Podest hinter ihrem Staatsschirm, mit einem Schreibkasten vor sich. So finden wir sie auf den Dichterbildern dargestellt. Den großen Ereignissen des Hoflebens, die sich im Freien abspielten, schaute sie hinter Bambusvorhängen oder aus ihrem Ochsenkarren heraus zu. Für die Umwelt waren nur die steifen, farbig elegant abgestuften Säume ihrer Ärmel sichtbar. Die Gesichter blieben verborgen, und selbst wenn die Dame hervortreten mußte, verbarg sie ihr Gesicht, das, dick geschminkt mit künstlich aufgemalten Brauen und geschwärzten Zähnen, nach den Ideal der Zeit verschönt war, stets hinter einem Fächer.

Die Frau wurde vom Vater verheiratet oder aber von einem Liebhaber kurzerhand erobert, der nach einem Ritual des Gedichtaustauschs sich hinter ihren Vorhang drängen konnte. Im *Genji-monogatari* führt die Eroberungssucht der Herren durchaus nicht immer zum Erfolg und auch nicht immer zum Glück. Wie vielschichtig die Reaktion der Damen sein konnte, weiß Murasaki Shikibu bei den zahlreichen amourösen Abenteuern des Prinzen Genji mit psychologischer Treffsicherheit zu schildern.

Höchst aufschlußreich berichtet Murasaki in ihrem Tagebuch aber auch aus dem Leben der Majestäten. Die Niederkunft von Kaiserin Akiko, der Tochter des Fujiwara no Michinaga, im Jahre 1001 schildert sie mit Sinn für Dramatik. Man sieht das weiß ausgeschlagene Geburtsgemach im Palast des Michinaga, die Scharen von Priestern und Hofleuten, die in Erwartung der Geburt des Kronprinzen Sūtren rezitieren oder Zauberriten vollziehen, sehr anschaulich vor sich. Auch das *Gaki-no-sōshi* gibt
208 im Bild eine Geburtsszene wieder, die allerdings in einem geringeren Haus spielt und von unsichtbaren Hungergeistern einer niederen Seinsstufe bedroht ist.

Den Kindern schlug überhaupt jedes Herz in Liebe zu. Für Murasaki no Ue, die Genji bereits als Kind zu sich nahm, ist es ein großes Unglück, daß sie selbst kein Kind bekommen kann. Sie nimmt deshalb mit großer Zuneigung, wenn auch nicht ohne gewisse Eifersucht, die Tochter Genjis und der Prinzessin Akashi anstelle einer eigenen Tochter auf.

Je nach dem Stand der Heirat blieb die Frau – sei es als Haupt- oder als Nebenfrau – im Haus der Eltern oder konnte auch ins Haus ihres Gatten ziehen. Nach W. McCullough bestand kaum ein Rangunterschied zwischen der Haupt- und den Nebenfrauen[47]. Natürlich war im gewöhnlichen Leben der Frau nicht das Dichten und Schreiben die wesentliche Beschäftigung. Sehr viel prosaischer bestand das Amt der Hausfrau darin, die Kleider ihres Gatten zu waschen und zu nähen. Auch das Färben gehörte zu den weiblichen Tätigkeiten. Murasaki no Ue erweist sich darin als Künstlerin. Und da Gewänder nicht nur für die eigene Bekleidung benötigt wurden, sondern als Geschenke zu jeder Gelegenheit – etwa zu Neujahr – und als Entlohnung dienten, waren Färben und Nähen wichtige Betätigungen im Hause. McCullough berichtet, daß die Schwiegermutter des großen Fujiwara no Michinaga zweimal im Jahr neue Kleider für den Kanzler nähte. Bei der prunkvollen Hofrobe der hohen Würdenträger bot diese Aufgabe der Dame des Hauses und ihrer Dienerschaft ausreichende Beschäftigung. Nichts wurde so bespöttelt wie altmodische Gewänder, noch dazu, wenn man sie als Geschenke vergab.

Allerdings gab es die unangefochtene Gleichberechtigung der Frau auf dem Gebiet der Literatur, und zwar einzig der Literatur in japanischer Sprache. Ohne Ansehen des Geschlechtes wurden seit der Nara-Zeit die Gedichte der Frauen gleich hoch bewertet wie die der Männer. Der Mann von Bildung erwartete von einer Frau, daß sie ein 31silbiges *waka*-Gedicht zu verfassen in der Lage sei, ein Gedicht, das alle Vokabeln, Anspielungen und Naturbilder souverän verwendet, die es zum Kunstwerk machen. Und nicht nur das Dichten selbst, auch das geschulte Niederschreiben in einer Schriftform, die speziell als »Frauenhand« dem Stil und Wesen der Frau entsprach, wurde erwartet. Gerade die Schriftkunst der Damen galt in der Heian-Zeit als kultiviert und echt japanisch.

Dieser spezifisch weiblichen Variante des ästhetischen Empfindens verdankt die Poesie ihr eigenes

Fluidum, doch auch die bildende höfische Kunst der Heian-Zeit wird in späteren, härteren Zeiten häufig abwertend als weibisch bezeichnet. Die hohe Sensibilität, die viele Züge der japanischen Kunst geprägt hat, stammt aber gerade aus jener Epoche, in der die Damen des Kaiserhofes nicht nur ein empfindsames, sondern auch ein nüchtern kluges Wort äußern durften und in unnachahmlicher Weise äußerten.

Die Kleidung

Ebenso wie das Hofzeremoniell zunächst unverändert bis in die Heian-Zeit hinein gültig blieb, gab es auch keine Änderung der Kleidervorschriften. Bei Hofe trugen Kaiser und Kaiserin wie auch die hohen Rangklassen des Adels bis zum fünften Rang herunter unverändert die von China übernommene Staatstracht. Die Roben des Kaisers dürften sich in der Mitte der Heian-Zeit nicht so wesentlich verändert haben wie Frisur und Kleidung der Damen, die sich immer mehr japanischem Geschmack anpaßten.

Der Kaiser trug als Festrobe bei der Krönung, dem Erntedank- und Neujahrszeremoniell ein Prachtgewand, das schlicht »Großärmelgewand« *(ōsode)* genannt wurde. Das scharlachrote Gewand

165
Ban-Dainagon-ekotoba, 1. Rolle, letzte Szene (Ausschnitt). Tusche und Farben auf Papier. H. 31,5 cm. Um 1170. Privatsammlung, Tōkyō
Fujiwara no Yoshifusa hat die Erlaubnis erhalten, bei Kaiser Seiwa für den unschuldig von Ban Dainagon der Brandstiftung bezichtigten Minamoto no Makoto zu sprechen. Der in die sommerliche *sokutai*-Robe gekleidete Kanzler zur Linken, Makoto, verläßt den Palast.

166
Murasaki-Shikibu-nikki-ekotoba, 5. Abschnitt, 10. Szene (Ausschnitt). Tusche und Farben auf Papier. H. 20,9 cm. Mitte 13. Jahrhundert. Fujita Art Museum, Ōsaka
Am fünften oder sechsten Tag nach der Geburt des späteren Kaisers Ichijō steht sein Großvater, der Großkanzler Fujiwara no Michinaga, auf der Veranda seines Palais und betrachtet in der Vollmondnacht die neuen Lustboote (vgl. Abb. 198). Der Kanzler trägt ein *naoshi*-Gewand über den Pumphosen und hat seinen Kopf mit der *kammuri*-Mütze bedeckt.

167
Nenjū-gyōji-emaki, 5. Rolle, 4. Szene (Ausschnitt). Tusche und Farben auf Papier. H. 45,2 cm. Kopie nach Original von etwa 1160. Privatsammlung
Hofbedienstete in weißen *kariginu*-Gewändern mit *eboshi*-Mützen warten vor dem Palais; einer von ihnen sitzt auf einem gelackten Hocker.

168
Murasaki-Shikibu-nikki-ekotoba, 14. Szene. Tusche und Farben auf Papier. H. 20,9 cm. Mitte 13. Jahrhundert. Privatsammlung
Nach dem Ende des Festes vom 50. Tag nach der Geburt des Kronprinzen tändeln die vom Sake angetrunkenen Hofherren mit den Damen der Kaiserin auf den Verandagängen des Palais.

169
Genji-monogatari-emaki, 49. Kapitel, Yadorigi III, 2. Szene. Tusche und Farben auf Papier. . 21,4 x 37,8 cm. Erstes Viertel 12. Jahrhundert. Tokugawa Reimeikai Foundation, Tōkyō
Nach der dritten Liebesnacht erwachen Prinz Niou und die junge Roku no Kimi auf dem Hochzeitslager. Im Vorraum wartet die Schar der Dienerinnen. Niou erblickt erstmals seine junge Frau bei Tageslicht.

hatte kimonoartigen Schnitt mit langen Ärmeln, weitem Rock und Überschlag von links bis zur rechten Achselhöhle und war reich mit glückbringenden Emblemen bestickt. Eine Faltenschürze *(mo)* hielt es zusammen, und ein kostbarer, juwelenbesetzter Gürtel mit einem Anhänger aus gestickter und bemalter Seide gürtete es zusätzlich. Unter dem *ōsode* trug der Kaiser einen kurzärmeligen *kimono* über einem weißen Hemd *(hitoe).* Beide Kleidungsstücke waren am Kragen und an den Ärmelöffnungen in Streifen sichtbar. Zu dem *ōsode* gehörten zwei Hosen in Weiß und Rot, die übereinander getragen wurden. Die Füße steckten in seidenen Socken und Schuhen aus schwarzgelacktem Leder. Als Zeichen der Würde hielten Kaiser und Adlige ein Zepter in der rechten Hand. Auf dem Kopf hatte der Kaiser die *kammuri*-Mütze aus schwarzer Gaze, die von einer goldenen Krone mit rechteckigem Rahmen und einer Sonnenscheibe als Hoheitssymbol bekrönt war.

Etwas schlichter waren kaiserliche Prinzen angetan, die meist den ersten bis dritten Hofrang innehatten. Sie trugen ein einfarbiges *ōsode,* das vorn über die *mo*-Schürze gezogen war. Vom gestickten Gürtel hing ein besticktes, mit Fransen besetztes Zierband nach vorn, an dem auch das kostbar gefaßte Hofschwert befestigt war. Auf dem Kopf trugen sie eine kleine Krone über der *kammuri*-Mütze.

Bei allen anderen Hofzeremonien trug der gesamte Hof vom Kaiser bis zum niedersten neunten
165 Rang hinab die *sokutai*-Robe. Als Übergewand diente ein hochgeschlossenes, mantelartiges Gewand mit engem rundem Kragen und gerade angesetzten breiten Ärmeln. Es wurde von links gerade geschlossen und besaß einen breiten ausgestellten Saum. Zusammengehalten wurde es von einem Gürtel, der nur hinten sichtbar war. Je nach Rang war das Material unterschiedlich; nur dem Hochadel stand schwarzer Damast zu. Darunter trug man eine Brokatweste und einen kurzen weißen
49 *kimono* mit langer Schleppe, die für den Regenten eine Länge von 4 m haben konnte. Im Sitzen ließen die Herren ihre Schleppen über die Geländer der Veranden herabhängen. Hautnah saß schließlich ein Hemd aus dünnem weißem Leinen, an das farbige Kragen und Ärmelstreifen angesetzt waren.

Zum *sokutai* trug der Hochadel eine flache Kappe aus schwarzer Gaze mit einem Queue am Hinterkopf und einem herabhängenden gelackten, steifen Band, die Herren vom sechsten Rang abwärts eine Kappe mit zwei Schlaufen. Weniger offiziell war die Hofmütze *(eboshi)* in Form der hohen, steifen Haube.

Gleichfalls formloser war die *ikan*-Gewandung, bei der keine Schleppe getragen und das Obergewand mit einer Schnur und dem Lederband des Schwertes gegürtet wurde; hier stand die Rückenpartie bauschig ab. Darunter trug man weite, unten zusammengebundene Pumphosen.

Im Innern des Palastes und im Privatpalais tru-
166 gen die Herren das leichte Gewand *(naoshi),* das ebenso geschnitten war wie das Obergewand des *sokutai.* Zu der einfachen Hose kamen ein rotes und ein weißes Untergewand, Hofmütze und Fächer hinzu. Genji wird in dieser Robe als unwiderstehlich geschildert.

Auch vom niederen Adel wurde das Jagdgewand *(kariginu)* getragen, dessen nur am Rücken angenähte Ärmel viel Bewegungsfreiheit ermög-
lichten. Die Bediensteten durften lediglich weiße 167
kariginu tragen. Noch bequemer war ein Anzug aus einem kurzen jackenartigen Übergewand, das in die Hosen hineingesteckt wurde.

170
Porträt des Taira no Shigemori (1138–1179), traditionellerweise Fujiwara no Takanobu (1145–1205) zugeschrieben. Tusche und Farben auf Papier. 139 x 112 cm. Tempel Jingo-ji, Kyōto
Zu den im Umkreis von Exkaiser Goshirakawa entstandenen Porträts gehört dieses, das Shigemori darstellen soll. Er trägt die Hofrobe mit *kammuri*-Mütze, dazu *shaku*-Zepter und Hofschwert. Die sparsamen Gesichtszüge des wirklichkeitsnahen, im Yamato-e-Stil gehaltenen Porträts sind ganz individuell ausgeführt.

171
Heiji-monogatari-emaki, 3. Rolle, Rokuhara-gyōkō. Tusche und Farben auf Papier. H. 42,4 cm. Ende 13. Jahrhundert. Nationalmuseum, Tōkyō
Die Szene zeigt die Flucht des Kaisers Nijō aus dem Kaiserpalast. Um den aufständischen Truppen zu entgehen, verkleidet sich der Tennō als Frau und verläßt unter den Augen mißtrauischer Minamoto-Krieger den Palast in einem Wagen.

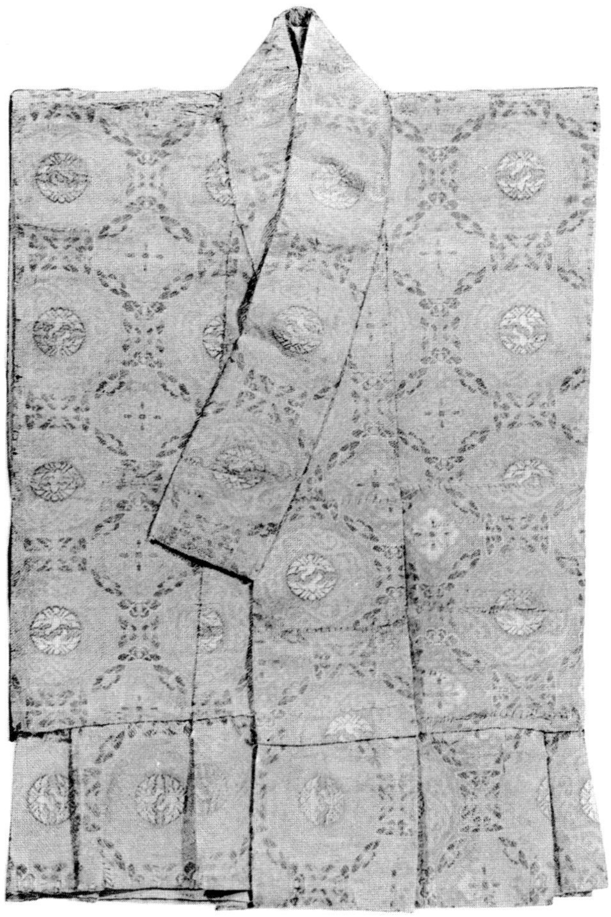

172
Hampi-Weste. Seide. H. 36,1 cm. Mitte 12. Jahrhundert. Itsukushima-jinja, Miyajima, Hiroshima
Die kleine ärmellose Seidenweste gelangte als Votivgabe in den Schrein in Hiroshima. In raffinierter »Brokat«-Webtechnik chinesischen Stils zeigt sie im Rapport Medaillons mit Kranichen und Blüten. *Hampi*-Westen wurden unter der Rüstung getragen.

Bei den Damen entsprach die Staatskleidung
der Kaiserin der Zeremonientracht des Kaisers.
125 Das zwölffache Gewand *(jūni-hitoe)* bestand aus
schmalen *kimono,* über denen ein scharlachroter
Hosenrock getragen wurde. Das hautnahe Gewand hatte lange Ärmel, in denen die Hände ver-
168 borgen werden konnten. Das mittlere der *hitoe*
hatte fünf falsche Kragen und Ärmelbesätze, deren
Farbabstufung genauen Regeln unterworfen war,
denn nicht im Schnitt des Gewandes, sondern nur
in den Farbnuancierungen konnte der persönliche

173
Seidenfragment mit buddhistischen Motiven. Nishiki-Seide. 204 x 57 cm. Späte Heian-Zeit. Tempel Ninna-ji, Kyōto
Das sakrale Motiv von Wunschjuwelen auf Lotussockeln und die Grundmusterung mit Donnerkeilen kennzeichnen den prächtigen Seidenstoff als Stück einer Priesterschärpe. Der Überlieferung nach soll sie dem 1085 verstorbenen Prinzen, Abt Shōshin Hōshinnō, gehört haben. Die raffinierte Webtechnik deutet jedoch auf eine spätere Entstehungszeit hin.

174
Ban-Dainagon-ekotoba, 3. Rolle, 5. Szene, Fujiwara (Tokiwa) no Mitsunaga zugeschrieben. Tusche und Farben auf Papier. H. 31,5 cm. Um 1170. Sammlung T. Sakai, Tōkyō
Nach der Ergreifung des schuldigen Ban Danaigon herrscht in seinem Palais höchste Verzweiflung. Die Damen und Dienerinnen geben sich klagend ihrem Schmerz hin. In ihrem Raum sieht man das Alltagsgerät des vornehmen Hauses.

175
Nenjū-gyōji-emaki, 5. Rolle, 4. Szene (Ausschnitt). Tusche und leichte Farben auf Papier. H. 45,8 cm. Kopie nach Original von etwa 1160. Privatsammlung
Nach dem Neujahrsbankett wird in der Jijū-den-Halle hinter der Shishin-den ein Wettstreit im Verfassen chinesischer Gedichte abgehalten, an dem, im Verborgenen, der Kaiser teilnimmt. Hinter den würdigen Herren steht ein gedeckter Tisch mit Sitzhockern.

176
Nenjū-gyōji-emaki, 5. Rolle, 5. Szene (Ausschnitt). Tusche und leichte Farben auf Papier. H. 45,8 cm. Kopie nach Original von etwa 1160. Privatsammlung
Anschließend an den Dichtwettstreit nehmen die Herren an der Tafel Platz. Von rechts bringen Dienerinnen Gaben für die Sieger (auf dem Ausschnitt nicht sichtbar).

Geschmack zum Ausdruck gebracht werden. Über diesen Gewändern trug man bei Hofe noch eine Brokatweste, die bis zur Taille reichte; zuoberst kam das *uwagi*-Gewand, über das noch eine Rückenschleppe aus dünner, weißer, bestickter Seide gebunden war.

Die Krönung der Frauenschönheit und der Ge-
169 wandung bildete aber das lang herabfallende Haar, das manchmal gebunden, meist aber offen war, allerdings oft mit falschen Haarteilen ergänzt wurde. Die Kaiserin trug wie der Kaiser einen kronenartigen Kopfschmuck aus Gold und – um das Gesicht zu verbergen, wie jede Dame des Hofes – den Fächer.

Die informelle Tracht bei Hofe begnügte sich mit vier Gewändern, die nicht gegürtet wurden. Dienerinnen des Hofes trugen weißseidene, oft bemalte Gewänder und darüber eine Brokatweste. Für Spaziergänge legten sich die Damen des Adels Schleiergewänder über den Kopf.

Die Frauen des Volkes, wie sie auf dem *Shigisan-engi-emaki* zu sehen sind, waren oft nur mit einem leinenen *uchigi*-Gewand bekleidet, das mit einer Schnur oder einer Schürze zusammengebunden war. Die wohlhabenderen Frauen hüllten sich in mehrere farbige, *kimono*-artige Gewänder. In der Stadt trugen die Frauen topfartige große Strohhüte, die auf Reisen mit Schleiern versehen
173 wurden. Die Mönche und Priester erkennt man an den schlichten *kimono* mit schwarzem Überwurf aus Leinen oder Gras, der einen in Falten gelegten Rock hatte. Darüber wurde die Priesterschärpe getragen, ein breites Tuch, das – aus Brokatstücken genäht – das Flickengewand des Buddha nachahmen sollte. Die Bekleidung von Polizei und Ritterschaft unterschied sich kaum von der Ziviltracht. Die Palastwache war kenntlich an ihren Mützen, die seitlich einen fächerartigen Besatz aus Pferdehaar hatten. Zu ihrer Standardausrüstung gehörten das Schwert und ein mächtiger Bogen. Ein Satz Pfeile wurde im Köcher auf dem Rücken getragen. Zum Kampf waren die Ritter mit kunstvoll ge-
145 knüpften Rüstungen über *kimono* und gamaschenartig gewickelten Hosen bekleidet und trugen kleine geknickte *eboshi,* während die Feldherren kunstvolle Eisenhelme hatten, die von imponierendem Gehörnschmuck bekrönt waren.

Alle hier beschriebenen Kostüme sind im *Nenjū-gyōji-emaki* dargestellt, vom Kaiser – er allerdings nicht in der höchsten Staatstracht – bis hinab zum Polizisten und zur Frau des Volkes. Fujiwara
no Takanobu porträtierte die Herren des Hoch- 170, 201
adels in vornehmer *sokutai*-Tracht auf den Bildnissen des Tempels Jingo-ji. Die Damen und Herren des Hofes dagegen erscheinen im *Genji-monogatari-emaki* in der privateren Gewandung des *naoshi.* Die offizielle Hoftracht mit *karaginu*-Weste und
mo-Schürze tragen die Damen, die im Kapitel Ya- 9
dorigi im Vorraum dem Kaiser und Prinz Kaoru bei einer Partie Gō aufwarten.

Mit Freude am Detail bildete der Maler im ganzen Werk die Farbskalen der Damenroben ab, die an den breiten Ärmelöffnungen in regenbogenartiger Abstufung sichtbar sind. Oft wird, wie im *Nenjū-gyōji-emaki,* die Anwesenheit von hohen Damen allein durch die unter den Bambusvorhängen herausragenden Ärmel verraten.

Die Offiziere und Mannschaften der Palastwache sowie einzelne Krieger begegnen uns im *Ban-Dainagon-ekotoba* mit und ohne Harnisch, stets aber mit Bogen und Pfeilen bewaffnet. In der Kamakura-Zeit rücken sie meist zu den Helden der Er-
zählungen auf. Im *Heiji-monogatari-e* kann man be- 171
trachten, wie bei den geschilderten Ereignissen, die 1159–1160 spielen, Heian-kyō von den Ritterheeren der Taira und Minamoto besetzt, Kaiser und Exkaiser gefangengesetzt und die Paläste niedergebrannt werden. Trotz dieses und folgender Inferni blieb bei Hofe die Staatstracht von Kaiser und Kaiserin, des Hofadels und der Damen erhalten und wird bis heute bei zeremoniellen Anlässen getragen.

Essen und Trinken

Während auf die Eleganz der Roben und die Vornehmheit der Aufmachung allerhöchster Wert gelegt wurde, spielten die Freuden des Gaumens im Leben der Aristokraten der Heian-Zeit anscheinend keine wesentliche Rolle. Immerhin war die elegante Anrichtung der Speisen wichtiger als der Geschmack, und die Gerichte wurden auf Lack- oder Keramiktellerchen und -schalen liebevoll angerichtet.

Bei Hofe nahm man, wie I. Morris ausführlich berichtet[48], zwei Hauptmahlzeiten ein. Üblicher-

weise servierte man jeder Person von Rang ihre
174 Speisen auf einem hohen Standtablett aus gelacktem Holz. Der geschälte Reis, die Speise der Vornehmen, stand, in die Form eines Zuckerhutes gepreßt, auf einem Teller in der Mitte, umgeben von kleinen Schalen mit Zukost, die aus Gemüsen, Rettich und Seetang, Muscheln und Fisch bestand. Den Fisch aß man gekocht, gebacken oder eingelegt. Die Speisen waren in kleine Stücke zerlegt, damit man sie bequem mit Stäbchen essen konnte. Fleisch wurde aufgrund des buddhistischen Gebots völlig gemieden, Jagdvögel aber nicht immer.

Als wichtigste Getränke nahm man Wasser und Reiswein zu sich. Der Sake besaß zur Heian-Zeit jedoch weniger Alkohol als die modernen Destillate. Daher scheint es verständlich, daß die Herren des Hofes bei jedem festlichen Anlaß ihren Wein mit Genuß tranken und leicht in sentimentale oder amouröse Stimmungen kamen. Murasaki Shikibu beschreibt in ihrem Tagebuch solche Szenen, die
168 sich im Palais von Fujiwara no Michinaga abgespielt haben. Auch Nüsse und Obst servierte man zum Wein, manchmal zudem ein Sorbet, das aus in Kellern gelagertem Eis unter Beimischung von Lianensirup hergestellt worden war.

Bei den großen Banketten sieht man im *Nenjū-gyōji-emaki* die niederen Adligen beim gemeinsa- 175–176
men Speisen. Für die Gelehrten, die am Wettdichten teilgenommen haben, sind flache Tafeln aufgedeckt, an denen die Herren auf Bambushockern sitzen. Für andere Gruppen, die Priester zum Beispiel, ist im Palasthof auf Matten gedeckt worden; dort sitzt man am Boden. Zur Beleuchtung halten Palastdiener brennende Fackeln.

Bei besonderen Anlässen gab es Reiskuchen mit allerlei schmackhaften Beimischungen. Zum Tag des Ebers im 10. Monat nahm man siebenerlei gefärbte Kuchen zu sich, um Krankheiten zu verhüten und Kindersegen zu erlangen. Im *Genji-monogatari* werden Murasaki solche Kuchen in einer hübschen Holzschachtel gereicht. Prinz Genji bestellt später weiße Kuchen für sie, die ihr – ein Hochzeitsbrauch – mit Geschenken nach der dritten Liebesnacht ans Kopfkissen gestellt werden sollen[49].

Als Serviererinnen der Majestäten fungierten *uneme,* Pagenmädchen. Sie trugen besonders reizvoll bemalte Gewänder und Brokatjäckchen, so daß sie der zeremoniellen Szene des Palastlebens einen heiteren Akzent verliehen.

Literatur und Leben im Spiegel der Malerei

Yamato-e und das *Genji-monogatari-emaki*

»Der Frühsommerregen fiel stärker als in den letzten Jahren, der Wolkenhimmel spaltete sich nicht einmal zu einer kleinen Lücke, und so unterhielten sich die Damen im Rokujō-in, weil sie sich langweilten, von früh bis spät damit, bebilderte Erzählungen zu beschauen.
Die Dame Akashi malte solche Bilder mit viel Geschmack und schenkte sie dann ihrer kleinen Tochter.«[50]

Als Grundlage allen Schrifttums diente in Japan seit der frühesten Begegnung mit dem chinesischen Kulturbereich anstelle des Buches die Hand- oder Querrolle *(makimono)*. Sie war aus Bogen von Papier oder Streifen von Seide horizontal zusammengesetzt und konnte viele Meter lang sein. Man benutzte sie auch für Skizzen und Malereien, die zum privaten Gebrauch bestimmt waren. Aus der ersten Hälfte des 8. Jahrhunderts sind Fragmente eines Querrollenwerkes, des »Illustrierten Sūtra von Ursache und Wirkung« (Kakō-genzai-e-inga-kyō), mit acht Rollen buddhistischen Inhalts erhalten. Es schildert in der von China tradierten Form Episoden aus dem Vorleben und Leben des Buddha Shaka. Dabei stellt ein Bildstreifen über dem Text die wunderbaren Ereignisse in einzelnen, aneinandergereihten Szenen dar.

Erst zweieinhalb Jahrhunderte später gab die hochentwickelte erzählende Literatur der Heian-Zeit den Anstoß zu den bedeutenden Eigenschöpfungen der japanischen Malerei: den Bildrollen *(emakimono* oder *emaki)* des Yamato-e. Einen lyrischen japanischen Malstil hatte die *waka*-Poesie bereits früher geprägt; die Freude am vielschichtigen ästhetischen Ausdruck ließ in Japan sehr früh ein Gesamtkunstwerk von Sprache, Schrift und Bild entstehen, eine Kunstform, die vom dominierenden Geschmack des Hofadels getragen wurde. Die Bilddarstellungen zu *waka*-Dichtungen gaben den Kern, das Herzbild *(kokoro-e)*, den Stimmungsgehalt eines Gedichtes wieder. Wandschirme und Stellschirme in den Adelspalais boten dafür den dekorativen Rahmen.

Um das Jahr 1000, als Murasaki Shikibu den Roman des Prinzen Genji schrieb, gehörte es zu
186 den Lieblingsbeschäftigungen bei Hofe, Romanbilder *(monogatari-e)* zu betrachten, dilettierend zu malen und Bildwettstreite zu veranstalten. Im 17. Kapitel, E-awase, des Romans wird berichtet, daß Bildrollen zum *Taketori-, Ise-, Utsubo-* und *Shō-Sammi-monogatari* von Künstlern der Zeit beim Wettstreit vorgelegt wurden; es muß also bereits damals hervorragende Darstellungen japanischer Menschen in ihrer Umwelt gegeben haben.

Zu den frühesten Bildern typisch japanischer Menschen gehören einige Skizzen von Männern in japanischer Tracht, die man 1955 auf den Umrahmungen der Wandbilder in der Halle Hōō-dō des Byōdō-in in Uji entdeckte. Die gemessenen Herren mit rundlichen Gesichtern unterscheiden sich deutlich von japanischen Chinesen-Figuren, wie
sie auf einer Truhe im Tempel Kyōōgokoku-ji und 177
ganz ähnlich auf dem berühmten Landschafts- 138
schirm aus dem gleichen Tempel dargestellt sind; die hageren Chinesen stechen nicht nur in der Gewandung vom Idealbild des aristokratischen Japaners ab, sondern auch in der Physiognomie: grotesk, häßlich, ja komisch wirken sie gegenüber den würdevollen Japanern mit ihren wohlgerundeten, unbewegten Gesichtern.

Auf fünfteiligen Wandschirmen sind heute die
Gemälde mit Szenen aus dem Leben des Prinz- 178

177
»China-Truhe« (Ausschnitt). Holz mit farbiger Malerei und roter Lineatur. H. 49,2 cm, B. 82,3 cm. 9. Jahrhundert. Tempel Kyōōgokoku-ji, Kyōto
Die hölzerne Truhe des Tempels Kyōōgokoku-ji (Tōji) nimmt einen bedeutenden Platz in der Geschichte der Malerei ein, da auf ihren Seitenwänden, allerdings in naiver Gestaltung, Bilder von Chinesen bei verschiedenen Spielen zu sehen sind. Die Freude an der Karikierung ist ein Merkmal, das die Kara-e-Malerei der Heian-Zeit kennzeichnet.

178
Shōtoku Taishi eden (Ausschnitt), von Hata no Munesada (Chitei). Ehemals Wandbespannung der Bildhalle des Tempels Hōryū-ji, jetzt fünf zweiteilige Stellschirme. Tusche und Farben auf Seide. Jeder Schirm 272,7 x 181,3 cm. 1069. Nationalmuseum, Tōkyō
In Kronprinz Shōtoku Taishi sahen die Geheimsekten eine Reinkarnation des Buddha; so legte man die Episoden seines Lebens und Vorlebens fest. Im 14. Lebensjahr des Prinzen fand die von Mononobe und Nakatomi angestiftete Vernichtung der buddhistischen Kultstätte statt. Eine Pagode wurde niedergerissen und die Buddha-Statue in den Kanal geworfen. Die Darstellung von 1069 markiert den Beginn der Yamato-e-Malerei: Häuser, Menschen und Landschaftselemente tragen japanische Züge.

regenten Shōtoku Taishi (574–622) montiert, die ursprünglich die Bildhalle des Tempels Hōryū-ji schmückten. Sie stammen von dem Maler Hata no Munesada (Chitei), der auch die Skulptur des Shōtoku farbig faßte, und sind wie diese ins Jahr 1069 zu datieren. In einen wie aus großer Ferne von oben gesehenen Landschaftsgrund sind 58 Einzelszenen mit Episoden aus dem Leben des Shōtoku auf drei Ebenen, aber in loser Folge gesetzt und mit Schriftfeldern für den Laien gekennzeichnet. Der Berg Fuji am Horizont des dritten Paneels macht die übervolle, sehr bewegte Landschaft zur unverwechselbar japanischen. Shōtoku soll den Berg in seinem 27. Lebensjahr zu Pferde bestiegen haben. Wenn auch der Kern der Darstellung von buddhistischen Ideen geprägt wurde – Shōtoku wird dem Buddha Shaka gleichgesetzt –, erscheinen hier eindeutig japanische Gestalten. Die Frauen, alles Damen des Hofes, tragen vielschichtige Seidenroben und offenes Haar, eine Frisur, die damals nur in Japan Mode war.

179–187 Das *Genji-monogatari-emaki,* die Bildrollen des Genji-Romans, ist in vier Rollen aus der ersten Hälfte des 12. Jahrhunderts fragmentarisch erhalten. Die 20 Bildszenen und 29 Textpartien von zwei bis zu 109 Zeilen Länge sind heute auseinandergetrennt und fest gerahmt. Fünfzehn Bilder gehören der Tokugawa Reimeikai Foundation, vier dem Gotō Art Museum (ehemals Sammlung Masuda) und ein später übermaltes Fragment dem Nationalmuseum in Tōkyō. Die höchst luxuriöse Ausführung der Bilder und die auf kostbar dekorierten Papieren geschriebenen Textpartien lassen annehmen, daß das Werk im Auftrag des Kaiserhofes entstand. In seinen Tagebuchaufzeichnungen *Chōshū-ki* berichtet Fujiwara no Mototoki im Jahre 1119, daß im Auftrag des Exkaisers Shirakawa eine Folge von Genji-Bildern in zehn Rollen angefertigt wurde; ob dies die vorliegenden *emaki* sind, weiß man nicht. Der oder die Maler, die vielleicht zum Malbüro des Hofes gehörten, sind nicht bekannt, wenn auch Fujiwara no Takayoshi nach alter Tradition als Maler des Bildwerkes galt. Auch die Kalligraphien stammen von mehreren Künstlern. Bei einer Auftragsarbeit des Hofes konnten, ähnlich wie bei den Schmuck-Sūtren, alle Künste und Künstler zu einem Gemeinschaftswerk eingesetzt werden. Vielleicht entstanden die uns überlieferten *Genji-monogatari-emaki* auch erst zehn oder zwanzig Jahre später, als Exkaiser Toba nach dem Tod seines Großvaters Shirakawa im Jahre 1129 an die Macht kam. Er selbst und seine Gemahlinnen, Taikemmon-in (Tamako, 1101–1145) und Bifukumon-in (Tokuko, 1117–1160), förderten die Künste. Sie hatten, ähnlich wie die Hofdamen einhundert Jahre früher zur Zeit von Murasaki Shikibu, ein brennendes Interesse an Romanbildern. In diesen Kunstwerken fanden sie ihre Gefühls- und Gedankenwelt, ihre ganze Lebenssphäre anschaulich vorgeführt.

Die einzelnen Bildpartien sind 21,4 bis 22 cm hoch und 39 oder 48 bis 49 cm breit. Sie ließen sich als Ganzes betrachten und verführten nicht wie die späteren fortlaufenden Erzählbilder das Auge zum Weiterschweifen. Die Bildkomposition zeigt Neues gegenüber allem Vorangegangenen. Wie im Roman liegt der Akzent auf den Menschen und ihren Stimmungen, nicht auf einer Handlung. Um die Gestalten im Innern der Palasträume sichtbar zu machen, sind die Häuser mit »weggeblasenen
Dächern« *(fukinuki yatai)* dargestellt, so daß in Art 179, 183
einer isometrischen Zeichnung die Innenräume von oben eingesehen werden können. Da die Kanten der Häuser und Räume nur selten parallel zur Bildfläche verlaufen, sondern diagonal in die Tiefe führen, wird der Bildraum durch Säulen und Pfosten vertikal begrenzt. Häufig aber stößt ein Gebäude im rechten Winkel in die Bildfläche vor, um das Kontinuierliche, Zufällige des Bildausschnitts zu betonen. In diesem geometrischen und mit dem Lineal gezogenen Gerüst der Architekturräume sind die Menschen ihren Stimmungen, selten einer Tätigkeit hingegeben.

Nach der Mode und dem Geschmack der Zeit sind die Gestalten in steife Gewänder gekleidet.

179
Genji-monogatari-emaki, 36. Kapitel, Kashiwagi I. Tusche und Farben auf Papier. 21,9 x 48,3 cm. Erstes Viertel 12. Jahrhundert. Tokugawa Reimeikai Foundation, Tōkyō
In der Mitte des durch Vorhangständer in viele Kompartimente geteilten Raumes sitzt Exkaiser Suzaku (vgl. Abb. 124). Leidbewegt wischt er sich die Tränen vom Gesicht, da seine Tochter, Prinzessin Onna San no Miya, die links auf dem Krankenlager liegt, beschlossen hat, Nonne zu werden. Auch Prinz Genji im Vordergrund ist erschüttert. Die Stimmung von Verzweiflung und Trauer spiegelt sich in den Hofdamen rechts wider, und die Farbkomposition unterstreicht ebenfalls die Melancholie der Szene.

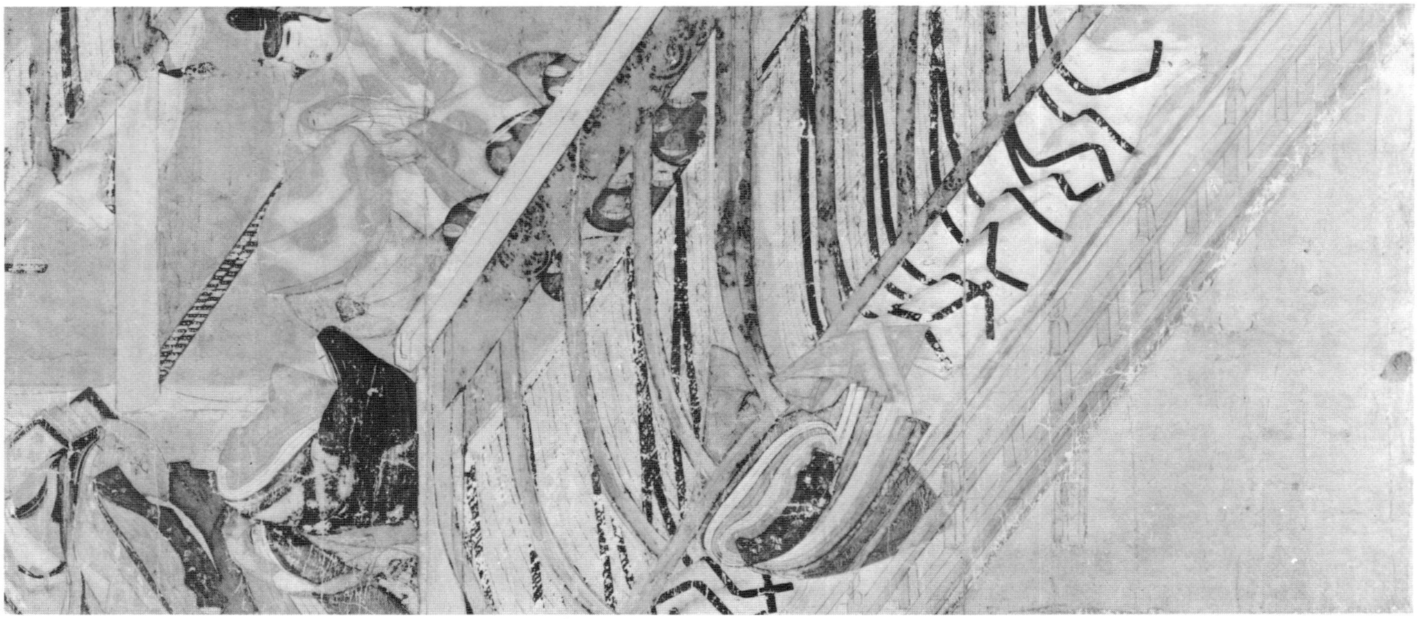

180
Genji-monogatari-emaki, 36. Kapitel, Kashiwagi III. Tusche und Farben auf Papier. 21,9 x 48,1 cm. Erstes Viertel 12. Jahrhundert. Tokugawa Reimeikai Foundation, Tōkyō
Prinz Genji hält im Palais seinen angeblichen Sohn Kaoru am 50. Tag nach dessen Geburt im Arm und betrachtet ihn sinnend (vgl. Abb. 163). Sechs rote Lacktabletts mit Speisen sind in zeremonieller Ordnung aufgereiht. Während die Mutter, Prinzessin Onna San no Miya, links hinten verborgen ruht, sitzen ihre Dienerinnen vorn. Von einer Dienerin sieht man nur die farbenprächtigen Ärmelsäume ihres Gewandes unter den Vorhängen hervorschauen.

◁ 181
Genji-monogatari-emaki, 37. Kapitel, Yokobue. Tusche und Farben auf Papier. 21,9 x 38,7 cm. Erstes Viertel 12. Jahrhundert. Tokugawa Reimeikai Foundation, Tōkyō
Als Yūgiri heimlich nachts nach Hause kommt, sieht er, wie seine Frau Kumoi no Kari ihrem Säugling die Brust reicht. Durch die zur Seite geschobenen Vorhänge wird die Gruppe der Mutter und ihrer Dienerinnen von einer Lampe angestrahlt. Zur Linken begrenzt eine Schiebetür mit Landschaftsbild den Raum.

182
Genji-monogatari-emaki, 38. Kapitel, Suzumushi I. Tusche und Farben auf Papier. 21,8 x 47,4 cm. Erstes Viertel 12. Jahrhundert. Gotō Art Museum, Tōkyō
In der Vollmondnacht des 15. Tages im 8. Monat besucht Prinz Genji die Nonne gewordene Prinzessin Onna San no Miya im Sanjō-Palais. Die Prinzessin lehnt betend an einem Pfosten, während eine junge Nonne nach dem Buddha-Opfer den Insekten im Garten zuhört.

Die Damen in starr gefalteten Seidengewändern und mit Kaskaden von schwarzem Haar gleichen Schmetterlingen. Die Männer tragen selbst auf dem Sterbelager als Rangabzeichen die hohe schwarze Hofmütze. Die Gesichter zeigen keine persönlichen Züge, wohl aber in vornehmer Zurückgenommenheit Nuancen des Gefühls. Gezeichnet sind sie nach der Formel: »Auge als Strich, Nase als Haken« *(hikime-kagihana).* Der Mönch gewordene Kaiser Suzaku allerdings sitzt weinend 179
am Krankenlager seiner Lieblingstochter Onna San no Miya, die beschlossen hat, Nonne zu werden.

Durch kräftigen Farbauftrag wurde diesen Bildern eine beinahe ornamentale Akzentuierung gegeben. Das geschah mit Hilfe einer Maltechnik, die als »aufgebaute, zurechtgemachte Malerei« *(tsukuri-e)* bezeichnet wird. Am Beginn stand eine

183
Genji-monogatari-emaki, 40. Kapitel, Minoru. Tusche und Farben auf Papier. 21,8 x 48,3 cm. Erstes Viertel 12. Jahrhundert. Gotō Art Museum, Tōkyō
In einer stürmischen Herbstnacht besucht Prinz Genji die totkranke Murasaki. Sie liegt rechts im Innenraum und verdeckt ihr Gesicht mit dem Arm (vgl. Abb. 125). Vorne rechts sieht man hinter dem Staatsschirm den schmalen Kopf der Kaiserin Akashi. Genji sitzt der Kranken gegenüber auf der Veranda, sein Gesicht im Ärmel verborgen.

184
Genji-monogatari-emaki, 39. Kapitel, Yūgiri. Tusche und Farben auf Papier. 21,8 x 39,5 cm. Erstes Viertel 12. Jahrhundert. Gotō Art Museum, Tōkyō
Im Sanjō-Palais liest Prinz Yūgiri, an seinem Schreibkasten sitzend, den auf reich gemustertem Papier geschriebenem Brief von Prinzessin Ochiba. Von Eifersucht getrieben, tritt seine Frau Kumoi no Kari hinzu und entreißt ihm das Schreiben. Im Nebenraum sitzen Dienerinnen.

185
Genji-monogatari-emaki, 48. Kapitel, Sawarabi. Tusche und Farben auf Papier. 21,4 x 39,2 cm. Erstes Viertel 12. Jahrhundert. Tokugawa Reimeikai Foundation, Tōkyō
In der Bergvilla in Uji wird der Umzug der Dame Naka no Kimi zu Prinz Niou nach Heian-kyō vorbereitet. Betrübt über die Trennung von der vertrauten Umgebung, liegt Naka no Kimi im hinteren Gemach. Durch schlichte Stoffschirme von ihr getrennt, bereiten ihre Begleiterinnen Tücher für die Reise vor, während Ben no Kimi beruhigend zu ihrer Herrin spricht.

Vorzeichnung in Tusche. Darüber legte man eine Grundierungsschicht aus Muschelkalk, die den Farben – überwiegend pulverisierten Mineralstoffen – als Basis diente. Erst nach dem Farbauftrag setzte man die feine, akzentlose Tuschelineatur auf und überzog die schwarzen Partien – Haare und Hofmützen – mit glänzender, leimvermischter Tusche. Teilweise übermalte man auch eine Grundierung in dünner Silberfarbe und zog einzelne Gewandlinien mit Gold nach.

Aus der Bildfolge des *Genji-monogatari-emaki* fällt die zweite Darstellung völlig heraus, da sie nicht in einem Innenraum, sondern in freier Landschaft spielt. Das Kapitel 16 des Romans, Sekiya, schildert die Begegnung zwischen Genji, der mit seinem Gefolge nach Ishiyama wallfahrtet, und

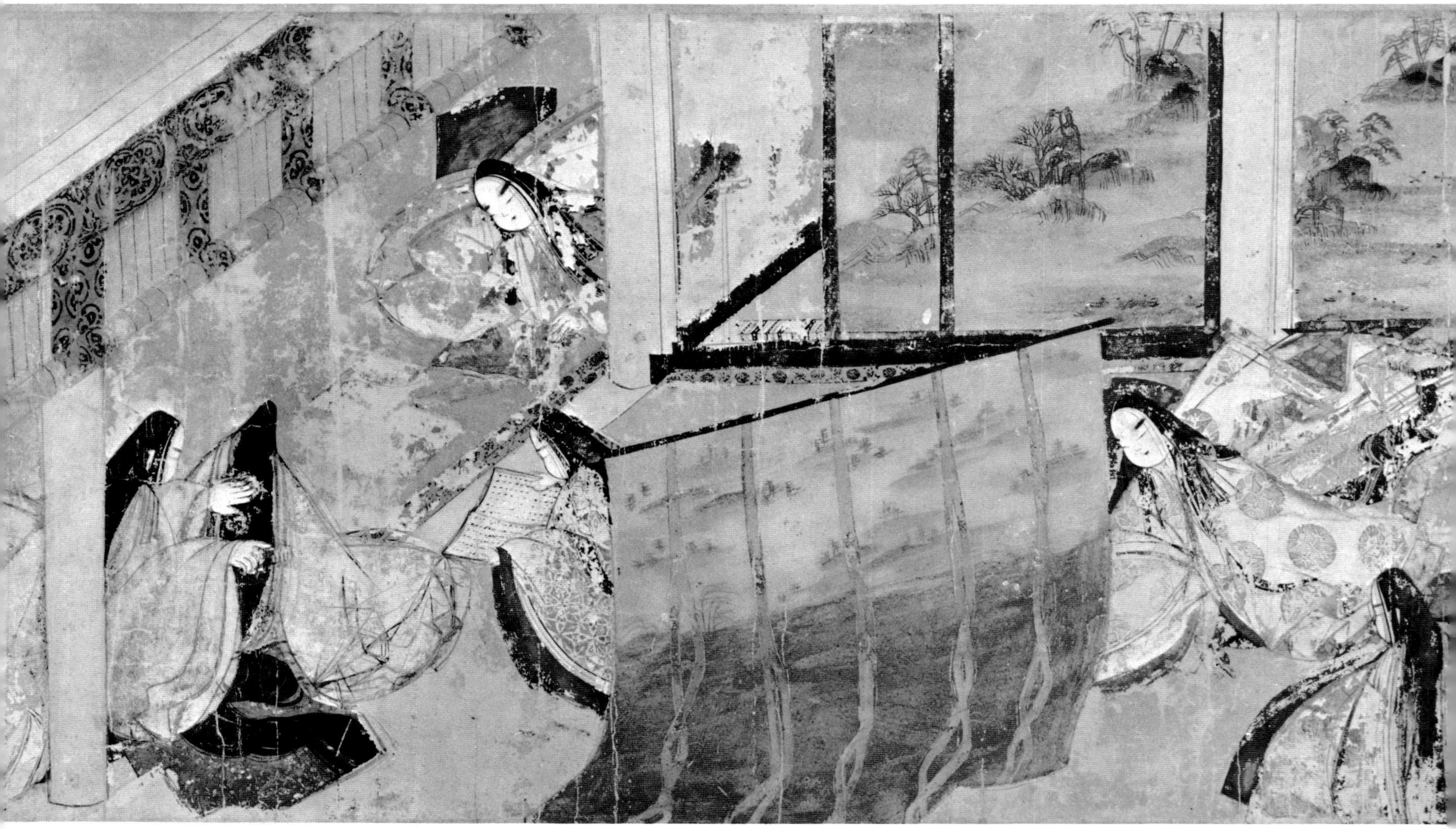

186
Genji-monogatari-emaki, 50. Kapitel, Azumaya I. Tusche und Farben auf Papier. 21,5 x 48,9 cm. Erstes Viertel 12. Jahrhundert. Tokugawa Reimeikai Foundation, Tōkyō
Naka no Kimi hat ihre Halbschwester Ukifune in ihrem Haus, dem Nijō-Palais, verborgen. Während man ihr die Haare wäscht, betrachtet Ukifune *monogatari*-Bilder, während eine Dienerin den Text vorliest (vgl. Abb. 164).

dem Zug des Statthalters von Hitachi, der in die Hauptstadt zurückkehrt. Genji hatte Utsusemi, die Frau des Statthalters, früher geliebt; bewegt läßt er ihr ein Gedicht überreichen. Die beiden Reisezüge erscheinen im Mittelgrund des Bildraums zwischen teils runden, teils steilen Bergformen. Reiter und die von Ochsen gezogenen Reisewagen begegnen sich im linken Bilddrittel. Rechts tauchen ein *torii* und Schreingebäude auf. Kaum erkennbar sind *kana*-Zeichen aus dem Gedicht der Utsusemi als »Gedichtbild« in die Landschaft gesetzt. Sie weisen auf die Quelle am Grenzpaß hin. Am oberen Horizont erscheint ganz fern das Ufer des Biwa-Sees. Doch auch hier sind weder Spannung noch Dramatik zu spüren. Wie bei den anderen Szenen verschweben Landschaft und Menschen im Ungewissen. Leider ist das Bild sehr abgerieben, und die Einzelheiten sind schlecht zu erkennen.

Als Material für die Bildszenen des *Genji-monogatari-emaki* wurde »eierfarbenes Papier« *(torinoko)* benutzt. Das besonders feste, glatte und saug-

187
Genji-monogatari-emaki, 44. Kapitel, Takegawa II. Tusche und Farben auf Papier. 22 x 48,1 cm. Erstes Viertel 12. Jahrhundert. Tokugawa Reimeikai Foundation, Tōkyō
Die Figuren gruppieren sich um einen blühenden Kirschbaum im Innengarten. Die Töchter der Tamakazura sind beim Gō-Spiel beschäftigt, dessen Preis der Kirschbaum ist. Die frühlingshafte Stimmung wird durch die prächtigen Gewänder der Dienerinnen auf der Veranda unterstrichen. Durch die Jalousien hindurch betrachtet der Kurōdo no Shōshō die Szene.

fähige Papier stellte man aus Reis- und Papiermaulbeerbaum-Fasern her, die mit Füllstoffen und Leim gefestigt wurden. Auf dieser Unterlage verwendete der Maler pulverisierte Mineralfarben. Leuchtendes Grün besteht aus Malachit, Blau aus Azurit, die Rottöne Zinnober und Orange beruhen auf Blei- und Quecksilberverbindungen. Zur Farbpalette gehört auch das Weiß, Bleiweiß oder Muschelkalk, das allerdings zur Oxydation und Verfärbung ins Violette neigt. Gelb- und teefarbene Töne gewann man aus Ocker oder organischen Stoffen.

Die Schmuckpapiere der Schriftpartien stammen aus den gleichen Werkstätten, die auch die Sūtren-Schreiber belieferten. Im Kaiserpalast gab es ein eigenes Amt für Schreibmaterialien. Prinz Genji läßt dort besonders schönes Schreibpapier anfertigen, auf das er das Amida-Sūtra für Onna San no Miya schreibt[51]. Die Textpartien des *Genji-monogatari-emaki* sind auf ebenso erlesenem,
130 höfischem Schreibpapier geschrieben. Die variierende Grundeinfärbung und wolkige Überstreuung mit allen üblichen Mustern in Gold- und Silberfolienblättchen, Sandkörnern und Haarstreifen aus dem Repertoire der Werkstatt wird hier manchmal noch durch Bildmotive in Gold- und Silberfarbe – Wirbelkreise, Schmetterlinge und Schneekristalle – bereichert.

Die Kalligraphie stammt von verschiedenen Künstlern. Wenn das Werk aus ursprünglich etwa zehn Rollen bestand[52], konnte die gewal-

188
Shigisan-engi-emaki, 1. Rolle, 2. Szene. Tusche und Farben auf Papier. H. 31,7 cm. Um 1160–1170. Tempel Chōgo-sonshi-ji, Nara
Die zweite Szene der Rolle des »Fliegenden Speichers« zeigt, wie die goldene Almosenschale des Mönchs Myōren den Speicher des reichen Mannes durch die Luft über einen Fluß hinwegträgt, verfolgt von der Familie, Dienern und Priestern des Mannes, der sich auf sein Pferd schwingt. Die flüssige, leicht karikierende Pinselzeichnung betont die Dramatik des Ereignisses.

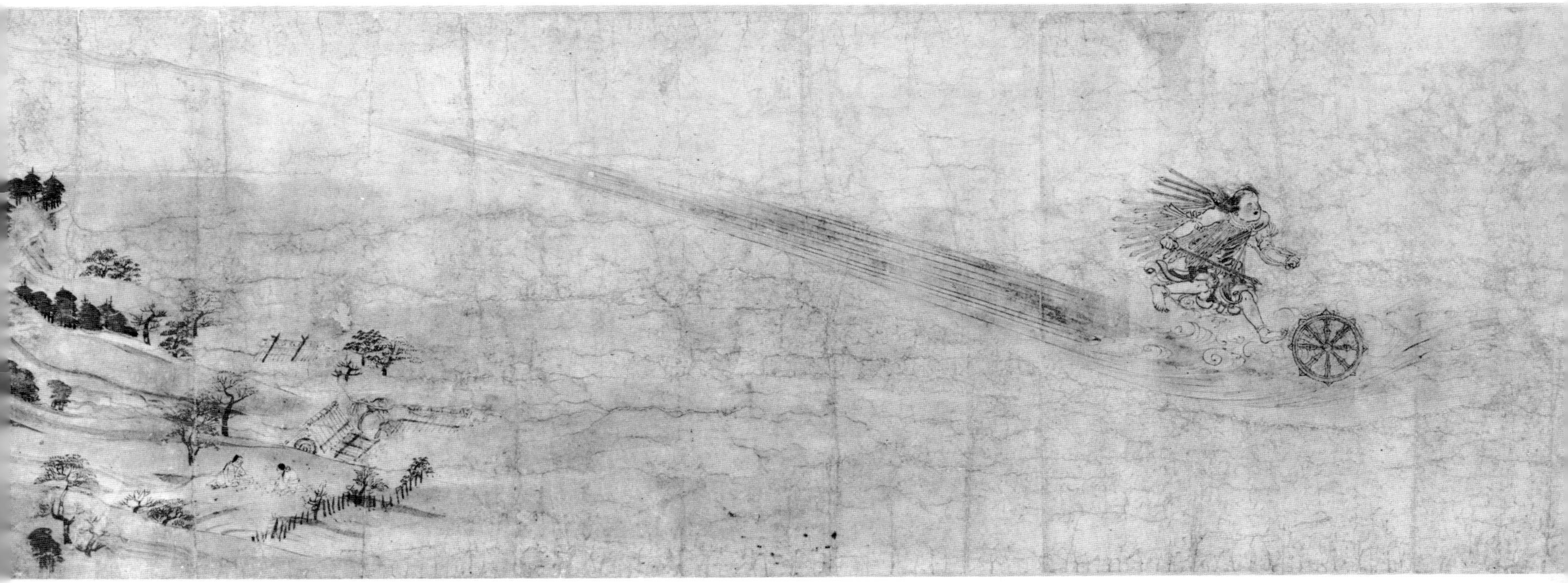

tige Schreibarbeit nur durch eine Gruppe von Schreibern – sicher waren es Kalligraphen des Hofateliers – vollendet werden. Obwohl dem Romantext entsprechend mit verschliffenen *kana* in Frauenstil geschrieben wurde, lassen sich fünf verschiedene Schreiber erkennen.

Man bezeichnete die Bilderzählungen, die sich der Frauenliteratur widmeten, als Frauenmalerei. Nachdem die Gesetze für Bildkomposition und Menschenwiedergabe im *Genji-monogatari-emaki* ihre feste Form gefunden hatten, folgten die späteren Langrollenbilder zu Romanen und Frauentagebüchern dieser durch und durch japanischen, abstrahierend dekorativen Malmethode.

189
Shigisan-engi-emaki, 2. Rolle, 6. Szene. Tusche und Farben auf Papier. H. 31,8 cm. Um 1160–1170. Tempel Chōgosonshi-ji, Nara
Auf einem Wolkenschweif läuft ein Knabe, die himmlische Schwertgottheit, vor sich das Rad der Lehre rollend, vom Shigi-san zum Kaiserpalast, um den erkrankten Kaiser Daigo zu heilen. Die von oben gesehene Landschaft links erinnert in der markanten und zügigen Stilisierung an die in Gold- und Silberfarbe gemalten Vorsatzbilder der Sūtren.

Legende und Historie im *emaki*

Als Gegenpol zur Frauenmalerei entwickelte sich ein Stil, der handlungsreichen, dramatischen Erzählungen entsprach. In dieser »Malerei von Berichten« entstanden Kunstwerke für Männer. Die »Berichte« können von legendären Tempelgründungen, aber auch von historischen Ereignissen handeln. Die Zeichnung wird mit flottem Schwung des Pinsels aufgetragen, der Raum weitet sich ins Unbegrenzte über die ganze Länge der Rolle fort, und der Maler konnte das Raum-Zeit-Kontinuum des Geschehens in lebendiger Rhythmisierung gestalten.

In den Jahren 1160–1170 entstanden die drei Rol- 51, 188–191
len des *Shigisan-engi-emaki,* das dem Legendenkreis um das Wunderwirken des Gottes vom Berge Shigi-san in Yamato gewidmet und zugleich als Chronik für den Tempel bestimmt war. Vielleicht wurde es dem Tempel vom Hof in Heian-kyō dediziert, denn der Shigi-san und seine Schutzgottheit Bishamon-ten dienten dem Schutz des Landes. Die Konzeption der sich über drei Bildrollen hinziehenden Erzählung ist höchst eigenständig. Wie

190
Shigisan-engi-emaki, 3. Rolle, 6. Szene. Tusche und Farben auf Papier. H. 31,7 cm. Um 1160–1170. Tempel Chōgo-sonshi-ji, Nara
Den Mittelpunkt von Handlung und Bilddarstellung der dritten Rolle, der Rolle der Nonne, bildet der Große Buddha des Tempels Tōdai-ji in Nara. Dort erhält die Nonne die Weisung, ihren vermißten Bruder auf dem Shigi-san zu suchen. In der zentralperspektivisch dargestellten, geöffneten Halle erscheint das gewaltige vergoldete Bronzekultbild.

das *Genji-monogatari-emaki* gehört das Werk zu den Nationalschätzen.

Das Wunderwirken beginnt in der ersten Rolle
188 mit der Almosenschale des Priesters Myōren, die der reiche Bauer mißachtet. Daraufhin wird sein mit Reisballen gefüllter Speicher zum blanken Entsetzen der Umstehenden und Betroffenen zum Shigi-san entführt. Auf Bitten des Geschädigten schickt Priester Myōren die Reisballen wieder zurück, behält aber den Speicher für den Tempel. In der zweiten Rolle reitet ein kaiserlicher Bote zum Shigi-san, um für den erkrankten Kaiser Daigo Hilfe durch Myōrens überirdische Kräfte zu erlangen. Myōren reist aber nicht selbst nach Kyōto,
sondern sendet den Götterboten des Bishamon- 189
ten. Der Kaiserpalast mit der kaiserlichen Wohnhalle Seiryō-den ist naturgetreu dargestellt und gibt einen Anhaltspunkt zur Datierung. Auf der dritten Rolle sieht man den Pilgerweg einer adligen Nonne, die nach ihrem Bruder sucht. Auf der
Schwelle der Halle des Großen Buddha im Tempel 190
Tōdai-ji in Nara weist der Buddha sie im Traum zum Shigi-san. Im Priester Myōren entdeckt sie den verlorenen Bruder.

Die Rollen haben eine Länge von 8,47, 12,60 und 14 m. Nur in den beiden letzten finden sich je zwei Textpartien. Die Geschichte war aber im Buch *Kokon-setsuwa-shū* aus der ersten Hälfte des 12. Jahrhunderts und ein Jahrhundert später im *Ujishūi-monogatari* niedergeschrieben worden, so daß die Handlung der Bilderzählung zu rekonstruieren war.

Beim *Shigisan-engi-emaki* wurden Zeichnung und Schrift mit flottem Pinsel ausgeführt, Farben dagegen sparsam und nur benutzt, um Akzente zu setzen oder um hohe Persönlichkeiten herauszuheben. Für Gegenstände des sakralen Bereichs verwendete der Künstler Goldfarbe. So sind die schwebende lotusförmige Almosenschale, die Figur des Großen Buddha sowie die Strahlen und der Schmuck des Göttlichen Boten mit Gold gemalt.

Der Weg der handelnden Personen führt von rechts nach links im Ablauf des im Aufrollen sich entfaltenden Bildes. Selten verliert sich die Darstellung in der Tiefe, selten tritt sie nach vorn aus dem Bild heraus, obwohl bei der »Rahmenlosigkeit« japanischer Bildkomposition die Ausschnitte verschwimmen[53]. Da die Gebäude hier, anders als im *Genji-monogatari-emaki,* parallel zum Bildrand liegen, ist bei den Tiefenlinien die Parallelperspektive konsequent angewendet. Allein der sakrale
Raum der Großen Halle des Tempels Tōdai-ji läßt 190
die Fluchtlinien zur Skulptur des Großen Buddha hin zusammenlaufen[54].

Für die humorvoll frische Karikierung der Personen und die rhythmisch schwingenden Landschaftspartien kann man Vorstufen bei Bildern des chinesischen Stils finden, zum Beispiel beim Land-

138 schaftsschirm des Tempels Kyōōgokoku-ji (Tōji). Als typisch chinesisch sieht man wohl nur die Maltechnik und die in schwingendem Pinselrhythmus teils mit schrägem Pinsel hingeschriebenen Umrisse und Lavierungen an; der Maler transponierte die chinesische Technik voll und ganz in seine japanische Welt. Mit überschäumendem Vergnügen am Menschlichen malte er die Personen, mit gewisser Verachtung das haltlos an seine Empfindungen hingegebene niedere Volk und die mit Gelassenheit und Würde auftretenden Menschen des Kaiserhofes. Als unverwechselbare Individuen treten die Helden der Bildrollen auf. Priester Myōren ist wie seine Schwester, die adlige Nonne, mit porträthaften Zügen ausgestattet, man erkennt sie beide in jeder Episode an ihren Gesichtszügen wieder.

Als Maler kommt nur ein Künstler des Kaiserhofes in Betracht, vermutlich – anders als im *Genji-monogatari-emaki* – ein Spezialist für Tuschemalerei aus dem höfischen Malbüro. Die Landschaftsabschnitte zeigen mit wenigen schwingenden Hügellinien, mit hingestrichenen und getupften Bäumen wirkliche Bilder des Yamato-Landes. Anders als in den Genji-Bildern wird hier die Schönheit der Landschaft voll erfaßt.

Die Datierung wird durch zwei Bauwerke bestimmt, die wir im Rollenwerk dargestellt finden. Der Neubau der Wohnhalle des Kaisers (Seiryōden), der in der zweiten Rolle zu sehen ist, wurde nach einem Brand 1157 vollendet. Dagegen brannte die Haupthalle des Tempels Tōdai-ji mit der Statue des Großen Buddha, die der Künstler in allen architektonischen Details abbildet, im Jahre 1180 vollständig nieder. Damit ist die Datierung in die Zeit zwischen 1160 und 1170 ausreichend begründet.

191
Shigisan-engi-emaki, 3. Rolle, 4. Szene. Tusche und Farben auf Papier. H. 31,7 cm. Um 1160–1170. Tempel Chōgo-sonshi-ji, Nara
Auf der Suche nach ihrem Bruder durchwandert die Nonne ein Dorf. Auf dem Bild ist das Alltagsleben der Dorfbewohnerinnen dargestellt. Im Vordergrund schöpft eine Frau Wasser aus dem Ziehbrunnen, eine andere stampft Wäsche mit den Füßen. Jenseits der Straße erntet eine dritte Gemüse, während die vierte neugierig über den Zaun der Nonne nachblickt.

Dem *Shigisan-engi-emaki* steht ein Langrollenwerk mit historischem Inhalt zeitlich wie formal sehr nahe, das *Ban-Dainagon-ekotoba*. Hier schildert ebenfalls ein Maler des Hofes auf drei kontinuierlichen Rollen eine historische Begebenheit aus dem Jahre 866. Der intrigante Staatsrat Ban (Tomo no) Dainagon steckte das Haupttor Ōten-mon der Haupthalle Chōdō-in des Kaiserpalastes an und lenkte den Verdacht auf seinen politischen Gegner, den Minister zur Linken Minamoto no Makoto. Die erste Rolle zeigt in der ersten Hälfte die Szene des Sakrilegs. Von rechts, dem Tor Suzaku-mon, drängt sich die Menge der Gaffer und Wachleute auf die Rauchwolke zu, die von dem qualmend brennenden Tor nach links zieht. Dieser Masse entspricht links die Menge, die vom Tor Eshō- 192
mon aus den Brand angstvoll und neugierig betrachtet. Von Otto Kümmel stammt die folgende eindringliche Beschreibung[55]: »In der Mitte ragt einsam das brennende Tor auf, in dessen schwere, schwarze Rauchschwaden blutrote Flammenzungen lecken. In achtungsvoller Entfernung von dieser brausenden Hölle zu beiden Seiten eine brüllende, halb wahnsinnige Menschenmasse, dem ersten Blicke ein formloser Haufe. Bei näherem Zuschauen aber löst er sich in ganz unvergeßliche Menschenwesen auf, die sich tiefer einprägen als die meisten Menschen im Leben, obwohl nur ein paar geistreiche Pinselstriche Gesicht und Körper andeuten.«

In der zweiten Hälfte der Rolle droht dem Angeklagten Minamoto no Makoto die Verbannung, 165
doch Fujiwara no Yoshifusa begibt sich zu Kaiser Seiwa und bezeugt Makotos Unschuld.

192
Ban-Dainagon-ekotoba, 1. Rolle, 5. Szene, Fujiwara (Tokiwa) no Mitsunaga zugeschrieben. Tusche und Farben auf Papier. H. 31,5 cm. Um 1170. Sammlung T. Sakai, Tōkyō
Vom brennenden Tor Ōten-mon weicht die Menge zum Eshō-mon zurück. Menschen aller Stände drängen sich in neugierigem Entsetzen und flüchten vor den Funken.

Auf der zweiten Rolle eilt eingangs ein kaiserlicher Bote zu Makoto, um die Strafaufhebung anzukündigen. Darauf spitzt sich das Geschehen zu: Eines der Kinder des Hausmeisters von Tomo no
193–194 Dainagon rauft mit dem Sohn eines Wachmanns, der zufällig die Brandstiftung gesehen hatte. Beim Kreislauf der Handlung – oben balgen sich die Kinder, unten beschuldigen sich die Väter – entschlüpft dem Wachmann sein Geheimnis.

Die dritte Rolle zeigt die gerechte Strafe: Der Bedienstete des Tomo no Dainagon wird vernommen, der Dainagon verhaftet, und während
174 im Hausinnern seine Frauen vor Gram und Verzweiflung schreien und klagen, fährt der Gefäng-
196 niswagen davon, während ein Grüppchen treuer Diener vom Hoftor aus dem Gefangenen nachblickt.

Im *Ban-Dainagon-emaki* setzte der Künstler die direkte Pinselzeichnung gleichwertig wie das leuchtende Kolorit, jedoch viel sparsamer als beim *Genji-monogatari-emaki* ein. Die Umriß- und Binnenlinien zeichnete er wie Schriftzeichen mit betontem Ansatz, aber kurzem Strich bedachtsam aufs Papier. Dabei gestaltete er das dramatische Gebaren der Menschen und auch der Pferde sehr lebendig. Mit bald flächigem, bald abgeschattetem Farbauftrag bekommen die Personen Leben, selbst die Gesichter leuchten durch aufgesetztes Wangenrot vor Aufregung. Zur Abgrenzung der Szenen nutzte der Maler manchmal die im *Genji-monogatari-emaki* als Stimmungsmoment eingesetzten Nebelbänke, die als Mittel der Raumtrennung und Raumverbindung bei den Stellschirmen mit Yamato-e-Szenen eine zentrale Rolle spielen. Er stellte auch hohe Bäume als Trennungsbarrieren zwischen die wechselnden Szenen, Bäume, die er ebenso gut beobachtete und individuell charakterisierte wie seine Menschen.

Traditionsgemäß wird dieser Rollensatz dem Hofmaler Fujiwara (auch Minamoto oder Tokiwa) no Mitsunaga zugeschrieben, der um 1173 am Hof tätig war. Da Mitsunaga im Auftrag des Exkaisers

193–194
Ban-Dainagon-ekotoba,
2. Rolle, 2. Szene, Fujiwara (Tokiwa) no Mitsunaga zugeschrieben. Tusche und Farben auf Papier. H. 31,5 cm. Um 1170. Sammlung T. Sakai, Tōkyō
Beim Streit der Kinder eines Wachmannes und eines Dieners von Ban Dainagon kommt die Untat des Dainagon an den Tag. Während die Mutter ihren Sohn erzürnt davonschleppt, zeigt das Volk auf der Straße sein Entsetzen über das Verbrechen.

Goshirakawa in jener Zeit das gewaltige *emaki*-Werk mit 60 Rollen über die Jahresbräuche *(Nenjū-gyōji-emaki)* malte oder entwarf, ordnete ihm die Legende auch unbekümmert Werke ähnlichen Stils zu. Dazu gehören das *Ban-Dainagon-emaki* wie auch das humorvolle Rollenwerk
195 *Kibi-Daijin-Nittō-ekotoba* (»Kibi Daijins Reise nach
China«), in dem der japanische Gesandte mit List und Magie über die Chinesen siegt.

Frauenliteratur im *emaki*

Die Romanillustrationen erfreuten sich bei den Damen des Hofes großer Beliebtheit. Im *Genji-monogatari-emaki* sieht man im 50. Kapitel, Azu-
186 maya, wie die Dame Ukifune im Haus ihrer Halb-
schwester von einer Dienerin zur Unterhaltung Romantexte aus einem Heft vorgelesen bekommt, während sie selbst ein anderes Heft mit den Illustrationen dazu betrachtet. Diese breitformatigen Hefte *(sōshi)* gab es also bereits in der Heian-Zeit neben den *emaki*. Vielleicht sind manche der in sich geschlossenen Romanbilder überhaupt für Hefte bestimmt gewesen und wurden erst in späterer Zeit als Langrollen montiert.

Je beflissener die Hofdamen in der Nachfolge des *Genji-monogatari* neue Romane verfaßten, desto mehr ließ die Qualität dieser Erzählungen nach. Da aber die Romanbilder weiterhin mit großem Enthusiasmus bei Hofe aufgenommen wurden, stellten die Hofateliers immer neue Bildfolgen her. Es ist erstaunlich, daß das künstlerische Niveau dieser Bilddarstellungen nicht ebenfalls verflachte, sondern im Gegenteil jedes *monogatari-e* bis in das 14. Jahrhundert hinein seine eigenständige Form behauptete. Die kunstvolle Form des *tsukuri-e* ist
197 Ende des 12. Jahrhunderts bei dem *Nezame-mono-*
gatari-emaki wieder angewendet, von dem nur vier Bildszenen und fünf Textpartien erhalten sind. Das Werk schildert, soweit sich sein Inhalt noch rekonstruieren läßt, die phantastischen Liebesgeschichten der schönen Hofdame Yowa no Nezame und die ihres Sohnes Masako.

Verfasserin des Romans soll in der Mitte des 11. Jahrhunderts die Tochter des Sugawara no Takasue gewesen sein, der auch das Tagebuch
135 *Sarashina-nikki* zugeschrieben wird. Im Bildrollen-
werk knüpft die Maltechnik des *tsukuri-e* bei der des *Genji-monogatari-emaki* an. Auch die Zeichnung der Architektur und der Menschen steht in dieser Tradition. Als Malgrund diente jedoch reich mit Glimmer, Gold- und Silberfolie gemustertes Schreibpapier. Dadurch werden die Bildszenen selbst ins Ornamentale transponiert, denn auch die Zeichnung der Bäume nähert sich in der spielerischen Lineatur dem »Schilfbild«, obwohl keine Schriftzeichen zu erkennen sind. Durch diese Betonung des Dekorativen rückt das Bildwerk den Vorsatzblättern illustrierter Sūtren und auch den
Fächer-Sūtren des Tempels Shitennō-ji nahe. 122

Das Tagebuch der Murasaki Shikibu kennt man heute in einer Bildfassung aus dem 13. Jahrhundert. Inhaltlich und formal steht auch dieses Werk dem *Genji-monogatari-emaki* nahe. Allerdings begünstigt der neue Zeitgeist der Kamakura-Ära offensichtlich eine andeutend dramatische Auffassung, die zuvor überhaupt nicht möglich war.

Als Zeitbild ganz und gar japanischer Prägung
ist aber auch das *Murasaki-Shikibu-nikki-ekotoba*, in 45, 198
dem die Ereignisse vom Jahre 1008 bis 1010 am Hof von Kaiserin Akiko geschildert werden, eine lebendige Chronik der Regentschaft des großen Fujiwara no Michinaga. Von diesem Werk liegen 24 unterschiedlich breite Bildszenen vor, die sich auf drei Rollen und sechs Einzelblätter verteilen. Die Schilderung beginnt wie das Tagebuch mit der Geburt des ersten Sohnes von Kaiserin Akiko und

195
Kibi-Daijin-Nittō-ekotoba (Ausschnitt). Tusche und Farben auf Papier. H. 32 cm. Zweite Hälfte 12. Jahrhundert. Museum of Fine Arts, Boston (Inv.-Nr. 32.131)
Der japanische Gesandte in China, Kibi no Makibi (693–775), besiegt in dieser witzigen Bilderzählung mit Hilfe eines Dämons die Chinesen in ihren eigenen Künsten. In einem Turm entgeht er dank einem Zauber dem Tod und wird von den staunenden Chinesen beköstigt. Die Überlegenheit der Heian-Zeit dem großen Vorbild China gegenüber kommt hier deutlich zum Ausdruck.

196
Ban-Dainagon-ekotoba, 3. Rolle, 6. Szene, Fujiwara (Tokiwa) no Mitsunaga zugeschrieben. Tusche und Farben auf Papier. H. 31,5 cm. Um 1170. Sammlung T. Sakai, Tōkyō
Als der Zug, der den verurteilten Ban Dainagon in die Verbannung geleitet, das Tor des Palais durchschritten hat, blickt die Dienerschaft trauernd ihrem Herrn nach.

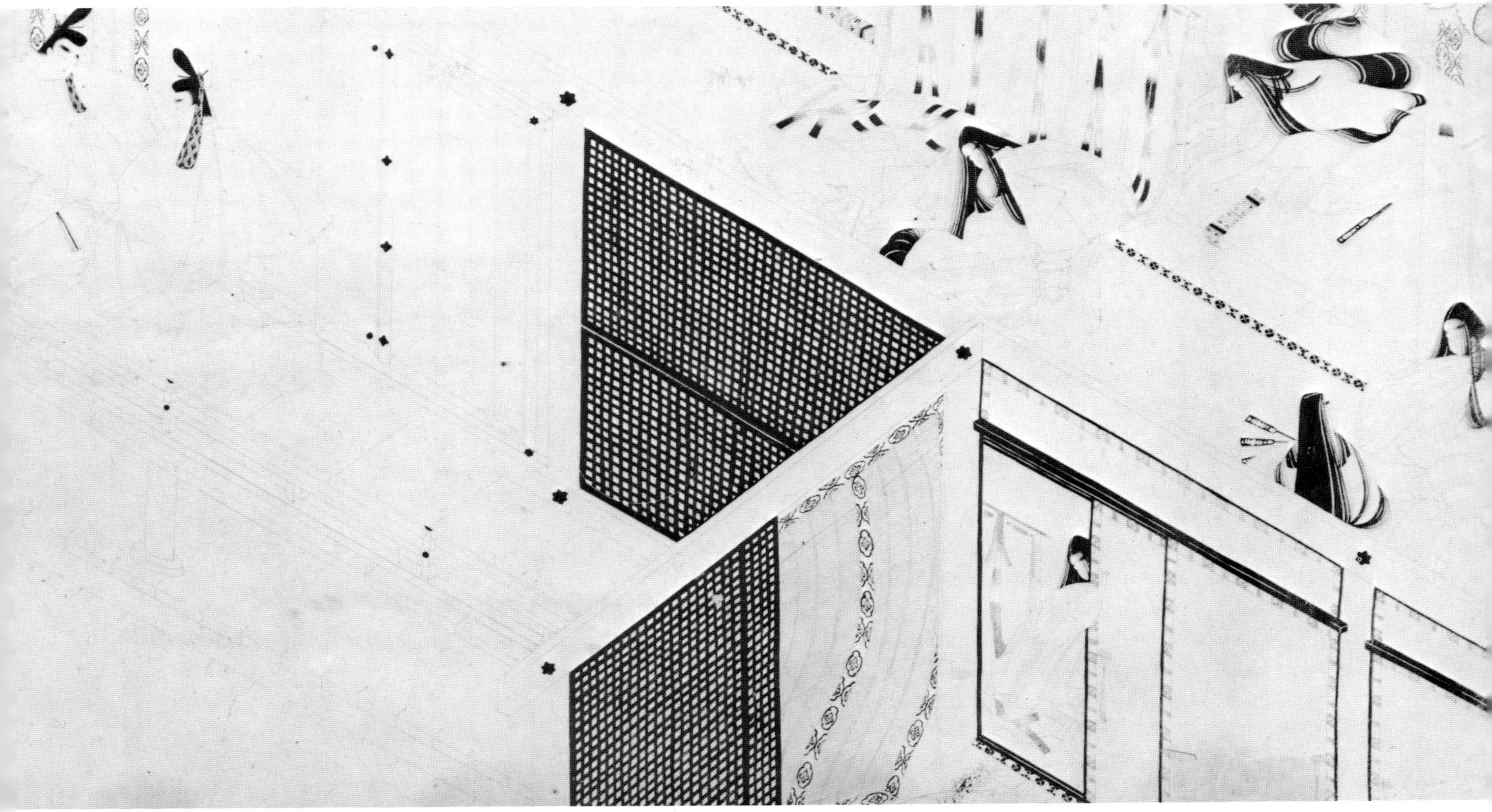

197
Nezame-monogatari-emaki, 1. Szene. Tusche und Farben auf mit Gold- und Silberfolie dekoriertem Papier. H. 25 cm. 12. Jahrhundert. Yamato Bunkakan Museum, Nara
Wie das *Genji-monogatari-emaki* besitzt das Bildrollenwerk zur Nezame-Geschichte Illustrationen in *tsukuri-e*-Technik. Die erste Szene zeigt rechts einen idyllischen Garten mit drei musizierenden Mädchen, während in der Mitte die Mütze des Helden sichtbar ist, der in das Haus mit den sich verbergenden Damen späht. Der dekorative Charakter ist im Vergleich zum *Genji-monogatari-emaki* stärker betont, die Menschen verlieren sich im ornamentalen Linien- und Musterspiel.

198
Murasaki-Shikibu-nikki-ekotoba, 5. Abschnitt, 10. Szene (Ausschnitt). Tusche und Farben auf Papier. H. 20,9 cm. Mitte 13. Jahrhundert. Fujita Art Museum, Ōsaka
Der Großkanzler Fujiwara no Michinaga steht auf der Veranda seines Palais und betrachtet die neuen Lustboote mit Drachen- und Hahnenkopf (vgl. Abb. 166). Trotz der Weiterführung der Bildmittel des *tsukuri-e* der Heian-Zeit zeigt sich in dieser Schöpfung der Kamakura-Zeit eine neue Kraft der Bewegung und des Ausdrucks.

199
Makura-no-sōshi-emaki, 3. Szene. Tusche auf Papier. H. 25,5 cm. Erste Hälfte 14. Jahrhundert. Sammlung N. Asano, Tōkyō
Die Szene aus einem späten Rollenwerk zum »Kopfkissenbuch« der Sei Shōnagon illustriert in raffinierter Schwarzweißtechnik eine Eintragung vom 5. Monat. In einem Palastraum, der durch Balken, Gatter und Jalousien abgegrenzt ist, wird den Hofdamen ein Bambuszweig gereicht. Sei Shōnagon nimmt ihn in Empfang und weiß den Sinn zu deuten. Bambus steht im Chinesischen für »der Edle«, hier soll es heißen: dieser Herr.

200
Genji-monogatari, Ukifune-Heft, 1. Szene. Tusche auf Papier. 23,9 x 18,6 cm. 14. Jahrhundert. Yamato Bunkakan Museum, Nara
Eine späte Fassung des *Genji-monogatari* ist als Albumfragment erhalten. Die Illustrationen sind in reiner Tusche in Schwarzweißtechnik gemalt, Akzente setzen die Hofmützen und die offenen Haare der Damen. Prinz Niou schreibt ein Morgengedicht für Ukifune, während unten Köpfe von Dienern sichtbar sind.

Kaiser Ichijō. Die Festlichkeiten im Palais des Fujiwara no Michinaga zu diesem Ereignis werden auf den weiteren Bildern dargestellt. Man erhält einen lebendigen Eindruck vom pompösen Lebensstil, von der Eleganz der Architektur und der Einrichtungsgegenstände im Palais Tsuchimikado. Die Szenen trunkener Hofherren im Getändel mit den Damen der Kaiserin zeigen einen Anflug von Humor.

Vom »Kopfkissenbuch« der Hofdame Sei Shō-
199 nagon existiert eine Bildfassung aus dem 14. Jahrhundert. Die Malweise verzichtet auf den farbigen Prunk des *tsukuri-e* zugunsten der reinen Tuschemalerei. Man meint die Vorzeichnung eines Farbbildes vor sich zu haben. Präzis und fein sind die Linien wie mit dem Zeichenstift hingesetzt, die Schwarzweiß-Effekte raffiniert benutzt und nur durch seltene Lavierungen und Punkte von Lippenrot akzentuiert. Auch bei dieser Form des Bildvortrags spricht man von einem »Weiß 200
(belassenen) Bild«.

Die Kunstform des *monogatari-emaki* mündete wie das Yamato-e in die Malerei der Tosa-Schule ein. Erzählbilder in Form der kontinuierlichen Langrolle wurden immer seltener und meist nur am Kaiserhof in Auftrag gegeben. Häufig dagegen finden wir die klassischen Romanthemen, wie das *Genji-monogatari* und die Kriegsschilderungen der Heike und Minamoto, auf den Stellschirm zurückversetzt, von dem sich im 10. und 11. Jahrhundert die Langrollenform emanzipiert hatte.

Porträt und Dichterbild

Die weltliche Malerei Japans hatte im Yamato-e zunächst in poetischen Stimmungslandschaften ihren eigenen Ausdruck gefunden. Die lieblichen Landschaften mit blühenden Bäumen oder rotem Herbstlaub gaben dem aus China übernommenen herben Malstil einen heiteren Charakter. Als die Langrollenbilder in Mode kamen, wendete sich das Interesse unterhaltenden und dokumentarischen Bildthemen zu. Damit rückten die Menschen mit ihrem Handeln in den Mittelpunkt. An einer porträthaften Wiedergabe der Personen war noch niemand interessiert, vielmehr sollten in einem Bild – wie etwa in den Darstellungen des *Genji-monogatari-emaki* – die hinter den Dingen liegenden Stimmungen und Empfindungen aufgezeigt werden. Bestimmte Farbakkorde vermittel- 179
ten dem Beschauer den Gefühlsgehalt einer Szene. Individuelle Züge waren unwesentlich, denn bei der Hofgesellschaft verdeckte die Allgemeingestalt des »Würden«-Trägers das Individuum. So genügte für das konventionelle Menschenbild der Heian-Zeit die Formel: »Auge als Strich, Nase als

201
Porträt des Minamoto no Yoritomo (1147–1199), Fujiwara no Takanobu (1145–1205) zugeschrieben. Tusche und Farben auf Seide. 138 x 112,5 cm. Tempel Jingo-ji, Kyōto
Mit seinen markanten Gesichtszügen gehört das Porträt des Yoritomo zum gleichen Zyklus wie das Bildnis des Taira no Shigemori (vgl. Abb. 170). Das Yamato-e schuf in diesen »Ähnlichkeitsbilder« genannten Porträts Kultbilder der in Staatsrobe posierenden Regenten und hohen Würdenträger. Der kühl abwägende, brutale Ausdruck Yoritomos verkündet den Geist der neuen Epoche, die dieser Machthaber begründete.

202
Prinz Shōtoku Taishi mit Begleitern. Tusche und Farben auf Seide. 126,8 x 72 cm. Zweite Hälfte 11. Jahrhundert. Tempel Ichijō-ji, Hyōgo
Dem Satz Hängebilder mit den Idealporträts der Tendai-Patriarchen fügte man in Japan den Kronprinzen Shōtoku Taishi (574–622) hinzu. Hier hält er 16jährig, mit Räuchergefäß und Priestergewand versehen, eine Predigt. Die aus kultischen Gründen übergroße Gestalt umgeben zehn kleine anbetende Begleiter.

Haken«. Aus der Literatur, wie dem Roman und Tagebuch der Murasaki Shikibu und den Glossen der Sei Shōnagon, weiß man, daß ausgeprägte, vor allem männliche Züge als häßlich, ja plebejisch angesehen wurden. Das Idealbild des vornehmen, schönen Mannes verkörperte der runde, glatte, apfelgesichtige Typ mit einem kleinen Bärtchen am Kinn.

In den Bildrollen zu historischen und legendären Erzählungen jedoch findet man einzelne Charaktere, wie beispielsweise Priester Myōren im *Shigisan-engi-emaki,* mit durchaus persönlichen Gesichtszügen ausgestattet. Der Betrachter soll dadurch den Helden im Ablauf der Bilder sogleich wiedererkennen.

Im Bereich der buddhistischen Kultmalerei dagegen spielte das tradierte Idealporträt von bedeutenden Patriarchen und Sektengründern eine große Rolle. Bei bestimmten Zeremonien standen die Bildnisse im Mittelpunkt des Kultes und wurden wie Gestalten des buddhistischen Pantheons verehrt. Die Patriarchen der Shingon- und der Tendai-Sekte genossen gleicherweise Anbetung und Verehrung. Zu den Patriarchen der Tendai-Sekte
202 wurden Shōtoku Taishi, der japanische Prinzregent des 6./7. Jahrhunderts, und Priester Ennin mitgerechnet. Ihre Porträts werden im Tempel Ichijō-ji zusammen mit denen der kontinentalen Patriarchen aufbewahrt. Noch vor diesen Bildnissen entstand in der Nara-Zeit die berühmte Darstellung von Shōtoku Taishi und seinen Brüdern. Nach Y. Shirahata sollte sie als zentrales Kultbild einer Shaka-Trias entsprechen[56].

Wenn auch shintōistische Gottheiten in der Skulptur als »Spuren« buddhistischer Wesenheiten und Kräfte in Gestalt japanischer Prinzessinnen und Priester dargestellt wurden, wie die Trias des Tempels Yakushi-ji zeigt, so folgte die Malerei erst in der Kamakura-Zeit mit der Bilddarstellung von shintōistischen Gottheiten nach.

Die Antwort auf die Frage, wann die ersten Porträts japanischer Kaiser gemalt wurden, gibt uns die Literatur: Das Vorwort eines Gedichtes im zehnten Band der Anthologie *Goshūi-waka-shū,* das von der Dichterin Dewa no Ben stammt, beschreibt ein Bild des Kaisers Goichijō (1008–1036). Tatsächlich kennen wir heute nur die Gruppe eindrucksvoller Bildnisse von Männern des ausgehenden 12. Jahrhunderts, die im Tempel Jingo-ji aufbewahrt werden. Sie sind die Krönung der Porträtkunst des Yamato-e. Daß die Maler des höfischen Malateliers im höchsten Auftrag bei festlichen Gelegenheiten Skizzen der wichtigsten Männer am Hof anfertigten, scheint man den Tagebüchern entnehmen zu können. Ausgehend von diesen Skizzen wurden offenbar Porträts führender Männer der Zeit am Hof des Exkaisers Goshirakawa als Kultbilder gestaltet. Aus einer vermutlich größeren Gruppe blieben die Bildnisse von Minamoto no Yoritomo, Taira no Shigemori und Fujiwara no Mitsuyoshi erhalten. Sie vermitteln die Würde und die Erhabenheit der dargestellten Persönlichkeiten. Bei den in die offizielle Zeremonialtracht des Hofes gekleideten Figuren mit steifem, gegürtetem schwarzem Damastgewand, Hofschwert, *shaku*-Zepter und *kammuri*-Mütze heben sich allein die Gesichter in klarer, treffsicherer Linearzeichnung vom Ornament der Robe ab.
Die Züge von Shigemori (gest. 1176), dem Sohn 170
des Feldherrn Taira no Kiyomori, sind von Skepsis und Passivität geprägt. Fujiwara no Mitsuyoshi stellt den typischen Höfling des Exkaisers dar. Sein Antlitz erscheint in höfischer Tradition zurückge-
nommen und unpersönlich. Minamoto no Yori- 201
tomo dagegen, dem Gründer des Kamakura-Shōgunats, sind Entschlossenheit und Skrupellosigkeit ins Gesicht geschrieben. An diesem jüngsten Porträt der Gruppe allein erkennt man schon, daß mit Yoritomo eine neue Epoche der japanischen Geschichte begonnen hat.

Das Yamato-e brachte noch einen anderen, sehr charakteristischen Zweig der Porträtkunst hervor: die Dichterbildnisse *(kasen-e).* Bei den *kasen-e* handelt es sich um Idealdarstellungen, denn sie wurden aus freier Phantasie und nicht nach dem Leben geschaffen. Mit den kalligraphierten Sammlungen ihrer Poeme wollte man auch die Dichter *in persona* würdigen und betrachten. Auch hier spielt die kultische Verehrung herein, da man die Dichter den Shintō-Gottheiten gleichsetzte und zu *kami* erhöh-
te. Wenn die ältesten Dichterbildnisse auch erst der 203
Kamakura-Zeit angehören – sie werden Fujiwara no Nobuzane (1176–1265) zugeschrieben –, so zeigen sie retrospektiv die Gestalten von Hofherren und Hofdamen der Nara- und Heian-Zeit.

In zwei frühen, teilweise zerschnittenen Rollenwerken werden die Dichter einzeln mit kurzem Begleittext vorgestellt, der ein Gedicht und eine Biographie umfaßt. Ein Rollenwerk zeigt sie ohne Matten, das andere auf Matten sitzend. Die Herren, meist Träger von mittleren Hofrängen, erscheinen in offizieller oder inoffizieller Tracht, oft voller Würde, die Priester um etliche Grade menschlicher und charaktervoller, die Hofdamen mit in ihren kostbaren, bunten Gewändern verborgenen Gesichtern.

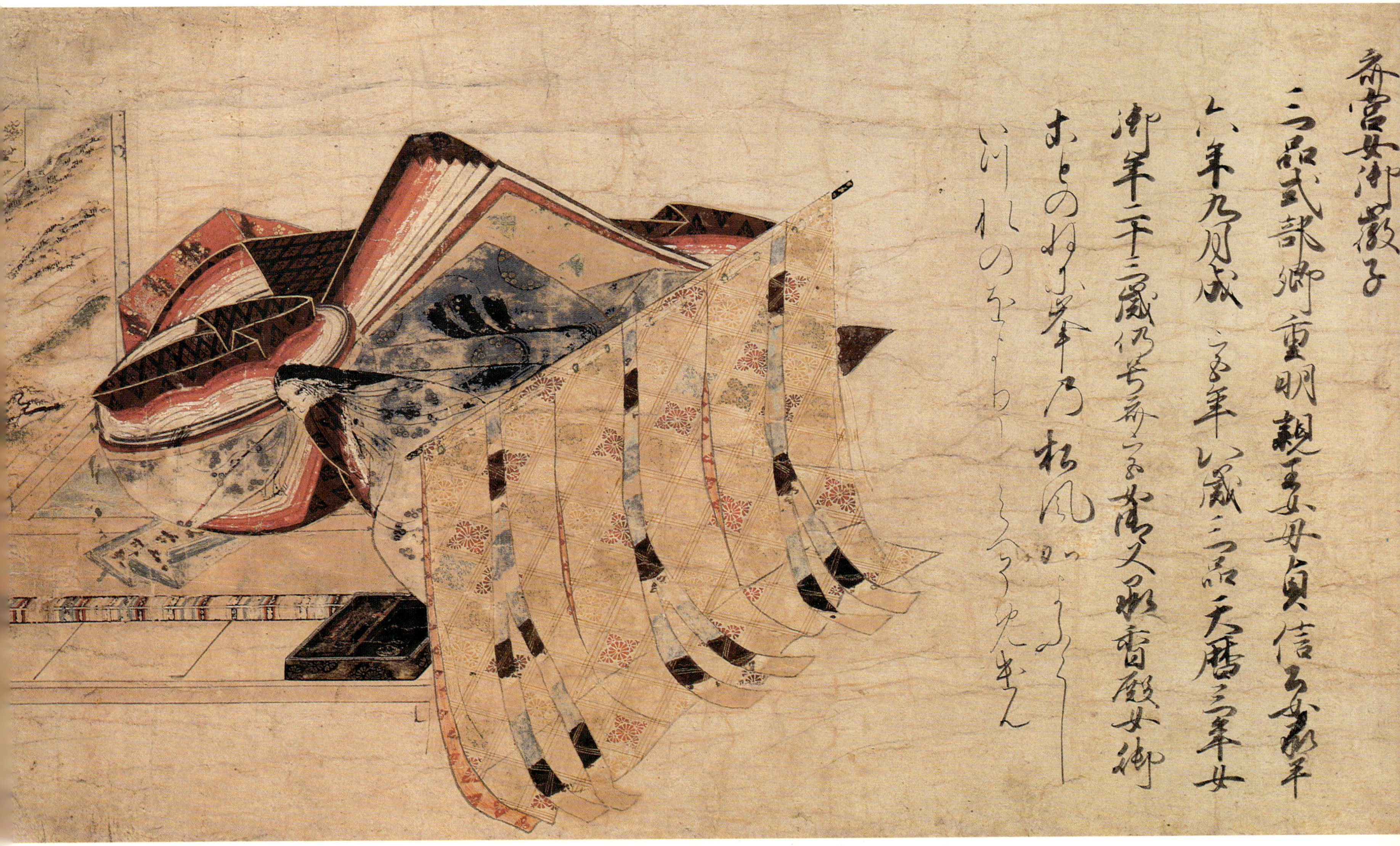

203
Bildnis der Dichterin und Kaiserin Saigu Nyōgo Yoshiko (929–985), Fujiwara no Nobuzane (1176–1268) zugeschrieben. Tusche und Farben auf Papier. 27,9 x 51,1 cm. Mitte 13. Jahrhundert. Freer Gallery of Art, Washington, D.C. (Inv.-Nr. 50.24)
Das Bildnis der Kaiserin Yoshiko stammt aus einer zerschnittenen Rolle mit den 36 Dichtern auf Matten. Die Dame sitzt auf einem Podest zwischen Schirmen. Sie trägt kostbare Roben mit übereinandergelegten Säumen und ein Brokatjäckchen. Darüber breitet sich das lange, dreifach geteilte Haar. Der Text besteht aus biographischen Angaben und einem ihrer Gedichte.

Karikaturen und die »Sechs Welten«

Unter allen *emaki* der Heian-Zeit erlangten die titel- und textlosen Rollen mit Karikaturen im Tempel Kōzan-ji allerhöchsten Ruhm. Auf den vier Langrollen sind Tiere dargestellt, die menschliches Tun imitieren, außerdem Tiere im Kampf mit ihresgleichen, und zuletzt recht erbarmungslos karikierte Menschen – Mönche sind immer dabei – bei Wettspielen und Kraftproben.

Die Rollen erhielten den Namen *Chōju-jimbutsu-giga* (oder *Chōjū-giga,* »Scherzbilder von Tieren 204–206
und Menschen«). Auf der ersten treiben Hasen, Frö-

204
Chōjū-giga, 1. Rolle, 3. Szene. Tusche auf Papier. H. 31,8 cm. 12. Jahrhundert. Tempel Kōzan-ji, Kyōto
Zu dem Bogenschießen der Hasen bringen Hasen und Frösche mit Holztragen Speisen und einen Wasserkrug herbei. Die kalligraphisch flüssige Malweise gibt die Tiere und die kulissenhaft hingesetzten Pflanzengruppen sehr lebendig wieder. Die frühen Partien der vier Rollen werden traditionsgemäß dem Abt Toba Sōjō zugeschrieben.

205
Chōjū-giga, 1. Rolle, 5. Szene. Tusche auf Papier. H. 31,8 cm. 12. Jahrhundert. Tempel Kōzan-ji, Kyōto
In diesem Abschnitt werden verschiedene Tiere dargestellt, die Menschen karikieren. Rechts bemühen sich Hasen und Füchse um einen toten Frosch, links schauen Hasen, Füchse und andere Tiere – teilweise in Gewändern des niederen Volkes – zwei Fröschen zu, die einen Volkstanz vorführen.

206 ▷
Chōjū-giga, 1. Rolle, letzte Szene. Tusche auf Papier. H. 31,8 cm. 12. Jahrhundert. Tempel Kōzan-ji, Kyōto
Ein als Priester gekleideter Affe betet den Rosenkranz. Vor ihm liegt ein Bündel und steht ein Opfertisch mit Pfirsichen. Von links eilen Hasen und Frösche als Diener mit Opfergaben hinzu; sie begleiten einen Hasen in Hofrobe, der ein Tigerfell trägt.

207 ▷
Chōjū-giga, 4. Rolle, letzte Szene. Tusche auf Papier. H. 30,9 cm. 13. Jahrhundert. Tempel Kōzan-ji, Kyōto
Die letzte Szene der vierten Rolle zeigt in gekonnter Karikierung Menschen bei kuriosem Tun. Ein Abt mit Fächer betet an einem Altar ein Kultbild an, das das Gerippe eines Frosches darstellt. Sūtrenlesende Mönche und sichtlich ergriffenes Volk sitzen hinter ihm. In dieser im 13. Jahrhundert gemalten Persiflage wandelte der Maler das Thema vom Ende der ersten Rolle ab: dort zelebrierte ein Affe vor einem Kultbild in Gestalt eines Frosches.

高山寺

sche, Affen und Füchse ihre Spiele, dabei gewinnen stets die Schwächeren. Eingangs veranstalten Hasen und Affen ein Wettschwimmen, dann folgt ein Bogenschießen zwischen Hasen und Fröschen, dem sich ein Siegestanz der Frösche anschließt. Es folgen weitere Wettspiele und endlich jene blasphemische Szene, in der ein als Priester verkleideter Affe vor dem Kultbild eines Frosches betet. Es hat den Anschein, als ob hier ein Mönch hohen Standes nicht nur die Menschen an sich, sondern die Hofgesellschaft und Priesterschaft verspottete.

In der zweiten Rolle werden 16 Gruppen kämpfender Tiere vorgeführt. Vögel, Pferde, Bullen, Fabeltiere und Hunde reihen sich ohne verständlichen Sinn aneinander.

Die dritte Rolle zerfällt in zwei Teile. Zunächst werden neun Szenen mit Menschen bei Wettspielen gezeigt, bei denen vier Arten von Brettspielen sowie die in Japan beliebten Kraftproben des Kopf-, Bauch- und Ohrenziehens bis hin zu einem Wettstreit im Anstarren vorgeführt werden. Es folgen ein Hahnen- und ein Hundekampf im Kreise faszinierter Zuschauer. Die zweite Hälfte der Rolle ist wieder Tierkarikaturen gewidmet. Einem Wettreiten von Hasen auf einem Hirsch und auf Füchsen folgt unvermittelt eine Szene mit Fröschen und Affen bei Fest und Spiel, vor denen eine Schlange und drei Frösche davonlaufen.

Die vierte Rolle zeigt Menschen. Elf Skizzen 207
führen in burlesker Weise Mißgestalten, buddhistische Zeremonien, Bogenschießen zu Pferde und Wettkämpfe vor.

Die *Chōjū-giga* bilden kein einheitliches Ganzes. Die ersten beiden Rollen werden seit langem, je-

208
Gaki-no-sōshi, 2. Szene. Tusche und Farben auf Papier. H. 27,2 cm. Ende 12. Jahrhundert. Ehemals Sammlung Kawamoto. Nationalmuseum, Tōkyō
In einem dachlosen Haus steht das Lager einer sitzend gebärenden Frau. Inmitten von weiteren Frauen, Behältnissen und Scherben greift ein – unsichtbarer – Hungergeist *(gaki)* nach der Nachgeburt. Im Vorzimmer rezitiert ein Priester Beschwörungsformeln.

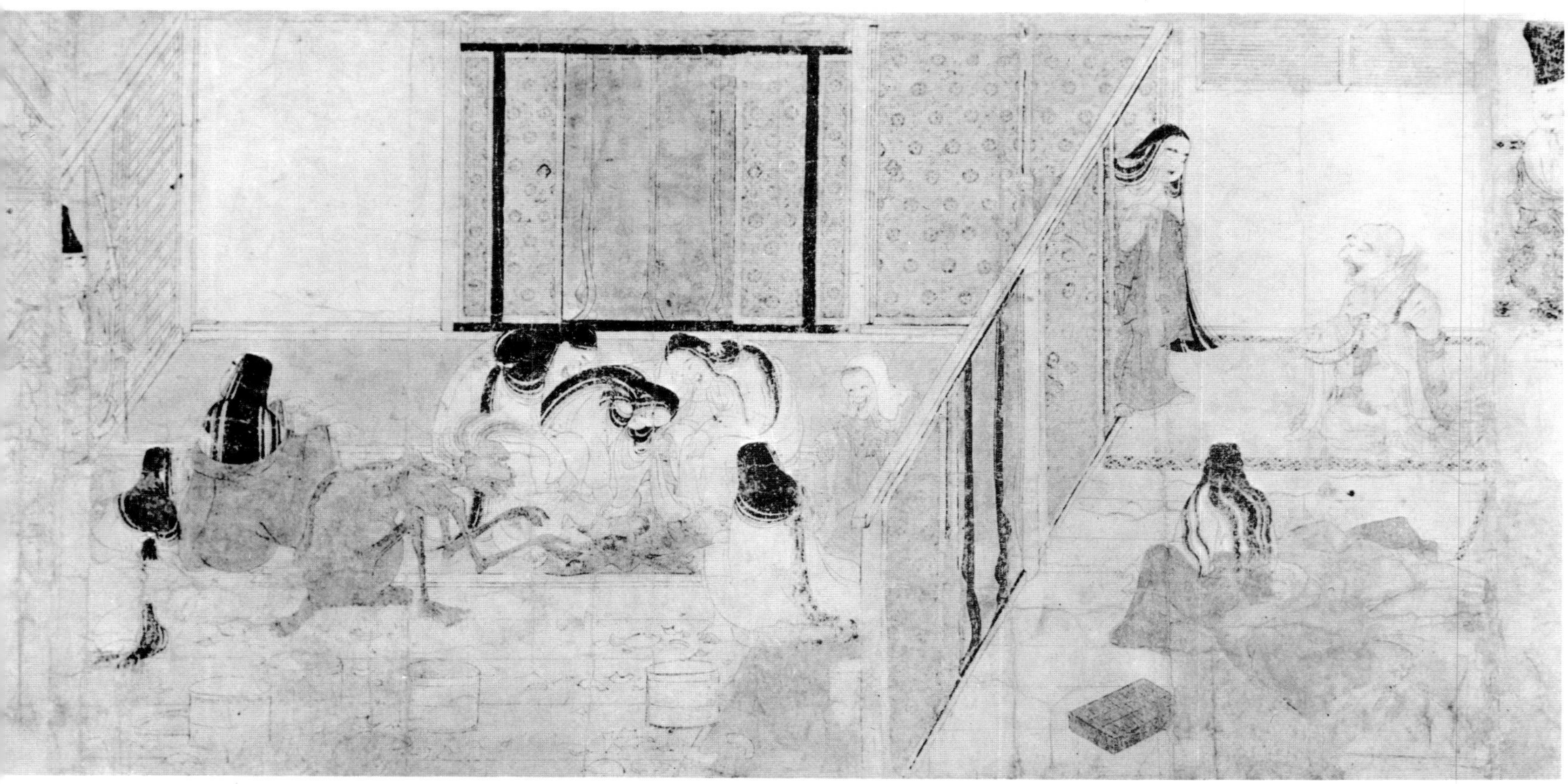

209
Yamai-no-sōshi. Tusche und Farben auf Papier. H. 21,2 cm. Ende 12. Jahrhundert. Ehemals Sammlung Matsunaga. Fukuoka Municipal Museum, Stiftung Matsunaga Memorial Museum
Unter den Krankheiten *(yamai),* die in den Rollen der »Sechs Welten« geschildert werden, erscheint auch die Fettsucht. Eine an diesem Übel leidende, aufgedunsene Frau kann sich nur noch gestützt auf zwei Begleiterinnen vorwärtsbewegen. Zwei Männer äußern drastisch ihr Erstaunen; daneben stillt eine junge Mutter ihr Kind.

doch ohne ausreichende Begründung, dem Abt Toba Sōjō, Kakuyū (1053–1140), zugeschrieben. Kakuyū, der Sohn des Hofadligen Minamoto no Takakuni, war Abt des Onjō-ji und später Bischof des Tempels Shōkongō-ji im kaiserlichen Palast von Toba. Obwohl die *Chōjū-giga* erst einige Jahrzehnte nach seinem Tod entstanden sind, werden im Japanischen seit der Edo-Zeit Karikaturen als *toba-e* bezeichnet. Die dritte Rolle trägt am Ende das Datum 1253. Sie zeigt in beiden Partien unterschiedliche Handschriften, und auch die vierte Rolle hat wieder einen anderen Zeichenstil.

Alle Künstler kamen jedoch aus dem Klerus. Die knappe Linearzeichnung, die bei den Karikaturen wirkungsvoll eingesetzt wird, kennt man vom Duktus der ikonographischen buddhistischen Skizzen. Man findet sie auch in Gold- und Silberfarbe übertragen bei den Bildern der Vorsatzblätter von Sūtrenabschriften wieder[57].

Heute nennt man die in reiner Tusche bravourös hingeworfenen Skizzen ebenso wie die sorgfältigen Zeichnungen im Stil des *Genji-monogatari-*
200 *emaki* generell »Weiß-(Grund-)Malerei« *(haku-byō)*, um sie deutlich vom Tuschebild *(sumi-e* oder *suiboku-ga)* zu unterscheiden. Die Tuschemalerei kam im 14. Jahrhundert erneut aus China nach Japan und ist im wesentlichen die Malerei des Chan (Zen)-Buddhismus.

Zu den klerikalen *emaki* gehören auch – in anderer Weise – die Rollen mit Darstellungen aus den »Sechs Welten« *(rokudō)*. Das Interesse an der aufrüttelnden und abschreckenden Gestaltung der niederen Existenzstufen kam im Gedankengut des Amida-Glaubens auf. So haben sich aus vielleicht ursprünglich umfassenderen Darstellungen die der Höllen, der Hungergeister und der Krankheiten erhalten. Die Phantasie entzündete sich am heftigsten an den makabren Themen, und manchmal kann man deutlich gerade da, wohl als Antidot, karikierende Züge erkennen.

Vom Thema her brachten die Darstellungen der »Sechs Welten« nichts Neues, denn seit dem Ende des 9. Jahrhunderts besaß der Palast Wandschirme mit eben jenen Darstellungen, die bei dem Butsumyō-e-Fest im 12. Monat des Jahres als Kultbilder dienten. Nach S. Ienaga brachten die brutalen Machtkämpfe zwischen Taira und Minamoto, die
171 im *Heiji-monogatari-emaki* sehr realistisch dargestellt sind, auch die Hofelite mit den Greueltaten des Krieges in hautnahe Berührung[58].

In jener Zeit um 1180 entstanden die *Rokudō-no-*
210 *sōshi-emaki*. Die Höllenrolle *(Jigoku-no-sōshi)* ist in vier verschiedenen Rollenfragmenten erhalten; 23 Einzelbilder zeigen Episoden aus den zehn Haupt- und 16 Nebenhöllen. Die Höllen des Feuerhahns, der Würmer, der Insekten und des Eisenmörsers zeigen die Qualen der Sünder, Qualen, die nicht das Verlöschen bringen, sondern durch die Gnade des Bodhisattva Jizō beim reuigen Sünder zur Wiedergeburt im Paradies führen können.

Mit eben derselben Freude am makabren Detail
werden in der *Gaki-no-sōshi*-Rolle die unsichtbaren 208
Hungergeister *(gaki)* als kleine und große aufgedunsene Wesen gezeigt, die von Exkrementen, Blut und Abfällen ihr Leben fristen müssen. In allen sozialen Schichten und bei allen Lebensstationen sind sie gegenwärtig: beim Festmahl des Adels, bei der Geburt eines Kindes, auf den Friedhöfen, beim Seelenfest Obon.

Mit nahe verwandtem Stil und ähnlichem Blick
führen die Rollen der Krankheiten *(Yamai-no-sōshi)* 209
das menschliche Leiden vor. Unangenehme und merkwürdig erscheinende Leiden sind mit nüchtern diagnostizierendem Auge dargestellt. Zwei Rollen mit 21 Einzelbildern und den entsprechenden Textpassagen sind aus der späten Heian-Zeit erhalten. Kaum ein Werk dieser Epoche hat das unausweichliche Leiden des Menschseins so unbeschönigt und allgemeingültig vorgeführt.

210
Jigoku-no-sōshi, 3. Szene. Tusche und Farben auf Papier. H. 26,4 cm. Zweite Hälfte 12. Jahrhundert. Ehemals Tempel Anju-in. Nationalmuseum, Tōkyō
Das dritte Bild der Höllenrolle zeigt die 15. der insgesamt 16 Höllen *(jigoku)*, in der Mörder, Diebe, Wüstlinge und Trunkenbolde in den Flammen schmoren müssen. Zwischen den lodernden Flammenzungen erscheinen vor Qualen schreiende Sünder; rechts und links treiben Höllenknechte weitere Menschen ins Feuer.

Schlußwort: Das Ende der Epoche

Das Erdbeben

> Und dann kam das große Erdbeben von 1185 mit einer Gewalt wie niemals zuvor. Berge stürzten zusammen, und Flüsse wurden begraben, die See schäumte über und überschwemmte das Land. Die Erde spaltete sich, und Wasser schoß hervor, Felsblöcke spalteten sich und rollten in die Täler. Boote, die dem Ufer entlangfuhren, wurden ins Meer geschleudert. Pferde, die auf den Straßen trabten, verloren ihren Halt. Gar nicht zu sprechen von den Zerstörungen in der ganzen Hauptstadt – kein einziges Gebäude, keine Pagode und kein Schrein blieben ganz. Als etliche zusammenfielen und andere umstürzten, stiegen Staub und Asche auf wie riesige Rauchschwaden. Das Grollen der bebenden Erde und der zusammenstürzenden Häuser klang genau wie Donner. Jene, die in ihren Häusern geblieben waren und fürchteten, lebendig begraben zu werden, rannten hinaus, um in eine neue Erdspalte zu fallen.
>
> *Hōjōki* (»Erzählungen aus meiner Hütte«)
> von Kamo no Chōmei, 1212[59]

Das politische und wirtschaftliche Ende der Heian-Zeit hatte sich schon in den Bürgerkriegen der Jahre 1156 und 1159–1160 angekündigt. Die Clans des Militäradels, die Taira und Minamoto, in opportunistischem Ränkespiel von den Anhängern des Kaisers, des Exkaisers oder den Mönchstruppen unterstützt, kämpften mit Verrat, List und brutalem Gemetzel um die Macht. Nach dem Tod von Taira no Kiyomori (1181) wendete sich das Kriegsglück zugunsten der Minamoto. Im Gempei-Krieg, der letzten Phase des Bürgerkrieges, fand die härteste Auseinandersetzung zwischen den mittlerweile verstärkten Truppen der beiden Kriegerclans statt. Als General des Minamoto no Yoritomo schlug sein Bruder Yoshitsune 1185 bei Dannoura die Flotte der Taira vernichtend. Obwohl seit dieser Schlacht das Reich auseinanderbrach, ging das kaiserliche Regime in Heian-kyō ungebrochen weiter. Anstelle des 1185 ums Leben gekommenen Kindkaisers Antoku setzte man seinen Bruder Gotoba (1180–1239) auf den Thron, während Exkaiser Goshirakawa die Regierung unverändert in den Händen behielt.

Das Sippenoberhaupt der Minamoto, Minamoto no Yoritomo, errichtete jedoch eine Zweitregierung, die »Zeltregierung« *(bakufu)*, in der Stadt Kamakura im Kantō-Gebiet. Mit kühler Berechnung legte er, zunächst mit Gewährung des Tennō, die notwendigen wirtschaftlichen Grundlagen zu einer neuen sozialen Ordnung, die den Feudalismus in Japan begründete. Neben den bestehenden Verwaltern setzte er in den Provinzen seine Vasallen, Militärgouverneure und Landverwalter ein und finanzierte mit drastischen Erhöhungen der Abgaben sein Regime. Zwar überlebte er seine Ernennung zum Militärmachthaber (Sei-i Tai-shōgun) nur sieben Jahre, doch begründete er eine neue Epoche der japanischen Geschichte.

Die neuen Leitbilder des Militäradels entsprachen den uralten japanischen Sippenidealen loyaler Gefolgstreue und todesverachtenden Kampfesmutes, die während der Heian-Zeit durch den elitären und überfeinerten Lebensstil des Hofadels überlagert worden waren. Im Kodex des Ritters, des *bushi* oder *samurai,* fanden die alten Ideale in der Kamakura-Zeit einen neuen Ausdruck. Als philosophische Richtschnur diente der Zen-Buddhismus, den eine junge Mönchsgeneration aus China nach Japan mitbrachte. Das geistige Ziel lag nun in der Erleuchtung des einzelnen, die in meditativer Selbsterkenntnis und Disziplin bereits in diesem Leben zu erlangen war. Für den *bushi* und den Zen-Mönch hatte jeder Traum vom Paradies seine Faszination verloren. Nur im Volk lebten die Jōdo- und Nembutsu-Sekten weiter fort. Der Zen-Priester Eisai (1141–1215) bereiste China zweimal und gründete, gefördert von Minamoto no Yoriie, dem zweiten Shōgun in Kamakura, 1191 die auch heute noch lebendige Rinzai-Sekte.

Im Gefolge des Zen-Buddhismus gelangten neue Kunstströmungen und ästhetische Maximen in das Inselreich. Sie brachten, wie etwa die reine Tuschemalerei, eine der Kunst der Heian-Zeit entgegengesetzte, vergeistigt abstrahierende Bildsprache mit sich. Andererseits erstarkte in der buddhistischen Skulptur das Streben nach dramatischer Wirklichkeitsnähe, und auch in der Literatur gewann ein »neuer Realismus« zusehends an Gewicht.

Der neue Zeitgeist konnte aber die genialen und spezifisch japanischen Kunstschöpfungen der Heian-Zeit nicht völlig verdrängen, denn im Bereich des Kaiserhofes und im Umkreis der alten Hauptstadt Heian-kyō blieb das Kunstideal des *wa-yō,* wenn auch in sich wandelnden Formen, unantastbar lebendig. Immer wieder schöpften spätere Generationen bewußt Anregungen aus dem alten Repertoire. Die große dekorative Malerei der Momoyama-Zeit oder die Rimpa-Schule der Edo-Zeit mit ihren Vertretern Kōetsu, Sōtatsu und Kōrin wären ohne die Heian-Kunst und ohne die Malerei des Yamato-e überhaupt nicht denkbar. Bis hinein in die populäre Holzschnittkunst des Ukiyo-e vom 17. bis 19. Jahrhundert lebten die Naturauffassung und die Menschendarstellung der *emakimono* fort.

Vielleicht konnte die verfeinerte, gefühlsbetonte und raffiniert verspielte Kunst der Heian-Zeit lebendig bleiben, weil sie jenem Bereich japanischen Wesens entsprang, den man Japans Seele nennen könnte.

Anhang

Anmerkungen

[1] Kidder, J. E., Japanese Temples, London 1964, S. 35

[2] Das Ende der Heian-Zeit wird entweder mit dem Untergang der Taira in der Schlacht von Dannoura 1185 angesetzt oder aber 1192 mit der Ernennung von Minamoto no Yoritomo zum Sei-i Tai-shōgun und der Anerkennung seiner Bakufu-Regierung in Kamakura. Vgl. auch Lewin, B., Kleines Wörterbuch der Japanologie, Wiesbaden 1968, S. 337

[3] Sansom, G. B., A History of Japan, Bd. 1, London 1958, S. 178–196

[4] Vgl. Emaki, Die Kunst der klassischen japanischen Bilderrollen, hg. von A. Hasé, Zürich 1959

[5] Morris, I., The Nobility of Failure, Tragic Heroes in the History of Japan, Harmondsworth 1975, ^{2}1980

[6] Lewin, B., Aya und Hata, Bevölkerungsgruppen Altjapans kontinentaler Herkunft, Wiesbaden 1972 (Studien zur Japanologie 3)

[7] Reischauer, J. und R. K., Early Japanese History, 2 Bde., Princeton–London 1937

[8] »Die Tatsache, daß – abgesehen von historischen Aufzeichnungen – die erste literarische Leistung eine Sammlung einheimischer Gedichte ist, zeugt von der einzigartigen Bedeutung der Dichtkunst in der nationalen Tradition.« (nach Sansom, G. B., A History of Japan, Bd. 1, London 1958, S. 93)

[9] Hurst III, G. Cameron, Insei, Abdicted Souvereigns in the Politics of Late Heian Japan, 1086–1185, New York–London 1976, S. 65

[10] Shinkokinwakashū, Japanische Gedichte, übers. von H. Hammitzsch und L. Brüll, Stuttgart 1964 (= Reclam 8931–32)

[11] Vgl. Reischauer, E. O., Die Reisen des Mönchs Ennin, Stuttgart 1963

[12] Hakeda, Y. S., Kūkai, Major Works, New York 1972, S. 51

[13] Vgl. die Farbaufnahme von Yasuhiro Ishimoto im Katalog Eros and Cosmos in Mandala, Tōkyō 1978

[14] Yanagisawa, T., in: Eros and Cosmos in Mandala, Tōkyō 1978

[15] Die alten und neuen Leitbilder und die handwerkliche Orientierung des einheitlichen und doch facettenreichen Kunststils werden vorgestellt bei Kurata, B., Jōgan chōkoku, Nihon no bijutsu 1, Nr. 44, Tōkyō 1970

[16] Minamoto, H., Shinshu Nihon Bunkashi Taikei, Bd. 4, Heian zenki, Tōkyō 1943, S. 216

[17] Yashiro, Y., Art Treasures of Japan, Bd. 1, Tōkyō 1960, S. 183

[18] Goepper, R. (Hg.), Shu-p'u, der Traktat zur Schriftkunst von Sun Kuo-t'ing, Wiesbaden 1974 (Studien zur Schriftkunst Ostasiens 2)

[19] Benl, O., und H. Hammitzsch (Hg.), Japanische Geisteswelt, Baden-Baden 1956, S. 59, 60

[20] Kato, Sh., A History of Japanese Literature, London 1979, S. 91–136

[21] Sansom, G. B., A History of Japan, Bd. 1, London 1958, S. 140

[22] Hurst III, G. Cameron, Insei, New York–London 1976, S. 150

[23] Vgl. Die Geschichte vom Prinzen Genji, Bd. I, Zürich 1966, S. 688

[24] Paine, R. T., und A. C. Soper, The Art and Architecture of Japan, Harmondsworth 1955, S. 230

[25] »Dem Auftreten dieser gnadenvollen Buddhagestalt mit ihrem umfassenden Rettungswillen entsprach auf seiten des Frommen ein Wandel im religiösen Verhalten, eine Erweichung des harten Aktivismus selbsterlösenden Bemühens und ein zunehmendes Vertrauen auf die rettende Gnade Buddhas.« (Gundert, W., Japanische Religionsgeschichte, Tōkyō–Stuttgart 1935, ^{2}1943, S. 84)

[26] Seckel, D., Einführung in die Kunst Ostasiens, München 1960, S. 78

[27] Die Geschichte vom Prinzen Genji, Bd. I, Zürich 1966, S. 36

[28] Seckel, D., Buddhistische Kunst Ostasiens, Stuttgart 1957, S. 153

[29] Benl, O., Die Entwicklung der japanischen Poetik bis zum 16. Jahrhundert, Hamburg 1951, S. 71

[30] Seidensticker, E. (Übers.), The Gossamer Years (Kagerō Nikki), Tōkyō 1964, S. 14

[31] Kato, Sh., A History of Japanese Literature, London 1979, S. 173

[32] Nach Morris, I. (Hg.), The Pillow Book of Sei Shonagon, Harmondsworth 1967, ^{2}1971, S. 10–11

[33] Morris, M., Sei Shōnagon's Poetic Catalogues, in: Harvard Journal of Asiatic Studies 40 (1980), Nr. 1, S. 5–54

[34] Nach Gatten, A., The Order of the Early Chapters in the Genji Monogatari, in: Harvard Journal of Asiatic Studies 41 (1981), Nr. 1, S. 5–46

[35] Genji-monogatari, Die Geschichte vom Prinzen Genji, vollständige Ausgabe aus dem Original übersetzt von Oscar Benl, 2 Bde., Zürich 1966

[36] Die Geschichte vom Prinzen Genji, Bd. 1, Zürich 1966, S. 862, 863

37 Furuya, M., Heian-jidai no sho, Nihon no bijutsu 5, Nr. 180, Tōkyō 1981, Abb. 21
38 Akiyama, T., Japanische Malerei, Genf 1961, S. 66
39 Vgl. Robinson, B. W., Arts of the Japanese Sword, London 1961, S. 18
40 Ragué, B. von, Geschichte der japanischen Lackkunst, Berlin 1967, S. 23, 25
41 Die Geschichte vom Prinzen Genji, Bd. 1, Zürich 1966, S. 220–221
42 Gabbert, G., Die Masken des Bugaku, Profane japanische Tanzmasken der Heian- und Kamakura-Zeit, Wiesbaden 1972, S. 38
43 Vgl. Gabbert, G., Die Masken des Bugaku, Wiesbaden 1972; Nishikawa, K., Bugaku Masks, Tōkyō–New York–San Francisco 1978
44 Vgl. Seckel, D., Buddhistische Prozessionsmasken (Gyōdō-men) in Japan, in: Nachrichten der Gesellschaft für Natur- und Völkerkunde Ostasiens 76 (1954), S. 29–52
45 Nach Morris, I., The World of the Shining Prince, Court Life in Ancient Japan, London 1964, S. 145
46 Das Kopfkissenbuch der Hofdame Sei Shonagon, aus dem Japanischen übertragen und hg. von Mamoru Watanabé, Zürich 1952, S. 55–56
47 McCullough, W., Japanese Marriage Institutions in the Heian Period, in: Harvard Journal of Asiatic Studies 27 (1967), S. 103–167
48 Morris, I., The World of the Shining Prince, London 1964, S. 147–149
49 Die Geschichte vom Prinzen Genji, Bd. 1, Zürich 1966, S. 304
50 Die Geschichte vom Prinzen Genji, Bd. 1, Zürich 1966, S. 725
51 Die Geschichte vom Prinzen Genji, Bd. 2, Zürich 1966, S. 248
52 Akiyama, T., Japanische Malerei, Genf 1961, S. 70; ders., Genji-e, Nihon no bijutsu 4, Nr. 119, Tōkyō 1976, S. 22
53 Zum Begriff »Rahmenlosigkeit« vgl. Tsudsumi, Ts., Die Kunst Japans, Leipzig 1929, S. 23ff.
54 Die Rollenfolge ist erschöpfend interpretiert worden bei Armbruster, G., Das Shigisan-Engi-Emaki, Ein japanisches Rollbild aus dem 12. Jahrhundert, in: Mitteilungen der Ostasiengesellschaft XL, Hamburg–Wiesbaden 1959
55 Kümmel, O., Die Kunst Chinas, Japans und Koreas, Potsdam 1929, S. 135
56 Shirahata, Y., Shōzō-ga, Nihon no bijutsu 12, Nr. 8, Tōkyō 1966, S. 19
57 Toda, K., Japanese Scroll Painting, Chicago 1935, Neudruck New York 1969, S. 50
58 Ienaga, S., Painting in Yamato Style, The Heibonsha Survey of Arts, Bd. 10, New York–Tōkyō 1973, S. 107
59 Nach Keene, D. (Hg.), Anthology of Japanese Literature, Rutland–Tōkyō 1959

Karte Japans mit den Provinzen der Heian-Zeit

1	Mutsu	35	Settsu
2	Dewa	36	Tamba
3	Sado	37	Wakasa
4	Echigo	38	Tango
5	Kōzuke	39	Tajima
6	Shimotsuke	40	Harima
7	Hitachi	41	Awaji
8	Kazusa	42	Bizen
9	Shimōsa	43	Mimasaka
10	Awa	44	Inaba
11	Musashi	45	Hōki
12	Sagami	46	Bichū
13	Izu	47	Bingo
14	Kai	48	Izumo
15	Suruga	49	Iwami
16	Totōmi	50	Aki
17	Shinano	51	Suō
18	Noto	52	Nagato
19	Ecchū	53	Sanuki
20	Hida	54	Awa
21	Kaga	55	Tosa
22	Echizen	56	Iyo
23	Mino	57	Buzen
24	Mikawa	58	Bungo
25	Owari	59	Hyūga
26	Ise	60	Ōsumi
27	Shima	61	Satsuma
28	Kii	62	Higo
29	Yamato	63	Chikugo
30	Iga	64	Chikuzen
31	Ōmi	65	Hizen
32	Yamashiro	66	Iki
33	Kawachi	67	Tsushima
34	Izumi	68	Oki

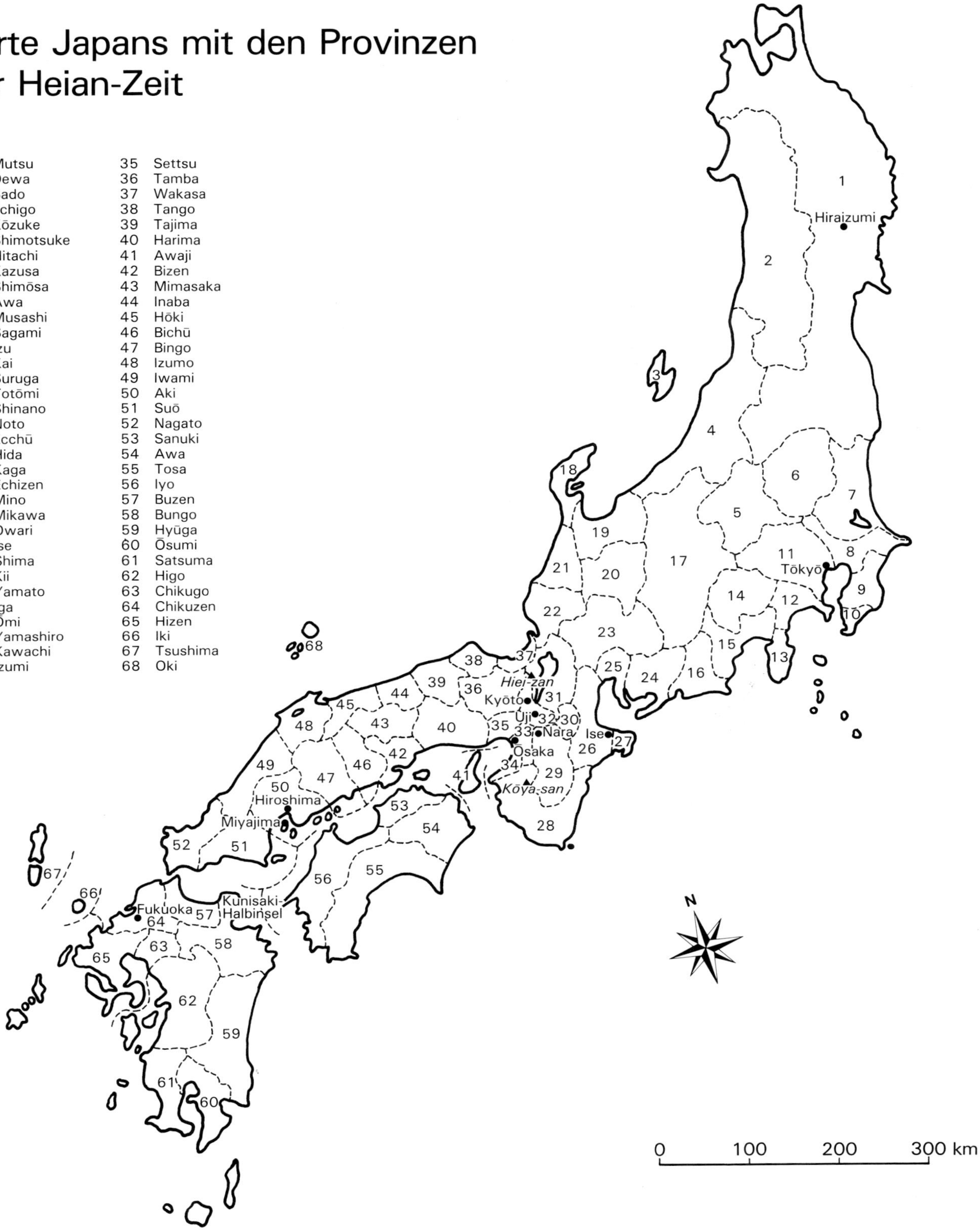

Grundriß des Kaiserpalastes (Daidairi)

Tore

A Anka-mon
B Ikan-mon
C Datchi-mon
D Jōtō-mon
E Yōmei-mon
F Taiken-mon
G Ikuhō-mon
H Bifuku-mon
I Suzaku-mon
J Kōka-mon
K Danten-mon
L Sōheki-mon
M Impu-mon
N Jōsai-mon
O Furō-mon
P Yōroku-mon
Q Emmei-mon
R Kaimei-mon
S Buraku-mon
T Fukurai-mon
U Banshū-mon
V Ryūtoku-mon
W Kōgi-mon
X Eifuku-mon
Y Shōkei-mon
Z Kaki-mon
A′ Eiyō-mon
B′ Tsūyō-mon
C′ Sensei-mon
D′ Kanka-mon
E′ Ganyō-mon
F′ Chōraku-mon
G′ Ōten-mon
H′ Eika-mon
I′ Shōgi-mon
J′ Keihō-mon
K′ Shōzen-mon
L′ Kenshin-mon
M′ Kōrai-mon
N′ Kaishō-mon
O′ Shōtoku-mon
a Shikkan-mon
b Sakuhei-mon
c kleines Nordtor
d Kenshun-mon
e Shunka-mon
f Kenrei-mon
g Sumei-mon
h Kyūjō-mon
i Chūka-mon
j Gishū-mon
k Kian-mon
l Genki-mon
m Anki-mon
n Kayō-mon
o Senyō-mon
p Ensei-mon
q Chōraku-mon
r Shōmei-mon
s Eian-mon
t Butoku-mon
u Ommei-mon
v Yūgi-mon

Gebäude

1 Urushi-muro
2 Hyōgo-ryō
3 Lagerhaus
4 Lagerhaus
5 Lagerhaus
6 Lagerhaus
7 Tonomo-ryō oder Shuden-ryō
8 »Teegarten«
9 Ōkimi-no-tsukasa
10 Uneme-no-tsukasa
11 Ōkura-shō
12 Lagerhaus
13 Lagerhaus
14 Naga-dono
15 Ritsu-bunzō
16 Wachtposten
17 Ōtonoi-dokoro
18 Naikyō-bō
19 Ukon-efu
20 Zusho-ryō
21 Ōuta-dokoro
22 Kamon-ryō
23 Kura-ryō
24 Nanin
25 Nui-dono-ryō
26 Nashimoto-no-in
27 Sakon-efu
28 Uhyō-efu
29 Butoku-den
30 Utage-no-matsubara
31 Shingon-in
32 Ito-dokoro
33 Naizen-shi
34 Uneme-no-machi
35 Moku-no-naikō
36 Chūka-in
37 Ranrin-bō
38 Keihō-bō
39 Kahō-bō
40 Gohi-dono
41 Dairi
42 Shiki-no-onzō-shi
43 Geki-no-chō
44 Minami-dokoro
45 Ippon-no-gosho-dokoro
46 Kama-dokoro
47 Sake-dono
48 Naiju-no-machi
49 Saiga-in
50 Sahyō-efu
51 Tōga-in
52 Takumi-ryō
53 Zōshu-shi
54 Sama-ryō
55 Tenyaku-ryō
56 Mii
57 Nakazukasa-no-kuriya
58 Buraku-den, innerhalb des Buraku-in
59 Daigoku-den (oben) Ryūbi-dō (unten)
60 Chōdō-in oder Hasshō-in
61 Shōran-rō
62 Seihō-rō
63 Jijūkyoku
64 Nakatsukasa-shō
65 Udoneri
66 Kemmotsu
67 Shurei
68 Tenyaku
69 Onyō-ryō
70 Kageyushi
71 Fumi-dono
72 Dajō-kanchō
73 Chōsho
74 Saiin
75 Shōin
76 Shusuishi
77 Enkan-jinja
78 Kunai-shō
79 Daizenshiki
80 Gugo-in
81 Ōi-ryō
82 Uma-ryō
83 Jibu-shō
84 Shoryō-ryō
85 Gemba-ryō
86 Hanji
87 Kyōbu-shō
88 Danjōdai
89 Hyōbu-shō
90 Mimbu-shō
91 Shuzei-ryō
92 Shukei-ryō
93 Zōsha
94 Zōsha
95 Shikibu-shō
96 Shuzei-no-kuriya
97 Mimbu-no-kuriya
98 Shukei-no-kuriya
99 Shikibu-no-kuriya
100 Rinin
101 Saiin
102 Tōin
103 Ōtoneri-ryō
104 Jijūsho-no-kuriya
105 Gagaku-ryō

(nach J. und R. K. Reischauer, Early Japanese History, Princeton 1937)

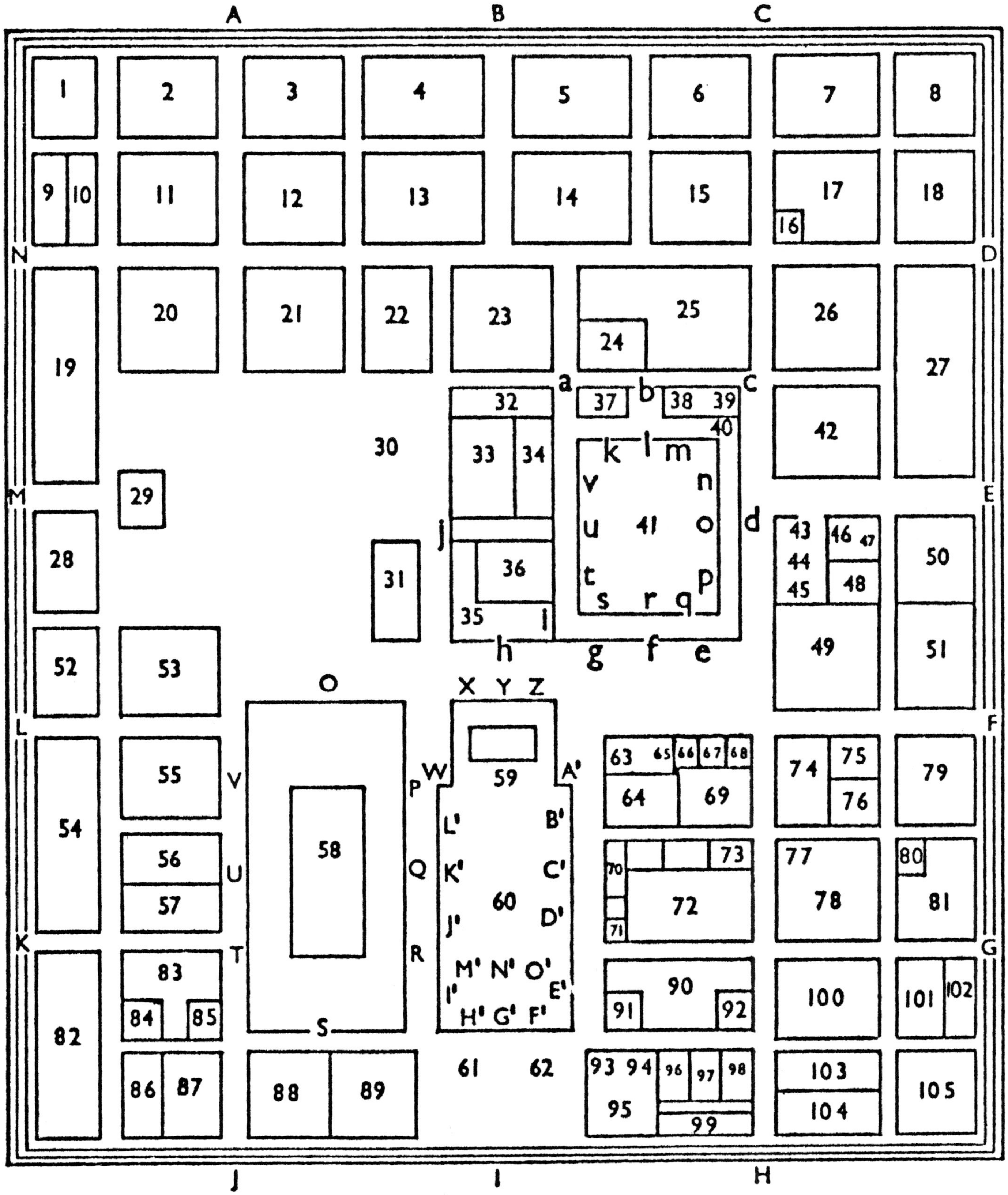
A
B
C
1
2
3
4
5
6
7
8
9
10
11
12
13
14
15
16
17
18
N
D
19
20
21
22
23
24
25
26
27
a
b
c
32
37
38
39
40
42
30
33
34
k
l
m
v
n
M
E
29
u
41
o
d
j
43
44
45
46
47
48
50
28
31
36
t
p
s
r
q
35
i
49
51
52
53
h
g
f
e
O
X
Y
Z
L
F
W
59
A'
63
65
66
67
68
64
69
74
75
76
79
54
55
V
P
L'
B'
56
U
58
Q
K'
C'
70
73
72
77
78
80
81
57
60
J'
D'
71
K
T
R
G
83
M'
N'
O'
90
100
101
102
I'
E'
84
85
H'
G'
F'
91
92
82
S
61
62
93
94
96
97
98
103
105
86
87
88
89
95
99
104
J
I
H

Grundriß des Inneren Kaiserpalastes (Dairi)

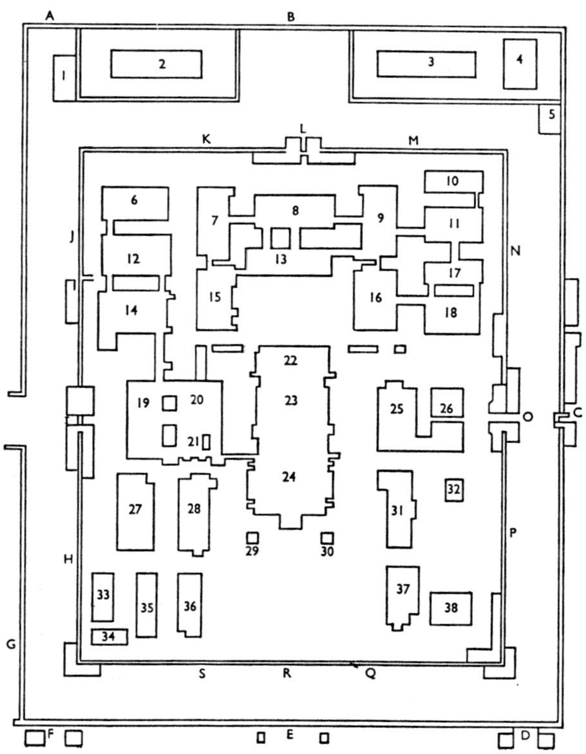

Tore

A	Shikkan-mon
B	Sakuhei-mon
C	Kenshun-mon
D	Shunka-mon
E	Kenrei-mon
F	Sumei-mon
G	Chūka-mon
H	Butoku-mon
I	Ommei-mon
J	Yūgi-mon
K	Kian-mon
L	Genki-mon
M	Anki-mon
N	Kayō-mon
O	Senyō-mon
P	Ensei-mon
Q	Chōraku-mon
R	Shōmei-mon
S	Eian-mon

Gebäude

1	Gosho-dokoro
2	Ranrin-bō
3	Keihō-bō
4	Kahō-bō
5	Gohi-dono
6	Shihō-sha
7	Tōka-den
8	Jōgan-den
9	Senyō-den
10	Shigeihoku-sha
11	Shigei-sha
12	Gyōke-sha
13	Jōnei-sha
14	Higyō-sha
15	Koki-den
16	Reikei-den
17	Shōyōhoku-sha
18	Shōyō-sha
19	Kōrō-den
20	Seiryō-den
21	Denjō-no-ma
22	Jōkyō-den
23	Jijū-den
24	Shishin-den
25	Ryōki-den
26	Ummei-den
27	Kurōdo-dokoro-machiya
28	Kyōsho-den
29	Ukon-no-tachibana (Orangenbaum)
30	Sakon-no-sakura (Kirschbaum)
31	Giyō-den
32	Mikoshi-yadoriya
33	Tsukumo-dokoro
34	Tsukumo-dokoro-nansha
35	Shimmotsu-dokoro
36	Anfuku-den
37	Shunkō-den
38	Shuki-den

(nach J. und R. K. Reischauer, Early Japanese History, Princeton 1937)

Die Kaiser der Heian-Zeit

Kaiser	*Geburt*	*Thronfolge*	*Abdankung*	*Tod*
Kammu	737	781	–	806
Heizei (Heijō)	774	806	809	824
Saga	786	809	823	842
Junna	786	823	833	840
Nimmyō	810	833	–	850
Montoku	827	850	–	858
Seiwa	850	858	876	880
Yōzei	868	877	884	949
Kōkō	830	884	–	887
Uda	867	887	897	931
Daigo	885	897	–	930
Suzaku	923	930	946	952
Murakami	926	946	–	967
Reizei	950	967	969	1011
Enyū	959	969	984	991
Kazan	968	984	986	1008
Ichijō	980	986	–	1011
Sanjō	976	1011	1016	1017
Goichijō	1008	1016	–	1036
Gosuzaku	1009	1036	–	1045
Goreizei	1025	1045	–	1068
Gosanjō	1034	1068	1072	1073
Shirakawa	1053	1072	1086	1129
Horikawa	1079	1086	–	1107
Toba	1103	1107	1123	1156
Sutoku	1119	1123	1141	1164
Konoe	1139	1141	–	1155
Goshirakawa	1127	1155	1158	1192
Nijō	1143	1158	–	1165
Rokujō	1164	1165	1168	1176
Takakura	1161	1168	1180	1181
Antoku	1178	1180	(abgesetzt)	1185
Gotoba	1180	1184	1198	1239

(nach G. B. Sansom)

Die Fujiwara-Regenten (866–1184)

	Sesshō	*Kampaku*
Yoshifusa (804–872)	866–872	–
Mototsune (836–891)	873–880	880–891
Tadahira (880–949)	930–941	941–949
Saneyori (900–970)	969–970	967–969
Koretada (924–972)	970–972	–
Kanemichi (925–977)	–	972–977
Yoritada (924–989)	–	977–986
Kaneie (929–990)	986–990	990
Michitaka (957–995)	990–993	993–995
Michikane (961–995)	–	995
Michinaga (966–1027)	1016–1017	[996–1017] Nairan
Yorimichi (992–1074)	1017–1019	1019–1068

	Sesshō	*Kampaku*
Norimichi (996–1075)	–	1068–1075
Morozane (1042–1101)	1086–1090	1075–1086; 1090–1094
Moromichi (1062–1099)	–	1094–1099
Tadazane (1078–1162)	1107–1113	1105–1107; 1113–1121
Tadamichi (1097–1164)	1123–1129; 1141–1150	1121–1123; 1129–1141
Motozane (1143–1166)	1165–1166	1158–1165
Motofusa (1144–1230)	1166–1172	1172–1179
Motomichi (1160–1233)	1180–1183; 1184–1186	1179–1180
Moroie (1172–1238)	1183–1184	–

Die Minamoto (Genji)

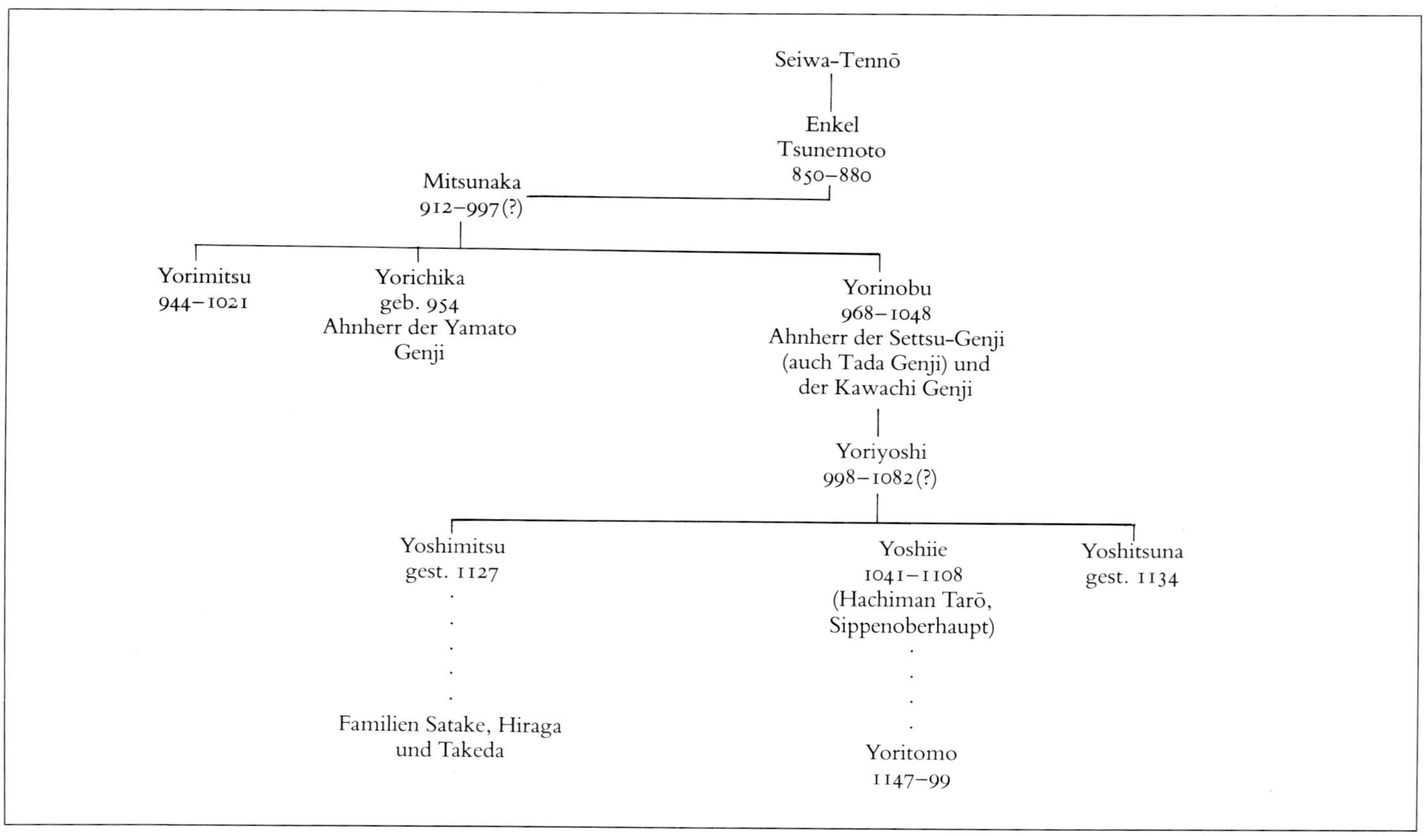

(nach G. B. Sansom, A History of Japan, Bd. 1, London 1958)

Wichtige Daten zur Kunst und Architektur der Heian-Zeit

um 782	Priester Kankei gründet den Murō-ji
784	Hauptstadt nach Nagaoka verlegt
785	Priester Saichō gründet den Enryaku-ji auf dem Hiei-zan
791	Shi-tennō-Skulpturen im Kōfuku-ji
794	Hauptstadt nach Heian-kyō verlegt
um 800	Pagode des Murō-ji erbaut
802	Yakushi-Skulptur im Jingo-ji
804	Gesandtschaft mit Saichō, Kūkai und Tachibana no Hayanari nach China
806	Priester Kūkai bringt aus China Porträts der fünf Patriarchen der Shingon-Sekte (Kyōōgokoku-ji), 30 Alben Kalligraphie (Ninna-ji) und Klappaltärchen (Kongōbu-ji) mit
808	Palastamt für Malerei und Lackkunst zusammengelegt
812	Priester Kūkai kalligraphiert Kanjōrekimei (Jingo-ji) und Fūshin-jō (Kyōōgokoku-ji)
816	Priester Kūkai gründet Kongōbu-ji auf dem Kōya-san
821	Porträts von Ryūchi und Ryūmyō (Kyōōgokoku-ji)
	Priester Kūkai: Mandara der »Beiden Welten« und Mandara von 17 Heiligen
823	Kalligraphie von Saga-Tennō
827	Kōdō des Kyōōgokoku-ji erbaut
um 830	Mandara der »Beiden Welten« des Jingo-ji
836	Kanshin-ji in Kawachi gegründet
838	Priester Enchin läßt in China Bild des »Gelben Fudō« kopieren
839	Augenöffnungszeremonie der Skulpturen der Kōdō des Kyōōgokoku-ji
847	Priester Eiun bringt aus China fünf Kokūzō-Figuren mit (Kanchi-in)
850–858	Erstmalig Yamato-e-Schirme erwähnt
nach 852	Bildsatz der zwölf Jūni-ten im Saidai-ji
	»China-Truhe« mit Kara-e-Bildern im Kyōōgokoku-ji
855	Kopf des »Großen Buddha« im Tōdai-ji bricht ab
875	Glocke des Jingo-ji mit Inschrift von Fujiwara no Toshiyuki
876	Stellschirm mit Bild des Tatsuta-Flusses im Besitz der Dame Fujiwara no Takako
880	Neubau der Palasthalle Daigoku-den begonnen
886	Amt für Malerei *(e-dokoro)* im Palast als selbständige Institution gegründet

888 Amida-Trias im Ninna-ji
um 900 Mandara der »Beiden Welten« des Kyōōgokoku-ji
Nimbus des Jizō Bosatsu im Murō-ji gemalt
905–922 Gedichtsammlung *Kokin-waka-shū*
919 Sūtrenkasten im Ninna-ji
920 Groß-Buddhameister Eri baut Pagode des Kyōōgokoku-ji
924 Tausendarmiger Kannon im Hōsshō-ji
926 Priester Jōei (Jinin): Buddha-Figuren im Daigo-ji
927 Zeremonialwerk *Engi-shiki*
929 Ono no Tōfu kalligraphiert Sammlung chinesischer Gedichte, die für einen Schirm bestimmt ist
935 *Tosa-nikki,* Reisetagebuch von Ki no Tsurayuki
937 Buddhameister Kōshō: zwei Ni-ō im Kiyomizu-dera
945 Erzählwerk *Ise-monogatari*
951 Jūichimen Kannon im Rokuharamitsu-ji
951–952 Pagode des Daigo-ji mit Mandara der »Beiden Welten« und Shingon-Patriarchen ausgemalt und geweiht
951–980 Erzählwerk *Yamato-monogatari*
985 Priester Genshin (Eshin Sōzu): *Ōjō Yō-shū*
987 Priester Chōnen bringt aus China Shaka-Skulptur (Seiryō-ji) und Gemälde von 16 Rakan mit
990 Kōdō des Hōryū-ji erbaut
991 Yakushi-Trias der Kōdō des Hōryū-ji
um 996 *Makura no sōshi* (»Kopfkissenbuch«) der Sei Shōnagon
1000 Kose no Hirotaka malt Muster für kaiserliche Gewänder
um 1002 Porträt des Jion Daishi im Yakushi-ji
Mittelbild der Amida-Trias des Hokke-ji
um 1002–1010 *Genji-monogatari* der Murasaki Shikibu
1003 Jūni-ten-Masken im Kyōōgokoku-ji
1006 Fujiwara no Michinaga erbaut Godai-dō im Hōshō-ji; dafür Fudō-myōō-Skulptur (heute im Dōshu-in)
1007 Fujiwara no Michinaga weiht Sūtrengrab am Kimpusen
1010 Tagebuch *Murasaki-Shikibu-nikki*
1012 Tausendarmiger Kannon im Kōryū-ji
1013 Yakushi-Skulptur im Kōfuku-ji
Gedichtsammlung *Wakan-rōei-shū*
1020 Fujiwara no Michinaga stiftet Hōjō-ji
1022 Hallen Kondō und Godai-dō des Hōjō-ji geweiht

1042 *bugaku*-Masken des Tamukeyama-jinja

1047 Yakushi-Skulptur im Saimyō-ji

1051 Yakushi-Skulptur im Hōkai-ji

1053 Byōdō-in geweiht

Buddhameister Jōchō: Amida-Skulptur in der Hōō-dō des Byōdō-in

Türen der Hōō-dō des Byōdō-in mit Herabkunft des Amida und Landschaften bemalt

1064 Buddhameister Chōsei: Jūni-ten-Skulpturen im Kōryū-ji

1066 Yakushi-Trias im Ryōzen-ji, Nara

1069 Buddhameister Enkai: Shōtoku Taishi-Skulptur im Hōryū-ji

Hata no Munesada (Chitei): Wandgemälde »Shōtoku Taishi eden« in der Bildhalle des Hōryū-ji

1078 Bishamon-ten- und Kichijō-ten-Skulpturen im Hōryū-ji

1086 Gemälde »Buddhas Eingang in das Nirvāna« im Kongōbu-ji

1096 Hondō des Ishiyama-dera erbaut

1098 Amida-Halle des Hōkai-ji erbaut

um 1100 Gemälde »Buddha erhebt sich aus dem Goldenen Sarg«

1102 *gyōdō*-Masken für *raigō*-Zeremonie im Hōryū-ji

1105 Amida-Halle des Sonshō-ji geweiht

1107 Hondō des Jōruri-ji mit neun Amida-Skulpturen

1108 Kōdō des Chūson-ji in Hiraizumi erbaut

1116 Fujiwara no Mototoshi kalligraphiert das *Wakan-rōei-shū*

1119 *Genji-monogatari-emaki* in der Literatur erwähnt

1120 Kalligraphien: *Sanjūroku-nin-shū* im Nishihongan-ji

1120–1140? *Genji-monogatari-emaki*

1121 Augenöffnungszeremonie der Shōtoku Taishi-Skulptur im Shōryō-in des Hōryū-ji

Yakushi-Halle des Daigo-ji erbaut

1124–1126 Konjiki-dō des Chūson-ji erbaut

1126 Sūtrenhalle des Chūson-ji erbaut

1127 Gemälde der Jūni-ten im Kyōōgokoku-ji

Gemälde der »Fünf Weisheitskönige« im Kyōōgokoku-ji

1130 Hōkongō-in geweiht; Amida-Skulptur von Buddhameister Inkaku

1135–1140 Buddhameister Kenen: Amida-Skulptur im Anrakuju-in, Toba

1137 Anrakuju-in in Toba geweiht

1139 Seijō-ji geweiht

um 1140 Rollenwerk mit Scherzbildern *Chōjū-giga*

1141 Hokke-kyō-Bilder im Kunō-ji

1144 *bugaku*-Masken im Hōryū-ji

1148	Amida-Trias im Sanzen-in, Ōhara
1149	Enshō-ji gegründet
	Amida-Trias mit Kristallaugen im Chōgaku-ji
1154	Senjū Kannon-Skulptur im Būjō-ji
um 1157	*Nenjū-gyōgi-emaki* von Tokiwa no Mitsunaga
1160	Fujiwara no Tadayuki kalligraphiert *Wakan-rōei-shū*
	Amida-Halle von Shiramizu (Ganjō-ji) erbaut; darin Amida-Trias und Ni-ten
1164	Rollenwerk Heike-nōkyō im Itsukushima-jinja
	Myōhō-in (Rengeō-in) geweiht; darin 1001 Skulpturen des Tausendarmigen Kannon von Kōchō, Kōkei und Unkei
1173	*bugaku*-Masken im Itsukushima-jinja
	Porträts von Fujiwara no Takanobu
1175–1177	Rollenwerk *Ban-Dainagon-ekotoba*
1176	Buddhameister Unkei: Dainichi-Skulptur im Enjō-ji
1178	Pagode in den Jōruri-ji überführt
	bugaku-Masken im Atsuta-jinja
vor 1180	Rollenwerk *Shigisan-engi-emaki*
1180	Taira no Shigehira läßt die Tempel Tōdai-ji und Kōfuku-ji niederbrennen
1181	Priester Chūgen veranlaßt Wiederaufbau des Tōdai-ji
1185	*bugaku*-Masken im Kasuga-jinja
1190–1192	Kalligraphie: »Augenloses Sūtra« für Exkaiser Goshirakawa

Werkverzeichnis der Buddha-Bildhauer Kōshō und Jōchō

Größenangaben:			
1 *shaku*	= 30,3 cm		
jōroku	= 16 *shaku*	=	ca. 500 cm bei Standfigur und ca. 250–290 cm bei Sitzfigur
tōshin	= lebensgroß		

Kōshō (auch Kōjō)

Tätig ca. 990–1021 in Kyōto. Vorsteher des Tempels Kiyomizu-dera, Vater des Jōchō

988?	Shaka-Trias für Enkyō-ji
um 989	Jūichimen Kannon für Henjō-ji
990–995	Shaka für den von Eshin Sōzu errichteten Ryōzen-in auf dem Hiei-zan
991	Yakushi-Trias für Kōdō des Hōryū-ji
991	Shaka *(jōroku)* für Palais Kawara-in des Sadai-jin Minamoto no Tōru. Das Bildwerk wird im Jahre 1000 in den Gidarin-ji überführt.
um 992?	Amida für Gokuraku-ji
993?	Yakushi für Zensui-ji
um 995	Miroku-Trias für Zenshō-ji
998	Verleihung des geistlichen Titels Tosa Kōshi
999?	Miroku-Trias für Miroku-ji
999	Dainichi, Fugen und Jūichimen Kannon für Chōen-ji
	Nyoirin Kannon in Silber für Mutter des Fujiwara no Yukinari
999–1000	Ausbesserungsarbeiten an der Skulptur des Myōken in der Myōken-dō des Reigan-ji
	Shō-kannon, Bon-ten und Taishaku-ten für Jijū-den des Palastes
1001	Kultbild für Kedai-in des Eshin Sōzu auf dem Hiei-zan
1002	Amida mit Fugen und Monju aus Sandelholz für Lesungen des Lotus-Sūtra im Higashi Sanjō-Palais der Fujiwara
1003?	Yakushi für Byōdō-ji
1004	Material für vier Shi-tennō-Statuen von Fujiwara no Yukinari erhalten
1005	Lebensgroße Figuren von Yakushi, Jūichimen Kannon in Goldfassung, Fudō in Farbfassung für Kaiserin Gōfuzu begonnen
	Fugen für Sammai-dō des Jōmyō-ji des Fujiwara no Michinaga

1006	Amida mit Goldfassung für Seson-ji
1006?	Fudō-myōō für Dōshu-in in Kyōto
1007	Fünf Buddha für Pagode des Kongōbu-ji auf dem Kōya-san
1008	Yakushi aus Sandelholz für Kaiserin Goshūzen
1010	Yakushi und Kannon aus Silber für Ninnō-e-Fest
1012?	Senjū Kannon für Kōryū-ji
1013?	Yakushi für Kōfuku-ji
1013	Amida für Shōrin-in in Ōhara
	Blattgold für drei lebensgroße Skulpturen von Fujiwara no Michinaga erhalten
1018–1022	Miroku (2 *jōroku*) für Seki-dera des Eshin Sōzu
1020	Neun Amida *(jōroku)* für Halle Muryōju-in des Hōjō-ji

Jōchō

Tätig ? – 1057 in Kyōto, Sohn des Kōshō

1020 (gemeinsam mit Kōshō)	Für Muryōju-in des Hōjō-ji: Neun vergoldete Amida-Figuren *(jōroku)*; Kannon- und Seishi-Figur (je 10 *shaku*); vier farbig gefaßte Shi-tennō
1022	Für Kondō des Hōjō-ji: Vergoldete Dainichi-Figur (32 *shaku*); vier vergoldete Figuren von Shaka, Yakushi, Monju und Miroku (je 20 *shaku*); farbig gefaßte Bon-ten- und Taishaku-ten-Figur sowie vier Shi-tennō (je 9 *shaku*) Für Godai-dō des Hōjō-ji: Farbig gefaßter Fudō und vier Myōō (je 20 *shaku*); vier farbig gefaßte Shi-tennō (je 16 *shaku*) Beide Hallen werden am 14. Tag des 7. Monats 1022 geweiht, und Jōchō erhält zwei Tage später den geistlichen Rang Hokkyō verliehen.
1023	Für Yakushi-dō des Hōjō-ji: Sieben vergoldete Yakushi-Figuren *(jōroku)*; sechs vergoldete Kannon-Figuren *(jōroku)*; vergoldeter Nikkō und Gakkō Bosatsu; zwölf farbig gefaßte Jūni-shinshō (je 8 *shaku*)
1026	Für die Niederkunft der Kaiserin: 27 lebensgroße Figuren: Shaka, Fugen, Monju, sieben Yakushi, sechs Kannon, fünf Dai-myōō, Bon-ten, Taishaku-ten und vier Shi-tennō
1036	Für die Totenfeier des Kaisers Goichijō: Drei Buddha-Figuren
1040	Für die Gedenkfeier für Kaiser Gosuzaku: Silberne Yakushi-Figur (1 *shaku*)
1041	Für das Kirschblütenfest: Erneuerung des Drachenkopfes der Boote
1047	Wiederaufbau des Kōfuku-ji: Yakushi-Trias
	Jōchō erhält den geistlichen Rang Hōgen verliehen.
1053	Für Hōō-dō des Byōdō-in in Uji: Vergoldeter Amida *(jōroku)*; 52 Bodhisattva-Relief-figürchen

Jōchō zugeschriebene Werke:

Für Hakkaku-dō des Tōin im Yakushi-ji: Kopie der Shaka-Figur des Daian-ji
Für Saiin des Adligen Kunitsune no Ason: Shaka-Figur *(jōroku)*
Für Rokuharamitsu-ji: Jizō-Figur *(tōshin)*
Für Sambō-in des Daigo-ji: Dainichi aus Sandelholz, Yakushi und Shaka
Für Kōtoku-in in Sakamoto: Amida-Figur

(Werkverzeichnis des Jōchō nach K. Mizuno, Dai-busshi Jōchō, Nihon no bijutsu 1, Nr. 164, Tōkyō 1980)

Stammbaum der Bildhauer der Jōchō-Schule

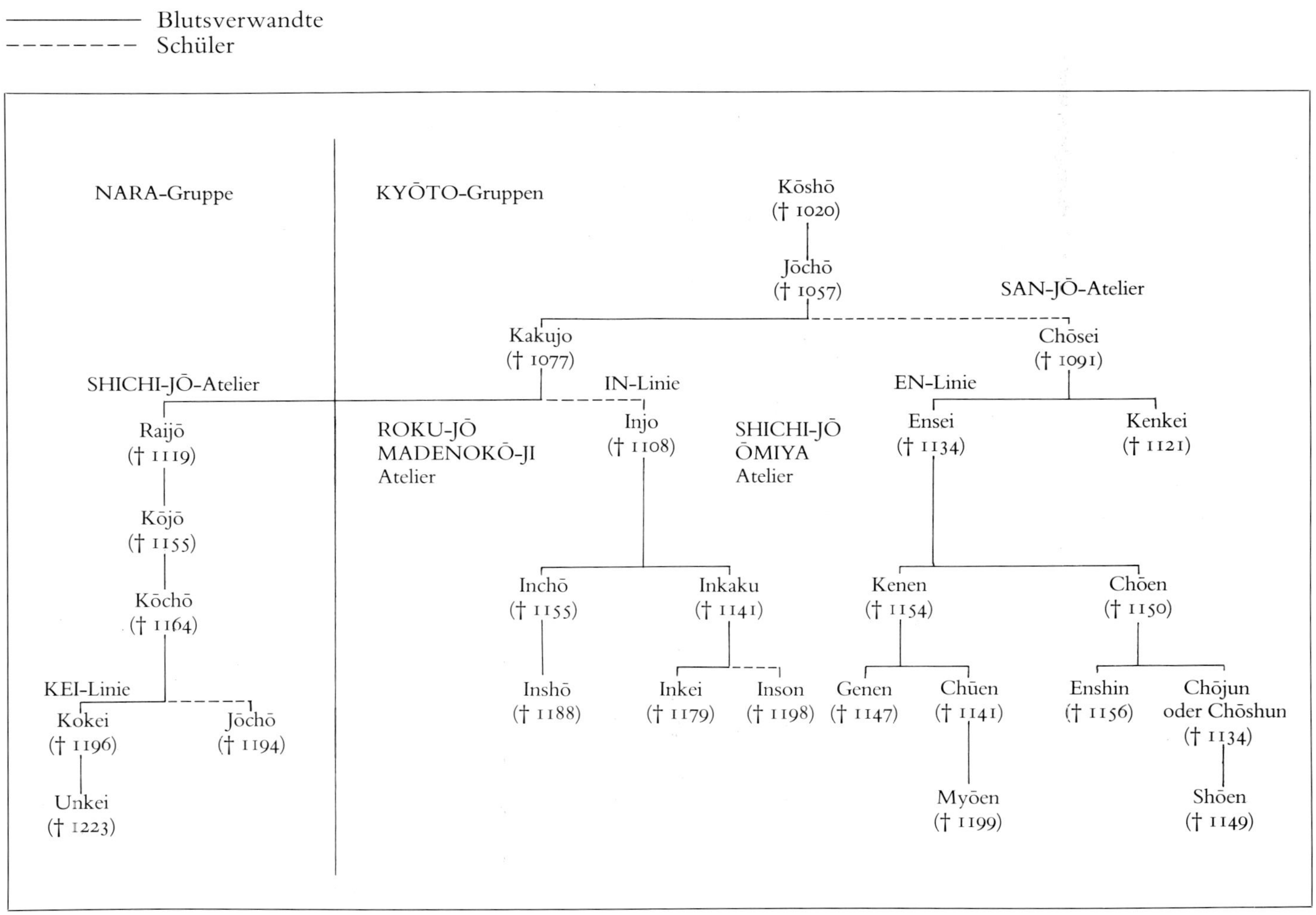

Glossar

Abkürzungen:
chin. = Chinesisch
skr. = Sanskrit

Acalanātha (skr.)
s. Fudō-myōō

Aizen-myōō (skr. Rāgarāja)
»Gott, der Wollust und Habgier besiegt«, Manifestation des Dainichi und Kongōsatta und Verkörperung des höchsten Wohlwollens. Seine Körperfarbe ist rot, er hat drei Augen und sechs Arme, sein Haupt ist mit einem Löwenkopf bekrönt, und er sitzt auf rotem Lotus

Amaterasu Ōmikami
»Die am Himmel scheinende, große erhabene Göttin«. Im Shintō mythologische Ahnherrin des Kaiserhauses. Ihr Enkel Ninigi gilt als Urgroßvater von Jimmu-Tennō, dem ersten Kaiser Japans. Ihr Heiligtum wurde unter Suinin-Tennō in Ise errichtet.

Amida Nyorai (skr. Amitābha, Amitāyus tathāgata), auch Muryōkō, Muryōju
»Buddha des unendlichen Glanzes und Lebens«. Dhyāni-Buddha des Westens, Herr des »Westlichen Paradieses«, auch des »Reinen Landes«, *(jōdo)*. Seine Körperfarbe ist Gold, seine Haarlocken sind nach rechts gedreht. Gesten: *jō-in* (skr. *dhyāna)*: Meditation; *tempōrin-in* (skr. *dharmacakra)*: Drehen des Rades der Lehre; *raigō-in* (skr. *vitarka)*: Erlösungsschwur

Amida-dō, auch Yūshin-dō
»Amida-Halle«, Verehrungshalle für den Buddha Amitābha. In Japan meist quadratische Halle von drei, fünf oder sieben Joch mit Pyramidendach, deren Innenraum die Nachbildung eines Amida-Paradieses *(jōdo)* mit Amida-Skulptur, auch Amida-Trias und Bildszenen des »Westlichen Paradieses« als Gesamtkunstwerk enthält

ashi-de
»Schilfhand(schrift)«. Dekorative und sinnbezogene Streuung von Schriftzeichen in ein Bild des Yamato-e. In der Heian-Kunst als ornamentales Element in Papier- und Lackdekor benutzt

bettō
Verwalter oder Direktor einer Behörde

Bhaishajyaguru tathāgata
s. Yakushi Nyorai

Birushana Nyorai (skr. Vairocana), auch Rushana
»Buddha des allumfassenden Glanzes«. Ur-Buddha aller weiteren Buddha-Manifestationen, in Japan mit der Sonnengöttin Amaterasu Ōmikami des Shintō gleichgesetzt. Birushana sitzt auf tausendblättrigem Lotus und hat einen Nimbus mit unzähligen kleinen Buddha-Figuren

Bishamon-ten (skr. Vaishravana), auch Tamon-ten
Schutzgottheit des Nordens unter den Shi-tennō, später auch Glücksgott. Dargestellt als gepanzerter Ritter mit Speer und Pagode, auf Fels mit zwei Dämonen stehend

Bodhisattva (skr.)
s. Bosatsu

Bosatsu (skr. Bodhisattva)
»Dessen Wesen Erleuchtung ist«. Hat die zehn Vollkommenheiten der buddhistischen Lehre erlangt, aber auf die Buddhaschaft verzichtet, um den in Leiden befangenen Wesen zur Erleuchtung und zum Nirvāna zu verhelfen

Bon-ten (skr. Brahmā)
Im Hinduismus neben Vishnu und Shiva der dritte große Weltenschöpfer. Dargestellt in Menschengestalt, im esoterischen Buddhismus mit vier Köpfen und vier Armen, auf drei Gänsen reitend

Buddha (skr.)
»Der Erleuchtete«. Die sieben Buddha heißen auch Nyorai (skr. tathāgata)

bugaku
»Tanzmusik«. Kontinentalen Vorbildern folgende Tanzkunst, von Klerus und Adel bei Weihefeiern auf einer Bühne mit Orchester aufgeführt und teilweise mit Masken getanzt. Man kennt heute 24 Maskentypen, von denen die ältesten vom Beginn des 11. Jh. stammen

bushi, auch *samurai*
»Ritter«. Angehöriger des Schwertadels, der Ritterklasse, die sich während der Heian-Zeit in Opposition zum Hofadel zu einem Machtfaktor in den Provinzen entwickelte

busshi
»Buddhameister«. Schnitzer *(ki-busshi)* oder Maler *(e-busshi)* von buddhistischen Kultbildern

bussho
»Buddha-(schnitz-)Atelier«. Werkstätten der *busshi,* die sich seit dem 10. Jh. von den Tempeln lösten und auf Bestellung arbeiteten

butsu (skr. Buddha)
Bezeichnet in Japan meist nur Shaka Nyorai

byōbu
»Faltschirm« mit zwei oder sechs Paneelen, meist als Schirmpaar mit fortlaufender oder gegenständiger Bilddarstellung. In der Heian-Zeit gab es Schirme mit chinesischen (Kara-e) und japanischen (Yamato-e) Themen; erstere waren 5 Fuß, letztere 4 Fuß hoch

Chan (chin.)
s. Zen

Daidairi
»Großpalast«. Nach Vorbild der chinesischen Hauptstadt Chang'an abgegrenzter Bereich der Regierungs- und Privatbauten des Kaiserhofes

Daijō-e
»Fest des Reiskostens«. Hauptzeremonie des Shintō nach der Thronbesteigung eines Kaisers

Dainichi Nyorai (skr. Mahāvairocana)
»Buddha des höchsten Lichtes«. Ur- und Zentral-Buddha des esoterischen Buddhismus, Kern der Buddha-Weisheit und Zentralgestalt der Mandara der »Beiden Welten«

Dairi
»Palast«. Wohnpalast des Kaisers

Dajō-Tennō, auch Jōkō
»Großkaiser«. Titel eines Kaisers nach seiner Abdankung

danzō
»Gestalt aus Duftholz«. Anfangs aus China importierte Skulpturen aus Sandelholz, meist ungefaßt belassen

Dazai-fu
Seit dem 6. Jh. Sitz der Militärverwaltung von Kyūshū (Tsukushi), der als Verbindungspunkt zum Kontinent eine wichtige Rolle spielte

dengaku
»Feldmusik«. Volkstümliche Tänze, die in der Heian-Zeit in Mode kamen und in einer religiösen Zeremonie den Reisanbau feierten

Deva
s. Ten

e-busshi
s. *busshi*

e-dokoro
»Malbüro«. Behörde des Kaiserhofes, der die Maler und die Angelegenheiten der malerischen Palastausstattung unterstanden, gegründet 886

ekotoba
»Bilderzählung«, s. auch *emakimono*

emakimono, auch *emaki*
»Bildrolle«. Bezeichnung für Handrollen mit Bilderzählungen im Yamato-e

eshi
»Maler«. Bezeichnung für Berufsmaler, die im Auftrag des Hofes oder Adels profane Malereien ausführten

Fudō-myōō (skr. Acalanātha)
»Der Unbewegliche Weisheitskönig«. Furchteinflößende Gestalt, die mit Schwert, Lasso und Flammenlohe Wächterfunktionen ausübt. Manifestation des Dainichi im esoterischen Buddhismus

Fugen Bosatsu (skr. Samantabhadra)
»Bodhisattva der grenzenlosen Wunscherfüllung« und höchsten Weisheit. Er sitzt auf einem weißen Elefanten, der sechs Stoßzähne hat, und hält im esoterischen Buddhismus Donnerkeile in den Händen. In der Heian-Zeit galt er einem Kapitel des Lotus-Sūtra zufolge als Heilsgestalt für Frauen

fukinuki-yatai
»Stil des fortgewehten Daches«. Darstellungsmethode des Yamato-e, um Szenen in Innenräumen sichtbar zu machen

gagaku
»Elegante Musik«. Konzertmusik, die auch zur Begleitung von *bugaku*-Tänzen unisono von Blas-, Schlag- und Saiteninstrumenten vorgetragen wurde

Genji
»Minamoto-Clan«. Name der vom Kaiserhaus abgespaltenen Familien, die in den Untertanenstand zurückversetzt wurden. Die verschiedenen Linien nannten sich nach den Kaisern, von denen sie abstammten

giga
»Scherzbild«. Bezeichnung für karikierende, skizzenhafte Bilder in flotter Tuschmalerei

gigaku
»Kunstmusik«. Im 7. Jh. vom Kontinent eingeführte Tänze mit Schädelmasken. Etwa 240 Masken vom Ende des 7. bis Mitte des 8. Jh. sind erhalten

Godai Kokūzō (skr. Ākāshagarbha)
Die »Fünf Großen Kokūzō« (»Manifestation der raumumfassenden Weisheit«) repräsentieren die Tugenden der fünf Weisheits-Buddha (Godai Nyorai). Sie gewähren Schutz vor Katastrophen und verhelfen zum Glück

Godai-myōō (skr. Dharmapāla)
»Die Fünf Großen Weisheitskönige«. Emanationen des Dainichi Nyorai in schreckeinflößender Gestalt. Um die Zentralgestalt des Fudō-myōō stehen im Osten Gozanze-myōō, im Süden Gundari-myōō, im Westen Daiitoku-myōō und im Norden Kongōyasha-myōō

gofun
Kalziumkarbonat. Weiße, aus Muscheln gewonnene Farbe, die zum Verdicken und auch zum Grundieren verwendet wurde

gyōdō
Tempelprozessionen, die im Amida-Glauben das *raigō,* die Herabkunft des Amida Nyorai mit 25 Bodhisattva als Gefolge, darstellen

gyōdō-men
Masken für die *gyōdō*-Prozessionen, die Bosatsu oder die Jūni-ten darstellen

Hachiman
Shintō-Gott des Krieges und des nationalen Schutzes. Im Buddhismus als Dai-Bosatsu übernommen und in Mönchsgestalt dargestellt (Sōgyō Hachiman)

Haiden
»Anbethalle«. Halle oder Vorbau an Shintō-Schreinen für die Betenden. Architektonische Neuerung seit Mitte der Heian-Zeit

Haji
»Erdtöpfer«. Schlichte niedriggebrannte Irdenware, die von der Gilde der Haji auf der Töpferscheibe gedreht wurde und als schlichtes Haushaltsgeschirr diente

hakubyō-e
»Weiß(belassene) Malerei«. Maltechnik im Yamato-e, bei der nur die Umrißlinien mit schwarzer Tusche gezogen wurden und die schwarzen Flächen des Frauenhaars oder der Mützen der Männer und die rot getupften Münder einige Akzente setzten

hensō
s. Mandara

hikime-kagihana
»Auge ein Strich, Nase ein Haken«. Zeichenart des menschlichen Gesichts im Yamato-e

hisashi
Vordach bei Palastbauten und Tempeln

Hiten
»Fliegende Gottheit«. Schwebende bosatsu-ähnliche Gestalt, die bei der Herabkunft des Amida Nyorai Weihgaben herbeibringt

Hōgen
»Auge des Gesetzes«. Zweite Rangstufe der buddhistischen Titel, die Künstlern der Heian-Zeit, die auf buddhistische Bildhauerei und Malerei spezialisiert waren, verliehen werden konnte; vgl. auch Hōin und Hokkyō

Hōin
»Zeichen des Gesetzes«. Höchste Rangstufe der buddhistischen Titel; vgl. auch Hōgen und Hokkyō

Hokkyō
»Brücke des Gesetzes«. Dritte (niedrigste) Rangstufe der buddhistischen Titel; vgl. auch Hōgen und Hōin

hompa-shiki
»Rollende Wogen«-Stil. Schnitzstil der Gewandfalten in der Jōgan-Skulptur. Die Grate sind wechselweise höher und flacher, wie sich überschlagende Wellen, angeordnet

Honden
Haupthalle eines Shintō-Schreines

Hondō
Haupthalle eines buddhistischen Tempelbezirks

honzon
Hauptkultbild einer Tempelhalle

Hōō
»Phönix«. Titel eines Exkaisers im Mönchsstand

hōsōge
»Blumen der kostbaren Erscheinungen«. Phantasieblüten im Stil der Tang-Kunst, die bei heiligen Ereignissen vom Himmel fallen. Auch Ornament der buddhistischen Kunst

ichiboku-zukuri
»Einstammtechnik«. Bezeichnung für die Technik, bei der Holzskulpturen aus einem Stamm herausgeschnitzt und manchmal im Rücken ausgehöhlt wurden. Früheste japanische Schnitztechnik, die in der Jōgan-Plastik ihren stilistischen und künstlerischen Höhepunkt erreichte

imayō-uta
»Modisches Gedicht«. Liedform buddhistischen Ursprungs von acht oder zwölf Zeilen mit abwechselnd fünf oder sieben Silben. Kann in der Heian-Zeit auch weltlichen Inhalts sein.

Insei
»Kloster- oder Palaisregierung«. Regentschaft eines abgedankten Kaisers mit eigenem Verwaltungsapparat. Seit 1068 Bezeichnung für die dritte Phase der Heian-Zeit

issai-kyō
»Ein Satz Sūtren«. Sammelwerk aller bekannten Sūtrentexte von etwa 5000 bis 6900 Rollen

itabori
»Brettschnitzerei«. Flachrelief

jinja
»Götterschrein«. Shintōistisches Heiligtum

Jizō Bosatsu (skr. Kshitigarbha)
»Mutterschoß der Erde«. Bosatsu zur Rettung und Führung der Lebewesen, der zwischen dem Nirvāna des Shaka Nyorai und der Ankunft des Buddha der Zukunft, Miroku, wirkt. In Gestalt eines Mönches mit Juwel und Rasselstab gilt er als Retter aus den Höllen und als Beschützer der Kinder

jōdo
»Reines Land«. Name des »Westlichen Paradieses« des Amida Nyorai

jōroku
»16 Fuß«. Körpergröße des Buddha, gewöhnlich ca. 5 m bei Standfiguren und 2,50–2,90 m bei Sitzfiguren

Jūichimen Kannon (skr. Ekādashamukhāvalokiteshvara)
Erscheinungsform des Kannon, gilt als Retter der Dämonen. Auf seinem rückwärts schauenden Kopf sitzen zehn kleine Köpfe, die die Stufen der Erleuchtung symbolisieren.

Jūni Shinshō
»Zwölf Generale« des Yakushi Nyorai. Die zwölf schreckeinflößenden Wächtergottheiten haben manchmal die Köpfe der Tierkreiszeichen. Sie symbolisieren die zwölf Schwüre des Yakushi Nyorai zur Heilung der Menschen

Jūni-ten
»Zwölf Deva«. Schutzgottheiten des Landes und der buddhistischen Lehre, die im esoterischen Buddhismus anstelle der Shi-tennō eine wesentliche Rolle spielen

kaeriguma
»Umgekehrte Schattierung«. Methode der buddhistischen Malerei, um Göttergestalten visionär erscheinen zu lassen

kami
»Gottheit«. Göttliches Wesen des Shintō

kana
Schriftzeichen der japanischen Silbenschrift

kanji
»Chinesisches Schriftzeichen«. Aus China übernommene Ideogramme, die japanisch oder sino-japanisch gelesen werden können

Kannon Bosatsu (skr. Avalokiteshvara), auch Kanzeon
»Der Herr, der herabblickt auf die Leidensrufe der Welt«. Emanation des Amida Nyorai, dessen Gestalt er in der Krone trägt. Mit Seishi Begleiter des Amida. Im *raigō* hält er den Lotusthron für den Verstorbenen. Zur Heian-Zeit Manifestationen als Elfköpfiger Kannon, Tausendarmiger Kannon, Nyoirin Kannon

kanshi
»Chinesisches Gedicht«. Die von China übernommene Form des Fünf- oder Sieben-Wort-Gedichts *(shi),* das sich am Zeilenende reimt

Kara-e
»Chinesische Malerei«. Gemälde in chinesischem Stil mit chinesischen Themen, im Gegensatz zu den Gemälden japanischen Stils und Inhalts, Yamato-e

kara-kami
»China-Papier«. In China hergestelltes oder nach chinesischem Vorbild in japanischen Papierateliers dekoriertes Papier, das gefärbt und mit verschiedenen Mustern in Glimmer bedruckt oder mit Schablonen gemustert war

kara-yō
»Chinesischer Stil«. Bezeichnung für die Richtung in Kunst und Kultur Japans, die sich an Chinesischem orientierte oder es direkt kopierte, im Gegensatz zum »japanischen Stil« *(wa-yō)*

kasen-e
»Dichterbild«. Bezeichnung der Idealporträts berühmter Dichter und Dichterinnen im Stil des Yamato-e

keman
»Blütenbanner«. Fächerförmiger Schmuckbehang aus Bronze oder Leder, der als Zierstück an Altären, Tempelwagen und geheiligten Gegenständen aufgehängt wurde

ki-busshi
s. *busshi*

Kichijō-ten (skr. Srī-mahā-deva), auch Kisshō-ten
Göttin des Glückes, der Tugenden und reicher Ernten. Gemahlin des Bishamon-ten (skr. Vaishravana). Meist als Dame der Tang-Zeit mit einem Glücksjuwel in der Hand dargestellt

kichō
»Vorhangständer«. T-förmiges Gestell mit offenen, fallenden Stoffbahnen, hinter denen die Hofdamen saßen, um sich vor neugierigen Blicken zu schützen

kirikane
»Geschnittenes Gold«. Verzierung buddhistischer Gemälde und Skulpturen mit Mustern in geschnittener Goldfolie

kokoro-e
»Herzbild«. Bildliche Darstellung des Sinngehaltes eines Kunstwerkes, Titelbild eines Sūtra, das dessen Inhalt illustriert

Kondō
»Goldhalle«. Haupthalle eines buddhistischen Tempels, auch Hondō genannt

konshi
»Blaupapier«. Mit Indigo gefärbtes tiefblaues Schreibpapier, das zum Schreiben von Sūtren benutzt wurde

maki-e
»Streubild«. Lacktechnik, mit der Bilder durch Einstreuen von Gold- und Silberpulver in den feuchten Lack geschaffen werden

Mandara (skr. Mandala), auch *hensō*
Schematische Darstellung des buddhistischen Pantheons in Form von Diagrammen

manyō-gana, auch *mana-gana*
»Schreibform des Manyō-shū«. Gebrauch chinesischer Zeichen in phonetischer Weise als Silbenzeichen, um japanischsprachige Gedichte und Texte niederzuschreiben

mappō
»Endzeitalter«. Letzte der drei Epochen buddhistischer Geltung, die in Japan im Jahre 1052 beginnen sollte

mikkyō
»Geheimlehre«. Bezeichnung für die zu Beginn der Heian-Zeit eingeführten, tantrisch beeinflußten Shingon- und Tendai-Sekten des esoterischen Buddhismus

Miroku Bosatsu (skr. Maitreya)
»Der Liebreiche«. Buddha des zukünftigen Zeitalters, als Bodhisattva im Paradies des Ostens, Tōsotsu-ten (Tushita). Manchmal als Buddha, manchmal als Bodhisattva dargestellt

miyabi
»Vornehme Eleganz«. Die höfische Eleganz von Heian-kyō, die den Lebensstil der Hocharistokratie prägte

mokushin-kanshitsu
»Trockenlack über Holzkern«. Bildhauertechnik, bei der über einem Holzkern und einer dicken Schicht von lackgetränkten Hanffasern die endgültige Fassung in Trockenlack modelliert wurde, von der zweiten Hälfte der Nara-Zeit an bis in die frühe Heian-Zeit in Gebrauch

Monju Bosatsu (skr. Mañjushrī)
»Der glückhafte Jüngling«. Bodhisattva der Weisheit, mit Schwert und Buch als Attributen auf Löwen reitend

monogatari
»Erzählung«. Prosaliteratur in Romanform

monogatari-e
»Romanbilder«. Illustrationen zu berühmten Erzählungen der Heian-Zeit, die im Stil des Yamato-e meist als *tsukuri-e* gemalt wurden

mudrā (skr.)
»Siegel«. Symbolische Handhaltung und Gestik der Buddha-Wesen

nehanzu
»Bild des Nirvāna«. Bild vom Eingang des Shaka Nyorai in das Nirvāna

nembutsu
»Buddha-Anruf«, eigentlich *namu Amida butsu*. Anruf, der als Weg zur Hinübergeburt in das »Westliche Paradies« des Amida Nyorai zunächst von Predigern, später von Sekten verkündet wurde

nikki
»Tagebuch«. Bezeichnung für Tagebücher mit autobiographischen Zügen, zu denen in Japan seit der Heian-Zeit die von Männern in chinesischer Sprache und die von Frauen in *kana*-Silbenschrift in Japanisch geschriebenen Aufzeichnungen gezählt werden

Ni-ō (skr. Vajradhara), auch Ni-ten
»Zwei Könige«. Zwei schreckeinflößende Wächterfiguren, die im Tor Chū-mon buddhistischer Tempel zum Schutz der Lehre aufgestellt wurden

nise-e
»Ähnlichkeitsbild«. Offizielles Porträt hoher Würdenträger im Yamato-e, die in Staatsrobe mit wirklichkeitsnahen Gesichtszügen gemalt wurden

nōsho
»Hervorragender Schreiber«. Seit Ende des 10. Jh. Bezeichnung für die bedeutenden Kalligraphen, die im Dienst des Hofes standen

Nyoirin Kannon (skr. Cintāmanicakrāvalokiteshvara)
»Der die Begierden stillt«. Form der »Sechs Kannon« mit zwei, vier, meist sechs Armen

onna-de
»Frauenhandschrift«. Von Frauen geschriebene Form der *kana*-Silbenschrift

onoko-de
»Männerhandschrift«. Den Männern vorbehaltene Schrift mit chinesischen Schriftzeichen

Raidō
»Gebethalle«. Vorbau oder Erweiterung der Hondō eines buddhistischen Tempels

raigō
»Willkommnende Herabkunft« des Amida Nyorai, der den sterbenden Gläubigen in sein Paradies geleiten will. Zentrales Bildthema des Amida-Buddhismus. Amida wird auf Wolken herabschwebend mit Kannon und Seishi und weiteren Bosatsu dargestellt.

Rikushō-ji
»Die sechs Shō-Tempel« östlich von Kyōto in Shirakawa, die von Exkaisern in der Insei-Periode angelegt wurden

Rokkasen
»Die sechs Dichter-Genien«. Bezeichnung der sechs berühmten Dichter des 9. Jh.: Ariwara no Narihira, Bischof Henjō, Kisen Hōshi, Ōtomo no Kuronushi, Bunya no Yasuhide und Frau Ono no Komachi

roku-dō, auch *riku-dō*
»Sechs Welten«. Die sechs Existenzstufen nach buddhistischer Vorstellung. Die niedrigste ist die Welt der Höllen, dann folgen die Welt der Hungergeister, die Welt der Tiere, die Welt der Dämonen, die Welt der Menschen und die Welt der sterblichen Götter

Rushana
s. Birushana Nyorai

Saigu
Hauptpriesterin des Ise-Schreins. Das Amt bekleidete eine unverheiratete kaiserliche Prinzessin

Saiin
Hauptpriesterin des Kamo-Schreins in Heian-kyō. Das Amt bekleidete eine unverheiratete kaiserliche Prinzessin

saishiki-emaki
»Farbiges *emaki*«. Als *tsukuri-e* in mehrschichtiger Zeichen- und Kolorierungstechnik aufgebaute *emakimono*. Die klassischen Beispiele sind das *Genji-monogatari-emaki*, das *Nezame-monogatari-emaki* und das *Murasaki-Shikibu-nikki-emaki*

samurai
s. *bushi*

sanzon
»Trias«. Dreiergruppe von Kultskulpturen als Konfiguration der Buddha-Welt

Seishi Bosatsu (skr. Mahāsthāmaprāpta)
»Außerordentliche Kraft«. Bodhisattva, der die Weisheit des Amida repräsentiert. Mit Kannon Bosatsu Nebenfigur des Amida Nyorai. Gekennzeichnet durch Hände im Anbetungsgestus und eine Vase in der Krone

Senjū Kannon (skr. Sahasrabhujāvalokiteshvara)
Allrettende Gestalt des Kannon mit tausend Armen und elf Köpfen. Im Buddhismus der Insei-Periode beliebte Form des Kannon Bosatsu

Shaka Nyorai (skr. Shākyamuni tathāgata)
Name des historischen Buddha, des indischen Prinzen Siddhārta Gautama

shaku
Zeremonialzepter, Rangzeichen des Hofadels

shikishi
»Farbpapier«. Nahezu quadratische Gedichtblätter, meist aus buntem, bemaltem oder bedrucktem Papier, die als Schriftfelder oder auch als elegantes Schreibpapier benutzt wurden

shinden-zukuri
»Schlafhallen-Bauweise«. Palastarchitektur der Heian-Zeit

shinzō
Porträtartige Figuren von Shintō-Göttern, die durch den Einfluß der Shingon-Lehre als Priester und Hofdamen dargestellt wurden

shita-e
»Untergrundbild«. Malerei, über die aus dekorativen oder religiösen Gründen Schrift gesetzt wurde

Shi-tennō (skr. Catur-mahārāja, auch Lokapāla)
»Die Vier Himmelskönige«. Aus dem indischen Kulturkreis übernommene Wächter der vier Seiten des Weltenberges, die im Buddhismus als Kriegergestalten einen Stūpa, ein Mandala oder einen Altar bewachen

shōji, auch *sōji*
Schiebewand der japanischen Palais-Halle, die während der Heian-Zeit auch als Bildträger diente

sō-kana
»Gras-*kana*«. Die in Art chinesischer Grasschrift verschliffen geschriebenen *kana*-Schriften

Sue-Ware
Hochgebrannte Irdenware, die nach koreanischen Vorbildern vom 5. bis 13. Jh. in Japan gebrannt und meist für zeremonielle Zwecke gebraucht wurde

Taishaku-ten (skr. Sakradevanam Indra)
»Mächtiger Herr der Deva«. Brahmanischer Gott, der gegen die Deva kämpfte. Im Buddhismus »Herr der 33 Himmel«. Gegenfigur zu Bon-ten (skr. Brahmā)

tanka, auch *waka* oder *uta*
»Kurzgedicht«. Das 31silbige japanische Standardgedicht. Es besteht aus Zeilen von 5, 7, 5 sowie 7 und 7 Silben

Ten (skr. Deva)
Himmelswesen, nicht-buddhistische indische Gottheit

Tobatsu Bishamon-ten
»Bishamon aus Turfan«. Manifestation des Bishamon-ten in gepanzerter Gestalt als Beschützer einer Stadt oder eines Landes. Meist steht er auf zwei Dämonen und der Erdgöttin

togidashi
»Herauspolieren«. Streulacktechnik. Der in Gold und Silber eingestreute Dekor wird überlackiert und die Deckschicht wieder abpoliert, bis das eingestreute Bild sichtbar wird

tsukuri-e
»Aufgebautes Bild«. Maltechnik des Yamato-e, bei der über

eine Vorzeichnung und Grundierung starke Farben flächendeckend gesetzt und das Bild mit Tuschelineaturen vervollkommnet wurde

ungen-saishiki
»Abgeschattetes Kolorit«. In der buddhistischen Malerei bandartig abgeschattete Farbgebung, die auf zentralasiatische Malereien zurückgeht

uta
s. *tanka*

uta-awase
»Liedwettstreit«. Höfisches Spiel von offiziell organisierten Gedichtwettstreiten

uta-monogatari
»Gedichtromane«. Kurzerzählungen, die um Gedichte, meist Wechselgedichte, als Rahmen konstruiert wurden. Beispiele sind das *Ise-monogatari,* das *Yamato-monogatari* u.a.

vajra (skr.)
Donnerkeil des Indra

waka
»Japanisches Gedicht«. S. *tanka*

washi
»Japanisches Papier«. Im Gegensatz zu China-Papier *(karakami)* das in japanischen Papiermühlen *(kōya)* geschöpfte Papier aus Papiermaulbeerbaumfasern

wa-yō
»Japanischer Stil«. Im Gegensatz zum »chinesischen Stil« *(kara-yō)* Bezeichnung für die eigentlich japanischen Formen in der Kunst der Heian-Zeit

Yakushi Nyorai (skr. Baishajyaguru)
»Buddha des Heilens«. Der Buddha hatte zwölf Eide abgelegt, um alle Lebewesen von physischen und geistigen Krankheiten zu heilen. Meist ist er mit einer Medizindose in der rechten Hand dargestellt.

Yamato
Zentralprovinz von Japan mit der Hauptstadt Nara, Stammland des Yamato-Clans. Im Altertum und in der Poesie Bezeichnung für ganz Japan

Yamato-e
»Japanische Malerei«. Die eigenständige Richtung japanischer Malerei, im Gegensatz zu der aus China übernommenen chinesischen Malerei (Kara-e)

yosegi-zukuri
»Skulptur aus zusammengefügten Holzstücken«. Seit Beginn des 11. Jh. neuartige Technik der Holzskulptur, die eine äußerst dünne, schalenartige Schnitzerei von großen Figuren ermöglichte. Die Holzblöcke oder -bretter wurden nach dem Baukastenprinzip zusammengesetzt und in arbeitsteiliger Methode bearbeitet.

Zen (skr. Dhyāna, chin. Chan)
»Meditation«. Versenkungsübung aller buddhistischen Sekten, die von Indien über China nach Japan kam

zuzō
»Gezeichnete Gestalten«. Umrißzeichnungen der Gestalten des buddhistischen Pantheons. Sie wurden aus China mitgebracht und dienten als ikonographische Vorlagen für die Kunst

Ausgewählte Bibliographie

Akiyama, T., Japanische Malerei, Genf 1961
- Heian jidai sezokuga no kenkyū (Peinture profane du haut moyen-âge japonais), Tōkyō 1964
- Genji-e, Nihon no bijutsu 4, Nr. 119, Tōkyō 1976
- A new Attribution for a Painting Fragment to the Twelfth Century »Tale of Genji Scrolls«, Kokka 1011, Tōkyō 1978
- u. a. Emakimono, Genshoku nihon no bijutsu 8, Tōkyō 1968

Alex, W., Architektur der Japaner, Ravensburg 1965
Armbruster, G., Das Shigisan-Engi-Emaki, Ein japanisches Rollbild aus dem 12. Jahrhundert, Mitteilungen der Ostasiengesellschaft XL, Hamburg–Wiesbaden 1959
- und H. Brinker, Pinsel und Tusche, München 1975

Art Treasures from the Imperial Collections, Tōkyō 1971
Aston, W. G. (Hg.), Nihongi, 2 Bde., London 1956

Baltzer, F., Die Architektur der Kultbauten Japans, Berlin 1907
Bary, W. T., Sources of the Japanese Tradition, New York 1958
Benl, O., Fujiwara Kinto, Dichter und Kritiker der Heian-Zeit in: Monumenta Nipponica 4,2, Tōkyō 1941
- Die Entwicklung der japanischen Poetik bis zum 16. Jahrhundert, Hamburg 1951
- und H. Hammitzsch (Hg.), Japanische Geisteswelt, Baden-Baden 1956

Bersihand, R., Geschichte Japans, Stuttgart 1963
Blaser, W., Tempel und Teehaus in Japan, Olten–Lausanne 1955
Brower, R. H., und E. Miner, Japanese Court Poetry, Stanford 1961
- Fujiwara Teika's Superior Poems of Our Time, A Thirteenth-Century Poetic Treatise and Sequence, Stanford 1967

Chamberlain, B. H., Translation of »Ko-ji-ki« or »Records of Ancient Matters«, Kōbe ²1932

Dettmer, H. A., Grundzüge der Geschichte Japans, Darmstadt 1965

Eckardt, H., Das Konkonchomonshu des Tachibana Narisue als musikgeschichtliche Quelle, Wiesbaden 1956 (Göttinger Asiatische Forschungen 6)
Elisseeff, D. und V., La Civilisation japonaise, Paris 1974
- Japan, Kunst und Kultur, Freiburg–Basel–Wien 1981

Emaki, Die Kunst der klassischen japanischen Bilderrollen, hg. von A. Hasé, Zürich 1959

Florenz, K., Geschichte der japanischen Litteratur, Leipzig ²1909
Fontein, J., The Pilgrimage of Sudhana, Den Haag 1967
- Kibi's Adventures in China, in: Boston Museum Bulletin Nr. 344, Boston 1968
- und R. Hempel, China, Korea, Japan, Berlin 1968 (Propyläen Kunstgeschichte 17)

Fujimura, S., Nihon bungaku daijiten, 7 Bde., Tōkyō 1936–1937
Fukuyama, T., Byōdōin to Chūsonji, Nihon no Bijutsu 9, Tōkyō 1964
- Heian Temples: Byodo-in and Chuson-ji, New York–Tōkyō 1976 (The Heibonsha Survey of Japanese Art 9)

Furuya, M., Heian-jidai no sho, Nihon no bijutsu 5, Nr. 180, Tōkyō 1981

Gabbert, G., Die Masken des Bugaku, Profane japanische Tanzmasken der Heian- und Kamakura-Zeit, Wiesbaden 1972
- Buddhistische Plastik aus China und Japan, Bestandskatalog des Museums für Ostasiatische Kunst der Stadt Köln, Wiesbaden 1972

Gatten, A., The Order of the Early Chapters in the Genji Monogatari, in: Harvard Journal of Asiatic Studies 41 (1981), Nr. 1, S. 5–46
Genji-monogatari, Die Geschichte vom Prinzen Genji, vollständige Ausgabe aus dem Original übersetzt von Oscar Benl, 2 Bde., Zürich 1966
Goepper, R., Kunst und Kunsthandwerk Ostasiens, München 1968, Neudruck 1978
The Gossamer Years (Kagerō Nikki), A Diary by a Noblewoman of Heian Japan, übers. von E. G. Seidensticker, Tōkyō 1964
Gundert, W., Die japanische Literatur, Potsdam 1929
- Japanische Religionsgeschichte, Tōkyō–Stuttgart 1935, ²1943

Hakeda, Y. S., Kūkai, Major Works, New York 1972
Hammitzsch, H. (Hg.), Erzählungen des alten Japan (Konjaku Monogatari), Stuttgart 1965
Herberts, K., Das Buch der ostasiatischen Lackkunst, Düsseldorf 1959

Hurst III, G. Cameron, Insei, Abdicted Souvereigns in the Politics of Late Heian Japan, 1086–1185, New York–London 1976

Ienaga, S., Yamato-e, Nihon no Bijutsu 10, Tōkyō 1969
– Jōdai yamato-e zenshi, Tōkyō 1966
Ishida, H., Mikkyō-ga, Nihon no bijutsu 1, Nr. 33, Tōkyō 1933
Ishimoto, Y. (Hg.), Eros and Cosmos in Mandala, Ausstellungskatalog, Tōkyō 1978
Ito, N., Mikkyō kenchiku, Nihon no bijutsu 4, Nr. 143, Tōkyō 1978

Japan, Frühe buddhistische Malereien, UNESCO-Sammlung der Weltkunst, New York 1959
Japanese Poetic Diaries, hg. und übers. von E. Miner, Berkeley–Los Angeles 1969
Japanische Plastik, nach der japanischen Originalausgabe bearbeitet von Toshimitsu Hasumi, Fribourg–Tōkyō 1961

Kageyama, H., The Arts of Shintō, New York 1973 (Arts of Japan 4)
Kameda, T., Men to Shōzō, Genshoku nihon no bijutsu 23, Tōkyō 1971
Kato, B., u. a., The Threefold Lotus Sutra, New York ²1975
Keene, D. (Hg.), Anthology of Japanese Literature from the Earliest Era to the Mid-nineteenth Century, New York 1955
Kidder, J. E., Japan before Buddhism, London 1959
– Japanese Temples, London 1964
– The Birth of Japanese Art, London 1965
Kinoshita, M., Sanjūrokunin-kashū, Nihon no bijutsu 5, Nr. 168, Tōkyō 1980
Kleinschmidt, P., Die Masken des Gigaku, der ältesten Theaterform Japans, Wiesbaden 1967
Kokuhō, National Treasures of Japan, 6 Bde., Tōkyō 1963–1967
Konjaku, Tales of Times Now Past, übers. von M. Ury, Berkeley 1979
Koop, A. J., Guide to the Japanese Textiles, II: Costumes of the Victoria & Albert Museum, London 1920
Das Kopfkissenbuch der Hofdame Sei Shōnagon, übers. und hg. von M. Watanabé, Zürich 1952
Kudo, Y., u. a., Amidadō to Fujiwara Chōkoku, Genshoku nihon no bijutsu, 6, Tōkyō 1969
Kümmel, O., Das Kunstgewerbe in Japan, Berlin 1922
– Die Kunst Chinas, Japans und Koreas, Potsdam 1929 (Handbuch der Kunstwissenschaft)
Kuno, T., A Guide to Japanese Sculpture, Tōkyō 1963
Kurata, B., Jōgan chōkoku, Nihon no bijutsu 1, Nr. 44, Tōkyō 1970
– u. a., Mikkyō jiin to Jōgan chōkoku, Genshoku nihon no bijutsu 6, Tōkyō 1967
Kyōto, the Old Capital of Japan, Kyōto 1956
Kyōto National Museum, Heian jidai no bijutsu (Fine Arts of Heian Period), Kyōto 1958

Lee, S. E., A History of Far Eastern Art, London 1964
Lewin, B., Aya und Hata, Bevölkerungsgruppen Altjapans kontinentaler Herkunft, Wiesbaden 1962 (Studien zur Japanologie 3)
– (Hg.), Kleines Wörterbuch der Japanologie, Wiesbaden 1968

The Manyōshū, übers. von H. H. Honda, Tōkyō 1967
Masuda, T., Japan, Fribourg–München 1969 (Architektur der Welt)
McCullough, H. C. (Hg.), Tales of Ise, Stanford 1968
McCullough, W., Japanese Marriage Institutions in the Heian Period, in: Harvard Journal of Asiatic Studies 27 (1967), S. 103–167
Meech-Pekarik, J., Disguised Scripts and Hidden Poems in an Illustrated Heian Sutra, in: Archives of Asian Art 31 (1977/78)
Minamoto, H., An Illustrated History of Japanese Art, Kyōto 1935
Miner, E., An Introduction to Japanese Court Poetry, Stanford 1968
Mizuno, K., Dai-busshi Jōchō, Nihon no bijutsu 1, Nr. 164, Tōkyō 1980
Moran, S. F., The Statue of Fugen Bosatsu, Okura Museum, Tōkyō, in: Arts asiatiques 7 (1960), Nr. 4
– The Statue of Amida (of Hōō-dō), in: Oriental Art, N.S. 6 (1960), Nr. 2
– The Kirikane Decoration of the Statue of Fugen Bosatsu, Okura Museum, Tōkyō, in: Oriental Art, N. S. 6 (1960), Nr. 4
Morris, I., The World of the Shining Prince, Court Life in Ancient Japan, London 1964
– The Tale of Genji Scroll, Tōkyō 1971
– The Nobility of Failure, Tragic Heroes in the History of Japan, Harmondsworth 1975, ²1980
Morris, M., Sei Shōnagon's Poetic Catalogues, in: Harvard Journal of Asiatic Studies 40 (1980), Nr. 1, S. 5–54
Murase, M., Japanese Art, Selection from the Mary and Jackson Burke Collection, New York 1975
Murdoch, J., A History of Japan, 2 Bde., London 1925

Nachod, W., Geschichte von Japan, 3 Bde., Gotha 1906, Leipzig 1929
Nakano, G., Fujiwara chōkoku, Nihon no bijutsu 7, Nr. 50 Tōkyō 1970
Nakata, Y., Sho, Nihon no Bijutsu, Nr. 27, Tōkyō 1967
– The Art of Japanese Calligraphy, New York–Tōkyō 1973 (The Heibonsha Survey of Art 27)
Nihon Emakimono Zenshū, Japanese Scroll Painting, 22 Bde., 2 Erg.-Bde., Tōkyō 1958–1965
Nishikawa, K., Bugaku Masks, Tōkyō–New York–San Francisco 1978 (Japan Arts Library)
Noma, S., The Arts of Japan, Ancient and Medieval, 2 Bde., Tōkyō 1966–1967
– u. a., Japanese Sculpture, 6 Bde., Tōkyō 1952–1953
– und N. Tani, Nihon bijutsu jiten, Tōkyō 1964

Okasaki, J., Jōdo kyōga, Nihon no bijutsu 12, Nr. 43, Tōkyō 1969

– Pure Land Buddhist Painting, Tōkyō 1977 (Japan Arts Library)
Okazaki, T., Kyōto Gosho to Sentō Gosho, Nihon no bijutsu 8, Nr. 99, Tōkyō 1974
Okudaira, H., Emaki, Japanese Picture Scrolls, Tōkyō 1962
– Emakimono, Nihon no Bijutsu 2, Tōkyō 1966
– Narrative Picture Scrolls, New York–Tōkyō 1973 (Arts of Japan 5)
Oyama, N., Shakyō, Nihon no bijutsu 5, Nr. 156, Tōkyō 1979

Pageant of Japanese Art, 6 Bde., Tōkyō 1957–1958
Paine, R. T., und A. C. Soper, The Art and Architecture of Japan, Harmondsworth 1955
Papinot, E., Dictionnaire d'histoire et de géographie du Japon, Tōkyō 1907
The Pillow Book of Sei Shōnagon, übers. von I. Morris, Harmondsworth 1967, ²1971

Ragué, B. von, Geschichte der japanischen Lackkunst, Berlin 1967
Ramming, M. (Hg.), Japan-Handbuch, Berlin 1941
Reischauer, E. O., Japan, Past and Present, New York 1951
– Die Reisen des Mönchs Ennin, Stuttgart 1963
– Reischauer, J. und R. K., Early Japanese History, 2 Bde., Princeton–London 1937
Reischauer, R. K., Genshin's Ōjō Yōshū, in: Transactions of the Asiatic Society of Japan, Serie 2, VII (1930)
Roberts, L. P., Dictionary of Japanese Artists, Tōkyō 1976
Rosenfield, J. M., Japanese Arts of the Heian Period, 794–1185, New York 1967
– und S. Shimada, Traditions of Japanese Art, Selections from the Kimiko and John Powers Collection, Cambridge, Mass., 1970
– u.a., The Courtly Tradition in Japanese Art and Literature, Cambridge, Mass., 1973

Sansom, G. B., Japan, A Short Cultural History, London 1931
– A History of Japan, Bd. 1: A History of Japan to 1334, London 1958
Sawa, T., Mikkyō no bijutsu, Nihon no Bijutsu 8, Tōkyō 1969
– Arts in Japanese Esoteric Buddhism, übers. von R. L. Gage, New York–Tōkyō 1972
Schaarschmidt-Richter, I., Der Japanische Garten – Ein Kunstwerk, Fribourg–Würzburg 1979
Seckel, D., Das älteste Langrollenbild in Japan, Kakō-Genzai-Ingakyō, in: Bulletin of Eastern Art 37, Tōkyō 1943
– Grundzüge der buddhistischen Malerei, Tōkyō 1945
– Buddhistische Prozessionsmasken (Gyōdō-men) in Japan, in: Nachrichten der Gesellschaft für Natur- und Völkerkunde Ostasiens 76 (1954), S. 29–52
– Buddhistische Kunst Ostasiens, Stuttgart 1957
– Emakimono, The Art of the Japanese Painted Hand-Scroll, hg. von A. Hasé, New York 1959
– Einführung in die Kunst Ostasiens, München 1960
– Kunst des Buddhismus, Baden-Baden 1962
Shimbo, T., Hakubyōemaki, Nihon no bijutsu 5, Nr. 48, Tōkyō 1970
Shimizu, Y., Seasons and Places in Yamato Landscape and Poetry, in: Ars Orientalis 12 (1981)
Shinkokinwakashū, Japanische Gedichte, übers. von H. Hammitzsch und L. Brüll, Stuttgart 1964 (Reclam 8931–32)
Shirahata, Y., Shōzō-ga, Nihon no bijutsu 12, Nr. 8, Tōkyō 1966
– Monogatari-emaki, Nihon no bijutsu 6, Nr. 49, Tōkyō 1970
– Kasen-e, Nihon no bijutsu 5, Nr. 96, Tōkyō 1974
Sho, Pinselschrift und Malerei in Japan vom 7.–19. Jahrhundert, Ausstellungskatalog, Köln 1975
Shodō zenshū, Bd. 11–14, Nihon 2–5, Heian 1–4, Tōkyō 1954–1956
Snellgrove, D. L. (Hg.), The Image of the Buddha, New York 1978
Soper, A. C., The Rise of Yamato-e, in: Art Bulletin 24 (1942), Nr. 4
– The Illustrated Method of the Tokugawa Genji Pictures, in: Art Bulletin 37 (1955), Nr. 1
– A Pictorial Biography of Prince Shōtoku, in: Metropolitan Museum Bulletin, New York, Januar 1967
Sukey, H., Washi, The World of Japanese Paper, Tōkyō 1978
Swann, P. C., Japan, von der Jōmon- zur Tokugawa-Zeit, Baden-Baden 1965

Tahara, M. (Hg.), Tales of Yamato, Honolulu 1980
Takeda, M., u.a., Butsuga, Genshoku nihon no bijutsu 7, Tōkyō 1969
The Tale of Genji, übers. von A. Waley, New York 1960
The Tale of Genji, übers. von E. G. Seidensticker, 2 Bde., Tōkyō 1976, ⁴1980
Tanaka, I. (Hg.), Nihon Emakimono zenshū, 24 Bde., Tōkyō 1958–1969
Tanaka, S., Inshokuki, Nihon no bijutsu 1, Nr. 9, Tōkyō 1967
Tazawa, Y., History of Japanese Sculpture, 6 Bde., Tōkyō 1953
Toda, K., Japanese Scroll Painting, Chicago 1935, Neudruck New York 1969
Tōkyō, Gotō Art Museum, Gotō bijutsukan meihin zuroku, Tōkyō 1953
– Idemitsu Art Gallery, The Fifteenth Anniversary Catalogue, Tōkyō 1981
– National Museum, Japanese Calligraphy, Ausstellungskatalog, Tōkyō 1978
Tsukakoshi, S. (Hg.), Konjaku, Zürich 1965

Uyeno, N. (Hg.), Woodblock Reproductions of the Genji Picture Scrolls, Tōkyō 1963

Vos, F., A Study of the Ise-Monogatari, 2 Bde., Den Haag 1957

Waley, A. (Hg.), Japanese Poetry, London 1956 (1. Aufl. 1919)
Wolz, C., Bugaku, Japanese Court Dance, Seattle 1971

Yamagiwa, J. K., Okagami, A Japanese Historical Tale, London 1967
Yashiro, Y., Scroll Paintings of the Far East, in: Transactions and Proceedings of the Japan Society 33 (1935)
– Art Treasures of Japan, 2 Bde., Tōkyō 1960
– und P. C. Swann, Japanische Kunst, München–Zürich 1958
Yoshida, T., Japanische Architektur, Tübingen 1952
Yoshizawa, C., u.a., Japanische Kunst, 2 Bde., Wien–München 1975

Zusetsu Nihon Bunkashi Taikai, Bd. 4–5, Heian jidai, Tōkyō 1958

Register

Die kursiv gesetzten Zahlen verweisen auf die Abbildungsnummern.

Abbildungsnachweis

Autorin und Verlag danken den Fotografen, die die Aufnahmen für das vorliegende Buch machten, und den Museen und sonstigen Institutionen, die weiteres Fotomaterial zur Verfügung stellten. Ein besonderer Dank geht an Miss Aki Uyeno, National Research Institute of Cultural Properties, Tōkyō und Dr. Bunsaku Kurata, Nationalmuseum, Nara.
Die Ziffern verweisen auf die Abbildungsnummern.
Die Bildbeschaffung für dieses Buch besorgte Ingrid de Kalbermatten.

Berlin, Bildarchiv Preußischer Kulturbesitz 112
Boston, Museum of Fine Arts 195
Cleveland, The Cleveland Museum of Art 159
Fribourg, Ronald Sautebin 1, 2, 3, 16, 17, 23, 29, 57, 99
Hamburg, Marion Höflinger 38, 39, 41
Hamburg, Museum für Kunst und Gewerbe 62
Kyōto, Kiichi Asano 65
Kyōto, Benrido Company Ltd 5, 6, 8, 14, 18, 19, 24, 26, 30, 33, 34, 43, 51, 52, 59, 60, 61, 67, 72, 74, 75, 80, 82, 83, 85, 88, 92–96, 98, 101, 106–108, 110, 113, 116, 118, 119, 123, 138, 139, 145, 147, 157, 174, 177, 188, 189, 190, 191, 201, 207
Nara, Kasuga-Taisha Shrine 144, 146, 156
Nara, Nationalmuseum 97 (mit freundlicher Genehmigung des Tempels Būjō-ji, Kyōto); 104 (Foto: Satokazu Yazawa)
Nara, Yamato Bunkakan Museum 115, 197, 200
Ōsaka, Fujita Art Museum 166, 198
Tōkyō, Yukio Futagawa 12, 13, 53, 54, 77, 89, 90
Tōkyō, Gotō Art Museum 44, 45, 49, 120, 125, 127, 130, 168, 182–184
Tōkyō, Heibonsha Ltd 40, 63, 86, 87, 91, 117, 132
Tōkyō, National Research Institute of Cultural Properties 10, 11, 133, 134, 140, 148, 172, 173
Tōkyō, Okura Shūkokan Museum 100
Tōkyō, Orion Press 46, 78, 102, 105, 122, 136, 142, 149, 153, 161
Tōkyō, Sakamoto Photo Research Lab. 204–206
Tōkyō, The Seibu Museum of Art 20, 22
Tōkyō, The Tokugawa Reimeikai Foundation 9, 50, 155, 164, 169, 179, 180, 181, 185–187
Tōkyō, The Zauho Press 31, 35, 36, 42, 64, 70, 84, 109, 111, 129, 135, 137, 141, 143, 150–152, 154, 160, 162, 165, 167, 170, 171, 175, 176, 178, 192–194, 196, 199, 208, 210
Washington, D.C., Freer Gallery of Art 103, 114, 131, 203

Archiv der Autorin 27, 28, 32, 37, 56, 58, 69, 71, 73, 76, 79, 81, 121, 124, 126, 128, 158, 163, 202

Die folgenden Aufnahmen stammen aus
Abb. 55 und 66: Masuda, T., Japan, Fribourg 1970 (Architektur der Welt);
Abb. 48: Schaarschmidt-Richter, I., Der Japanische Garten, Fribourg–Würzburg 1979;
Abb. 47: Okada, J., Chōgu, Nihon no bijutsu 3, Nr. 7, Tōkyō 1966;
Abb. 25: Kurata, B., Mikkyō jiin to Jōgan chōkoku, Genshoku nihon no bijutsu 5, Tōkyō 1967;
Abb. 68: Kudo, Y., und Nishikawa, S., Amidadō to Fujiwara Chōkoku, Genshoku nihon no bijutsu 6, Tōkyō 1969